U0557654

国家出版基金项目
NATIONAL PUBLICATION FOUNDATION

| 李顿调查团档案文献集 |

主编 张 生

第三方的观察与见解（中）

编者 陈志刚 徐一鸣

南京大学出版社

本书由

国家社会科学基金"抗日战争研究"专项工程
"国外有关中国抗日战争史料整理与研究之一：李顿调查团档案翻译与研究"(16KZD017)

教育部人文社会科学重点研究基地"南京大学中华民国史研究中心"
重大项目"战时中国社会"(19JJD770006)

江苏省优势学科基金

资助

《李顿调查团档案文献集》编译者名单

主　编　张　生

副主编　郭昭昭　陈海懿　宋书强　屈胜飞　陈志刚　叶美兰

编译者　张　生　南京大学中华民国史研究中心教授

叶美兰　南京邮电大学教授

王希亮　黑龙江省社会科学院历史研究所研究员

郭昭昭　江苏科技大学马克思主义学院研究员

陈海懿　南京大学中华民国史研究中心副教授

陈志刚　西南大学历史文化学院副教授

宋书强　中国药科大学马克思主义学院讲师

屈胜飞　浙江工业大学马克思主义学院讲师

王　静　南京大学大学外语部副研究员

翟意安　南京大学历史学院讲师

徐一鸣　南京大学历史学院助理研究员

向　明　江苏科技大学马克思主义学院副教授

常国栋　南京邮电大学马克思主义学院讲师

鄢海亮　华南师范大学马克思主义学院讲师

万秋阳　南京晓庄学院外国语学院日语系讲师

菅先锋　南京大学历史学院博士研究生

吴佳佳　南京大学历史学院博士研究生

马海天　南京大学历史学院博士研究生

米惠华　南京大学历史学院博士研究生

顾小伟　南京大学历史学院博士研究生

林　坤　南京大学历史学院博士研究生

夏黎明　南京大学历史学院博士研究生

王益华　南京大学历史学院博士研究生

孟祥斐　南京大学历史学院博士研究生

崇　哲　南京大学历史学院博士研究生

刘思燊　南京大学历史学院硕士研究生

肖钧哲　南京大学历史学院硕士研究生

刘涵之　南京大学历史学院硕士研究生

桂语琪　南京大学历史学院硕士研究生

黄家丽　南京大学历史学院硕士研究生

胡芊珣　南京大学历史学院本科生

刘俊甫　南京大学历史学院本科生

陈梦玲　内蒙古师范大学科学技术史研究院博士研究生

金　楠　浙江工业大学马克思主义学院硕士研究生

杨文秀　浙江工业大学马克思主义学院硕士研究生

曹文博　陕西师范大学历史文化学院硕士研究生

沈康悦　浙江工业大学马克思主义学院硕士研究生

杨　越　西安电子科技大学密码学硕士

黎纹丹　西南大学外国语学院硕士研究生

朱心怡　西南大学外国语学院硕士研究生

杨　溢　西南大学外国语学院硕士研究生

郑学良　西南大学外国语学院硕士研究生

孙　莹　西南大学外国语学院硕士研究生

舒　婷　西南大学历史文化学院硕士研究生

徐丹丹　西南大学历史文化学院硕士研究生

牛　正　西南大学历史文化学院硕士研究生

金　典　西南大学历史文化学院硕士研究生

余松琦　西南大学含弘学院本科生

序　言

中国历史的奥秘,深藏于大兴安岭两侧的广袤原野。

明治维新以来,日本企图步老牌帝国主义后尘,争夺所谓"生存空间";俄国自彼得大帝新政,不断东进,寻找阳光地带和不冻港。日俄竞争于中国东北,流血漂杵;日本逐步占得上风,九一八事变发生,中国面临亡国灭种的新危机。

日本侵华之际,世界已进入全球化的新时代,民族国家成为国际社会的主体,以国际条约体系规范各国的行为,以政治和外交手段解决彼此的分歧,是国际社会付出重大代价以后得出的共识。而法西斯、军国主义国家如德、意、日,昧于世界大势,穷兵黩武,以求一逞。以故意制造的借口,发动侵华战争,霸占中国东北百余万平方公里土地、数千万人民,是日本昭显于世的侵略事实。

国际联盟(League of Nations)应中国方面之吁请,派出国联调查团处理此事。1932 年 1 月 21 日,国联调查团正式成立。调查团团长由英国人李顿爵士(The Rt. Hon. The Earl of Lytton)担任,故亦称李顿调查团(Lytton Commission)。除李顿外,美国代表为麦考益将军(Gen. McCoy),法国代表为亨利·克劳德将军(Gen. Claudel),德国代表为希尼博士(Dr. Schnee),意大利代表为马柯迪伯爵(H. E. Count Aldrovandi)。为显示在中日间不做左右袒,国联理事会还决定顾维钧作为顾问代表中国参加工作,吉田伊三郎代表日方。代表团秘书长为国联秘书处哈斯(Mr. Robert Haas)。代表团另有翻译、辅助人员。1932 年 9 月 4 日,代表团完成报告书,签署于中国北平。报告书确认:第一,九一八事变之责任,完全在于日本,而不在中国;第二,伪满洲国政权非由真正及自然之独立运动所产生;第三,申明东三省为中国领土。日本为此恼羞成怒,退出国联,自绝于国际社会。

《李顿调查团档案文献集》就是反映李顿调查团组建、调查过程、调查结论、各方反应和影响的中、日等国相关资料的汇编,对于研究九一八事变和李顿调查团,具有重要的参考价值。

如何看待李顿调查团来东亚调查的来龙去脉?笔者认为应有三个维度的观照:

其一,在中国发现历史。

美国历史学家柯文提出的这一范式,相比"冲击—反应"模式,即从外部冲击观察中国历史的旧范式,自有其意义。近代以来,由条约体系加持的列强,对中国社会产生了巨大的影响。中国沿海通商口岸是中国最早接触西方世界的部分,在资本主义全球化的过程中得风气之先,所谓"西风东渐",对中国旧有典章制度的影响无远弗届。近代中国在西方裹挟下步履踉跄,蹒跚竭蹶,自为事实。但如果把中国近代历史仅仅看成西方列强冲击之结果,在理论、方法和事实上,均为重大缺陷。

主要从中国内部,探寻历史演进的机制和规律,是柯文提出的范式的意义所在。

事实上,九一八事变发生、国联调查团来华前后,中国社会内部对此作出了剧烈的反应。在瑞士日内瓦所藏国联巨量档案文献中,中国各界通过电报、快邮代电、信函等形式具名或匿名送达代表团的呈文引人注目,集中表达了国难当头之时中华民族谴责日本侵略、要求国际社会主持公道、收回东北主权、确保永久和平的诉求,对代表团、国联和整个国际社会形成了巨大影响,显示了近代中国社会演进的内在动力。

东北各界身受亡国之痛,电函尤多。基层民众虽文化程度不高,所怀民族国家大义却毫不含糊。东北某兵工厂机器匠张光明致信代表团称:"我是中华民国的公民,我不是'满洲国'人,我不拥护这国的伪组织。"高超尘说:"不少日子以前,'满洲国家'即已成立了,但那完全是日本人的主使,强迫我辽地居民承认。街上的行人,日人随便问'您是哪国人',你如说是'满洲人'便罢,如说是中国人,便行暴打以至死。"辽宁城西北大橡村国民小学校致函称:"逐出日本军,打到[倒]'满洲国',宁做战死鬼,不做亡国民。"陈子耕揭露说:"自事变以后,日本恶势力已伸张入全东北,如每县的政事皆由日人权势下所掌握,复又收买警察、军人、政客等,以假托民意来欺骗世界人的耳目,硬说建设'满洲国'是中华人民的意思,强迫人民全出去游行,打着欢迎建设'新国家'的旗号……我誓死不忘我的中华祖国,敢说华人莫非至心不跳时、血停时,不然一定于[与]他们周旋。"小学生何子明来信说:"我小学生告诉您们'满洲国'成立我不赞成……有一天我在学校,日本人去了,教我们大家一齐说'大日本万岁',我们要不说他就杀我们,把我迫不得已的就说了。其中有一位七岁的小孩,他说'大中华万岁! 打倒小日本!'日本人听了就立刻把那个小同学杀了,真叫我想起来就愁啊。"

经济地位和文化水平较高者,则向代表团分析日本侵占中国东北的深远危害。哈尔滨商民代表函称:"虽然,满洲吞并,恐不惟中国之不利。即各国之经济,亦将受其影响。世界二次大战,迫于眉睫矣。"中国国民党青年团哈尔滨市支部分析说:"查日本军阀向有一贯之对外积极侵略政策,吾人细玩以前田中义一之满蒙大陆政策,及最近本庄繁等上日本天皇之奏折,可以看出其对外一贯之积极侵略政策,即第一步占领满蒙,第二步并吞中国,第三步征服世界是也。……以今日之日本蕞尔岛国,世界各国尚且畏之如虎,而况并有三省之后版图增大数倍,恐不数年后,即将向世界各国进攻,有孰敢撄其锋镝乎?……勿徒视为亚洲人之事,无关痛痒,失国联之威信,而贻噬脐之后悔也。"

不惟东北民众,民族危亡激起了全中国人的爱国心。清华大学自治会1932年4月12日用英文致函代表团指出:中国面临巨大的困难,好似1806年的德国和1871年的法国,但就像"青年意大利"党人一样,青年人对国家的重建充满信心。日本的侵略,不仅危害了中国,也对世界和平形成严重威胁,青年人愿意为国家流尽"最后一滴血"。而国联也面临着建立以来最大的危机,对九一八事变的处理,将考验它处理全球问题的能力。公平和正义能否实现,将影响到人类的命运。他们向代表团严正提出"五点要求":1. 日本从中国撤军;2. 上海问题与东北问题一起解决;3. 不承认日本侵略和用武力改变的现状;4. 任何解决不得损害中国的领土和主权完整;5. 日本必须对此事件的后果负责。南京海外华侨协会1932年3月16日致电代表团:日本进兵东三省和淞沪地区,"违反了国联盟约和《凯洛格—白里安公约》,扰乱了远东地区和世界的和平。

同时,日本一直在做虚假的宣传,竭力蒙蔽整个世界。我们诚挚地请求你们到现场来,亲眼看看日军对中国人民的生命财产进行怎样的恣意破坏。希望你们按照国际法及司法原则,对其进行制裁。如果你们不能完成这一使命,那么世界上将无任何公平正义可言。在这种情况下,为了民族的生存,我们将采取一切手段自卫,决不会向武力屈服。"

除了档案,中国当时的杂志、报纸,大量地报道了九一八事变和国联调查团相关情况,其关切的细致程度,说明了各界的高度投入。那些浸透着时人忧虑、带着鲜明时代特色的文字表明:九一八事变的发生,对当时的中国社会是一场精神洗礼,每个人都从东北沦陷中感受到切肤之痛。这种舆论和思想的汇合,极大地改变了此后中国社会各界的主要诉求,抗日图存成为压倒性的任务,每一种政治力量都必须对此作出回应。

其二,在世界发现中国历史。

以中国为本位,探讨中国历史的内生力量,是题中应有之义。但全球化以来,中国历史已经成为世界历史的一部分。仅仅依靠中国方面的资料,不利于我们以更加广阔的视野看待中国历史和"九一八"的历史。

事实上,奔赴世界各地"动手动脚找东西",已经成为中国学者深化中国近现代史,特别是抗战史研究的不二法门。比如,在中日历史问题中占据核心地位的南京大屠杀问题。除中国各地档案馆、图书馆外,中国学者深入美、德、英、日、俄、法、西、意、丹等国相关机构,系统全面地整理了加害者日方、受害者中方和第三方档案文献,发现了大量珍贵文献、图像资料,出版《南京大屠杀史料集》72卷。不仅证明了日军进行大屠杀的残酷性、蓄意性和计划性,也证明南京大屠杀早在发生之时,就引起了各国政府和社会舆论的关注;南京和东京两场审判,进行了繁复的质证,确保了程序和判决的正义;日方细致的粉饰,在中国人民和全世界正义人士的揭露下真相毕露。全球性的资料,不仅深化了历史研究,也为文学、社会学、心理学、新闻传播学、艺术学等跨学科方法进入相关研究提供基础;不仅摧毁了右翼的各种谬论,也迫使日本政府不敢公然否认南京大屠杀的发生和战争犯罪性质。

国际抗战资料,展现了中国抗战史的丰富侧面。如美国驻中国各地使领馆的报告,具体生动地记录了战时中国各区域的社会、政治、军事等各方面情形，对战时国共关系亦有颇有见地的分析；俄、美、日等国档案馆的细菌战资料，揭示了战时日本违反国际法研制细菌武器的规模和使用情况，记录了中国各地民众遭遇的重大伤亡和中国军民在当时条件下的应对，以及暗示了战后美国掩饰"死亡工厂"实情的目的；英美等国档案所反映的重庆大轰炸和日军对中国大中小城市的普遍的无差别轰炸，不仅记录了日本战争犯罪的普遍性，也彰显了战时中国全国军民同仇敌忾、不畏强暴的英勇气概。哈佛大学所藏费吴生档案、得克萨斯州州立大学奥斯汀分校所藏辛德贝格档案、曼彻斯特档案馆所藏田伯烈档案等则从个人角度凸显了中国抗战在"第三方"眼中的图景。

对于李顿调查团的研究，自莫能外。比如，除了前述中国各界给国联的呈文，最近在日内瓦"国联和联合国档案馆"中发现：调查团在日本与日本政要的谈话记录，在中国各地特别是在北平和九一八事变直接相关人士如张学良、王以哲、荣臻等人的谈话记录，调查团在东北实地调查、询问日军高层的记录，中共在"九一八"前后的活动，中国各界的陈情书，日本官方和东北伪组织人员、汉奸的表态，世界各国、各界的反应等。特别是张学良等人反复向代表团说明的九一八事变前夕东北军高层力避冲突的态度，王以哲、荣臻在"九一八"当晚与张学良的联系，北大营遭受日军进攻以后东北军的反应等情况，对于厘清九一八事变真相，有着不可取代的意义。

我们通过初步努力发现，李顿调查团成立前后，中方向国联提交了论证东北主权属于中国的篇幅巨大的系统性说帖，顾维钧、孟治、徐道邻等还用英文、德文进行著述。日方相应地提交了由日本旅美"学者"起草的说帖，其主攻点是中国的抗日运动、东北在张氏父子治下的惨淡、东北的"匪患"，避而不谈柳条沟事件的蓄意性。日方资料表明，即使在九一八事变发生数月后，其关于"九一八"当晚情形的说辞仍然漏洞百出、逻辑混乱，在李顿询问时不能自圆其说。而欧美学者则向国联提供了第三方意见，如 *The Verdict of the League: China and Japan in Manchuria*（《国联的裁决：中日在满洲》），哈佛大学法学院教授曼利·哈德森（Manley O. Hudson）著；*Manchuria: Cradle of Conflict*（《满洲：冲突的策源地》），欧文·拉铁摩尔（Owen Lattimore）著；*The Manchuria Arena: An Australian View of the Far Eastern Conflict*（《满洲竞技场：远东冲突的澳洲视角》),卡特拉克(F.M. Cutlack)著;*The Tinder Box of Asia*(《亚洲的火药桶》),乔治·索科尔斯基(George E. Sokolsky,中文名索克斯)著;*The World's Danger Zone*(《世界的危险地带》),舍伍德·艾迪(Sherwood Eddy)著;等等,为国联理解中国东北问题提供了有益的视角。另外,收藏在美国斯坦福大学胡佛研究所的蒋介石日记等也反映了当时国民政府高层的态度和举措。

这次出版的资料中,收集了中国台湾地区的"国史馆"藏档,日本外务省藏档,国联和联合国档案馆 S 系列藏档等多卷档案。丰沛的资料说明,即使是李顿调查团这样过去在大学教材中只是以一两段话提出的问题,其实仍有海量的各种海外文献可资研究。

可以说,世界各地抗日档案和各种资料,不仅补充了中国方面的抗日资料,也弥补了"在中国发现历史"范式的不足,体现了历史唯物主义对历史研究全面性、客观性的要求,自然地延伸推导出"在世界发现中国历史"的新命题。把"中国的"和"世界的"结合起来,才能更深广、入微地揭示抗日战争史的内涵。

其三,在中国发现世界历史。

中国历史,是世界历史的重要组成部分;中国抗战,构成了第二次世界大战的东亚主战场。离开中国历史谈世界历史注定是不周全的。只有充分发掘中国历史的世界意义,世界史才能获得真正的全球史意义。

过往的抗战史国际化,说明了中国抗战的世界意义。研究发现,东北抗联资料不仅呈现了十四年抗战的艰苦过程,也说明了战时东北亚复杂的国际关系。日方资料中的"华北治安战""清乡作战"资料,从反面反映了八路军、新四军的顽强,其牵制大量日军的事实,从另一面说明中共敌后游击战所发挥的中流砥柱作用。1937 年 12 月 12 日在南京江面制造"巴纳号事件"的日军航空兵官兵,后来是制造"珍珠港事件"的主力之一,说明了中国抗战与太平洋战争的联系。参与制造九一八事变、华北事变和南京大屠杀的许多日军部队,后来在太平洋战场上被美澳等盟国军队消灭,说明了太平洋战场和中国战场的相互支持。中国军队在滇缅战场的作战和在越南等地的受降,中国对朝鲜、马来亚、越南等地游击战和抗日斗争的介入和帮助,说明了中国抗战对东亚、东南亚解放的意义和价值。对大后方英美军人、"工合"人士、新闻界和其他各界人士的研究,彰显了抗日统一战线的多重维度,等等。这对我们的研究富有启发性意义。

李顿调查团的相关资料表明,九一八事变及其后续发展,具有深刻的世界史含义。

麦金德1902年在英国皇家地理学会发表文章,提出"世界岛"的概念。麦金德认为,地球由两部分构成:由欧洲、亚洲、非洲组成的世界岛,是世界上面积最大、人口最多、最富饶的陆地组合。在"世界岛"的中央,是自伏尔加河到长江,自喜马拉雅山脉到北极的心脏地带,在世界史的发展中具有重要意义。其实,就世界近现代史而言,中国东北具有极其重要的地缘战略意义,堪称"世界之砧"——美国、俄罗斯、日本等这些当今世界的顶级力量,无不在中国东北及其周边地区倾注心力,影响世界大局。

今天看来,李顿调查团的组建,是国际社会运用国际规约积极调解大国冲突、维护当时既存的凡尔赛—华盛顿体系的一次尝试。参与各国均为当时世界强国,即为明证。

英国作为列强中在华条约利益最丰的国家,积极投入国联调查团的建立。张伯伦、麦克米伦等知名政治家均极愿加入代表团,甚至跟外交部官员暗通款曲,询问排名情况。李顿在中日间多地奔波,主导调查和报告书的起草,正是这一背景的反映。

美国作为国联非成员国,积极介入调查团,说明了美国对远东局势的关切,其态度和不承认日本用武力改变当时中国领土主权现状的"史汀生主义"是一致的。日美之间的紧张关系,一直延续到珍珠港事变发生。在日美最终谈判中,中国的领土和主权,仍然是美方的先决条件。可以说,九一八事变,从大历史的角度看,是改变日本和美国国运的大事。

苏联在国联未能采取强力措施制止日本侵略后,默认了伪满洲国的存在,后甚至通过对日条约加以承认,其对日本的忍让和妥协,延续到它对日本宣战。但日本关东军主力在苏联牵制下不敢贸然南下,影响了中国抗日战争的形态。

日本侵占中国东北,却始终得不到中国和国际主流社会的承认,乃不断扩大侵略,不仅影响了对苏备战,也使得其在"重庆政权之所以不投降,是因为有英美支持"的判断下，不断南进，最终自取灭亡。2015 年 8 月 14 日，日本首相安倍晋三在战后 70 年讲话中承认："日本迷失了世界大局。满洲事变以及退出国际联盟——日本逐渐变成国际社会经过巨大灾难而建立起来的新的国际秩序的挑战者，前进的方向有错误，而走上了战争的道路。其结果，70 年前，日本战败了。"从这个意义上说，九一八事变—李顿调查—退出国联，成为日本近代史的转折点。

亚马孙雨林的蝴蝶振动翅膀，可能在西太平洋引发一场风暴。发生在沈阳一个小地方的九一八事变，成为今天国际秩序的肇因。其故焉在？马克思和恩格斯在《德意志意识形态》中指出：在历史演进的过程中，人的"普遍交往"逐步发展起来，"狭隘地域性的个人为世界历史性的、真正普遍的个人所代替"。近代以来中国人民的历史，与世界历史共构而存续。

回望李顿调查团的历史，我仿佛感受到了太平洋洋底的咆哮呼啸前来，如同雷鸣。

是为序。

张　生
2019 年 10 月

出版凡例

一、本文献集所选资料，原文中的人名、地名、别字、错字及不规范用字等，为尊重历史和文献原貌，均原文照录。因此而影响读者判断、引用之处，除个别需说明情况以脚注"译者按"或"编者按"形式标出外，别字、错字在其后以"[ ]"注明正字；增补的字，以"【 】"标明之；因原文献漫漶不清而缺字处，用"□"标识。

二、凡采用民国纪年或日本天皇年号纪年者等，为尊重历史和文献原貌，均原文照录。台湾地区的文献中涉及政治人物头衔和机构名称者，按有关规定处理，在页下一并说明。

三、所选资料均在起始处说明来源，或在文后标注其详细来源信息。

四、外文文献译文中，日本人名从西文文献译出者，保留其西文拼法，以便核对；其余外国人名，均在某专题或文件中第一次出现时标其西文拼法。不同时期形成的中文文献中涉及的外国人名、地名翻译差异较大，为尊重历史和文献原貌，一般不作改动。

五、所选文献经过前人编辑而加脚注者，以"原编辑者注"保留在页下。

六、所选资料中原有污蔑中国人民、美化日本侵略之词，或基于立场表达其看法之处，为尊重历史和文献原貌，不改动原文，或在页下特别说明，请读者加以鉴别。

本册说明

本册文献集编纂收录了英国外交部已经解密的关于中国的政府档案（Foreign Office Files for China，简称 FO），主要对 FO 档案中的 371、676、262 这几部分进行选译。主要内容包括英国外交部与英国驻中日两国外交使领馆以及日内瓦国际联盟总部代表之间的往来函电，起止时间为 1931 年 11 月到 1933 年 3 月。

从往来函电所涉及的人物来说，主要包括英国驻东京大使林德利，英国驻华公使兰普森，英国驻华代办英格拉姆，英国驻华使馆官员霍尔曼，英国驻上海总领事白利南和副领事吉特森，英国驻南京副领事图森，英国驻奉天总领事伊斯特，英国驻大连领事邓宁，国际联盟主席海曼斯，国际联盟秘书长德拉蒙德，英国驻国际联盟代表贾德干、塞西尔，英国驻日内瓦总领事帕特森，英国外交大臣西蒙，英国副外交大臣范斯塔特，英国外交部远东司司长奥德和副司长普拉特，英国外交部政务次官艾登等人。

从往来函电所涉及的内容来说，主要包括以下四个方面：

第一，国联调查团的人选与行程。其中包括国联调查团英国代表的人选问题、调查团成员的安全、调查团的行程和基本活动等。首先，在调查团组建过程中，英国代表人选的确定并非一蹴而就，在李顿之前尚有"麦克米伦""基希"和"张伯伦"三人曾被纳入考察范围，但是最终都没能入选。其次是调查团成员的安全问题。解密档案显示，1932 年 4 月 19 日，调查团经过多次讨论，最后决定分三组前往沈阳。其中两组从秦皇岛沿海路出发，另一组乘火车。团长李顿勋爵和中国顾问顾维钧一起，乘中国"海圻号"巡洋舰先往大连，再经南满铁路到达；法国克劳德将军和德国希尼博士乘坐日本的驱逐舰；美国麦考益少将和意大利马柯迪伯爵则乘坐途经山海关的火车前往。但是，从北平到东北的途中，李顿调查团遇到了日本人制造的诸多困难和障碍。解密档案收录了调查团对这些遭遇进行控诉和谋求解决的相关函电。最后是调查团的行程和基本活动。1932年3月14日，国联调查团从日本出发抵达上海，3月26日前往南京。解密档案收录了英国驻华代办英格拉姆和驻上海副领事吉特森的相关观察和记录，并通过英国驻华公使兰普森函达英国外交部。

第二，国联调查团初步报告书、最终报告书（即李顿报告书）和日本对最终报告书的意见书。1932年5月4日，国联发表调查团的初步报告书，认为日方未能履行国联在9月30日和12月10日做出的决议，并有意在东北建立一个日本的傀儡政权，借此实现独霸东三省的企图，国际联盟和国际社会对此不予支持。解密档案收录了英国外交部关于初步报告书的备忘录和日本主流媒体的反应。10月2日，国联公布了调查团的最终报告书，即李顿报告书。此部分内容比较丰富，解密档案除了收录李顿报告书公布前后日本政界、军方和主流媒体的反应之外，还兼及“满洲国”、中国民众、意大利、苏联等各方的观点。此外，这部分内容也收录了李顿本人、英国驻华公使兰普森和英国驻华代办英格拉姆等人对中日争端的看法以及英国在综合各方反应后应采政策的内部讨论等。11月21日，日本政府发表了对李顿报告书的意见书，该报告分绪论、中国、满洲、九一八事变以及后续行动、“新政权”、结论等六个部分。日本针对李顿报告书中与己不利的内容逐项进行反驳，极尽辩解之能事。解密档案对此予以全文收录。

第三，国联理事会会议记录摘录和国联大会召开期间中国对日本与英国言行的评论。1932年11月21日，国联以中日两国代表公开辩论的形式重开会议。解密档案收录了国联理事会于1932年11月21—28日举行的第69届常会第5—10次会议的记录摘录，主要内容为中国代表顾维钧和日本代表松冈洋右围绕日本的大陆政策之有无、田中奏折之真伪、国民政府“排外”与否、日本在中国东北的军事行动是否是合法的自卫措施、东北的独立运动是否是自发性的等问题而展开的辩论。由于中日两国的发言没有交集，11月25日，国联理事会决议将中日争端移交国联大会处理。12月6日，国联大会正式召开。解密档案收录了中国代表团对日本代表荒谬言论的回击。12月7日，英国外交大臣西蒙又发表袒日言论，解密档案也记载了中国政府与媒体对英国亲日政策的评论。

第四，十九国调解委员会的成立与日本的外交活动以及英国对决议报告书的立场。由于中日两国以及其他大小国家对李顿报告书各持己见，国联决议将中日争端送交十九国委员会，并邀请美苏两国派员参加，负责研究和起草对李顿报告书的决议。为此,日本又展开了一系列外交活动,重点诉求为反对国联邀请美国与苏联参加国联十九国调解委员会,不得干涉"满洲国"等。这部分内容非常广泛。首先是日本外交官员的外交活动,包括日本驻伦敦大使松平与英国外交部远东司副司长普拉特和外交大臣西蒙,日本驻国联代表松冈洋右与国联秘书长德拉蒙德和英国外交大臣西蒙以及国联大会主席海曼斯等人之间的谈话记录。其次是英国对决议报告书的立场讨论,包括英国驻东京大使林德利与日本外相内田康哉的谈话记录,英国外交部关于日本退出国联可能性的预判,基于美国政策英国应采态度的分析,英国主流媒体对英国应采态度的主张。最后是日本退出国联前的申辩,包括日本代表团对十九国委员会提交全体大会的报告书草案的意见和日本政府根据国联盟约第十五条第五款做出的三份声明。日本政府据此继续反对依据李顿报告书裁决中日争端,坚决主张承认"满洲国"才是解决满洲问题的唯一途径。

总之,本册选编的外交档案,较为丰富地展现了国联调查团在组建和实施过程中,尤其是调查结果公布后,英国政府应对中日争端的立场和举措。不仅如此,英国外交部与国际联盟之间的往来函电,也为我们细致探究九一八事变后,作为在国联中起主要作用的英国与国联关系提供重要的一手材料。

目　录

1. 英国外交部纪要(1931 年 12 月 10 日)

<table>
<tr>
<td>

档案编号:F 7446/1391/10
发报人:外交部纪要,萨金特(Sargent)
编号:无
发报日期:1931 年 12 月 10 日
存档日期:1931 年 12 月 11 日
主题:中国

</td>
<td>

拟设满洲调查团
  曾经在巴黎担任过助理军事武官的基希(Kisch)上校,被提议作为英国成员来担任尚在拟议中的调查团成员一职。

</td>
</tr>
</table>

  昨天曾任巴黎助理军事武官的基希上校来见我,提到由他担任满洲调查团英国成员的候选人。他解释说,赫伯特·塞缪尔(Herbert Samuel)先生已经提交了他的名字,他急于知道自己是否有机会被选中。我告诉他我对这个问题一无所知,但会询问并告诉他。

  我猜想,赫伯特·塞缪尔先生在提及基希上校的名字时,提到了他之前承担的一些工作,其中包括作为和平会议的军事顾问以及之后作为萨克维尔-韦斯特(Sackville-West)将军(现在的萨克维尔勋爵)在巴黎的助理军事武官。在和平会议上,基希上校是最杰出的年轻士兵之一。在他调任军事武官的两年时间里,他率先垂范,在"和平条约军事条款会议"上担任英国大使的技术顾问之一。

  我和基希上校在巴黎共事了两年,对他敏捷的智力、勤奋的工作和良好的判断力都非常赞赏。他和他的外国同事相处得很好。为了献身于犹太复国运动,他离开了巴黎。自那时起,他在巴勒斯坦的犹太复国主义组织中一直担任重要职务。

签名:萨金特
1932 年 12 月 10 日

资料来源:FO 371/15505,第 449 页

(余松琦 译 陈志刚 校)

2. 英国外交大臣西蒙致英国驻东京大使林德利(1931 年 12 月 14 日)

	国际联盟满洲调查团
档案编号:F 7558/1391/10 来自:日本大使(谈话) 编号:无 发报日期:1931 年 12 月 14 日 存档日期:1931 年 12 月 17 日 主题:中国	松平(Matsudaira)先生提请注意 12 月 9 日约翰·西蒙(John Simon)先生在下议院发表的一项声明。该声明强调调查团的调查范围仅限于满洲。他说,这与他们在巴黎的谈话条款不符,当时的设想原是对中国的抵制日货等议题进行调查。外交大臣赞同理事会最终通过的决议条款广泛地涵盖了上述话题以及日本大使所表达的期望。松平先生对西蒙先生在巴黎的努力表示了热烈的赞赏。

西蒙先生致林德利(F. Linderly)先生(东京)

No. 653

外交部,1931 年 12 月 14 日

先生:

松平先生今天联系我,并提请注意我 12 月 9 日在下议院给出的答复条款。我曾经说过:据我了解,拟议中由国联理事会任命的调查团的调查范围将仅限于满洲。松平先生提醒我说,之前我们在巴黎的谈话中,我曾向他表示过这样的观点:调查的内容应该足以涵盖中国其他地区的抵制日货等议题。我同意他的看法,这是我们之前一致通过的。与此同时,我指出,国联理事会最终通过决议的实际条款将该调查团描述为"就地研究任何情形影响国际关系而有扰乱中日两国和平或和平所维系之谅解之虞者"。因此,在我看来,根据

这一约定,即使这些问题发生在满洲以外的地方,调查团也有权调查。这似乎才是对这些条款的正确解释,我在议会答复中提出的限制(以谈判过程中收到的电报为基础)似乎可以忽视。松平先生表示完全满意,并补充说他没有向日本政府报告我的答复,因为他认为一些可能存在的误解现在已经完全消除。

松平先生热烈地感谢我在巴黎为使日本遵守理事会的计划所做的努力,并明确表示,在推动成立针对日本的调查团时,我们没有表现出任何的不友好。他从这个意义上向日本政府做了报告。我告诉他,理事会一致决定所带来的满意度主要取决于现在如何解决问题。我特别要求他的政府注意我们的观点,即锦州地区发生的任何不幸事件都是令人惋惜的。我们在事发地的观察员报告说,中国军队正在遵守他们的协议,我相信美国观察员也得到了类似的报告。这些报告已提交给国联秘书处,因此日本对锦州的行动会产生非常不好的印象。他说他很明白这一点,并且会让他的政府知晓我说过的话。

签名:约翰·西蒙

资料来源:FO 371/15505,第 560 页

(余松琦　译　陈志刚　校)

3. 麦克米伦致英国外交大臣西蒙(1931 年 12 月 16 日)①

档案编号:F 7560/1391/10	国际联盟满洲调查团
来自:麦克米伦(Macmillan)勋爵致约翰·西蒙先生	遗憾不能接受服务于调查团的工作。
编号:无	
发报日期:1931 年 12 月 16 日	
存档日期:1931 年 12 月 17 日	
主题:中国	

---

① 译者按:此封电报包含多个附件电报。

纳贝沃斯庄园

1931 年 12 月 18 日

亲爱的西蒙先生：

我今天早上收到了您的来信,您能邀请我任职于调查中日争端委员会,对此我感到非常荣幸。如果根据我自己的意愿,我会毫不犹豫地接受您的邀请。但鉴于我是两家公司的董事,我无法替自己做决定。因为我无法辞去这些董事职位,除非我获准休假,否则我不能离开 9 个月之久。我会立即咨询这两家公司的董事会,并在收到他们的回答后再次给您写信。

当您提到调查团的工作时间为 9 个月时,我猜这还不包括离开英国所耗费的所有时间。如果我能够知道大约需要耗费多长时间才能出国,这可能会帮助我做出决定。或许您可以让您的秘书把线路发我一份? 总而言之,请允许我表达对您的谢意,因为您能在此事中考虑到我。我非常希望能为此事效力。

签名:麦克米伦

资料来源:FO 371/15505,第 564—565 页

（余松琦　译　陈志刚　校）

译电　英国领事（日内瓦）

1931 年 12 月 14 日

发报时间:1931 年 12 月 14 日 16:45

收报时间:1931 年 12 月 14 日 17:15

No. 39(R)

以下内容来自德拉蒙德(Eric Drummond)致贾德干(Alexander Cadogan)的电报。

如果麦克米伦没有空,希望能选择一些一流的法学家来出任,或者如果张伯伦(Chamberlain)愿意的话,由他继续出任会更好。请尽快告诉我关于此事以及组织萨雷(Saare)调查团的可能性。

资料来源:FO 371/15505,第 565 页

（余松琦　译　陈志刚　校）

纳贝沃斯庄园

1931 年 12 月 17 日

西蒙先生致李顿(Lytton)勋爵

亲爱的李顿:

我写信是要问,如果你正式接受这项工作,你是否准备好为国际联盟理事会指定的调查团服务,并根据理事会于 12 月 10 日一致通过的决议来研究中日之间的争端根源。我意识到这对你来说是一件大事,因为这项工作的价值对于英国乃至全世界来说都是难以估量的。我们非常渴望得到一个对于其他人而言也是至关重要的一流人才,因此我们希望你能成为主席。

我附上了决议副本以及白里安(Briand)先生以理事会主席的身份发表的声明,其中载明了调查团的职权范围。正如白里安先生所说,这些确实很广泛,尽管需要立即进行权威公正的调查是中国政府就日本军队占领中国领土而向国联委员会提出的诉求,但是考虑到中国的异常情况和依据正常国际关系之假设的无效性以及其他特殊因素,影响国际关系并危及两国和平的衍生事件错综复杂且为数众多。

埃里克·德拉蒙德先生告诉我,调查团的任务期限大概为 9 个月,同时希望其成员可以在 1 月中旬前往满洲。我们对调查团的工作寄予厚望,因为此种权威的调查将会为中日关系奠定基础,这对国联和英国政府来说都具有不可估量的价值。我相信,你在调查团成员中的出现具有特殊的意义,将会大大提升我们对报告书实用与可靠的预期。因此,我希望你能给我一个肯定的答复。如果你能够担任的话,你所需要的任何外交部的信息,悉听尊便。

签名:约翰·西蒙

资料来源:FO 371/15505,第 568—570 页

(余松琦　译　陈志刚　校)

国际联盟

来自中国政府的呼吁
根据《国联盟约》第十一条
国联主席 1931 年 12 月 10 日的声明

可以看到,在你提供两条独立思路之前的决议是:

(1) 消除对和平产生直接威胁的因素。

(2) 促进两国之间现有引发争端之肇因的最终解决。

理事会很高兴地发现,在目前的会议中,对有可能扰乱中日关系的情况进行调查本身是可取的,并且这对当事国双方来说也是可以接受的。因此,理事会欢迎在 11 月 21 日之前提出设立一个调查团的提议。该决议的最后一段规定了调查团的职责和职能。

我现在将逐款对该决议发表一些看法。

第 1 款:

本款重申理事会 9 月 30 日一致通过的决议,其中特别强调日本军队做出的尽快撤至铁路区内的承诺。

理事会极为重视这项决议,并相信两国政府将全力履行他们在 9 月 30 日所做的承诺。

第 2 款:

一个很不幸的事实是,自理事会上次会议以来发生的事件严重恶化了局势,并引起了合理的忧虑。因此,避免任何可能导致进一步争端的举措以及避免任何可能使情况恶化的所有其他行动都是迫在眉睫的。

第 4 款:

根据第 4 款,敦请除了当事双方的其他理事会成员,继续向理事会提供其代表在现场搜集到的资料。

这些信息在过去被证明具有很高的价值,那些有可能派代表到各地的国家已经同意尽一切可能继续改进目前的办法。

为了达到此目的,这些国家将与双方保持联系,以便如果后者愿意,可以向他们指出希望派遣这些代表的地点。

第 5 款:

设立调查团的依据。由于其纯粹的咨询特性,调查团的职权范围很广。

毫无疑问,原则上任何调查团认为应该予以研究的情况,只要是任何涉及影响国际关系、威胁中日和平或威胁和平所依赖的两国之间的友好谅解的情况,均不排除。两国政府都有权要求调查团审议其特别期望的任何问题。调查团将有充分的自由裁量权来决定向理事会报告的问题,并有权在需要时提交临时报告。

如果双方在 9 月 30 日决议中做出的承诺在调查团到达之时尚未实施,调查团应尽快向理事会报告情况。

特别规定:"如果双方开始任何谈判,这将不属于调查团的职权范围,调查团在职权范围内无权干涉任何一方的军事安排。"后一条款不得以任何方式限制其调查能力。同样显而易见的是,调查团成员将享有充分的行动自由,以便获得可能需要的资料来完成报告。

资料来源:FO 371/15505,第 573—575 页

(余松琦　译　陈志刚　校)

国际联盟

来自中国政府的呼吁
根据《国联盟约》第十一条
理事会于 1931 年 12 月 10 日通过的决议

理事会:

1. 重申 1931 年 9 月 30 日一致通过的决议,其中双方均声明了这些条款的庄严性。因此,根据条款,中国和日本政府应采取一切必要措施以确保其执行。因此,在该决议规定的条件下,日本军队应尽可能迅速地撤至铁路区域内。

2. 考虑到自 10 月 24 日理事会召开会议以来事态已经变得更加严重,提醒双方注意应采取一切必要措施避免局势进一步恶化,同时避免任何可能导致进一步冲突和人员伤亡的行动。

3. 请双方继续向理事会通报事态的发展情况。

4. 请理事会的其他成员,将他们国家的代表在事发地点搜集到的任何资料提供给理事会。

5. 在不妨碍执行上述措施的情况下,鉴于本案的特殊情况,我们希望为两国政府最终解决争端作出贡献。

决定任命一个由五名成员组成的调查团来"就地研究任何情形影响国际关系而有扰乱中日两国和平或和平所维系之谅解之虞者",并即时向理事会报告。

中国政府和日本政府均有权提名一名顾问以协助调查团。

两国政府将向调查团提供一切便利,以便就地获得所需的任何资料。

可以明确的是,一旦双方开始任何谈判,便不再属于调查团的职权范围,调查团无权干涉任何一方的军事安排。

调查团的任命和审议不应以任何方式破坏日本政府在9月30日决议中关于日本军队撤至铁路区内的承诺。

6. 从现在到即将于1932年1月25日召开的下一届常会期间,理事会仍会处理此事,需要提请理事会主席关注这个问题,并在必要时重新召集。

资料来源:FO 371/15505,第 576—577 页

(余松琦　译　陈志刚　校)

致英国领事的密码电报(日内瓦)

外交部,1931 年 12 月 17 日下午 3:40

No. 225(R)

接下来是贾德干致德拉蒙德的电报:

麦克米伦勋爵已经拒绝,现正与李顿勋爵协商中。

资料来源:FO 371/15505,第 579 页

(余松琦　译　陈志刚　校)

英国外交部

1931 年 12 月 19 日

亲爱的李顿勋爵:

今天上午外交大臣不在办公室,当他不在的时候,我冒昧地打开了您12月18号寄到的关于国际联盟满洲问题调查团的信。今天下午我会将这封信转交给约翰先生,相信他会非常感谢您接受了邀请。

到目前为止,可以预见的是,从下个月中旬开始,您离开英国的时间共计约九个月,其中还包括往返的路程。

我相信约翰先生非常希望看到您明确表示接受了该职务。

签名:□……□

资料来源:FO 371/15505,第 580 页

（余松琦　译　陈志刚　校）

外交部文件

1931 年 12 月 21 日

亲爱的李顿:

在我返回伦敦时,我的秘书正式向我展示了您 12 月 18 日的来函。我很高兴您也许能够接受满洲调查团工作的邀请。我相信,埃里克·德拉蒙德先生今天早上与您电话联系时,提供了您需要的所有详细资料。不过,他并没有告诉您,他对您担任团长抱有很大的希望。

鉴于这些细节,我相信您一定会接爱。

签名:约翰·西蒙

资料来源:FO 371/15505,第 581 页

（余松琦　译　陈志刚　校）

4. 英国外交大臣西蒙致英国驻东京大使林德利(1932 年 1 月 8 日)

| 档案编号:F 154/1/10
来自:日本大使(对话)
编号:无
发报日期:1932 年 1 月 8 日
存档日期:1932 年 1 月 9 日
主题:中国 | **国际联盟满洲调查团英国代表**
　　松平先生询问外交大臣是否可以提供调查团英国成员李顿勋爵的资料。西蒙表示李顿勋爵在印度有行政管理的实际经验,而且取得了很多成效,他会绝对公正地解决满洲问题。松平先生表示英国代表可能会产生很大的影响。 |

1932 年 1 月 8 日

先生:

　　在李顿勋爵被国联提名为调查团的英国代表后,日本大使今日下午来电询问他的资料。他问我,除了参考书上的资料外,我能否提供更多的资料给他。我告诉他,我认为李顿勋爵是不错的人选,他在印度有行政管理的实际经验,并且取得了成绩,而且他品德高尚,拥有丰富的阅历,这都会使他受到欢迎。选择一个与中国或日本有直接联系的人是不可行的,因为在这种情况下,他很可能与其中一个国家联系更密切。选择李顿勋爵就避免了这样的问题,他会更加全面地看待问题,而且绝对公正地解决它。

　　松平先生表示他非常重视调查团的代表,并且他特意表示,英国代表可能对调查团产生很大的影响。

签名:约翰·西蒙

资料来源:FO 371/16140,第 188 页

(杨溢　译　陈志刚　校)

5. 英国驻国际联盟代表致英国外交部(1932 年 2 月 8 日)

档案编号:F 1180/1/10 来自:英国代表团,国际联盟,日内瓦 编号:6 发报日期:1932 年 2 月 8 日 存档日期:1932 年 2 月 10 日 主题:中国	中日危机 　　转递德拉蒙德先生和杉村(Sugimura)先生 2 月 3 日的谈话记录。杉村先生指出:如果(1)把李顿调查团成员看作中立观察员,(2)根据第十五条中国政府撤回争端提案,日本政府就会接受美英提案中的第五点。

会见记录

杉村先生今天下午来拜访我，他说：关于美英提案中的第五点，威吉尔（Vigier）先生向他提出了一个非常有趣的建议。第五点内容如下：

"(5) 在接受这些条件的基础上，本着《巴黎和平公约》精神以及国联理事会 12 月 9 日的决议精神，双方在没有其他事先要求或保留意见并且在中立观察员或参与者的帮助下，应该迅速推进谈判以便解决两国之间的突出争议问题。"

杉村先生认为，假如李顿调查团的成员是中立观察员，日本代表可以建议东京接受这一提议。该调查团的任命得到了双方的同意，因而其地位特殊。他的论点基于这样一个事实，即根据 12 月 10 日的决议，国联将在适当时候处理两国政府之间的所有争议问题，包括满洲问题。当然，最好是在远东而不是在日内瓦处理这些问题。因此，他建议在远东进行谈判，且李顿调查团成员作为观察员。但是如果这可以接受，日本政府就必须得到一些回报。四个有关大国是否会建议中国政府撤回其根据第十五条做出的争端提案？

我回答道，我不知道是否有这个可能性，但是如果日本政府提出这样的要求，在我看来，在当前的特殊情势下，考虑到有关问题的错综复杂且极其重要，根据第十二条规定，为国联理事会报告书预留出的六个月时间根本不够。如果完全因为这一实际理由，我想可能会成功触动中国政府，但我当然不能做出任何保证。

杉村先生对形势非常悲观，但他认为这一建议也许能提供一种可能的解决办法。

签名：德拉蒙德
1932 年 2 月 3 日

资料来源：FO 371/16148，第 31—32 页

（孙莹 译 陈志刚 校）

6. 英国驻国际联盟代表贾德干致英国远东司司长奥德（1932年3月1日）

档案编号：F 2222/1/10 来自：贾德干先生致奥德（Orde）先生 编号：无 发报日期：1932年3月1日 存档日期：1932年3月8日 主题：中国	<u>满洲争端中调查团成员的安全</u> 　参照奥德先生2月20日的来信（F1S11/g.）。 　附上来自德拉蒙德先生的信件副本，他2月25日致函中国和日本代表，要求其采取特殊的防护措施以保证调查团成员的安全。

副本

私密

国联，日内瓦，1932年2月26日

亚力克先生：①

非常感谢您2月24日的来信。

基于来信的附件内容，我已致函中国代表和日本代表，并将副本发送给您。

签名：埃里克·德拉蒙德

资料来源：FO 371/16156，第86页

（朱心怡　译　陈志刚　校）

---

① 译者按：指英国驻国际联盟代表贾德干。

副本

日内瓦,1932 年 2 月 25 日

阁下:①

由李顿勋爵主持的调查团,在理事会上分别获得了中国和日本代表认可后,不久将抵达远东地区。

不幸的是,自调查团被任命以来,发生了诸多大事件,导致这一地区的局势对旅行者来说并不安全。因此,如果阁下能获得贵国政府保证,就像在之前理事会上承诺的那样,即调查团成员在进行调查取证时,贵国政府将采取特殊的防护措施以保证其安全,我将不胜感激。

签名:埃里克·德拉蒙德

资料来源:FO 371/16156,第 87 页

(朱心怡 译 陈志刚 校)

副本

日内瓦,1932 年 2 月 25 日

大使先生:②

在这封向您发送的官方信件中,我特别担心调查团在满洲的安全问题,因为日本驻理事会代表曾提到铁路附近有大量土匪出没。

但是,我相信日本政府将在铁路沿线及其附近采取一切强制措施,以保证调查团成员不会受到任何伤害。

鉴于九一八以来发生的诸多事件,很显然我不能向中国代表发送同样的信件,因而在目前的情况下,日本当局必须对调查团的安全负责。

签名:埃里克·德拉蒙德

资料来源:FO 371/16156,第 88 页

(朱心怡 译 陈志刚 校)

---

① 译者按:指中国驻国际联盟代表颜惠庆。
② 译者按:指日本驻国际联盟代表佐藤尚武。

7. 英国驻国际联盟代表贾德干致英国远东司司长奥德 (1932年3月4日)

档案编号:F 2207/1/10 来自:贾德干先生致奥德先生 编号:无 发报日期:1932年3月4日 存档日期:1932年3月7日 主题:中国	<u>满洲中日争端调查团成员的安全</u> 　转发2月29日来自德拉蒙德先生的信件副本,附上有关要求中日代表为确保调查团成员安全而采取防护措施的信件副本。

副本

日内瓦,1932年2月19日

亚力克先生:

　　在您2月24日的来信中,您提醒我注意李顿调查团成员的安全问题。我已收到中日两国代表对我就该问题所作交涉的答复函件,并已将副本寄给您,您可参阅所附函件。

签名:埃里克·德拉蒙德

资料来源:FO 371/16156,第56页

(朱心怡　译　陈志刚　校)

副本

日内瓦,1932年2月26日

先生:①

　　您在1932年2月25日的来信中提到,希望我国政府保证,当调查团成员外出调查取证时,政府须采取特殊的防护措施以保证他们的安全。谨此声明,我已将您的请求转述给我国政府。

---

① 译者按:指国际联盟秘书长德拉蒙德。

不过,我必须借此机会提醒您,调查团成员必须经过的大部分地区现在都处于日本的军事占领下,这些地区或许因日本侵略而不太平。

我确信中国政府会为调查团成员提供各种保护,并在中国政府管辖地区采取必要的防护措施,让其免受军事行动的威胁。

先生,请接受我最崇高的敬意。

签名:颜惠庆

资料来源:FO 371/16156,第 57 页

(朱心怡　译　陈志刚　校)

8. 英国驻上海总领事白利南致英国驻华公使兰普森(1932 年 3 月 30 日)

档案编号:F 3645/1/10 来自:白利南(Brenan)总领事,上海 编号:110 发报日期:1932 年 3 月 30 日 存档日期:1932 年 4 月 2 日 主题:中国	<u>国联调查团对满洲争端的调查</u> 　将 3 月 30 日第 157 号电报副本寄往北平,其内容是有关调查团对上海的访问。

白利南总领事致迈尔斯·兰普森(Miles Lampson)

1932 年 3 月 30 日

先生:

谨随函附上副领事吉特森(Kitson)先生的备忘录,其中叙述了国际联盟为调查中日冲突而访问上海的情况。

2. 调查团在满洲的活动,除了在受到破坏的地区进行调查外,或多或少地受限于社交活动,成员们没有参加任何地方性的和平谈判。在众多的宴会和其他娱乐活动中,他们听到了许多谴责日本在满洲和上海行动的演讲,并给出了一些谨慎而含糊不清的答复。关于调查团,唯一值得注意的是李顿勋爵

在中国大学协会上发表的讲话,他说:"没有任何国家在培养了对其他国家的仇恨和敌视态度之后,再期望国联介入,使他们免受这种态度的影响。"可以预料,外国在华侨团不会像中国媒体那样对此番言论抱有好感。对外国在华侨团而言,他们曾受过苏联指导下中国民族主义者的排外运动之苦。

3. 虽然调查团没有干预上海的局势,但他们对那里的情况很感兴趣。应李顿勋爵的要求,我与布莱克本(Blackburn)领事一起,尽我们所能,向他描述了日本人攻击这座城市的起因和最初经过。另一方面,他告诉我们,日本人在1月28日,也就是他们袭击的第一天晚上,已经潜入虹口公园附近的吴淞铁路西边的闸北,尽管后来他们退到铁路线以东。这是我们以前不知道的事情。日本海军当局承认了这一点,并解释说,日本许多侨民住在这一地区,他们只是派日本水兵去保护侨民。

4. 然而,根据租界防御计划,以铁路线以西为界的这一地区远在分配给日本人的地区之外。而日本后来对侵入此地的解释是他们只是打算与其他国家的防军合作占领外国的防区。

签名:白利南

资料来源:FO 371/16165,第225—226页

(孙莹　译　陈志刚　校)

副领事吉特森的备忘录

去年12月,国联决议设立调查团,旨在"就地研究任何情形影响国际关系而有扰乱中日两国和平或和平所维系之谅解之虞者,并报告于理事会"。调查团于3月14日下午9点乘坐"亚当斯总统号"从日本出发抵达上海,调查团的中国顾问顾维钧博士、上海市市长吴铁城将军、外交部副部长郭泰祺先生以及外国领事代表和上海租界议会代表向他们表示了欢迎。调查团成员如下:

英国人李顿为团长。

团员包括:法国克劳德(Claudel)将军、意大利马柯迪(Marescotti)伯爵、德国希尼(Schnee)博士,以及美国麦考益(McCoy)少将。

2. 中国各界大力宣传调查团的到来,且对他们的到来表示了欢迎,他们在此停留的大部分时间里一直如此。3月14日,很多主要街道上出现了海报,其中代表性的海报内容如下:"正义是我们唯一的诉求""中国坚守国联盟

约""中国遵守《凯洛格—白里安公约》""中国尊重《九国公约》"。所有的地方中文报纸都表示了对调查团的欢迎，现将《中国时报》的一篇文章翻译出来，其内容能反映出中国民众对调查团的一般态度：

"我们坚信，《国联盟约》和《非战公约》是维护世界和平的理想手段，能促进人类的共同利益和国际争端的解决。我们只是要求维护国家主权独立以及领土和政治完整，这是《九国公约》的基础和保证……我们坚信，尊敬的调查团成员们今天来到这里，将证明自己是强有力的国际法律与正义的捍卫者，带着无可置疑的能力和公正去判定事件的对与错。"

3. 在他们到达的第二天，调查团开始了繁忙的正式接待和宴会。在此过程中，一些重要的中国官员接待了他们，包括顾维钧博士、宋子文先生、郭泰祺先生、吴铁城将军和孔祥熙博士，还有上海中华总商会、上海大学联合会、中国新闻协会、上海华人律师协会等具有代表性的中国组织，以及目前在上海的外交、海军和军事代表。不久之后，调查团成员发现，连续的社交娱乐活动使得他们几乎没有时间认真开展调查工作。在第一周结束时，所有纯粹社交性质且与调查团工作没有直接联系的午餐和茶会活动，调查团决定将之全部取消。3 月 21 日，在中日双方代表的陪同下，调查团成员对上海的战区进行了大范围调查，并于 3 月 22 日开始对中日两国官员、银行家和商人进行一系列访谈，直至 3 月 26 日前往南京。

4. 无论是中国媒体还是中国主持人在晚宴的讲话，总体上采用的语气能让调查团感受到中国是国联值得信赖的一方。国联是正义的捍卫者，全世界都知道中国受到了不公正的对待，因此国联必须维护中国。在新闻界看来，这个问题不可能有两面性，因为世界舆论已经对日本定罪了。然而，调查团刚刚从日本抵达中国，毫无疑问，他们的思想已经被日本阴险的宣传毒害了。有人说，中国不是一个有组织的国家，所有的麻烦都是由于中国抵制日货以及没有遵守日本在满洲的条约权利。调查团不大可能会被这样的说法蒙蔽，然而成员们很有可能被引导着去相信日本的某些说法，以及认为中国应该为所发生的事情受到部分谴责。

5. 考虑到中国人在这种批判心态下的看法，在之前的一些讲话中，李顿勋爵建议必须对当前不公正的断言予以不偏不倚的判定，这不足为奇。有人提醒说，"国联期望调查团成员心里有和平，而不只是说说而已"，而这却被解释为只是为了中国的利益。3 月 16 日，在为上海大学联合会发表的讲话中，李顿勋爵提到"没有任何国家在培养了对其他国家的仇恨和敌视态度之后,再期望国联介入,使他们免受这种态度的影响"。而《中国时报》对此的看法是:中日争端的起因是中国对日本的仇恨。其推测李顿勋爵的观点是:中国应该听天由命,接受外国侵略,而不采取任何自我防卫措施。文章总结道:"如果这真的是调查团的态度,那么,国联的所有和平呼吁都是虚幻的空话,所有神圣的国际条约都只是一纸空文。"

6. 然而,上述反应能够看出中国人对此事自然而然的高度敏感,而不能证明上海的中国人总体上对调查团持不利态度。我们有理由相信,当地较为理智的中国人,肯定了调查团成员明显的公平和正直,关于国联期望从其成员国中得到和平的基础,他们也承认李顿团长对这个要求所做的解释很公正。在李顿勋爵的所有讲话中,他都谨慎地不做任何承诺,而且在很大程度上,他只是小心地概括盟约中的原则以及建议如何执行这些原则。

7. 关于调查团成员可以在中日两国进行的和平谈判中进行斡旋的建议,调查团发表了一项声明,内容是:只有在中日两国政府明确给予邀请和指示的情况下,调查团才可以参加和平会议。然而,调查团并没有收到这样的邀请。

8. 在3月26日星期六这一天,调查团启程前往南京。在顾维钧博士的陪同下,团长和意大利成员乘船前往南京。第二天,法国、德国和美国成员乘火车前往杭州,随后乘汽车前往南京。

签名:吉特森

资料来源:FO 371/16165,第227—230页

(孙莹 译 陈志刚 校)

9. 英国驻华公使兰普森致英国外交部远东司官员韦尔斯利(1932 年 4 月 5 日)

	中日争端
档案编号:F 4710/1/10 来自:兰普森先生(上海)致维克托·韦尔斯利(Victor Wellesley)先生 编号:无 发报日期:1932 年 4 月 5 日 存档日期:1932 年 6 月 8 日 主题:中国	附上 3 月 29 日英格拉姆(Ingram)先生来信的副本,其中记录了中国人对上海事件和满洲事件的态度。

上海

1932 年 4 月 5 日

维克托先生:

　　我附上了英格拉姆先生从南京发来的信件副本,其中讲述了南京当地民众的反应。目前的政治局势影响了当地的着装,您可能会对此感兴趣。尽管南京的流行趋势往往都有点虚假,而且并不总是像天气变化那样真实可靠。

签名:兰普森

资料来源:FO 371/16171,第 142 页

(朱心怡　译　陈志刚　校)

副本

南京

1932 年 3 月 29 日

迈尔斯先生:

　　在过去的两周里,我发现这里民众的态度似乎十分强硬。这是一种无形的印象,很难用具体的章节或段落描述,但总体可以归结为我在 3 月 5 日的第

65 号电报中的第四和第五段。如果上海的谈判不能让日本人撤回租界或越界筑路区，我相信中国人完全有能力恢复之前的敌对行动。我的美国同事收到消息称"铁甲军"已抵达江苏南部，并正在向无锡进军。

李顿勋爵指出，人们的言论多是对邻国的仇恨，并期望有人能将其从水深火热中解救出来。年迈的罗博士努力争辩说，中国人并不排外，除非外国人做了他们不喜欢的事情。他还说了一些荒谬的话，比如"如果引起鸦片战争的争议集中在巧克力而不是在鸦片上，那么战争将不会发生"。诚然，他是一个非常令人厌烦的人，因此不能指望这个"老男孩"太多！

引起人们骚动的另一个原因是西蒙先生对承认"新满洲国"这一问题的处理，当局解释说，这暗示英国在某些情况下会承认这个"新的国家"。我坚持认为，任何决定的做出都必须在对事实进行详细的调查之后，而且我们国联成员必须等待调查团对这些事实的澄清并弄清建立它的具体目的。无论如何，李顿勋爵的演讲让民众受到了一些伤害，而且他们对外交大臣的言论也有些不安；但与此同时，人们对十九路军重燃信心，这抵消了这些消极暗示，人们纷纷表示十九路军现在有时间进行补充休整并恢复元气。当地民众正在迅速振作起来，与此同时，我认为他们越来越接受这样一个事实，即他们在满洲的地位，在很长一段时间内再也不会和以前相同。他们坦率地表示对国联调查团及其可能实现的目标持怀疑态度，并且开始认为满洲将成为第二个"阿尔萨斯-洛林"，这也在我们意料之中。亚洲司负责人前几天表示，他们对满洲的唯一具体的政策就是收买溥仪，并通过"游击战"向全世界表明中国人对傀儡政府是多么深恶痛绝，同时也想向日本人表明满洲对他们来说并不是一个好地方。自然而然地，我认为，如果亨利·溥仪考虑过去的经历，就会有充分的理由不再相信国民政府的任何承诺，而继续"打游击战"只会给日本人提供借口，延长他们对满洲的军事占领。当然，罗博士和其他人也表示，如果中国在满洲的主权得以恢复，他们就会把国家精英送到满洲，创造一个美丽的天堂。在那里，中国人和日本人能够友好相处，互惠互助，并且向外国人敞开大门。而且，为了让日本人对当地满意，他们已做好充分的准备，甚至都为铁路联合管理和利润分摊做出了系列安排。但是，就算有机会，我想知道他们的提议值得信任吗？能够实现吗？日本是否准备承担任何此类风险呢？这一切似乎都是不可解决的，因而我并不羡慕调查团的工作。

前几天我与陈公博进行了一次非常有趣的谈话。在 3 月初的洛阳会议后,他被汪精卫派去审查和报道中国北方的政治局势。他先去拜访了阎锡山,发现其在与国民党和解之后回归到中立的角色。陈公博确信阎锡山没有进一步的政治野心,并承诺如果他能拥护南京政府统治,就支持他开发当地资源和发展本地产业。接下来,陈公博去了北平。他完全相信(张学良)这位年轻元帅对南京的忠诚,但对其辅佐人员表示非常悲观,并对他的军队也不够满意。陈公博建议南京政府派遣一位值得信任并积极主动的资深顾问来支持和指导张的工作。接下来他又突然造访了济南。他从车站带走了一名富豪,绕过小镇,发现并没有抵制日货活动,日本人在那里的所有活动享有全部豁免权,然后他就这个问题会见了韩复榘。韩复榘说,他已接到政府的指示,要求与日本人妥协,但陈无法从韩发出的指示中明确得到信息,虽然他向我暗示可能是蒋介石的意思。无论如何,在陈公博回到南京时,他对山东更加忧心忡忡,充满疑虑,并希望最终能够将韩复榘调派到其他省份,但他很清楚在派遣通知下达之前很有可能会出现变故。当然,这一切的背后原因错综复杂,即使是在扩张时期,也没有中国人能讲出这些问题的全部真相。不过,偶尔探究一下公认最隐晦的真相或许有一定用处。

罗文干告诉我,在他看来,国民党统治的日子已经屈指可数,将于4月7日在洛阳召开的“国难会议”可能会让其发现必须认真考虑宪法了。我想知道,而且我必须说明,这不是我最近听到的唯一的个人坦言,国民党即使不灭亡,其政府制度也会彻底发生改变。然而,无论是抬眼向前看,还是进行预言都无计可施,但目前在南京,对其政治制度的批判比以往更加自由了。

请原谅我发的这份冗长的信函,但我知道即使身处无休止的谈判中,您也会对这些匆匆写下的记录感兴趣。

签名:英格拉姆

资料来源:FO 371/16171,第143—146页

(朱心怡　译　陈志刚　校)

10. 英国驻南京副领事图森致英国外交部(1932 年 4 月 5 日)

档案编号:F 37049/1/10 来自:副领事图森(Tuson),南京 编号:无 发报日期:1932 年 4 月 5 日 存档日期:1932 年 4 月 26 日 主题:中国	**国联调查团访问南京** 　将 4 月 5 日的第 16 号复印件发送给北平,提交调查团访问南京的报告。

1932 年 4 月 17 日

图森先生发送的第 16 号文件第 1 号附件

3 月 28 日由行政院长在午餐会上发表的国联调查团欢迎词

李顿勋爵,调查团成员们,先生们:

我谨代表中华民国政府,向你们致以最诚挚的欢迎。我们真诚地赞赏贵团忠诚地完成国际联盟赋予你们的重要使命。你们所有人都来自遥远的国度,目的是调查中日之间的冲突。当贵团仔细调查淞沪地区及周围的战争废墟时,你们应当看到我们的文化机构、商业和工业设施几乎被日本陆军、海军和空军化为灰烬的可悲场景。数以千计的生命被杀害,无数工人失业,无数的学生无家可归,成群结队的妇女和儿童无家可归。这种情况已经达到了令人震惊的程度,你所看到的仅仅是 1 月 28 日以来日本侵略者在淞沪地区肆意破坏的一幕。但是,在距离吴淞湾遥远的地方还有很多令人痛苦的场景,在满洲的情况也就很容易想象和推断了。

先生们,作为《国联盟约》的签署国,中国和日本都有履行维护和平和防止战争的庄严义务。不幸的是,目前中日之间的状态,基本与战争没有什么区别。但是,我必须在此庄严宣布,中国绝不应该为如今的不幸事态负责,因为日本的持续侵略使我们的自卫政策必要且合法。

从 9 月 18 日开始,当日本强行攻取被外国称为满洲的东北三省时,中国继续遵守其对国际联盟的义务,相信国联将公正公平地解决冲突。到目前为止,中国已真诚地接受了联盟理事会通过的所有决议,而日本却一直无视这些决议。最近,日本完全无视国联大会特别会议通过的决议,入侵中国东南部。因此,日本不仅是中国领土、行政完整和主权的侵略者,而且公然违反最庄严的国际协议。

我现在代表国民政府,向你们提出中国人民的希望和愿望。国民政府遵照中华民国创始人的意愿,努力争取中国的国际自由和平等,这并不是一个仇恨外国人的民族愿望。国际自由与平等是中华民族生存在世界上不可或缺的条件。事实上,中国确实在凡尔赛和平会议和华盛顿会议上所做的发言中提出了这些要求。随后,在 1925 年至 1927 年间,从广州出发的国民党政府及国民革命军实现了中国的统一,这些要求变得更加持久和明确。因此,任何一个觉醒国家固有的民族独立和国际平等的愿望,在任何国家争取生存的斗争中都是最重要的,当然不是排外的。这是一个值得您认真考虑的事实。

中国不仅不与外国对立,而且尊重与外国签订的庄严条约。尽管中国要求废除现有的不平等条约,但她从未提议在未经有关方面同意的情况下实施废除。中国相信,单方面的废约和基于平等互惠原则的缔约不仅是她继续存在的必要条件,也有利于所有相关国家的真正利益。因此,我相信大国将与中国合作,以实现这一共同目标。

一个例子可能有助于证明中国在尊重合法条约权利方面的诚意。在日本最近入侵淞沪期间,日本人将租界作为登陆地和作战基地。这使中国军队的防卫处于极大的劣势,造成了不必要的重大损失。但是,尊重这些条约的中国自始至终都没有危及租界的安全。因此,当日本将租界作为其对抗中国军队的军事行动基地时,中国军队没有在租界里攻击日军进行报复,以免危害租界的安全。仅凭这一事实,你就可以了解中国政府和人民的耐心与克制。

先生们,当你们取道日本前往中国时,日本可能告诉你们中国人民正在进行抗日活动,例如抵制日货。现在应该指出的是,中国人民只是在日本采取侵略性措施的情况下才采取这种行动。可以回顾一下,1915 年日本向中国发出最后通牒,迫使我们签署臭名昭著的"二十一条"。结果,就像现在一样,中国人被迫停止与日本的贸易活动。1928 年,济南事件产生了同样不幸的后果。

从 9 月 18 日开始,随着日本在中国发起的每一次新的袭击,中国人民对日本人的不满情绪都在增加。鉴于中国最初没有对日本人产生任何敌意,因此,确保停止此类活动的唯一有效手段就是日本停止对中国的敌对和侵略活动。

目前,中国人民只有一个愿望——维护领土和行政完整以及主权独立。因此,任何情况下,我们都不能容忍在东北建立傀儡政府,日本吞并朝鲜之前也对朝鲜采取了相同的措施。但是,我想强调的是,在领土和行政完整以及主权不被侵犯的同时,中国完全欢迎友好国家的合作,促进东北经济的发展。您可以进一步确信,中国和其他所有大国一样,迫切地希望确保和平和尽可能充分地发展经济。

我很荣幸有机会向您表达我们的观点,并准备尽最大努力与您合作,以实现您的重要使命。最后,我希望表达我真诚的愿望,祝愿你们维护正义与和平的努力取得成功,同时我提议为你们的健康和这个美好愿景举杯。

南京,1932 年 3 月 28 日中午 12 时

资料来源:FO 371/16166,第 49—52 页

(余松琦 译 陈志刚 校)

1932 年 4 月 5 日

图森先生发送的第 16 号文件第 2 号附件

李顿勋爵对汪精卫先生的回复

阁下,先生们:

我谨代表调查团成员,对于您代表国民政府的热情欢迎表示衷心的感谢。我想借此机会说明,昨天早上抵达首都时,问候我们的中国人民的信心和善意给我们留下了深刻的印象,使我们深受鼓舞。我经过杭州的同事告诉我,他们一路走来人们也表现出了类似的欢迎我们完成任务的情感。而现在似乎是要给这些群众活动画上句号似的,阁下以全中国的名义欢迎我们,向我们保证您对国联的信心,并对我们寄予厚望,希望我们能为你们带来有效的帮助。

您给我们的招待让我们感到非常荣幸。我们认识到,中国在这场磨难中表现出了极大的宽容,这样的磨难一定会激起民众最深切的情感。你们政府方面也表现出勇气,毫无保留地将你们的真诚交给了国联。我们确信国联会向您证明,您的信心并没有错付,我可以向您保证,我们将竭尽全力实现这一

目标。

在世界各地,在所有人中,我认为公认的荣誉义务不会让那些信任您的人失望。国际联盟承认其对所有成员的义务,但它可以给予任何成员的帮助取决于不伤害任何其他成员国。国联不能帮助一个成员伤害另一个成员,但它可以通过多种方式为任何成员提供服务,前提是这种服务不会对另一个成员的权利造成损害。因此,院长先生,你说中国人民只有一个愿望——维持本国领土和主权完整,我可以立刻向你保证,这必然是国联实施任何和解的前提条件。国联不能向其成员建议任何不符合其条约义务的做法。

根据我提到的情况,国联委托我们为您提供任何有助于你们的帮助,同时向您保证你们会得到公正的回报。

南京,1932 年 3 月 28 日中午 12 时

资料来源:FO 371/16166,第 53—54 页

(余松琦　译　陈志刚　校)

1932 年 4 月 5 日

图森先生发送的第 16 号文件第 3 号附件

3 月 28 日外交部长在晚宴上欢迎国联调查团的致辞

李顿勋爵,调查团成员们,先生们:

我谨以中华民国国民政府的名义,欢迎作为世界最高权力机构国际联盟的代表的你们。

自当前的危机发生以来,我们将我们的事业委托给国际联盟,相信通过庄严和自由建立的国际联盟能为我们伸张正义。很高兴能够借此机会向理事会和国际联盟全体大会公开表示中国在防止局势恶化或尽量减少冲突方面所作的努力。我们特别怀念主持理事会审议工作的伟大政治家白里安先生,他的逝世引起了整个法国的关心和全人类的同情。

在我们历史上最悲惨的时刻之一,你们登上了中国的土地。当你离开欧洲时,东北三省局势的演进已经威胁到中国的领土完整。从那时起,日本在上海采取的军事措施已经危及我们社会和政治组织的基础。

自民国宣布成立以来,正如你们所知,中国试图使自己适应近代的政治和社会观念,以便通过稳定与和平的发展,将尽所有努力为世界的繁荣和进步作

出贡献。

我们充分意识到,这个任务在一个拥有世界总人口五分之一的广袤大国面临困难,而且通信手段的不足以及其他因素阻碍了开明阶层对人民的影响。

先生们,中国当前的政治和行政组织与你们国家有所不同。管理和发展共和政权的任务确实很重要。因此,障碍是不可避免的,我们有时不得不尝试新的实验来加速实现我们的新理想。我们希望至少在没有外部危险的情况下继续努力,并得到所有国家的同情和友好支持,特别是那些领土与我们毗邻的国家。

在我们试图摆脱所有混乱和障碍的时候,我们只希望与一个邻国建立基于平等、互惠和相互尊重彼此主权和独立的友好关系。但这个邻国却认为有必要用武力攻击我们。在没有任何事先通知的情况下,在没有诉诸国际法以及中国和日本签署的条约所规定的和平手段解决国家之间分歧的情况下,日本首先在东北三省实施武装进攻。然后在天津,在上海,无视所有对你来说所熟知的约定。

作为一个比其他任何国家都更珍惜和平的国家,我们立即采取了一种和解的态度,希望我们的温和会使侵略者改变他的行为。如你们所知,这个希望落空了。先生们,你们已经能够在上海收集有关1月28日以来所发生事件的全部信息,并能亲自判断在没有任何理由的情况下日本对爱好和平和无辜的人民造成的痛苦程度。

为了保卫我们国家的领土,我们以军事力量施以反击。我们将继续奋起抵抗入侵者。但我们为实现和平的深刻愿望而充满斗志,并准备接受所有与国联和现行条约决议相一致的光荣安排,以结束目前的冲突。

先生们,我们对你们调查的成功以及你们将对国际联盟提出的建议充满信心。我们知道你们是如何彻底受到公正精神的启发,当我们派出与你们合作的顾问通知你们时,我们将为你们提供我们掌握的所有你们在调查过程中可能需要的材料和信息。我们不会有任何保留,相信坦率和怜悯最能表明我们事业的正义。

我提议为了你们的健康和使命成功举杯。

资料来源:FO 371/16166,第55—57页

(余松琦　译　陈志刚　校)

1932 年 4 月 5 日

图森先生发送的第 16 号文件第 4 号附件
李顿勋爵对外交部长罗文干的回复

阁下,先生们:

非常感谢你们的热烈欢迎。我已经说过,今天在午餐会上回应行政院长的祝酒词时,我们对中国首都的接待表示高兴,并且人们对我们的工作表现出了明显的兴趣。

我很欣慰你们对于因白里安先生的逝世给世界带来的损失如此感慨。也许没有一个政治家能够像他一样为国际和平事业那样呕心沥血,没有人做过比他更多的工作来加强世界对国际联盟的信心,他正是这样一位忠诚的服务者。我记得在日内瓦的一次会议上,一位代表对我说:"白里安先生是今天世界和平组织的主要支柱。"这一支柱现已消逝,但是白里安在他的生命中作出的贡献并没有因为他的逝世而停止。他不止一次成功地带领联盟渡过危机。毫无疑问,现在的情形比先前任何时候都更严重,更复杂,更困难。它已经最大限度地挑战了联盟成立的原则,并且它将成为对联盟机制效力的最高考验。在这一刻,我们都想念着过去那只引导我们的手,那给各国带来了希望和安慰的雄辩的声音。他本人是理事会主席,任命了我们所属的委员会成员,他在联盟最伟大的考验时刻去世了,但他的工作做得很好。我相信联盟将从胜利的考验中脱颖而出,并证明它本身就能够承担沉重的责任。

先生,我们欣赏中国在从旧秩序向新秩序过渡的过程中解决的诸多困难。您所说的共和国在迈向统一之路的过程中遇到的障碍是不可避免的。在一个如此辽阔、道路和铁路设施如此恶劣的国家,这些都是无法避免的。正如您所说,这些困难应引起其他国家的同情和支持。它们是解决中日争端时必须牢记的事实。国民政府如果带着勇气和决心,就可以克服它们,联盟将竭尽全力保证你们实现这一目标所必需的外部和平条件。

南京,1932 年 3 月 28 日上午 8 时

资料来源:FO 371/16166,第 58—59 页

(余松琦 译 陈志刚 校)

1932 年 4 月 5 日

图森先生发送的第 16 号文件第 5 号附件
国民政府主席欢迎国联调查团的致辞

我谨代表中国和中国人民,向你们——李顿勋爵和调查团其他尊敬的成员们致以最诚挚的欢迎。我们热切希望并祝愿你们的使命取得圆满成功,从而使远东地区免受重大国际危机的威胁,并开创坚守原则的先例,此后世界都将乐于遵循这一模式。

中国人天生爱好和平。我们一直认为,今天比以往任何时候都更需要国际和谐,因为各国之间的对抗和不和谐并没有使所有人受益。我们希望与远近的所有邻国都能和平相处。即使在曾经存在而且仍然存在的最艰难的情况下,我们也保持着极大的忍耐。我们对国际联盟充满信心,不仅因为它得到世界自由与开明的观念的支持,而且因为它是和平原则的体现,而和平原则本身能引领世界走向所有国家共同进步和繁荣的未来。

然而,在促进这种友好关系时,我们认为,相互满意和持久的国际条约应该建立在尊重彼此领土和政治主权的基础上,这实际上是联盟公约的基本原则之一。因为我们认为持久和平不能通过军事力量来维持,而必须建立在正义和善意的基础上。

我想告诉调查团的各位成员,我们真诚地希望通过你们的调查和建议,找到一个公正且永久的解决方案来调整中日关系,我相信我正在表达我们全国同胞的一致感情。因此,远东地区的和平不仅有利于中国和日本,也有利于所有在其中有相关利益的国家。

先生们,我再一次热烈欢迎你们的到来。

资料来源:FO 371/16166,第 60—61 页

（余松琦　译　陈志刚　校）

1932 年 4 月 5 日

图森先生发送的第 16 号文件第 6 号附件
李顿勋爵与国民政府主席林森先生共进晚餐时的讲话

阁下,先生们:

非常荣幸能受到中国国家元首的欢迎,感谢您的热情款待。

　　您与我们说话时的庄重与您的地位同样令人敬佩,以及您的雄辩令我望尘莫及。在令人钦佩的言辞中,您描述了国联与其所有成员的关系及其作为维护世界和平机构的使命。你们还温和公正地表达了中国人民的正当希望和愿望。

　　当我们在日本时,该国外相告诉我们,维持远东地区的和平是日本外交政策的基石,我冒昧地对他说:"在这种情况下,正如你们在联盟的代表一样,我们也是你们的使者,因为这就是我们此次任务的目标。"现在,今晚,我想请阁下以同样的条件接受我们,我们也是中国的使者。我们真诚希望通过我们的调查,联盟能够找到您所提到的公正且永久的解决方案。

　　我们只是普通人,因此我们可能无法充分履行国联施加给我们的沉重职责;但是,至少我们希望为两国的永恒利益服务的好意不会令你们失望,这是我们的愿望。我们希望在当前的困难中,双方都能在联盟中找到真正的朋友和帮手。

　　虽然我们从很多国家中被挑选出来,但我们并非自己国家的代言人。我们不是分开的,不是代表个体;调查团作为一个整体,是联盟的服务者,其任务是在可能的情况下帮助联盟在已知的条件下为远东地区的和平奠定基础。

资料来源:FO 371/16166,第 62—63 页

(余松琦　译　陈志刚　校)

1932 年 4 月 5 日

图森先生发送的第 16 号文件第 7 号附件

在由中央执行委员会举办的午餐会上秘书长的致辞

调查团尊敬的成员,女士们,先生们:

　　我们非常感谢您向已故的孙中山先生,中华民国的国父和国民党的创始人的致敬。

　　孙先生毕生致力于中国的革命事业,在成功推翻专制政府,建立中华民国之前,经历了无数艰辛,勇于面对无数挑战。他的《建国方略》和《建国大纲》,其中第二部分《国际共同开发中国》,展现了其广阔的视野和对细节的关注,正如对新中国的经济和工业计划以及国民政府的立法和行政措施一样,深具指导意义。

　　但孙先生不仅仅是革命家或实干家。他的"三民主义",在英语世界中被称为人民三原则,体现了一种崇高的政治哲学,不仅拯救了中国,而且将中国的复兴作为基石,承诺促进国际合作,实现国际和平、安全与繁荣。

在他就职中国第一任临时总统时发表的宣言中,我们已故的创始人首先表达了"中国人民与邻国建立友好关系的真诚愿望",具体说明中国希望"与所有友好的力量合作促进文明进步",恰如其分地将其视为"全世界任何人都无法超越的最高尚的事业"。我们尊贵的访客可能已经想起了这一点。

因此,他主张不仅在铁路建设和各种其他工程项目中与各大国合作,而且在东西文化融合、中国的伦理观念与西方的科学知识融合的文化项目中,也应与之合作,以此形成新时代的文明。

在同一篇发言中,他还说:"中国人民本质上是和平的,守法的。除非被迫进行自卫反抗,否则他们不会轻启战端。"尽管在目前的危机中陷入了令人遗憾的困境,但中国人民一刻也没有忘记他们受人尊敬的领袖的劝告。

在你们到达他的陵墓之前,你们会经过一个牌坊,上面刻着孙先生手书的"博爱"。"博爱"这个铭文在精神上与孔子的教诲一致,"四海之内皆兄弟"。毕竟世界是一个大家庭,不同的国家都是兄弟。在中国这样一个组织良好的家庭中,有一套有效的族规家法来检视不遵守秩序成员的暴力行为。这是确保家庭内部和平的唯一途径。毫无疑问,国际大家庭也是如此,只有通过这种方式才能实现正义、和平与安全。

我们被诸位不遗余力维护世界和平与公正的态度所感动。为表我们的敬意,我们庄重且充满敬意的回忆并阐释我们敬爱的领导人的教诲,希望你们——我们尊贵的访客,以及联盟内外的友善力量能意识到国民党是其意志的真诚执行者,我们将忠实追随我们的创始人孙中山先生的教诲。祝你们完成你们的崇高使命。

南京,1932 年 3 月 30 日

资料来源:FO 371/16166,第 64—66 页

(余松琦　译　陈志刚　校)

1932 年 4 月 5 日

图森先生发送的第 16 号文件第 8 号附件

以下是李顿勋爵在中央执行委员会举行的午餐会上发表的讲话全文

秘书长,先生们:

这是调查团成员很有兴致的一个早晨。我们被带到了你们的伟大领

袖——中华民国之父孙中山先生最后的安息之地。我十分遗憾没能在孙先生有生之年见到他，但我把他看作我们生活的时代的伟大人物之一——也可以说他是"建筑师"的新人之一——他建造了一个国家。

今天上午参观陵墓时庄重的氛围和优雅的环境给我们留下了深刻的印象，我们认为这位伟大人物值得这样的尊敬。我们相信，多年后它将成为所有对进步政治感兴趣的来自世界各地的人们朝圣的地方。

我想说，我认为这座纪念碑的出色确实归功于它的设计师和建筑师；但是，孙先生真正的纪念碑不仅仅出现在我们访问过的这座山上，还出现在整个中国，明天的中国将会是孙先生的真正纪念碑。在那里，他的原则和他富有建设性的工作都将付诸实践。令我开心的是，我听说国际和平以及同其他国家合作是他为这个国家遗留下来的那些原则中最重要的一部分。

如果孙先生是现代中国的建筑师，那么你们的机构则正在继续他的建筑工作。因此，我们可以这么说，离开逝去的建筑师的陵墓后直接朝我们而来的应该是我们遇到的活生生的建设者。我们感谢您给了我们这次与您会面的机会，并祝愿您所参与的建设事业取得圆满成功。我们将为现代中国的建设者举杯，愿他们的事业繁荣昌盛。

资料来源：FO 371/16166，第 66 页

（余松琦　译　陈志刚　校）

1932 年 4 月 5 日

图森先生发送的第 16 号文件第 9 号附件

蒋介石将军 1932 年 3 月 30 日在他举办的一次晚宴上向调查团发表的讲话

李顿勋爵，联盟调查团的成员们，女士们，先生们：

今晚能够欢迎国联调查团我非常高兴。我希望你们能够在更快乐的氛围中来到我们的国家，这样我们就可以按照传统的方式欢迎远道而来的朋友。感谢你们的访问，很高兴见到你们，因为我们意识到我们的国家危机是由外部危险引起的。

也许你们知道，中国社会所依据的基本原则之一就是相信真诚是友谊的基础，我们认为向朋友们展现热情是一种巨大的荣幸。我们国家有着丰富的历史和文化背景，我们很高兴能够陪伴你们到这些古老的中心，这样你们就能

更好地了解和理解今天新中国面临的问题。广阔的领土、庞大的人口、古老的传统和我们文明所特有的鲜明特征——所有这些都必然使得中国过渡到现代国家的过程远比小一点且没有如此厚重历史背景的国家更加缓慢。

你们在这里有一个明确的使命。因此,请允许我向你们保证,我们的目标和荣幸是为你们提供一切便利和机会,以直接进行研究和调查,并收集所有必要的材料和信息,以便你们作出全面彻底的报告。

欢迎你们随时来访,也希望你们能够以任何方式无拘无束地自由工作。让我们为我们尊贵客人的健康和他们使命的成功以及实现国际联盟的理想干杯。

资料来源:FO 371/16166,第 67—68 页

(余松琦　译　陈志刚　校)

11. 英国驻华使馆官员霍尔曼致英国远东司司长奥德(1932 年 4 月 19 日)

档案编号:F 3548/1/10	调查团访问满洲以及顾博士入境问题
来自:霍尔曼(Holman)先生,北平 编号:204,非常机密 发报日期:1932 年 4 月 19 日 存档日期:1932 年 4 月 20 日 主题:中国	报告内容如下:由于顾博士被拒绝进入满洲,最近调查团在他们接下来的行动中遇到了困难。报告也总结了日本代办和李顿勋爵的谈话,并补充说,李顿勋爵曾认真考虑使用日本和中国军舰运送调查团。 转发给东京和兰普森先生。

《泰晤士报》
国联调查团在满洲

———————

前往奉天

深度报道

北平，4 月 19 日

国联调查团已前往奉天。经过多次讨论，最后决定将调查团成员分成三组，两组从秦皇岛沿海路出发，另一组乘火车。团长李顿勋爵将和中国顾问顾维钧博士一起，乘中国"海圻号"巡洋舰前往大连，途经南满铁路；法国克劳德将军和德国希尼博士将乘坐日本驱逐舰；美国麦考益少将和意大利马柯迪伯爵将乘坐途经山海关的火车。据了解，顾博士在满洲享有充分的行动自由。

资料来源：FO 371/16165，第 61 页

（孙莹　译　陈志刚　校）

来自中国

译电　霍尔曼先生（北平）　1932 年 4 月 19 日

发报时间：1932 年 4 月 19 日 17：48①

收报时间：1932 年 4 月 19 日 14：30

编号：204

非常机密。

在过去的几天里，调查团似乎发现，由于顾博士被拒绝进入满洲，他们很难决定下一步的行动计划。因此，他们决定推迟出发。此外，他们要经过大连前往奉天，日本人无疑给他们施加了相当大的压力。

在收到英格拉姆先生发往上海的第 137 号电报后不久，我在这里会见了日本代办。他肯定地告诉我，日本政府非常担心顾博士会继续与调查团一起前行，且给满洲当局造成压力，以至于很难保证他的安全。他指出，日本军队当然会尽可能地保护整个调查团，但其在日本军事控制区以外的安全，日本政

———————

①　译者按：由于时差，收报时间早于发报时间，原文如此。下同。

府不可能做出任何承诺,这很合理。

4月17日,李顿勋爵请我前去并向我阐述他的最新看法。他首先给我看了一封4月14日从"满洲国"外交部发来的电报,该电报表达了对调查团的欢迎之意,但坚持反对顾博士作为中国顾问与他们一同前来,因为顾博士与旧政权有着密切的联系,此次到来,是打算参加那些反对"新政权"的破坏活动。"满洲国"外交部补充说,他们愿意换一个人进入满洲。李顿勋爵后来向我解释说,虽然起初他赞成留在北平解决争议的问题,但现在他的成员们认为,调查团进入满洲后,直接联系地方当局,并且在日本保证安全的地区开展工作要好得多。

关于调查团通过铁路还是通过大连前往奉天的问题,李顿勋爵告诉我,日本人只能充分保证在日本铁路区内的安全,因此他们已安排了一艘日本驱逐舰前往大连。李顿勋爵拒绝了这一建议,他要求我私下向英国大使询问,是否可以派遣一艘英国军舰以供驱使。他的想法是,调查团成员和中国工作人员可以通过这种方式前往大连,而其余人员则乘火车前往奉天。李顿勋爵给我留下了深刻的印象,他渴望采取一切防护措施,以保证顾博士的安全。李顿勋爵认为,调查团只能相信日本军方做出的在他们势力范围以内的保证安全的承诺。顾博士建议在满洲的火车上配备中国或国际警卫,李顿勋爵认为这不可行。

在昨天与李顿勋爵的谈话中,他说明了使用日本和中国战舰的必要性,调查团已经认真讨论过这一点。他补充说,中国政府拒绝了顾博士经由大连到满洲的通行许可,但调查团要求他们重新考虑这一决定,并等待他们给出答复。更加糟糕的情况是,据我所知,日本人现在公然反对国联专列出现在满洲。

致外交部,转发给使团、东京和英国公使。

资料来源:FO 371/16165,第62—64页

(孙莹 译 陈志刚 校)

12. 英国驻日内瓦领事帕特森致英国外交部（1932 年 4 月 20 日）

| 档案编号：F 3593/1/10
来自：帕特森（Patteson）领事
（日内瓦）
编号：170 L. N.
发报日期：1932 年 4 月 20 日
存档日期：1932 年 4 月 21 日
主题：中国 | **调查团进入满洲遇到的困难**
　　在外交大臣致东京的第 26 号电报中提到，从北平到满洲的旅途中，李顿调查团遭遇日本人制造的诸多困难和障碍，包括调查团和所有顾问人员在满洲的自由行动。已指示林德利先生向日本政府适当抗议，如果法国同事也得到指示，他将与法国同事共同处理此事。
　　（转发上海） |

解密　英国领事（日内瓦）

1932 年 4 月 28 日

发报时间：1932 年 4 月 28 日 17：30

收报时间：1932 年 4 月 28 日 18：30

No. -(R)

我的第 170 号电报。

请把此电报作为我的第 34 号电报转发上海。

资料来源：FO 371/16165，第 122 页

（孙莹　译　陈志刚　校）

来自瑞士

译电　英国领事(日内瓦)
发报时间：1932 年 4 月 20 日 23∶10
收报时间：1932 年 4 月 21 日 09∶30
No. 170. L. N

以下内容来自外交大臣。

4 月 20 日发往东京的第 26 号电报。

日内瓦收到的消息表明,他们从北平到满洲的旅途中,李顿调查团遇到日本人制造的诸多困难和障碍,包括调查团和所有顾问人员在满洲的自由行动。这些困难和障碍与目前满洲地方当局有关。调查团希望在原则问题上避免面临迫在眉睫的危机,这些危机可能会阻止他们进入满洲。因此,调查团尽力推迟处理这些问题,以便可以将这些困难当作地方问题就地解决。最重要的是,不应以任何方式阻止李顿调查团在满洲履行它的重要职能。我确信,日本政府同意这一观点,并且他们在满洲有足够的影响力,可以防止调查团遇到不必要的麻烦。

如果您能就此向日本政府提出抗议,且以您认为能很好达到目的的任何形式,我会很高兴。我也希望能向您的法国同事提出类似的建议,这样的话,您就可以和他一起处理这个问题。

转发上海和外交部。

资料来源：FO 371/16165,第 123 页

(孙莹　译　陈志刚　校)

13. 英国驻东京大使林德利致英国外交部(1932 年 4 月 21 日)

<table>
<tr>
<td>

档案编号:F 3612/1/10
来自:林德利先生,东京
编号:201(R),机密
发报日期:1932 年 4 月 21 日
存档日期:1932 年 4 月 22 日
主题:中国

</td>
<td>

国联调查团访问满洲

转发给日内瓦的第 63 号电报表明,日本外相告诉林德利,最近发出的电报中所提到的努力没有成功,日本政府已决定由他们承担代表团的保护工作。已向驻满洲的日本领事官员和日本军队发出指示,要求他们向代表团在奉天开展调查计划期间提供一切便利保护。外相要求对这些指示严格保密。

</td>
</tr>
</table>

来自日本

解密,林德利先生(东京),经日内瓦

1932 年 4 月 21 日

发报时间:1932 年 4 月 21 日 15:30

收报时间:1932 年 4 月 21 日 17:00

No. 200(R)

······

发往日内瓦的第 63 号电报。

机密,日内瓦第 26 号电报。

外相今天下午通知我,我在第 193 号电报中提到的努力没有成功,日本政府已决定由他们承担代表团的保护工作。昨天,他本人和日本参谋本部已经分别向日本在满洲的领事官员和日本军队发出指示,要求他们向代表团在奉天开展调查期间提供一切便利和保护。外相要求对这些发布的指示严格保密。因此,我没有转发这封电报,因为代表团自己会获悉这些安排。

今天晚上我将会见法国大使。

作为第 201 号电报转发外交部。

资料来源:FO 371/16165,第 152 页

(孙莹 译 陈志刚 校)

14. 英国驻华使馆官员霍尔曼致英国外交部(1932 年 4 月 22 日)

档案编号:F 3647/1/10 来自:霍尔曼先生,北平 编号:207(R) 发报日期:1932 年 4 月 22 日 存档日期:1932 年 4 月 23 日 主题:中国	<u>国联调查团调查满洲争端</u> 　4 月 22 日第 9 号电报,从大连转发: 　4 月 22 日 12 时 50 分,李顿勋爵与调查团的法国和德国成员前往奉天。 　第 9 号电报,转发北平和哈尔滨。

来自中国

解密　霍尔曼先生(北平)

1932 年 4 月 22 日

发报时间:1932 年 4 月 22 日

收报时间:1932 年 4 月 22 日 21:00

No. 207(R)

以下是 4 月 22 日来自大连的第 9 号电报,内容是:

发往奉天,转发第 9 号电报给北平和哈尔滨。

今天下午 12 点 50 分,李顿勋爵与法国和德国成员前往奉天。

资料来源:FO 371/16165,第 232 页

(孙莹 译 陈志刚 校)

15. 英国驻华使馆官员霍尔曼致英国外交部(1932 年 4 月 23 日)

档案编号:F 3668/1/10 来自:霍尔曼先生,北平 编号:212 发报日期:1932 年 4 月 23 日 存档日期:1932 年 4 月 25 日 主题:中国	<u>发往国联满洲调查团中国代表的信件的通信渠道问题</u> 　　根据顾博士指示,中国外交部代表于 4 月 20 日询问,可否将英国驻华公使馆和驻奉天总领事馆作为通信渠道,因为他认为这种方法更安全。霍尔曼先生与迈尔斯·兰普森先生进行了商议,后者在答复中表示其收到了类似请求,并建议由英国外交部做出裁决。特请求紧急指示。迈尔斯先生希望,如果给予不利的答复,可以在措辞上避免伤害中国人脆弱的感情。

会议记录

　　我与奥德先生讨论了这个问题,奥德先生也认为,同意这一请求的危险在于我们自己的通信安全可能在未来受到威胁,也就是说满洲当局可能被鼓动公开公使馆与驻奉天总领事馆之间的通信信息。但是,如果要安全地发送信件,由于保密快件通常采取这种程序,所以不会出现反对意见,而且只要日本人知晓我们采取的行动,同意中国的请求似乎并无危害。我主张应向霍尔曼先生发送一份电报,告知上述看法,我已临时呈递了一份草案。

签名:□⋯⋯□

1932 年 4 月 25 日

资料来源:FO 371/16165,第 252 页

(孙莹　译　陈志刚　校)

译电 霍尔曼(北平)

1932 年 4 月 23 日

发报时间:1932 年 4 月 23 日(无线电)

收报时间:1932 年 4 月 24 日 09:30

No. 212

4 月 20 日,中国外交部代表来拜访我,并告诉我顾博士给出的建议,关于寄给调查团内中国代表的信件,他想知道能否悄悄地通过英国驻华公使馆寄往英国驻奉天总领事馆,他认为这种通信渠道更安全。利用公使馆和总领事馆以达到这个目的,将涉及一个重要的原则问题,且在我看来,我们很容易受到其他有关政党的恶意指控,因此我将请求公使决定此事。他后来告诉我,……中国政府也曾给了他类似的建议,并且公使认为应由外交部对这件事做裁决。如果决定令人不太满意,兰普森先生希望,给出的回复在措辞上应该避免伤害中国人的感情。您能给我一些紧急指示吗?

资料来源:FO 371/16165,第 254 页

(孙莹 译 陈志刚 校)

给霍尔曼的密码电报(北平)

外交部,1932 年 4 月 27 日下午 2:00

第 74 号

你的第 212 号电报(4 月 23 日和顾维钧博士的通信)。

如果调查团由他们自己安排通信,最好让中国人向调查团寻求帮助。否则,除非我们能肯定这些特权不会被滥用,关于英国机密发送的与调查团工作紧密相关的中国信件,尽管不是通过邮寄的方式发送,若是公使能够确信,这一方式不会导致满洲当局篡改我们的官方邮件,那么,我就不会持反对意见。

尽管如此,我担心我们不能相信被赋予的便利不会被滥用,因此,我认为必须拒绝他们。根据这一情况,或许可以这样解释:由于有更合适的可供他们选择的便利,我们更倾向于让他们使用这些便利从而避免误解,或者所要求提供的便利违背了我们的惯例,我们当然也很遗憾地表示不能开这样一个先例。

签名:□……□

资料来源：FO 371/16165，第 256 页

（孙莹 译 陈志刚 校）

16. 英国驻奉天总领事伊斯特致英国驻华公使兰普森（1932 年 4 月 25 日）

| 档案编号：F 4080/1/10
来自：伊斯特（Eastes）总领事，
奉天
编号：57
发报日期：1932 年 4 月 25 日
存档日期：1932 年 5 月 10 日
主题：中国 | **国际联盟满洲调查团**
根据 4 月 14 日第 52 号奉天函件。
将第 57 号函件复本送往北平。该函件报告了调查团于 4 月 21 日到达奉天。
（函件复本送至东京、使团、哈尔滨和大连） |

伊斯特总领事致迈尔斯·兰普森

1932 年 4 月 25 日

第 57 号函件

（复本送往东京、使团、哈尔滨和大连）

尊敬的兰普森先生：

上接我在 4 月 21 日发送的第 30 号电报所言，我非常荣幸地向您汇报，就在 4 月 21 日傍晚 8 点，一列长长的一等专列驶入了南满铁路车站。这列火车原本属于北平—奉天线，但现在已经装饰一新，成为"奉天—山海关"线的火车。这列火车搭载了意大利籍国际联盟调查员马柯迪、美国籍国际联盟调查员麦考益少将，以及大量前去山海关迎接他们的日本和"满洲国"的官员们。在此我想就领事团提出的问询作出回复，两位客人在旅途中十分愉快，没有遇到任何特殊情况。

2. 二十分钟过后，这列南满铁路车站的专列同时将一众贵客接到了站台的另一侧，他们是：李顿勋爵、克劳德将军、希尼博士、顾维钧博士、吉田

（Yoshida）先生，和剩余的调查团成员以及经由大连前来的双方顾问人员。他们到达这里之后受到了领事团和许多日本军官的拜见，包括了本庄（Honjo）将军的参谋长。但是，据我所知，他们见到的唯一一位"满洲国"官员是奉天的新任市长阁传绶先生，他迄今仍然是大连市政委员会成员。站台的另一侧有许多日本军官，他们官衔等级不一，但是其中的中国人非常惹眼，因为几乎没有几个。

3. 有五辆插着调查团成员国家尊贵国旗的轿车在车站外等候着将这些贵客送到隶属于南满铁路沿线附属地的大和旅馆。李顿勋爵尚未从 4 月 21 日大连领事馆第 53 号报道中的提到的那场病中彻底康复过来，就立马被车队送去了他的房间。

4. 4 月 22 日早晨，我前去旅店向李顿勋爵表示问候，他已经痊愈，并与我一同回到了领事馆。他在领事馆仔细研读了代理总领事克拉克（Clarke）先生留下的备忘录文件（详情请看我 1932 年 4 月 14 日的第 52 号信函），并且对其表示了赞赏。为了遵循调查团保持中立的原则，李顿勋爵表示，调查团在满洲停留期间，会议应当选择在领事馆举行，但是他同时也通过我确认了美国总领事和这里的高级领事对这个选择没有什么异议。

5. 4 月 21 日晚在大连刊发，4 月 22 日上午奉天收到的《满洲日报》的刊文表明，新生政权"满洲国"政府拒绝撤回逮捕顾维钧博士"如果他胆敢踏上'满洲国'土地"的威胁。并且在 4 月 22 日下午，至少有 50 名穿着崭新制服的"满洲国"士兵驻扎在旅馆与领事馆之间的公路上，他们同时被武装的中国警察包围。这一行为到底是为了执行逮捕顾维钧博士的命令，一旦他跨出南满铁路沿线附属地时逮捕他，还是为了保护调查团的成员，我们无从得知。

6. 4 月 22 日下午 5 点，调查团在奉天的会议在这个领事馆举行。日本和中国顾问都没有在场。4 月 23 日上午，李顿勋爵召见了本庄将军。同日下午，调查团成员拜访了日本驻奉天副领事，时间长达两个多小时。当天傍晚，圣乔治皇家学会奉天分会在旅馆里举行了一场盛大的舞会。不巧的是，李顿爵士仍旧抱恙，无法参加舞会。调查团的其他成员，包括顾维钧博士和吉田先生，以及绝大多数调查团里尊贵的同事都出席了舞会，为舞会增添荣光。同时出席舞会的还有中国的奉天市市长和长春外事部的成员们。

7. 4 月 24 日下午，星期日，英国驻威海卫领事馆的领事莫斯（G. S. Moss）先生到达奉天。他为调查团在满洲逗留期间提供相应的帮助。莫斯先生当天傍晚会见了李顿勋爵。

8. 在我写此信函之时(4月25日上午,星期一),"满洲国"政府尚未提出具体方案,来解决如果顾维钧博士一旦踏出南满铁路沿线附属地是否予以逮捕的问题。因此,调查团的下一步措施我们也无从得知,我非常愿意在之后的信函中继续向您汇报这一事件的后续进展。

9. 在调查团到达满洲之前,已有众多匿名的信件寄给李顿勋爵或是调查团。这些信件被大量寄到领事馆,大多是关于日本自1931年9月18日以来在满洲地区的侵略行为。信件的数量至今没有减少,仍然以平均每天12到20封的频率寄到领事馆,交给调查团秘书处。

10. 我同时会将这封信寄给外交部、驻东京大使、驻南京的外交使团以及在哈尔滨和大连的领事们。

签名:伊斯特

资料来源:FO 371/16169,第13—16页

(余松琦　译　陈志刚　校)

17. 英国外交部远东司副司长普拉特致英国远东司司长奥德(1932年4月30日)

	国际联盟满洲调查团
档案编号:F 3665/1/10	将德拉蒙德先生的两封信送交贾德干先生,其中包括一份电报副本,内容是哈斯(Haas)先生描述调查团在满洲遇到的困难。4月20日,与此事有关的电报将从日内瓦发到东京。
来自:普拉特(Pratt)先生(日内瓦)致奥德先生	
编号:无	
发报日期:1932年4月20日	
存档日期:1932年4月23日	
主题:中国	

参加裁军会议的英国代表团

日内瓦,1932 年 4 月 20 日

亲爱的奥德:

随函附上德拉蒙德给贾德干的两封信的副本,还有一份哈斯发来的电报副本,其中谈到了李顿调查团在满洲遇到的困难。关于这个问题,今晚将有一封电报从这里发往东京。

签名:普拉特

资料来源:FO 371/16165,第 244 页

(孙莹 译 陈志刚 校)

副本

机密

国际联盟,日内瓦

1932 年 4 月 19 日

亲爱的亚力克:

我认为您应该私下看到了一份哈斯发来的电报副本。在整个事务中,李顿调查团应该能够有效地开展工作,因此我建议在这个问题上应当向东京提出抗议。毫无疑问,找对方法就能消除所有困难。我正在给马西格利(Masszgli)和威尔逊(Wilson)写措辞相同的信。

签名:德拉蒙德

资料来源:FO 371/16165,第 245 页

(孙莹 译 陈志刚 校)

副本

国际联盟,日内瓦

1932 年 4 月 19 日

亲爱的亚力克:

我在 4 月 19 日的信中附上了哈斯发来的一封电报:

在重新考虑之后,我认为最好不要建议威尔逊向东京提出抗议,因为这是

国联调查团,而美国虽然同意组建调查团,但没有正式加入国联。因此,我只寄给他一份哈斯的电报副本,以供参考。

您永远的朋友。

签名:德拉蒙德

资料来源:FO 371/16165,第 246 页

(孙莹 译 陈志刚 校)

副本

上海

1932 年 4 月 18 日

致秘书长:

关于从北平到满洲的旅途,包括调查团和顾问人员在满洲的自由行动,都正遭受日本人与满洲地方当局制造的困难和阻碍。我们正在尽我们最大的努力推迟处理这些问题,以便可以将这些困难当作地方问题就地解决,这比起面临完全阻止调查团进入满洲的原则问题会好一点。我们很可能星期二晚上动身去奉天……调查团(部分成员?①)和中日两国的顾问经大连乘船前往,并且实际上只能在日本租借地和南满铁路沿线附属地的范围内才能通过。

签名:哈斯

资料来源:FO 371/16165,第 247 页

(孙莹 译 陈志刚 校)

---

① 译者按:原文如此。

18. 英国驻奉天总领事伊斯特致英国外交部(1932年5月3日)

档案编号:F 4245/1/10 来自:伊斯特总领事,奉天 编号:60 发报日期:1932年5月3日 存档日期:1932年5月18日 主题:中国	**国际联盟满洲调查团** 　第60号信函寄送至北平。信函写道:调查团已经在5月2日启程前往长春,并且调查团并不清楚当他们离开时,监督顾博士的士兵是否已经撤退,顾博士是否能够继续前往长春以外的地方。 　(复本已寄送至东京、使团、哈尔滨和大连)

伊斯特总领事致迈尔斯·兰普森

奉天

第60号函件

(复本送往东京、使团、哈尔滨和大连)

尊敬的兰普森先生:

上接我在4月25日写的第57号信函的第六段和我4月29日发出的第35号电报,我非常荣幸地向您汇报,在李顿勋爵和国际联盟满洲调查团多位成员与本庄将军的商谈过程中,他们已经成功达成共识,如果陪同顾维钧博士的中国顾问(他们到达满洲时的人数不少于27人)不超过5人,禁止博士离开日本铁路区的禁令就可能被废止。

2. 5月1日,星期日。在调查团启程前往长春和满洲北部的那天傍晚,李顿勋爵告诉我,他花了不少的工夫才说服顾博士同意对他的团队进行如此大幅的裁员,因为这必然使得一些本来很称职的顾问无法再给出他们对于满洲北部两省的权威证词了。

3. 本庄将军已经向李顿团长和调查团成员们保证他会尽全力保障顾博士和他选出的 5 名随行顾问的完全行动自由(其中一位是张学良元帅的澳大利亚籍顾问端纳(Donald)先生)。即便如此,其实在 5 月 2 日上午 9:50 当专列在搭载调查团离开奉天时,没有确切的迹象表明监督顾博士的士兵已经被遣散。因此,我们仍无法保证顾博士能够陪同调查团到达南满铁路的终点站——长春。

4. 调查团在领事馆举行的会议很大一部分内容都是关于初步报告书的阐释。这些内容最终都在 4 月 30 日通过电报以英法双语发送到了位于日内瓦的国际联盟。

5. 李顿勋爵告诉我,调查团预计在长春停留三至四天,在吉林停留一天,然后前往哈尔滨,在那里停留大约一周。之后,他们将前往齐齐哈尔,然后经由四洮铁路返回奉天。

6. 我同时将这封信寄给了外交部、东京的驻日大使、南京的外交使团以及在哈尔滨和大连的领事们。

签名:伊斯特

资料来源:FO 371/16169,第 201—202 页

(余松琦 译 陈志刚 校)

19. 英国驻国际联盟代表致英国外交部(1932 年 5 月 6 日)

档案编号:F 4069/1/10 来自:国际联盟(已交洽) 编号:C427. M231. 1932. Ⅶ 发报日期:1932 年 5 月 6 日 存档日期:1932 年 5 月 9 日 主题:中国	**国际联盟满洲调查团** 　应中国代表要求,现将秘书长笔记进行通报。调查团初步报告书的备忘录。

国际联盟

本文件传予国联成员与理事会
C. 427. N. 231. 1932. Ⅶ
1932 年 5 月 6 日
日内瓦

秘书长笔记——中国政府的立场：国联与中方代表的交涉

应中方要求，秘书长非常荣幸地向国联成员及理事会通报该笔记。该笔记记录于 5 月 4 日。

李顿调查团初步报告书备忘录

根据主席 12 月 10 日决议通过时所作申明中所部署的命令，调查团（根据 12 月 10 日理事会通过的决议第五段所成立）现已提交一份初步报告书。由于现有形势影响了中日政府的相关行为，该报告参照了这一形势。9 月 30 日的理事会决议已体现了两国政府的行为，12 月 10 日的理事会决议亦就此进行了重申。

为履行以上决议精神，日本政府将会采取行动：日方将在日本侨民生命财产安全得到有效保障的情况下，尽快地按比例继续撤军至满洲铁路区内。

中国政府为履行决议做出了保证：只要日方继续撤军，而且地方军政机构得以恢复，中方将会担负起保障铁路区之外日本侨民生命财产安全的责任。

中日双方达成了共识：双方将会采取一切必要措施，以避免任何规模的摩擦事件，防止局势恶化。

就上文所提的双方共识而言，初步报告书认为理事会应当在后续的报告中继续跟踪调查。

就中方承诺，初步报告书认为，随着"事件"最近的升级恶化，中方未涉及任何关于担负责任的具体问题。

调查团所提"事件"指的是"满洲国"政府的建立以及日军的拒不撤离。很显然，这些"事件"为中方未能履行决议提供了理由。以该报告书中的话来说，调查团认为"中方未涉及任何关于担负责任的具体问题"。

而就日方提出的"尽快地按比例继续撤军至满洲铁路区内"，该报告书用语明确。日军不但未撤军，他们还增加了驻军数量，调查团已从日本方面获得了相关数据。在 12 月的上半月,有 4 000 名日军驻扎在满洲南部铁路区内,8 900 名在外面;在 4 月的下半月,这一数量达到了 6 600 名(铁路区之内)和 15 800 名(铁路区之外),分别增加了 2 600 名和 6 900 名。当然这一数据仅来源于日本方面,实际数量肯定更多。

除日本的正规军外,满洲还存在一支所谓的"满洲国"军队,这支军队截至 3 月底拥有 85 000 名士兵。根据报告书的说法,这支"军队"的建立获得了日本军方的支持,其中还有越来越多的退役和现役日本军官出任该"军队"军事顾问。有一些军官任期为一年,而有一名日本军官曾被任命为"满洲国政府国防部"(长春)的顾问。

为与日本正规军区分开,我们可以称这支"满洲国军队"为"日本非正规军",这样更为合适。

根据初步报告书,中日双方就反抗日军和"满洲国军"的军队数量持有分歧。中方表示在关外有 140 000 名,而日方则认为有 110 000 人,而其中已有 60 000 加入了"满洲国军",其余 50 000 仍在反抗。无论如何,我们可以得出一个结论——目前存在反抗"满洲国"的有组织的力量,同时日方也并未像其声称的那样打击非正规军和土匪势力。

为区分如今活跃在满洲的不同军事力量,调查团提出了一个"新特点",也就是满洲地方政府的转变。根据 9 月 30 日和 12 月 10 日的理事会决议,在日方撤出驻军,交还中方当地治安管理权的基础上,中方将重建地方管理系统。然而,与国际联盟命令截然相反,日方首先在 1931 年 12 月帮助建立了所谓"和平与秩序保障委员会"。国际联盟在初步报告书中对此做了记录:"日方逐步以 1932 年 3 月 9 日设立的类似于'满洲国'政府的机构取代了中国的地方政府。"这样的"新特点"是国际联盟未想到的,也无疑与 9 月 30 日和 12 月 10 日的决议精神不符。

报告书提及不同军事力量之间的摩擦和抢掠,他们借此来维持"新政权",打击反对势力。这一系列可悲的事件体现了日本军方极不明智的行为。"维持和平、秩序和安全"作为他们在东三省派军和驻军的一大理由被反复提及。报告书认为这一理由是完全站不住脚的,并表明"这会带来生命损失、财产损耗以及不安全的综合因素"。不可避免地,我们得出以下结论:只有日本方面撤军,中国政府重建社会秩序,形势才能得以改善。

综上所述,该报告书是站在中方立场的辩词,涉及内容是东三省的中日争端。报告书认为日方未能履行在 9 月 30 日和 12 月 10 日决议中包含的承诺，并有意在满洲建立一个日本式的武装政权，借此实现逐步在东三省建立霸权的企图。对此，国际联盟和国际社会不应予以支持和纵容。

资料来源：FO 371/16169，第 8—10 页

（余松琦　译　陈志刚　校）

20. 英国驻国际联盟代表致英国外交部(1932 年 5 月 9 日)

档案编号：F 4165/1/10 来自：国际联盟（已交洽） 编号：A(Extr.)117. 1932. Ⅶ 发报日期：1932 年 5 月 9 日 存档日期：1932 年 5 月 13 日 主题：中国	**国际联盟满洲调查团** 秘书长的照会传达了中国代表团的来函，详细介绍了日本对顾博士的监视，以及日本警方对委员会外国顾问采取的令人反感的做法。

中国政府之申诉

来自中国代表团的通讯

由秘书长记录

应中国代表要求，秘书长非常荣幸地向国联大会通报 5 月 9 日的通讯

参考 A. 35

1932 年 5 月 9 日

致秘书长：

我非常荣幸能够在 5 月 9 日通过我国政府的电报与您取得联系。我请求您能慷慨相助，将以下的通讯内容通报给国联大会：

"根据可信的报道，在我们的顾问顾先生到达长春之后，日本方面对于他的监视愈加严重了。即便是外国顾问，他们每次出门，穿着便衣的日本人会强制进入他们的车中进行监视。一些德国的记者跟着调查团来到这里，已经被逮捕拘留了。第三件事则是，有一次当顾先生接见一些美国传教士

时,一群日本人突然闯入他的房间,坚持要知晓客人的名字和他们谈话的内容。李顿勋爵的秘书阿斯特(Astor)先生是这一次阻扰事件的目击者,他当场质问了这群日本人。随即,这群日本人询问这场为顾先生举办的招待会是否获得了警方的同意。他们声称,在满洲任何这类招待会都必须事先获得警方同意。然后,阿斯特先生告诉这些日本人警察无权干涉,他们随即离开了。"

签名:颜惠庆

资料来源:FO 371/16169,第 117 页

(余松琦　译　陈志刚　校)

21. 英国驻东京大使林德利致英国外交部(1932 年 5 月 11 日)

档案编号:F 4747/1/10 来自:林德利先生,东京 编号:254(214/37/32) 发报日期:1932 年 5 月 11 日 存档日期:1932 年 6 月 9 日 主题:中国	**李顿调查团的初步报告书** 　转发《东京朝日新闻》评论报道的翻译文章。国联调查团在满洲的活动在报纸上得到了一致好评。 　还转发了 5 月 4 日《大阪朝日新闻》的翻译文章,其中坚决认为日本退出国联将是一个错误。

《曼彻斯特卫报》

日本的现实主义

　　时不时有一些日本政客、记者或士兵——通常是最后一个(即士兵)——会说出他们真正的想法。这是不同寻常的,意味着日本在外交手段方面仍然需要向欧洲学习。例如,芦田均(Kin Ashida)博士已经坦白地提出了反对日本退出国联的意见。他提出,为什么要在不费吹灰之力就能继续成为成员的

情况下退出国际联盟呢？在日内瓦时，为什么要费尽心机退出国际联盟，这与占领满洲并入侵上海并不矛盾呀！如果可以违背条约而不受惩罚，为什么还要拒绝这项条约呢？他继续以第一次世界大战前的德国为例。他说，当时的德国处于日本现在的地位——国力雄厚，同时又雄心勃勃；但是德国被自身的傲慢遮住了双眼，失去了敏锐的感知能力，因此才会惨败。如果德国人民能够"在下一个十年里保持耐心"，那么他们可能会不费一兵一卒就能征服全世界。同样地，日本人必须谨慎地对待这种好战的气焰，不能因此失去他国的敬重。他认为，国联是实现这一目标的理想手段，因此谈论退出联盟是纯粹的愚蠢行为。当然，芦田均博士掌握了事实的重点。没有人可以指责日本利用国联会员国身份去干涉它在中国制定的"积极"政策。然而，正如约翰·西蒙爵士所解释的那样，日本不仅与英国人建立了完美的友谊，而且与其他"特殊利益国"一样，也是《国联盟约》的签署者。依照这种观点，国联是所有国家的理想俱乐部，因为与那些违反《国联盟约》的国家相比，国联成员国备受尊重并且享有相当大的自由。在这种情况下，芦田均博士想问：为什么还要退出呢？为什么呢！

资料来源：FO 371/16171，第 226 页

（朱心怡　译　陈志刚　校）

英国大使，东京

1932 年 5 月 11 日

No. 254(214/37/32)

先生：

1. 谨随函附上 3 日《东京朝日新闻》上一篇文章的译文，其中对国联调查团上月 30 日向联盟理事会发送的初步报告书做了评论。

2. 正如将要看到的那样，报告书获得了热烈的欢迎。总的来说，调查团在满洲的调查进展顺利，因为它们没有引起任何强烈的反对，可以视作在报纸上得到了一致好评。

3. 我还附上了 4 日在《大阪朝日新闻》上发表的一篇有趣文章的译文，其中坚决认为日本退出国联将是一个错误。《大阪朝日新闻》发行量约为一百五十万份；从我 3 月 11 日的第 139 号文件中可以看出，由于军方对这些观点表示无法接受，严重影响了大阪另一家大型报社报纸最近的销量。在这种情况

下,《大阪朝日新闻》的"发声"也许应该被视为一个令人鼓舞的迹象。

签名:林德利

资料来源:FO 371/16171,第 227 页

(朱心怡　译　陈志刚　校)

《东京朝日新闻》

调查团的公正无私

去年年底被任命为现场调查满洲冲突的国联调查团之前访问了北平和上海。调查团刚刚向国际联盟发送了一份关于满洲情况的初步报告书。接下来会提交最终报告书,预计调查团将会对冲突的是非曲直发表意见。

我们应该信任调查团,因为他们在到达满洲之后不久就已经能够向国联发送调查报告。自他们抵达远东以来,调查团成员一直忙于收集证据,而这些证据将会是最终报告书的基础。

调查团刚刚向联盟发送的报告书详情尚未公开。从已知的情况来看,该报告书对日本有利。因为它支持日本的观点,即让日军从铁路区以外的地区撤出为时尚早。

根据日内瓦特约记者的电报资料,该初步报告书致力于调查满洲的军事部署情况。它描述了在该区域内各方军队的兵力,日本军队的兵力为 22 000人。报告书称,"满洲国"政府拥有一支由 85 000 人组成的军队,当地警察部队的兵力为 119 000 人。

反抗日军和"满洲国"军队的人数是 43 000 人,另一部分由义勇军和土匪以及其他非正规军组成,总数超过 50 000 人。报告书对这些部队的分布进行了适当描述。

文件中最重要的一段是,在调查团保留将来发表意见的权利的同时,根据日本当局所提供的信息,这其中描述了满洲的情况,并总结称,在满洲"新政权"的军队得到加强之前,后者(日本)撤进铁路区是不可能的事情。调查团在结束本报告书时指出,中国政府无法控制满洲的任何地方。

无法预测最终报告书的性质,调查团建议在满洲采取维持和平与秩序的公平措施,从调查团初步报告书的基调来看,调查团成员正在开展他们的工作,总体上还是令人满意的。

　　我们对调查团成员表示同情，因为他们不得不在没有时间彻底了解调查对象的情况下编写关于满洲情况的报告书。调查团所调查的问题具有这样一种性质，如果不进行长期艰苦的工作，调查团就不可能编写一份令人满意的报告书。因此，对调查团刚刚提出的报告书的适当性有一些质疑的余地。

　　对于本报告书中可能存在的任何缺陷，调查团概不负责。在没有经过彻底调查的情况下向联盟报告，调查团只能根据国际联盟理事会主席阿里斯蒂德·白里安在去年 12 月 18 日发表的宣言条款行事。根据该条款，如果调查团在抵达满洲时发现日军从铁路区以外的地区的撤退尚未完成，那么调查团必须向联盟理事会报告。众所周知，在施行"白里安宣言"时，联盟理事会受到了来自中国代表意见的影响。施肇基博士基于理事会 9 月 30 日的决议，要求日本人在调查团抵达满洲后的 15 天内撤到铁路区内。

　　如果有关调查团初步报告书的电报内容是真实可信的话，那么调查团的意见就可能会让中国人大失所望。而调查团在其报告书中特别注意，没有提到任何可以作为表明立场的内容。但是，在处理调查团的初步报告书中的事项时，并没有严格客观地进行。如果我们得出结论，认为调查团不赞同自去年 9 月以来中国代表团在国际联盟委员会中所采取的立场，那我们的这一结论没有偏离目标。初步报告书似乎说明中国主张促使日本撤回铁路区以及中国政府能够保护日本在铁路区以外的生命与财产安全的说法不实。顺便提一下，在日内瓦，在调查团面前，日本代表外交大使松平先生通过与美国驻英国大使查尔斯·道威斯将军（Charles D, Dawes）以及英国外交大臣约翰·西蒙爵士的谈话，在让国联能够正确了解满洲局势这一方面取得了成果。

　　最后，我们希望指出国际联盟领导者们工作的不足，即国联未能调解日本和中国之间的分歧，原因在于它对所讨论问题的认识不够。国联犯了一个错误，就是将适用于调解欧洲国家之间的原则应用到远东各国特别是中国，尽管国联成功地解决了欧洲各国之间的纠纷。大约 11 年前，国联干预了南斯拉夫和阿尔巴尼亚之间的争端，结果是阿尔巴尼亚军队入侵南斯拉夫领土以失败告终。六年前，当希腊和保加利亚之间的关系变得紧张时，国联介入并取得了同样的成功，阻止了前者对保加利亚领土的侵犯。国联在这两个案件中的成功干预在很大程度上取决于这些国家所处的特殊环境。但是，中国的情况，尤其是满洲的情况，与欧洲国家大不相同。难怪国联在解决满洲冲突时竭尽全力但仍旧没有取得成功。我们真诚地希望调查团的初步报告书能够成为国联领导人了解远东地区实际情况的一种手段。所有关心远东地区利益的人都希望以此为基础制定符合远东实际情况的国联政策,这不仅是为了远东的利益,也是为了整个世界的利益。

资料来源:FO 371/16171,第 229 页

(朱心怡 译 陈志刚 校)

在国联的会员国资格

《大阪朝日新闻》

几天前,我们在奉天的特派记者对国联调查团团长李顿勋爵做了一次专访,采访中李顿勋爵质疑日本退出国联这一决定是否明智。他认为,实际上宣布退出国联对日本是不利的,特别是现在,这种会对国家产生重大影响的问题会将日本推到世界舆论的风口浪尖上。

李顿勋爵在采访结束时表示,国联对日本公平与否也许会通过调查团即将提交给国联的报告书来证明。

我们同意李顿勋爵的观点,也认为退出国联对日本没有好处。对此,我们有以下两个理由:第一,退出国联会使日本处理外交事务更加困难;第二,日本可能会忽视履行对列强的义务,这是危险的。

那些主张退出国联的人认为,成员国已经限制了日本在远东的行动,因此他们想让日本退出国联以表抗议。但他们并不能肯定退出是否能使日本随心所欲地在远东地区采取行动。而我们认为退出并不会带来行动自由。相反,我们担心,坚持认为退出国联有利于日本的这些人并不了解国联的职能,特别是其成员国所附带的义务。

如果认为国联成员资格的舍弃会使一个国家摆脱其国际义务,这将是一个严重的错误认识。《国联盟约》第一条规定,一个国家在退出国联成员国后两年内必须遵守《国联盟约》的条款。日本完全可以自由退出。但必须记住,她只能寄望于两年之后再独立于国联采取行动。此外,完全断绝与国联的联系并不意味着日本可以肆无忌惮地攻击和平组织。《国联盟约》第十七条规定,国联有权建议非成员国接受理事会在其与成员国的争端中做出的判决。如果非成员国不接受,国联可以实施制裁。

倡导退出国联的人容易忽略一个显而易见的事实,即国联的职能不是调解国际间的分歧,而是在世界金融和经济发展中发挥重要作用。近年来,这一

角色的重要性日益显著。对于像日本这样的国家来说，退出关于国联主导的金融和经济问题的讨论无异于自杀性的行为。

有人说，如果退出国联，那么日本将像美国一样享有充分的行动自由。但这并不是真的。事实上，虽然美国没有加入国联，但美国与国联保持着密切的合作关系。起初，每当重要事项被提交到国联之前，美国就会派遣一名非正式观察员前往。现在由国联主持的国际会议美国官方代表几乎都会出席。美国近年来在国联活动中所扮演的角色与其他任何一个成员国都同样重要。因此，不论从哪方面来看，美国都身处于国联之中。

有人可能会认为，凭借其巨大的经济资源，美国无须国联的协助仍旧可以继续发展。但事实并非如此，美国领导人早已意识到如果要摆脱世界经济和金融领域失势的危险，与国联合作的重要性。因此，不需要太多的经济知识，我们也能够意识到日本退出国联所带来的严重后果。

那些主张退出国联的人可能会忘记另一个问题，即日本在太平洋地区的委任统治问题。现在日本正代表联盟管理着南海上的一组群岛，那么退出国联就意味着终止了管理这些群岛的权利。很少有日本人会同意放弃对这些岛屿的控制，因为这对我们的经济很重要。

资料来源：FO 371/16171，第 230 页

（朱心怡 译 陈志刚 校）

22. 英国驻奉天总领事伊斯特致英国外交部（1932 年 5 月 26 日）

档案编号：F 4736/1/10	**国际联盟满洲调查团**
来自：伊斯特总领事（奉天）	转发 5 月 26 日的第 67 号电报副本至北平，其中报告了 5 月 21 日至 25 日调查团第二次访问奉天。
编号：66	
发报日期：1932 年 5 月 26 日	
存档日期：1932 年 6 月 9 日	（副本直接发送给东京、外交使团、哈尔滨和大连）
主题：中国	

伊斯特总领事致英格拉姆

奉天

1932 年 5 月 26 日

第 67 号函件

（复本送往东京、使团、哈尔滨和大连）

先生：

1. 参照我于 5 月 21 日和 25 日发送的第 41 号和第 43 号电报，很荣幸地告诉您，国际联盟调查团的主要成员已于 5 月 21 日下午 10 点从哈尔滨安全返回奉天。在途经长春时，因为需要从中东铁路转换到南满铁路，他们在那里停留了一个小时。"新政权"的代表们完全没有向调查团表示任何礼节，这倒成了各大报纸评论的热门话题。

2. 据我所知，没有任何中国官员在抵达奉天站时迎接调查团成员，但是在他们通往旅馆的道路上，为了确保调查团的安全，部署了大量的日本警察和侦探。

3. 5 月 22 日星期日晚上，调查团在这个总领事馆召开了一次简短的会议。会议于次日清晨继续召开，随后与本庄将军及日本代理总领事进行了长时间的会谈。

4. 由于李顿勋爵再次身体抱恙，提议在 5 月 24 日上午举行的会议被取消。但是在 5 月 25 日上午，调查团再次在这里会面，并与从安东来到奉天的乔治·L. 肖（George L. Shaw）先生开展了长时间的会面。（关于肖先生地位的说明附在英国驻哈尔滨商务秘书于 1932 年 4 月 21 日发送至英国海外贸易部第 11B 号机密文件中，副本已发送给英国驻北平商务秘书处。）

5. 5 月 25 日中午，5 月 22 日由哈尔滨乘飞机前往齐齐哈尔的调查团随从人员，经四洮铁路到达奉天。这部分成员中包括三个英国人，即莫斯先生、阿斯特阁下和希亚姆（Hiam）上校；一个德国人科策（Kotze）男爵和一个美国人比德尔（W. Biddle）中尉。调查团所有成员于 5 月 25 日下午 10 时 10 分乘坐专列离开奉天前往大连。我认为他们目前打算待到 5 月 30 日左右，然后再返回奉天。

6. 我会将这份函件的副本转发给外交部、英国驻东京大使馆、在南京的外交使团、英国驻哈尔滨和大连的领事官员。

签名：伊斯特

资料来源：FO 371/16171，第 187—188 页

（朱心怡　译　陈志刚　校）

23. 英国驻东京大使林德利致英国外交部(1932 年 6 月 4 日)

档案编号:F 5538/1/10 来自:林德利先生(东京) 编号:295(274/37/32) 发报日期:1932 年 6 月 4 日 存档日期:1932 年 7 月 4 日 主题:中国	**国际联盟满洲调查团** 　　传送从大连发出的 5 月 27 日到 5 月 30 日编号为 63 到 66 的报告,该报告事关 5 月 27 日到 30 日李顿调查团访问大连,并于 30 日离开大连前往奉天等内容。

英国驻大连领事邓宁(Dening)致林德利先生

大连,1932 年 5 月 27 日

第 63 号函件

(副本发往北平第 51 号,奉天和哈尔滨)

先生:

我谨此报告,国联调查团于 5 月 26 日上午离开奉天乘专车抵达大连。他们在此停留到 5 月 30 日,其间只去过奉天一次,然后从那里乘火车去了北平。

2. 日本媒体似乎相当重视兰普森先生当天上午从北平经由西伯利亚前往英国,声称即将举行"一个重要会议"一事。事实上,这只是李顿勋爵和兰普森先生之间仅有的一次在霍西格拉公园散步时的私人谈话。

3. 当地媒体也对调查团"某位成员"的活动做了暗指,指控该成员行为不当,除了中立态度外,没有任何表现。我想,这个成员的身份对于调查团本身来说是个谜。

4. 调查团昨天的活动包括采访头面人物和南满洲铁道株式会社董事会。早些时候,以致敬兰普森先生的名义,李顿勋爵在一次午餐会后与内田(Uchida)伯爵进行了交谈。今天调查团成员在旅顺港与当地官员共进晚餐。周六,他们将进一步调查南满洲铁道株式会社,并与内田伯爵共进晚餐。5 月

29 日星期天没有安排。

5. 这封邮件的副本已寄往北平、奉天和哈尔滨。

签名：邓宁

资料来源：FO 371/16174，第 137—138 页

（郑学良　译　陈志刚　校）

英国驻大连领事邓宁致林德利先生

大连，1932 年 5 月 30 日

第 63 号函件

（副本发往北平第 54 号，奉天）

先生：

关于 5 月 27 日第 63 号函件和 5 月 28 日的无编号电报，我谨此报告，国际联盟调查团今天上午乘专列前往奉天。李顿勋爵告诉我，调查团在奉天停留两天后前往北平，并在那里停留大约两周，之后他们将前往日本，于 6 月 25 日抵达。他们将在日本停留两周，然后前往撰写报告书的地方。

2. 由于日本人反对选择北戴河的呼声越来越高，这份报告书的编写地点还没有确定。他们利用每一个能想到的理由来阻止调查团去那里。也有人提到过青岛，但调查团显然不赞成这样做。在大连期间，《满洲日报》刊登了一篇文章，旨在说服调查团选择在租界撰写报告书，租界是最合适也是最安全的地方。

3. 我猜想，调查团离开大连时这个问题仍然悬而未决。

4. 这份附件的副本已送至北平和奉天。

签名：邓宁

资料来源：FO 371/16174，第 139 页

（郑学良　译　陈志刚　校）

24. 英国驻国际联盟代表团致英国外交部(1932 年 6 月 6 日)

	中日争端
档案编号:F 4768/1/10 来自:英国代表团(国联) 编号:168 发报日期:1932 年 6 月 8 日 存档日期:1932 年 6 月 11 日 主题:中国	附件是德拉蒙德先生直接发给海曼斯(Hymans)先生信件的副本。这封信主要讨论确定必须提交国联大会的报告书的期限延长问题。

国际联盟,日内瓦

1932 年 6 月 6 日

亚力克先生:

我寄给您一封信,这封信刚刚也寄给了海曼斯,因为我希望这封信能够相当清楚地阐明目前的困难。

我告诉外交大臣,当他来到这里时我想跟他谈谈这个问题。

签名:埃里克·德拉蒙德

资料来源:FO 371/16171,第 263 页

(朱心怡　译　陈志刚　校)

国际联盟,日内瓦

1932 年 6 月 6 日

主席先生:

虽然我不确定您具体的安排,但我相信您可能会在本周末或下周一抵达日内瓦。届时,我有一个非常重要的问题和您私下进行讨论。

大会正在根据《国联盟约》第十五条处理中日争端。根据该条,第十二款的规定适用于大会的程序。因此,大会的报告书必须在将争端提交大会后的六个月内提出。我认为确切的日期是 8 月 19 日,因为六个月是从理事会决定

将此事提交大会之日算起。

现在,李顿调查团的最终报告不太可能在 9 月 15 日之前提交。即使能及时提交,显然理事会成员、十九国委员会和国联大会的成员也必须有一段合理的时间来考虑和商议该报告书。就此而言,我认为大会的报告书最终会以此为基础。以上这些都表明,由于本案特别困难,第十二款所规定的六个月时间是不够的。因此,我们应该设法使当事双方延长上述时间。如果我们能再获得三个月的保障,这可能就足够了。然而,日本人可能很难接受这种时间的延长,因为这需要他们承认《国联盟约》第十五条适用于满洲。但到目前为止,他们还是对此充满抵触。如果他们不同意,我们可以向国际法院提交日本的反对意见,国际法院当然会认定他们的反对无效。而且面对这种抉择时,日本人很可能会同意延长期限。

然而,正如您将看到的那样,这并非易事。我不知道在没有十九国委员会授权的情况下,我们是否可以承担起这种试图通过协商来延长期限的责任。但如果十九国委员会进行干预,我确信日本人会更加难以拒绝。所以,也许未来的出路是在您来时私下会见委员会里某些有影响力的成员。

签名:埃里克·德拉蒙德

资料来源:FO 371/16171,第 264 页

(朱心怡 译 陈志刚 校)

25. 英国驻华代办英格拉姆致英国外交部(1932 年 6 月 7 日)

档案编号:F 4718/1/10	预计在东京举行的圆桌会议
来自:英格拉姆先生(北平)	严格保密地向李顿勋爵概述了有关圆桌会议近期的发展状况。总结与李顿勋爵的对话,他的思想和计划与英国政府想法相符。但他有些担心,认为不应让日本人察觉到各大国正试图避免举行任何圆桌会议。
编号:无	
发报日期:1932 年 6 月 7 日	
存档日期:1932 年 6 月 9 日	
主题:中国	
	(转发给使团、东京和上海)

来自中国

译电　英格拉姆(北平)

1932 年 6 月 7 日

(无线电报)发报时间:1932 年 6 月 7 日

收报时间:1932 年 6 月 8 日 18:15

No. 322

　　应李顿勋爵的要求,我严格保密地向李顿勋爵概述了有关预计的圆桌会议近期的进展情况。他表示,调查团在调查报告书中无法忽视上海事件及其产生的问题,也不准备在没有经过长期彻底研究的前提下就对上海方面提出任何建议,因为时间不允许他们继续进行对这一问题的研究。他们的报告必须涵盖历史上最终导致的中日关系的所有领域,其中包括九一八事件,而且他们必须就上海事件所涉及的事实和责任发表意见。但就满洲问题而言,调查团表示他们不会建议采取与处理上海事件同样的解决方案。

　　我告诉李顿勋爵,这符合英国和其他国家的想法和计划。然而,令李顿勋爵最感到焦虑的是,在实施这些计划和想法时,应该注意不要让日本人察觉各大国正试图避免举行任何圆桌会议。因为日本人曾表示,他们在上海撤军与否取决于各大国是否承诺召开圆桌会议。他强调说,如果日本人对圆桌会议感到失望并认为自己受到欺骗,那将会对调查团在满洲问题上的工作造成巨大损害。我告诉他说,没有可以完全超越国家的外交技巧来避免给人留下这样的印象。

　　于 6 月 7 日发给外交部的第 322 号电报,并转发给使团和东京以及上海。

资料来源:FO 371/16171,第 151—152 页

(朱心怡　译　陈志刚　校)

26. 英国驻华代办英格拉姆致英国外交部(1932 年 6 月 7 日)

	山海关的情况
档案编号:F 5599/1/10 来自:英格拉姆先生(北平) 编号:660(451/3A/1932) 发报日期:1932 年 6 月 7 日 存档日期:1932 年 7 月 16 日 主题:中国	参考 6 月 7 日发往北平的编号为 321 的电报(F 4699/1/10)。 布莱克本先生于 6 月 6 日转达英格拉姆先生与李顿勋爵之间的谈话记录,说李顿表达了对当前形势的忧虑,他向顾维钧建议,中日两国政府应该直接进行谈判,如果未能引起国际联盟的注意,就将其排除在外,通过《辛丑条约》签约国的干预来达成和解。英格拉姆先生说,中国应该主动,他将考虑以备咨询的可能性;他还没有收到关于这个问题的任何报告。

1932 年 6 月 6 日

英格拉姆家,午宴

出席人:

英格拉姆先生

李顿勋爵

阿斯特先生

布莱克本先生

李顿勋爵说,他对自己在山海关途中发现的情况感到非常不安。中国人和日本人在山海关对峙。显然,根据《辛丑条约》日本人在山海关有驻兵权。根据中国人的说法,这些军队采取了严重挑衅的行动。他们变更了自己所占领地区的界石,争夺中国人的土地,日本人后来提议在那里建立一个新的火车站,这将是奉天—山海关线"满洲国"的终点站。在调查团到达之前,他们在站台上挂上了"满洲国"的国旗;他们在没有事先通知中国人的情况下使用实弹进行夜间演习。日本人袒护自己,指责中国人采取挑衅的态度,但当调查团成员进行调查时,挑衅似乎只存在于关外建立的防御工事,而非关内的河北省境内(记住,长城不是中国与东三省的分界线)。他们还抱怨说,山海关被用作基地,张学良在此常驻了反"满洲国"的部队和非正规军。

他感受到了形势的严峻,作为国联调查团的一员,他有责任有所作为,但他不太知道该怎么做。他并不急于直接让国联注意这件事,因为国联会立即要求调查团调查并报告情况,这只会妨碍他们关于满洲报告书的准备工作。不过,他还是希望派观察员到山海关那里,以证明事实确凿无疑。他询问英格拉姆先生是否有关于这个问题的报告,英格拉姆先生给予否定答复,并说这件事没有引起公使馆的任何注意,除了他在南京期间,M. F. A 在谈话中表示自己十分担心山海关的情况。李顿勋爵建议,英国在华驻军中的某些人可能会被要求担任观察员和报告员。英格拉姆先生认为,这并不完全可取,也许最好让总司令派一艘船去秦皇岛。司令官将与中日两国接触,争取查明真相。李顿勋爵表示,他已向顾维钧建议,中国政府最好与日本政府接洽,以便直接解决争议。他对这件事并不抱太大的希望,但他认为,在之后的麻烦中,如果中国人尽力解决这一问题,这将增强他们的能力。如果这些直接谈判没有结果,作为最后一招,顾维钧不得不诉诸国联注意此事。但是李顿勋爵,如他之前所说,更愿意让国联远离此事,以其他方式解决问题,如通过《辛丑条约》签约国的介入。英格拉姆先生说,他认为中国应该在这件事上主动,他也不知道自己能走多远。不过,他会考虑以备咨询的可能性。

签名:英格拉姆

1932 年 6 月 6 日

资料来源:FO 371/16174,第 214—216 页

(杨溢 译 陈志刚 校)

27. 英国驻华代办英格拉姆致英国外交部(1932 年 6 月 9 日)

档案编号:F 5627/1/10 来自:英格拉姆先生(北平) 编号:673(452/3. A/1932) 发报日期:1932 年 6 月 9 日 存档日期:1932 年 7 月 18 日 主题:中国	<u>国联调查团</u> 　参考北平 6 月 7 号编号 660 的快件 (F 5599/1/10)。 　发送 6 月 6 日布莱克本先生的会议 记录,记录英格拉姆先生和李顿勋爵关 于选择北平作为编写调查团报告书的地 点以及北戴河作为成员休养之地。

1932 年 6 月 6 日

英格拉姆家,午宴

出席者:

　英格拉姆先生

　李顿勋爵

　阿斯特先生

　布莱克本先生

李顿勋爵谈到了调查团在决定报告书编写地点时出现的困难。他们曾说过要去北戴河,但日本人一直建议他们不要去那里,声称那里位于中国军队进攻满洲的中心地带,铁路和电报服务很差,没有电灯和水等。日本人主张他们去青岛。在去北平的路上,调查团在北戴河停了下来,看了看那个地方。少帅在那里为他们预定了十一间房。调查团多数人得出结论,认为总体上不合适,他们认为最合适的地方是北平,在那里他们可以接触到准备报告书所需要的各种文件。然而,调查团的所有成员不必一直都待在北平,他们想去某个地方休养。他问是否要提前预订房间,如果不能提前预订房间,就没办法几个人一起去北戴河,也可以在西山上找个地方住。英格拉姆先生说,北戴河的住宿通常都是预订一空,但他认为调查团成员在北戴河同样也会受到热情款待。布莱克本先生表示,他们最好在北戴河预留一个或几个房间,而不是依赖于人们的好客。关于西山,也没有人知道是否能住宿,但布莱克本先生承诺会提前咨询一下。李顿勋爵说,不必所有人都去同一个地方。如果日本顾问想要去青岛,也没有理由不让他去,但调查团肯定不会因为惧怕日本而去青岛。当然,从日本的观点来看,同样有理由反对去北平,换句话说,北戴河在少帅的管辖范围内。但是调查团认为,他们在那里工作是有充分理由的,因为他们必须查阅各种档案中的文件。

签名:英格拉姆

资料来源:FO371/16174,第 229—230 页

(杨溢　译　陈志刚　校)

28. 英国驻华代办英格拉姆致英国外交部(1932 年 6 月 11 日)

| 档案编号:F 5751/1/10
来自:英格拉姆先生(北平)
编号:684(1114/3C/1932)
发报日期:1932 年 6 月 11 日
存档日期:1932 年 7 月 25 日
主题:中国 | **提议在上海召开圆桌会议和李顿调查团**
　参见 6 月 7 日北平电报第 223 号(F 4718/1/10)。
　6 月 6 日布莱克本先生记录了英格拉姆先生和李顿勋爵之间的谈话,李顿勋爵主要询问了圆桌会议的进展,调查团显然是希望处理上海问题,但是不准备给出任何建议,而是集中精力解决中日关系报告书的问题。上海问题应该搁置一段时间直到报告书准备好,然后才可以举行圆桌会议,并向日本政府通告不立即举行会议的理由。
　(将副本发往上海、各使馆以及东京) |

1932 年 6 月 6 日

英格拉姆家,午宴

出席者:

> 英格拉姆先生
>
> 李顿勋爵
>
> 阿斯特先生
>
> 布莱克本先生

李顿勋爵询问了有关上海方面圆桌会议的进展问题。英格拉姆先生简要介绍了关于圆桌会议构想的情况,并表示目前英国和美国政府非常反对举行这样一次会议。他们宁愿尝试明确说出这些建议,或者无论如何也要推迟召开会议,直到调查团发布有关满洲问题的报告书,那时才是一个合适的时间,可以同时处理上海问题和满洲问题。李顿勋爵提到,调查团之前收到了来自德拉蒙德先生的电报,询问他们何时可以完成就满洲和上海问题的调查报告书。这是调查团第一次收到暗示,即他们需要处理上海问题。但他们并不准备对上海问题提出任何建议,因为这需要对此事进行长期深入的调查研究。而调查团需要做的是,在其对满洲的调查报告书中试图论及中日之间历史上的所有问题,并弄清"九一八"之后发生的一系列事件。在这些事件中,他们一定要处理的当然是上海问题,而且必须就客观事实和责任划分发表意见。满洲的情况则不同,他们需要拿出一个解决方案,上海问题他们不打算这样做。他们完全了解,上海问题应该保持开放直到调查团的报告书完成,然后再根据该报告书举行圆桌会议。李顿勋爵询问这是否符合各国政府目前的想法。英格拉姆先生说,无论如何,他认为英国和美国政府是这样想的。而李顿勋爵表示,日本人当然有这样一种印象,即外国列强已承诺举行圆桌会议,他认为在这样的观念下,日本才撤出了驻扎在上海的部队。因此,如果其他国家现在试图取消举行这样的一次会议,他认为这将被日本人视为严重不守信用。因此,他认为应该向日本人说明,我们并非有意违背举行圆桌会议的承诺。而且如果不立即举行会议,应该告诉日本人我们为什么不主张立即召开会议,比如它应该等待调查团报告书发布之后再举行,或者在召开之前有必要讨论预先考虑的事项。他强调说,在他看来,如果日本人对上海问题的解决感到失望,又或是觉得在有关圆桌会议这一建议上遭到任何的搪塞,那么肯定会贬损调查团在满洲的工作成果。

签名:英格拉姆

1932 年 6 月 6 日

资料来源:FO 371/16175,第 50—51 页

(朱心怡　译　陈志刚　校)

29. 罗纳德致英国外交部远东司副司长普拉特(1932 年 6 月 17 日)

档案编号:F 5030/1/10 来自:罗纳德先生(Ronald)(洛桑市)致普拉特先生 编号:无,机密 发报日期:1932 年 6 月 17 日 存档日期:1932 年 6 月 24 日 主题:中国	满洲问题与日本政治 　将 5 月 23 日李顿勋爵的信件副本寄给他妹妹贝蒂·布尔沃(Betty Balfour)女士,让她对满洲问题稍有印象。布尔沃女士已将信件内容转达给了外交大臣。

机密

洛桑,美岸皇宫大酒店

1932 年 6 月 17 日

亲爱的普拉特:

　　随函附上李顿勋爵写给他妹妹贝蒂·布尔沃女士的信件的副本,她已将信件内容转达给外交大臣,也许外交部会对此感兴趣。

签名:罗纳德

资料来源:FO 371/16173,第 15 页

(黎纹丹　译　陈志刚　校)

机密

李顿勋爵写给贝蒂·布尔沃女士的信

奉天,1932 年 5 月 23 日,星期一

……日本确实强大到足以藐视世界,我认为没有任何国家会为了胁迫它而发动战争。但是有一种力量甚至比它自身更强大,那就是它自己创造局势的力量。只要国际联盟本身和作为其成员的各国明智地避免互相指责或威胁,这支力量就构成了和平的最大和唯一的希望。日本目前正处于国内危机的痛苦挣扎之中,这场危机正在动摇它的根基。它的首相刚刚被它的陆军和海军部队中一些年轻军官暗杀,随后他们向自己的军部投降。政府表示屈服,在随后的谈判中,陆军和海军领导人主导了局势并控制了后续事态发展。前政府代表是日本保守党或右翼党,但其陆相荒木贞夫(Araki)是日本军队的偶像,这使得形势很难理解。目前日本强大的自由力量已经完全黯然失色,他们的政治家们都躲在恐惧之中,实际上正是由于政友会领导人被暗杀。但是,采取这些恐怖手段的法西斯党,在外交政策上比保守党更具帝国主义和民族主义色彩,并且反对资本主义金融家的影响。正是因为这样,局势变得很复杂,让局外人难以理解。现在正在组建新政府,其首相是一位曾任朝鲜总督的老水兵。他不属于任何党派,但似乎受到所有人的尊敬和信任。据说,新政府将是一个无党派的全国性政府。从我个人观点出发,我只关心它的外交政策,就满洲问题而言,比起前任政府它肯定更加不会妥协。目前日本对这个问题的普遍看法如下:"中国不是一个文明国家,而是一个混乱无序的群体,其政府已无力维持秩序。共产主义在那里蔓延,这个国家成为敌对军阀、红色共产党军队和四处游荡的土匪的掠夺对象。只要我们侨民的生命和财产实际上没有受到威胁,我们就对中国的状况漠不关心。但在满洲,我们不能无动于衷,满洲是日本的生命线。我们拥有南满铁路,我们在那里有着重要的经济利益和战略利益。我们有一百万侨民(日本人和朝鲜人)住在那里。我们在那里打过两场代价高昂的战争,并以鲜血和财富的惨重代价换取我们的权益。如果中国华中地区的混乱蔓延到满洲,俄国就会介入,我们就必须重新进行日俄战争。我们不允许此类事情发生。满洲实际上一直独立于中国。在张学良元帅的统治下,人民遭受了严重的压迫和荒谬的统治。现在我们已把这个国家从这种不当统治中解放出来。它已经宣布独立,我们不能容忍世界上任何其他国家对这个地区的干涉。如果国际联盟是明智的,它就会承认这些事实,不去干

预，但如果它被中国的宣传和反日情绪欺骗，再通过更多愚蠢的决议，我们就会离开国际联盟，不理会它的报告书。如果有任何国家挑战我们，我们将接受挑战并为之战斗。如果世界强国强制进行'经济制裁'，封锁或抵制日本贸易，我们会遭受损害，但我们不会让步。"

这一切都非常英勇，但是那些这样思考和谈论的人根本没有认清现实。如果国联愚蠢到足以被责骂或威胁的地步，或者如果哪个国家诉诸战争，整个日本民族将团结一心与之战斗。但是这种行为所造成的后果对他们而言是极其严重的。只要他们所说的前提是真的，他们就可以维持现状，反之，如果他们所言无法站住脚，那么就是在为后续的发展制造无法逾越的障碍。的确，中国是混乱无序的，无法同日本作斗争，但是中国有一样致命的武器，可以给日本造成致命的伤害——经济抵制。除非日本能和中国和解，否则它将遭受有组织的贸易抵制，这将比它所经历过的任何事情都要惨重。的确，日本可以用武力占领满洲，但它无法用武力打开中国市场，要是没有中国市场，满洲对它毫无用处。进而言之，虽然张学良政府腐败并压迫人民，人民乐意看到这样的政府垮台并期待更好的事情，但他们并没有宣布独立。如果满洲有一百万日本人和朝鲜人，那么就有三千万中国人，并且这些人认为日本人抢了他们的土地。显然，"满洲国"政府就是个幌子。其中有一些中国人，他们要么被收买要么被恐吓，并没有实权。真正的政府掌握在许多狂热的下级日本官员手中，他们被荒谬的虚荣心所鼓舞，甚至谈论要蔑视来自日本政府的干预！那些所谓的"满洲国"军队，不会同其他中国军队作战，并且只要有机会就会同中国军队联合。日本人不敢把他们的军官置于一处，因为一有机会他肯定会被谋杀。中国人是胆小怕事的，但一旦他们敌视一个人，只要有机会，他们就会极其残忍地杀掉日本人和中国官员里的"汉奸"。分散在战场上的少数中国军人无力抵御日军，但在游击战争中，他们就会让人非常难堪，而且，当庄稼长出来并为他们提供隐蔽之处时，他们会给日本人点颜色看看。

事实是，日本贪多嚼不烂，如果任其自然，那局势对它来说就太恶劣了。中国持敌对态度，抵制日本贸易，满洲人民怀有敌意和怨恨，游击战争不断，日本资源枯竭，其经济地位已经濒临崩溃。如果遭到反抗，日本人民将团结起来，承受任何艰难困苦，但如果放任自流——耻辱、蒙羞，但不受挑战——他们的暴力行为没有得到任何成果，日本的自由主义主张将开始显示其威力，日本军队会因他们让国家陷入混乱而受到批评。

我们的任务是：(1) 告诉世界真相。(2) 如果希望和平,就指出能够建立和平的条件。但是,如果不希望和平,就必须让时间发挥作用,并且从经验中吸取有益教训。

日本所抱怨的中国的混乱状况很大程度上是日本自己造成的。它从来没有试图帮助过中国,相反,它一次又一次地干预,以防止任何一方变得强大。只要中国怀有敌意,日本就一定会想方设法削弱其力量。如果中国要统一、强盛、繁荣,就必须友好,否则就会对日本构成威胁。但是日本还没有认识到,伤害中国就是伤害自己。日本作为国际联盟成员国,只有当它意识到让中国繁荣发展并与之友好相处是符合它自己利益的时候,国联才能够帮助到中国。

此时此刻,和平对三个国家都是不可或缺的。日本希望和平,因为它无法面对另一场战争的财政压力。中国希望实现外部和平,以便继续执行其庞大的内部重组任务。俄国希望和平,以便完成它的五年计划,而不必削弱整条防线。而且,很显然存在建立和平的基础使得三者都满意,只要他们都能看到这一点。这是我们的任务,但我不能保证我们能成功。我们唯一的机会就是避免高压政治。你能帮助国内的人们认识到这一点吗?

到目前为止,无论在我的信里或日记里,我都还没有什么话可以说,因为我一直被忽视并被跟踪,我甚至连邮递都不相信。但是迈尔斯先生这周要回国了,我将把这封信交给他保管。他会注意负责此事,这使我能够更自由地写作。

我太忙了,除了工作,什么也不想。我享受在日本和中国的时间,但是自从来到这里,我们的生活就成了一场彻底的噩梦,它开始使我们心烦意乱。谢天谢地,现在差不多快结束了,再过一个星期我们就要回到中国了。

看看,我亲自给你写了多长的信呐!

资料来源:FO 371/16173,第 16—20 页

(黎纹丹 译 陈志刚 校)

私密

日内瓦,1932 年 6 月 20 日

亲爱的贝蒂女士:

非常感谢您给我这个机会阅读李顿勋爵这封非常有趣的信。我发现这封信内容丰富,对我们帮助极大。如果您没有异议,我想私下秘密地寄给我在华盛顿的朋友史汀生(Stimson)先生一封副本(我保留了一份)。我想您会理解,

我们在执行外交政策时，一直牢记着美国，而且李顿勋爵所说的话与我的观念非常吻合，因此我感到让史汀生先生看看您哥哥写的东西很有价值，也很有意思。自从我担任外交大臣以来，处理这件事一直非常困难，令我很焦虑。回顾过去，我觉得我们所采取的路线是唯一可能符合国际利益和国家利益的路线。

签名：约翰·西蒙

资料来源：FO 371/16173，第 21 页

（黎纹丹　译　陈志刚　校）

机密

尊敬的亨利·史汀生先生：

几天前，我收到贝蒂·布尔沃女士的来信，信中附有她哥哥李顿勋爵的信，这是我们在中国的公使迈尔斯·兰普森先生负责带回国的。这封信引起了我的兴趣，我想您可能想看看随函附上的摘录。他描绘的满洲的情景清晰而富有启发性，在我看来，信中表达的观点是合理的。但是，在我们看到他带领的调查团的报告书之前，当然无法提出深思熟虑的意见。

签名：约翰·西蒙

资料来源：FO 371/16173，第 22 页

（黎纹丹　译　陈志刚　校）

机密

1932 年 6 月 23 日

尊敬的埃里克·德拉蒙德先生：

几天前，外交大臣收到贝蒂·布尔沃女士的一封信，信中附有她哥哥李顿勋爵的一封信，这封信是迈尔斯·兰普森带回来的。这封信引起了外交大臣的兴趣，他认为史汀生先生可能会想看一下所附的摘录。因此，他已经把它寄给史汀生先生，并要求我也给您看一下。鉴于这封信的个性突出，我们只复印了几份，因此，希望您读完后能把这封信归还给我。

李顿勋爵描绘的满洲的情况清晰而富有启发性，外交大臣认为信中表达的观点似乎是合情合理的。但是，在我们看到调查团的报告书之前，当然无法

提出深思熟虑的意见。

签名:罗纳德

资料来源:FO 371/16173,第 23 页

（黎纹丹　译　陈志刚　校）

30. 英国驻华代办英格拉姆致英国外交部（1932 年 6 月 22 日）

档案编号:F 5020/1/10 来自:英格拉姆先生(北平) 编号:358 发报日期:1932 年 6 月 22 日 存档日期:1932 年 6 月 23 日 主题:中国	**李顿调查团计划访问日本** 调查团在访日计划上遭遇巨大困难。日本顾问通知他们,日本政府成员无法在 7 月 7 日之前商谈正事,如果调查团于此之前到达,日本政府将安排他们进行观光。李顿勋爵担心这可能是一个诡计,以在调查团抵达日本之前,为承认"满洲国"做最后安排争取时间,这种可能性将使调查团报告书中涉及东三省未来状况的部分内容失效。 （转发给使团和东京）

发自中国

译电　英格拉姆先生(北平)

1932 年 6 月 22 日

发报时间:1932 年 6 月 22 日

收报时间:1932 年 6 月 22 日 21:30

No. 358

国际联盟调查团在不久后访问日本这一计划上遭遇巨大困难。日本顾问

已经通知他们，日本政府成员无法在 7 月 7 日之前与他们商谈正事，若调查团于此之前到达，日本政府将安排他们进行观光。原本打算今日启程前往日本的调查团因此推迟了行程。

李顿勋爵担心这可能是一个诡计，以在调查团抵达日本之前，为承认"满洲国"做最后安排争取时间，这种可能性将使调查团报告书中涉及东三省未来状况的部分内容失效。

发给外交部，转发给使团和东京。

资料来源：FO 371/16173，第 4 页

（黎纹丹　译　陈志刚　校）

31. 英国驻东京大使林德利致英国外交部（1932 年 6 月 22 日）

档案编号：F 5024/1/10	李顿调查团计划访问日本
来自：弗朗西斯·林德利先生（东京） 编号：265 发报日期：1932 年 6 月 22 日 存档日期：1932 年 6 月 23 日 主题：中国	请参阅 6 月 22 日北平第 358 号电报（F 5020/1/10）。 对李顿勋爵的怀疑持保留态度。相信日本推迟接受访问的时间是因为内田伯爵无法在 7 月 5 日之前担任外相一职。事实上，首相不愿意在内田伯爵就职前处理严肃的外交政策问题。 （转发给北平）

发自日本

译电 弗朗西斯·林德利先生（东京）

1932 年 6 月 22 日

发报时间：1932 年 6 月 22 日 19:58

收报时间：1932 年 6 月 22 日 14:55

No. 265

英格拉姆先生的第 358 号电报。

虽然我不能肯定，但我倾向于质疑李顿勋爵所持怀疑的正确性。我相信，日本希望推迟李顿勋爵的访问是因为即将出任外相的内田伯爵无法在 7 月 5 日前就职，因为他在满洲还有工作需要完成。无论如何，事实上，首相确实不愿意在内田伯爵就职之前处理任何严肃的外交政策问题。

发给外交部，转发给北平。

资料来源：FO 371/16173，第 8 页

（黎纹丹 译 陈志刚 校）

32. 英国驻东京大使林德利致英国外交部（1932 年 6 月 23 日）

档案编号：F 5008/1/10	承认满洲"新政权"
来自：弗朗西斯·林德利先生（东京）	请参阅 6 月 22 日外交部第 100 号电报（F 4920/1/10）。
编号：266（R）	6 月 23 日，我见到了外相，将上述电报的最后两段留给了他，并晓之以理地加以强调。他保证日本在国联调查团离开日本之前无意承认"满洲国"。与此同时，日本政府迟早会关注 6 月 14 日国会众议院通过的决议，并引用这项决议的主旨内容。
发报日期：1932 年 6 月 23 日	
存档日期：1932 年 6 月 23 日	
主题：中国	（转发给北平的第 100 号电报）

发自日本

译电　弗朗西斯·林德利先生(东京)

1932 年 6 月 23 日

发报时间:1932 年 6 月 23 日 13:45

收报时间:1932 年 6 月 23 日 09:30

No. 266(R)

今天早上,我见到了副外相,在晓之以理地强调了您电报中的最后两段内容后,我自作主张将这两段内容留给了他。

副外相说,在征得首相意见之前,他不能给我一个正式答复,但是据他个人所知,在调查团离开日本之前,日本政府无意承认"满洲国"。

同时,日本政府迟早会关注 6 月 14 日在国会众议院一致通过的决议。这并不意味着日本会立即承认。

决议内容如下:

"政府应迅速承认'满洲国'。"

由于首相在国会和媒体前都表示,这个问题不能一蹴而就,决议只不过表达了赞成承认的意愿,所以没有通过电报报告这项决议。

发给外交部的第 266 号电报,发给北平的第 100 号电报。

资料来源:FO 371/16173,第 1—2 页

(黎纹丹　译　陈志刚　校)

33. 英国驻日内瓦领事帕特森致英国外交部(1932 年 6 月 24 日)

档案编号:F 5089/1/10 来自:帕特森领事(日内瓦) 编号:266. L.N.(R) 发报日期:1932 年 6 月 24 日 存档日期:1932 年 6 月 25 日 主题:中国	李顿满洲调查团报告书 　以下信息来自贾德干先生,概述了 6 月 24 日下午举行的关于远东问题的国际联盟大会的情况,讨论延长提交李顿报告书的期限。

发自瑞士

解密　英国领事(日内瓦)

1932 年 6 月 24 日

发报时间:1932 年 6 月 24 日 22:20

收报时间:1932 年 6 月 25 日 09:30

No. 266. L. N. (R)

以下内容来自贾德干先生。

关于远东问题的国际联盟大会委员会于今天下午举行会议。

主席解释说,虽然理事会或国联大会必须在六个月内提出报告,时限将于 8 月 19 日到期,但李顿调查团已表示,他们的报告书可能不会在 9 月中旬之前完成。因此,似乎有必要延长期限。主席表示,半官方的调查表明双方将达成一致。

委员会授权主席正式写信给双方,向他们通报大会决定实行延长期限这一例外措施的决议草案,并希望双方同意。同时向各方明确,其不使情况恶化的承诺在时限延长期内仍然具有约束力。由于中国代表向委员会传阅政府的来文,提到日本国会 6 月 14 日决议赞成承认("满洲国"),并要求委员会提醒日本政府履行其义务,因此讨论变得复杂。某些成员希望在写给日本代表的信中特别提到这一点,但被指出这种行为更有可能导致日本政府的承认,因此这一观点被否决了。

大会将于下周三开会,通过上述决议。如果中国和日本代表对主席来信的答复造成任何困难,主席可能得在星期二再次召集委员会,但这不太可能,因为我们通过半官方的消息得知,两位代表很可能会表示同意。

资料来源:FO 371/16173,第 101—102 页

(黎纹丹　译　陈志刚　校)

34. 国际联盟通告(1932 年 6 月 28 日)

档案编号:F 5267/1/10 来自:国际联盟 编号:A(Extr.)123. 1932. Ⅶ 发报日期:1932 年 6 月 28 日 存档日期:1932 年 7 月 2 日 主题:中国	**国际联盟满洲调查团报告** 秘书长分发大会主席与中日两国代表之间就延长《国联盟约》第十二条第二款规定的时限这一问题的通信,并做出说明。

国际联盟

通知委员会和大会成员

A(Extr.)123. 1932. Ⅶ

日内瓦,1932 年 6 月 28 日

中国政府的诉求

国联大会主席与中日两国代表之间就延长《国联盟约》第十二条第二款规定的时限这一问题的通信。

秘书长的说明

秘书长荣幸地向大会通报:

(1) 6 月 24 日大会主席海曼斯先生致中日两国代表的信,转递提交大会的提议文本。

(2) 日本代表 6 月 25 日的答复。

(3) 中国代表 6 月 26 日的答复。

翻译

日内瓦,1932 年 6 月 24 日

6 月 15 日根据 C. 519 号文件向理事会和国联成员国分发的调查团的最新一封信函的结论是:"调查团希望最迟在 9 月中旬之前向日内瓦提交报告书。"

由于调查团的报告书及其可能必须提出的任何意见必定是大会要求理事会向其转递的基本文件之一,我认为应该给予理事会和将向其转递本报告书的国联成员国充分的时间仔细研究,如果在目前这种情况下严格遵守《国联盟约》第十二条规定的六个月期限,这将是不可能的。

在征求了正在特别委员会任职的大会成员国意见后,我谨向您提出以下建议,如果它符合您与中日两国代表间的协议,可以将其提交大会,我将尽早召开这场全体会议。

"大会强调,由于局势特殊才实行了这一例外措施,并指出中日两国政府的代表已向其主席通报,同意延长《国联盟约》第十二条第二款规定的时限这一协议。大会决定延长至绝对必要的期限,但条件是该延长不构成先例。

大会收到调查团的报告书后,将根据其委员会的建议,确定延长期限。

毋庸置疑,在决定延期时,大会无意过度延长工作,它希望在条件允许的情况下尽快结束工作。它特别希望委员会能在 11 月 1 日之前开始审查调查团的报告书。"

在向你们提交这项建议时,我有责任补充说,我完全相信,双方将认真遵守其在理事会面前做出的不使局势恶化的承诺,理事会于 9 月 30 日和 12 月 10 日通过的保留其全部执行力的决议中记录了这一承诺:我相信你们会同意我的看法,原本六个月的时限将会延长,这些决议在延长的时限内将完全有效。我还要提及大会于 3 月 11 日通过的决议,其中大会回顾了理事会的两项决议。

如我向你们提出的建议能如我所希望的那样得到你们的同意,希望你们能尽快通知我,以便我召开大会全体会议,我将不胜感激。

签名:保罗·海曼斯

资料来源:FO 371/16173,第 190—191 页

(黎纹丹　译　陈志刚　校)

II

日方代表的来信
翻译
日内瓦,1932 年 6 月 25 日

致大会主席:

收到您 6 月 24 日的来信,我谨通知您,我方不反对延长《国联盟约》第十二条规定的时限,但同时仍保持我先前的保留意见。

签名:长冈

III

中方代表的来信
日内瓦,1932 年 6 月 26 日

致大会主席:

感谢您 24 号的来函,其中关于延长《国联盟约》第十二条第二款规定的期限的建议,我已即时将其转交我国政府。

我现已收到我国政府的指示,因此立刻转达以供阁下参考。

我国政府同意你方来函及所附声明中提到的延长原本为六个月的时限,但条件是延长的期限绝对不会超过实际情况所需的时间。

我国政府已经注意到,十九国委员会坚决打算在 11 月 1 日之前开始研究李顿调查团的报告书,我国政府希望不仅在该日期之前开始这项研究,而且希望大会将在那之前通过或准备通过最终报告书。

自去年理事会的两项决议和 3 月 11 日的大会决议通过以来,日本不断扩大军事占领和敌对行动范围,破坏了更多中国人的生命和财产,并在满洲建立和支持傀儡政权,使局势进一步恶化。因此,中国政府的理解是,大会在通过特别委员会的提议时,不会容忍上述情况或任何其他情况在延长期限内进一步恶化。

签名:颜惠庆

资料来源:FO 371/16173,第 192 页

(黎纹丹 译 陈志刚 校)

35. 英国驻东京大使林德利致英国外交大臣西蒙(1932 年 7 月 9 日)

档案编号:F 5862/1/10 来自:林德利先生(东京) 编号:364(463/37/32) 发报日期:1932 年 7 月 9 日 存档日期:1932 年 7 月 29 日 主题:中国	**李顿调查团** 　报道称 7 月 4 日调查团返回东京,记录了李顿勋爵在大阪发表的声明,明确了调查团的立场,言及当地新闻媒体的态度。

英国大使馆,东京

1932 年 7 月 9 日

先生:

1. 我荣幸地告知您,国际联盟任命的中日争端调查团于本月 4 日从中国返回东京。

2. 由于李顿勋爵身体抱恙,调查团尚未与日本当局进行任何正式交涉,但他们希望在近几天内开展会谈。

3. 为了明确表明调查团的立场,并且阻止新闻界毫无根据的批评,李顿勋爵在抵达大阪时立即发表了一次声明。他回顾说,建立调查团不是为了谈判,而是为了收集相关事实。基于这些事实以及调查团提出的建议,国际联盟将作为调解人为双方提供服务。由于中国和日本两国对调查团将做的事情充满担忧,所以前景并不乐观。但是,当人们意识到调查团的工作将有利于两国的最大利益时,提出一个和平解决方案的前景应该是好的。

4. 当地新闻媒体以诚恳的态度欢迎调查团回到日本,这是冷静和正确的。到目前为止,各新闻报道所表达的意见是一致的,实际上都是在谈论一件事情,即调查团应该理解日本政策不会更改的决心,即承认"满洲"独立并着手制定稳定的政策。

签名：林德利

资料来源：FO 371/16175，第 116 页

（朱心怡 译 陈志刚 校）

36. 英国驻东京大使林德利致英国外交部（1932 年 7 月 14 日）

档案编号：F 5533/1/10	国际联盟调查团的东京之行
来自：林德利先生（东京）	参考 7 月 13 日发往东京的档案编号为 321 的电报（F 5505/1/10）。
编号：298，绝密	7 月 14 日下午，调查团与外相进行了最终会谈。他们将于 7 月 15 日启程前往北平。
发报日期：1932 年 7 月 14 日	
存档日期：1932 年 7 月 14 日	根据外相的暗示推测，日本政府无意利用国联的和平机制来解决他们的困难。简言之，他们坚持最初的态度，即不容忍外界干涉满洲事务。
主题：中国	

会议记录

关于调查团的最后一次采访，我附上了来自今天的《泰晤士报》的简报。从第一段可以看出，通讯记者表示，要起草完整的报告书，必须"查阅北平的公使馆档案"。在这方面，人们将会记得，李顿勋爵请求向调查团的专家展示北平年度报告的摘录以及军事专员发送的快件，以便他们协助起草报告书的某些部分。但是，我们对英格拉姆先生的解释是，原则上我们不愿意接受李顿勋爵的请求，但如果后者坚持，我们必须首先确切地知道他想要年度报告的哪部分摘录。无论如何，我们已说明无法提供军事专员的报告。

日本和国联

一个独立的满洲

深度报道

7 月 14 日,东京

国联调查团与日本外相内田伯爵进行了最后一次对话,并于今天立即返回中国。作为起草完整报告书的一项任务,获取北平公使馆的档案至关重要。李顿勋爵希望明天从横滨启航,他的同事将于周六在神户与他会合。

调查团的任务不得不提前结束,因其发现日本政府不会改变将满洲与中国分离的政策。虽然还没有发表公报,但毫无疑问,内田伯爵明确表示,日本政策的基础是存在一个独立的"满洲",未来所有的安排都基于此事实之上。日本不希望中国立即接受这一事实,并已经准备好接受中国一段时期的愤怒,但在他们看来,中国多年来无视条约义务的做法已经无法补救。从这一点看,调查团认为这是不可动摇的,因此不可能有任何妥协的解决办法。

日本对于其单方行动影响多边协议的说法无动于衷。他们的态度是,由于这个问题影响到他们的经济生活和战略安全,因此,用联合通讯社的话说,对这些条文的呼吁是"形式主义和理论主义"。九一八事变(据报道,当时日本铁路守备队遭到袭击,导致沈阳沦陷)后,日本对满洲的占领源于中国的侵略政策。"满洲国"的独立是一种自主行动,日本因其切身利益予以支持。令调查团印象深刻的是,不管他们建议什么,或者国联可能做什么,日本都不会偏离这一观点。

政府的政策得到了所有部门的支持,除了少数沉默的温和派,他们发现日本所走的道路会遭到中国和俄国的反对,未来会被孤立,所以他们退缩了。但激进政策的倡导者并没有因为存在的风险就打消念头,他们认为情况并不严重。所有媒体都认为,除了手术以外,所有的治疗方法都已经用尽了,他们要求承认"满洲国",在目前的情况下,他们欢迎退出国联。

官员们把承认"满洲国"视为一项强硬的政策,但拒绝设定具体日期。外务省发言人今天说,对"满洲国"的承认可能不会像从前所预期的那样尽早实施。他补充说,日本承认"满洲国"时,会考虑终止与中国和国联方面的关系。

资料来源:FO 371/16174,第 147 页

(郑学良 译 陈志刚 校)

译电　林德利先生（东京）

发报时间：1932 年 7 月 14 日 18：10

收报时间：1932 年 7 月 14 日 11：45

No. 298

我的电报第 297 号。

绝密。

今天下午，国联调查团与外相进行了他们的最后一次会谈，并于明天离开日本前往北平。

我根据外相的暗示推测，日本政府无意利用国联的和平机制来解决他们的困难。简言之，他们坚持最初的态度，即不容忍外界干涉满洲事务。

资料来源：FO 371/16174，第 148 页

（郑学良　译　陈志刚　校）

37．英国驻东京大使林德利致英国外交大臣西蒙（1932 年 7 月 16 日）

| 档案编号：F 6215/1/10
来自：林德利先生（东京）
编号：375（493/37/32），绝密
发报日期：1932 年 7 月 16 日
存档日期：1932 年 8 月 17 日
主题：中国 | **李顿调查团在日的活动**
　参考 7 月 5 日东京 289 号电（F 5348/5348/10）。
　报告了调查团于 7 月 4 日到达东京，李顿勋爵身体抱恙，调查团与日本外相于 12 日和 14 日进行了两次谈话（都不太理想）。传送了日本新闻报道的译本。李顿勋爵于 7 月 15 日离开了东京。
　（副本发往北平，编号 58） |

林德利先生致约翰·西蒙先生(8 月 17 日收到)

（No. 375　绝密）
1932 年 7 月 16 日，东京

先生：

参考我 7 月 5 日的 289 号电，我很荣幸地告知您调查团已于 7 月 4 日抵达东京，李顿勋爵和阿斯特先生接受我的邀请住在了大使馆。我们已在使馆采取了特别防护措施，在他们停留使馆期间，安排了 13 个警卫进行驻守，其中一些警卫驻守在大使馆内，我觉得有责任将他们安排在此。调查团离开后，媒体就报道几名涉嫌策划暗杀的人被捕了，对此，我必须在此汇报这些逮捕是正当的。

2. 在李顿勋爵抵达的早晨，我和他进行了一次简短的谈话，我已经在 7 月 6 号的 291 号电报中上报了此事。勋爵提到他打算告知日本政府他此次前来并不是为了指责日本，而是来帮助日本。随后，他提到将告知日本政府，如果日本愿意通过调查团和平机制解决满洲问题，并达成让世界认可和接受的协议，日本将会从中受益；如果日本执意忽视其他国家，她的政策不会得到长久实施，因为不久日本就会发现自己身处困境中。他不敢保证日本会对他的试探做出回应，但是在当前形势下这是唯一可行的办法。如果日本依然顽固不化，他们只能发布报告书，到时候日本就不得不考虑其他大国的意见了。在我看来，调查团开展工作的这个方法很好。

3. 很不幸，在抵达的早晨李顿勋爵身体欠佳，到第二天他的身体状况使我无比担忧，但令人高兴的是第三天他的状况开始好转，虽然反反复复，但是直到离开，他的身体状况日渐转好。由于身体不适，李顿勋爵直到 7 月 12 日才参与到调查团的工作中，也就是调查团与日本外相的第一次会晤。但是，时间的延误并非勋爵身体欠佳造成的，而是因为 7 月 6 日才担任日本外相的内田先生此前一直拒绝与调查团会晤。会晤前，双方已一致决定不对媒体公开任何内容，所以当调查团看到第二天出来的关于会晤的新闻报道时感到气愤，我严重怀疑这些不实报道是源于日本外务省，这些报道毫不准确。第二天，李顿勋爵私下告诉我他们的会谈非常不理想。内田先生坚决声称日本政府会承认"满洲国"，不会考虑其他解决措施；而且日本也不会在承认"满洲国"的事务上与《九国公约》缔约国进行任何商议。我 7 月 13 日的 297 号电报主要报告了这次谈话。

4. 调查团和日本外相的第二次也是最后一次会议在 14 日进行。会前李顿勋爵私下告诉我这次他不打算提及承认"满洲国"这个问题,但是会向内田先生提及如果日本通过国联和平机制解决问题而且考虑其他大国的意见将会获得的益处。他希望这次会谈能够和谐、友好地进行,尽可能地避免矛盾。虽然李顿勋爵没有告诉我会议的所有内容,但我能感觉到他认为第二次谈话跟第一次一样不理想。正如我在 7 月 14 日的 298 号电报中所报告的那样,内田先生打算忽略国联。总之,日本政府还是坚持以往的态度不变,即日本不允许外界干预满洲纠纷。内田先生甚至不打算在内阁会议上提及调查团的意见,但李顿勋爵倾向于相信,当他①说这些话的时候,有一个误解,他可能真的是想说他不会接受这些观点。第二次谈话后,调查团再待在日本已没有任何意义,因此李顿勋爵 7 月 15 日经海路离开了日本,其余人员经陆路于 7 月 16 日到达神户。

5. 不得不说,调查团在日本期间,日本媒体对此没有做过一次积极报道,我在此提交一些报道摘要译本。实际上最后一篇报道中包含很多不信任和愤怒,而且对于调查团没有在日本多待进行了抨击。我认为这些抨击不仅没有任何价值,而且进一步说明了日本对国联的不信任和不友好,现在说整个日本都是这种态度也不为过。团长身体不舒服这么长时间,这当然是不幸的,因为这妨碍了他与日本领导人接触。为了尽我所能对此进行补救,在李顿勋爵离开前一天,我邀请了日英协会的理事和副主席,包括马基诺(Makino)伯爵、樱井(Sakurai)博士和日本其他领导人共进晚餐。当时,勋爵和马基诺伯爵等人愉快地进行了谈话,由于第二天需要早起,因此谈话也没有进行很久。

6. 调查团在第二次谈话时遇到了更多阻碍,可能是因为日本怀疑自身在满洲的行动得不到支持,而且即将发布的报告书中许多内容都会对日本不利。我私下从一些成员听到的话证实了这种怀疑是正确的,这些成员毫不掩饰自己对暴露在他们面前的没完没了的笨拙的间谍活动的强烈愤怒,驹井(Ohashi)、大桥(Komai)等伪满洲国官员的傲慢,日本"顾问"要求中国官员提供有利证据的压力,调查团不得不忍受那些厚颜无耻的谎言。另一方面,对于日本驻满洲领事馆官员的行为和礼节,调查团有些许的赞扬。然而,爱国者马

---

① 译者按:即内田先生。

将军疑似绑架了一百名白俄并将其卖给了苏联人,那些人最后都被枪毙,调查团对此颇有微词。

签名:林德利

资料来源:FO 371/16176,第 74 页

（杨溢　译　陈志刚　校）

1 号文件副本

摘自日本媒体的社论

《东京日日新闻》7 月 15 日:

……如果满洲重新受旧势力掌控,对日本来说将是一场灾难。九一八事变前,掌权的满洲势力的背信弃义是众所周知的,而"满洲国"的独立使远东避免了一场灾难,因此旧势力试图在满洲恢复以往的地位不仅是罪恶的,而且是愚蠢的。……我们希望调查团能放弃折中解决矛盾的想法,并利用自身影响力让中国听从,并接受这一基于事实的解决方案。

《实事新报》7 月 16 日:

……并不难理解为何李顿勋爵会仓促离开,鉴于日本坚持承认"满洲国",因此他认为他的停留以及提供的解决措施都已无用。调查团逐渐明白他们的立场和日本政府的立场之间存在着不可逾越的鸿沟。……调查团错误地认为中日可以达成和解。

……调查团忘了"满洲国"的独立并不涉及《九国公约》,因此谈论《九国公约》是无意义的。

……调查团似乎并不了解远东事务,如果它继续坚持现在的立场,我们怀疑调查团是否能够成功完成任务。但是不管调查团得出什么样的结论,日本都不会改变政策。若不把"满洲国"的独立考虑在内,日本不接受任何解决措施。同样,对"满洲国"不予以承认的人没有资格谈论远东的和平问题。

《朝日新闻》7 月 16 日:

不管调查团报告书的内容是什么,都对日本没有影响,因为日本不会改变对满洲的政策,谁都不能阻挡日本对"满洲国"的承认。必须指出,在不考虑"满洲国"独立的前提下,调查团是不能根本解决满洲问题的……

……不幸的是,调查团来到日本发现他们的观点与日本政府的观点相冲突,我们对此表示遗憾,但是这是因为他们没有事先彻底地了解问题。但是也不全是徒劳,通过到访,他们也认识到了日本承认"满洲国"的决心是不可动摇的……

《都新闻》7 月 16 日：

……不管调查团是否乐意接受,日本的政策依然一样……让人意想不到的是他们会提前离开,但是他们已经充分地了解了日本的意志……

……我们不清楚调查团会给出怎样的意见,但是我们确信,如果解决措施不是基于承认"满洲国"而提出的,日本和国联必然会产生矛盾。如果国联忽视这一基本原则,以和平名义前往远东的调查团将会制造出一场世界矛盾。

资料来源：FO 371/16176,第 74 页

（杨溢　译　陈志刚　校）

38. 英国驻美代办奥斯本致英国外交部(1932 年 9 月 8 日)

| 档案编号：F 6669/1/10
来自：奥斯本(Osborne)先生(华盛顿)
编号：6010,私密
发报日期：1932 年 9 月 8 日
存档日期：1932 年 9 月 12 日
主题：中国 | **国际联盟满洲调查团报告书**
记录了与史汀生先生的谈话,对于即将在日内瓦发布报告书的举动,他表现出了担忧。他指出虽然这份报告是国际联盟的事务,对于此美国只是间接地表示出兴趣。他既不想表现出顶撞也不想表现出退缩。同时他希望国联大会能够采纳美国的意见,即拒绝承认"满洲国"。
如果英国政府能事先对其意见和意图向他进行解释则是最好的。 |

译电 奥斯本(华盛顿)

发报时间:1932 年 9 月 8 日 19:41

收报时间:1932 年 9 月 9 日 09:30

私人信件

1. 昨日我与史汀生先生进行了长谈,但鉴于他刚回到工作岗位,也不太熟悉当下事务的细节,因此谈话并未取得多大成果。对于近来的德国倡议,这也是我访问的初衷,我已经在 360 号文件中报告了他的看法。

2. 在离开之时,他让我再次向您表示,他始终重视与您在共同利益上所达成的密切合作。基于此,我认为有必要向您报告他在其他两项谈话内容上的观点。

3. 他说对于最近柏林和东京的声明,他感到震惊。随后,我提及调查团的报告及其将带来的潜在结果,因为我想看看他是否会提及英国和美国所谓的分歧,就是我在 8 月 18 日的 1276 号急件中提到的与之相关的新闻报道。他并未对此做评价,但我认为他还是忧虑针对将在日内瓦做的报告该如何采取行动。我询问他是否曾通过美国驻伦敦大使馆讨论过潜在的发展和政策问题,但他暗示没有,因为他不想表现得好事。他指出这份报告是国联的一项事务,虽然美国也是调查团的成员,但是美国只是间接关注。基于此,他认为自己陷入两难境地,因为他想避免表现出顶撞或退缩,但是美国的立场已经很明显了。我认为他希望国际联盟采纳美国的意见,不承认"满洲国"。毫无疑问,美国国务院不太确定英国政府的意见,因此,为了维护双方利益,如果有意见分歧,希望英国政府能提前对自身意见及意图与美国进行解释。

4. 在我询问是否承认智利政府之后,他提出了另外一个问题,即我们是否承认在圣萨尔瓦多的马丁内斯政府(见 361 号电报)。对于智利政府问题他表示遗憾,他就未承认中美洲国家做出了政策上的解释。我还提到,与获得美国承认的政治重要性不同,我们之间的关系更新对于保护共同的商业利益来说是更为必要的。

资料来源:FO 371/16177,第 83—84 页

(杨溢 译 陈志刚 校)

39. 英国驻东京大使林德利致英国外交部(1932 年 9 月 12 日)

档案编号：F 6664/1/10 来自：林德利先生(东京) 编号：351 发报日期：1932 年 9 月 12 日 存档日期：1932 年 9 月 12 日 主题：中国	**日本与"满洲国"的条约** 　　参考 9 月 10 日第 348 号电报（F 6643/1/10） 　　如果英国政府认为有必要抗议该条约,因为它侵犯了《九国公约》的第二项条款,相信多数《九国公约》的签署国也会对此抗议。 　　除了惹恼日本之外,抗议不会有任何效果。 　　（转发给北平）

会议记录

　　鉴于日本明显忽视《九国公约》,为最后一次劝阻日本,林德利先生奉命于 7 月 19 日对日本再次发出警告。但是,在和林德利先生的谈话中,内田先生表示承认"满洲国"并没有违背《九国公约》。虽然林德利先生强调其他国家对此并不认可,英国政府也对忽视条约的行为表示严重抗议,但是他并不为之所动。

　　众所周知,日本对"满洲国"的承认将于 9 月 15 日成为定局。毫无疑问,如果日本真的这样做了,日本将会受到进一步的指责,而且在已经收到警告的前提下依然这样做,这明显违背了《九国公约》,因此发起抗议已成为必然。但是,我们一直都认为应该等待李顿报告书的发表,因为该文件在充分授权的基础上能提供足够的材料,所以能够让《九国公约》或巴黎和平公约的签署方决定是否要采取相应行动。我们进一步向澳大利亚政府保证了（F 6200)"如果派往日本政府的《九国公约》签约国的代表变成一个显著的问题",我们"会向英国政府征询自治领派代表的问题"。

即将举行的日内瓦会议提供了与自治领协商的机会,而且由于调查团报告书的重要性,现在对《日"满"议定书》表示抗议似乎不可取,因为这不仅不会产生任何效果,而且可能会激怒日本,使日内瓦会议上的讨论变得更加困难。

美国政府知道我们的政策始终是把满洲问题看成是作为一个整体的国联要解决的问题,因此我们也无法预测调查团报告。因此,目前很难确定对美国采取什么样的策略会有效。鉴于日本很有可能即将承认"满洲国",因此奥斯本先生有必要再次表明我们的态度,他也可以利用这个机会强调我们在阻止日本方面已经做出了很大的努力,同时为回复法国大使,奥斯本先生可与他进行一次类似的谈话。

而对于美国政府,目前我们还无法找到沟通点,因为我们不知道在日内瓦会议上要支持哪一提议,我们必须等到调查团报告书公布。总体来说,鉴于史汀生先生并未询问我方意见,因此我想知道是否需要主动给他提供这方面的信息,他自己也可能明白在调查报告书公布之前,我们不会发表太多意见。

如同前一份文件所述,只要我们避免与日本发生冲突,我们在远东的利益就不会受到损害。目前看来,不管是国联还是《九国公约》签约国都对日本表示责备,但是我们不能以让日本无法接受的方式带头强烈地反对和责令日本,我们应该凭借自身影响力,以温和、敬重的语气劝说她。

从奥斯本先生的电报来看,并没有迹象表明史汀生先生强烈支持反对日本。如果确实如此,则是令人满意的。

现在最大的问题是国联的政策问题,这与国联利益切身相关。如果国联强烈抗议日本的违约行为(不仅必然无效,同时这意味着责备中国,因为它无视了调查团规定的对日条约义务),将面临日本退出国联的风险。如果国联仅仅对此表示遗憾,则会受到道德的谴责,同时体现出国联的无能。对于这个问题,我能力有限无法解决,但是我敢说如果让日本退出国联,国联这个世界组织的最终利益将会受到威胁(如果继而引发德国、意大利相继退出,这可能会意味着国联的破产)。国联面临着两种抉择,要么通过对成员进行教育以使自身发展得以延续,要么是破产,只有在未来实现重建,但那要等到什么时候呢?况且,其余成员国是否能让其他国家再次加入这个组织中? 或者是否还会有像一战那样的危机再次将大家团结在一起? 比起让日本为维护条约尊严而做出某些承诺,我认为日本退出国联将会造成更大的混乱。尽管日本承担了多数的责备,但似乎大家并未都反对日本,或者我们有机会通过条约纠正它的错误。

在调查团交出报告书之前,给出这些意见也许为时尚早,但是我们有必要思考其中所提及的问题,因为这些问题在未来很有可能再现。

签名:奥德

1932 年 9 月 13 日

资料来源:FO 371/16177,第 76—78 页

(杨溢 译 陈志刚 校)

来自日本

译电　林德利先生(东京)

1932 年 9 月 12 日

发报时间:1932 年 9 月 12 日 01:07

收报时间:1932 年 9 月 12 日 09:00

No. 351

我的电报第 348 号。

如果英国政府认为有必要抗议日本与"满洲国"之间的条约,因为该条约侵犯了《九国公约》的第二项条款,我相信多数《九国公约》的签署国也会进行抗议。

遗憾的是我认为除了惹恼日本之外,抗议不会有任何效果。

9 月 12 日发给外交部的第 351 号电报。转发给北平。

资料来源:FO 371/16177,第 79 页

(杨溢 译 陈志刚 校)

40. 英国驻国际联盟代表致英国外交部(1932 年 9 月 16 日)

	日本政府关于国联调查团报告书的意见书
档案编号:F 8910/1/10	日本代表的信函副本要求:
来自:国际联盟	(1) 给予他们至少六个星期的时间,
编号:C648	好让日本政府能够准备其关于国联调查团
发报日期:1932 年 9 月 16 日	报告书的意见书,并将其带到日内瓦。
存档日期:1932 年 9 月 22 日	(2) 在日本政府的意见书到达之前,
主题:中国	理事会不可对报告书做出评判。

国际联盟

发往理事会 C. 648. 1932. Ⅶ

日内瓦,1932 年 9 月 16 日

中国政府之申诉

理事会上日本代表的通讯

秘书处记录

应办公室主任的要求,秘书长非常荣幸能够向理事会通报日本代表的以下通讯记录。

理事会无疑将会在下一个会期中讨论和评判以下通讯记录中提到的要求。

翻译:日本帝国大使馆

巴黎,1932 年 9 月 14 日

致理事会主席:

尊敬的先生:

根据我们收到的信息,贯彻 1931 年 12 月 10 日理事会决议的国联调查团报告书将会在同一时间通报给理事会各个成员和相关人士。我政府认为,为了符合国际惯例,我政府也应该被赋予阅读该报告书的权利,同时也应当上交一份阅读意见书。同时,我政府认为,在我政府的意见书提交之前,理事会不应评审调查团的这份报告,因为不这样做的话,理事会的讨论不会产生好的结果,反而可能产生不幸的后果。

有关这一重要问题,日本政府提议,准其仔细阅读该报告,并认真起草意见书。日本政府将会请一位合格的专业人士将意见书送到日内瓦。至此,日本政府认为,有关调查团报告书的讨论才可开始。

以这样的观点,我非常荣幸地在此向您提出以下要求:

(a) 给予日本政府至少六个星期的时间,好让其能够准备关于国联调查团报告书的意见书,并将其带到日内瓦。其中,四个星期的时间用于翻译和研究报告,并撰写意见书,两个星期的时间用于将意见书从东京送到日内瓦。这一时间将从日本政府收到报告及其所有附录开始正式计算。

(b) 理事会不可在收到日本政府的意见书之前对调查团报告书做出评审。

我政府认为,鉴于日本与日内瓦之间的距离遥远,我方的这些要求是合情合理的,应该得到允准。

期待得到您的允准,我代我政府向您致以问候。

签名:长冈

资料来源:FO 371/16178,第 22 页

(余松琦 译 陈志刚 校)

41. 英国驻华代办英格拉姆致英国外交部(1932 年 9 月 17 日)

档案编号：F 6812/1/10 来自：英格拉姆先生(北平) 编号：696 发报日期：1932 年 9 月 17 日 存档日期：1932 年 9 月 20 日 主题：中国	<u>李顿调查团报告书</u> 　请参考外交部 9 月 8 号 192 号电报(F 6555/1/10)。 　调查团秘书不愿意提前将密封的报告书副本交给东京或北平的任何其他使馆负责人，但是希望英国公使馆和大使馆能够安全保管。英格拉姆先生表示在接到要求公布副本的指示前，应将副本交给一些外国银行，哈斯先生对东京及其正进一步的询问表示怀疑。咨询外交部最后是否反对由英国驻东京大使馆进行安全保管。按程序递送给中国外交部和日本外务省。转发给东京、上海和使团。

来自中国

译电　英格拉姆先生(北平)

1932 年 9 月 17 日

发报时间：1932 年 9 月 18 日

收报时间：1932 年 9 月 19 日 16：00

No. 696

您的 192 号电报。

调查团秘书不愿提前将密封的报告书副本交给在东京或北平的使馆负责人，因此希望英国驻东京的大使馆及驻北平的公使馆能够代为保管。到了时间,国联东京办公室及国联信息部北平通讯处(他们本身没有保管的权利)会通知他们并将报告分发下去。

2. 我已经指出我们因被信任而承担了安全保管工作,但其他特派团并没有保管的权利,对此,他们建议将副本移交给一些外国银行,银行将在指定日期收到指示并将其发给当地的联盟代表。虽然程序上没有任何问题,但哈斯先生对东京表示怀疑,因此再次咨询。除银行方面的安排,您是否同意由英国驻东京大使馆保管该报告但不参与第一段所提及的分发环节?

3. 请按程序递送给中国外交部和日本外务省,国联秘书长也将适时通知两国政府。

发给外交部的第 696 号电报,转发给东京、上海和使团。

资料来源:FO 371/16177,第 198 页

(杨溢 译 陈志刚 校)

给英格拉姆(北平)的译电

外交部,1932 年 9 月 21 日下午 12:30

No. 207

回复您于 9 月 18 日发送的 696 号电报(对调查团报告书的保管问题)。

对于英国驻东京大使馆及驻北平公使馆管理报告书一事,我无异议。如果按照电报第一段中所提及的方式分发,秘书处代表可以核实并确认我们密封的副本没有损坏。

转发给东京。

资料来源:FO 371/16177,第 200 页

(杨溢 译 陈志刚 校)

42. 英国外交部纪要(1932年9月17日)

档案编号:F 6877/1/10 发报:外交部纪要(奥德先生) 编号:无 发报日期:1932年9月17日 存档日期:1932年9月21日

日本承认"满洲国"

中国驻英国公使与日本驻英国大使同时请求于9月19日会见外交大臣(主要涉及上述问题)。在提交给英国外交大臣的文件中已经建议,在收到、审议调查团报告书之前,英国政府应保留任何明确的态度。至于召开华盛顿公约签约国会议,在国联考虑这些问题之前,并无多大意义。

中国驻英国公使与日本驻英国大使同时发出请求,请求周一约见外交大臣,想必是为日本承认"满洲国"一事。不知松平先生会说些什么,但毫无疑问,郭泰祺先生是为抗议而来,同时请求召开华盛顿会议签约国会议,但对此我们已经发出过警告。

外交大臣已经收到文件,文件里提出在收到和审议调查团报告书前,我们应该持保留态度。《九国公约》并未禁止承认一个自发脱离中国而成立的独立国家,日本认为"满洲国"是自发脱离中国而建立起来的。但目前谁都无法预料,只有调查团报告书能为这个问题提供主要的证据。

至于召开《九国公约》签约国会议,在国联讨论这个问题之前(甚至在此之后),召开会议并无多大意义。除非美国及其他大国均为国联成员国,并且此前这一问题已经正式置于诸大国面前,否则他们很难提前通过一个不同的程序取得好的效果,更别提在调查团报告书这样一份重要的文件还未公布前解决问题。

签名:奥德

1932年9月17日

资料来源:FO 371/16177,第228页

(杨溢　译　陈志刚　校)

43. 英国驻华代办英格拉姆致英国外交大臣西蒙(1932 年 9 月 24 日)

档案编号：F 8102/1/10 来自：英格拉姆先生(北平) 编号：1251(712/3A/1932) 发报日期：1932 年 9 月 24 日 存档日期：1932 年 11 月 21 日 主题：中国	**李顿报告书** 　引述 8 月 25 日从北平发出的第 1107 号电报(F 7158/1/10)。包括在 9 月 4 日上午八点半报告书签字之前的会议记录。 　(发往东京、下级公使馆、奉天和哈尔滨)

英国公使馆,北平

No. 1251(712/5AA952)

1932 年 9 月 24 日

发往东京、下级公使馆、奉天和哈尔滨

先生：

　　关于我 8 月 25 日发出的第 1107 号电报,我谨通知您,国际联盟中日满洲争端调查团的报告书已由全体成员于 9 月 4 日上午八点半左右在位于北平的德国医院的李顿勋爵房间签字完成,调查团成员也于当天离开北平前往欧洲。

　　2. 调查团直到离开的那一刻仍在努力完成报告书,而且我知道由于在一些要在报告书中陈述的重要原则问题和事实上遇到了困难,即使在最后一刻,他们能在安排的日期离开的可能性也非常小。在这些问题上,法国成员克劳德将军表现出了出人意料的坚持,在报告书签字前的最后十天里,为了达成一致意见,其余成员被迫一次又一次地在表达的清晰性上做出重大修改。李顿勋爵在签名之前的那一晚度过了一个不眠之夜,经历了一次"良知危机",并且经过同事们百般劝阻才没有在最后一刻加入他的保留意见。我猜测这条保留意见的大意是,报告书的最终版本没有充分强调"满洲国"是日本军方人为造成的事实。

3. 报告书签字之后,李顿勋爵立即同他的秘书阿斯特、马柯迪伯爵、麦考益将军及夫人乘坐张学良元帅的私人飞机前往上海。他们在同一天下午抵达上海,第二天即 9 月 5 日乘坐意大利邮船"甘杰号"前往欧洲。调查团的法国和德国成员克劳德将军和恩利克·希尼博士也于 9 月 4 日离开北平,他们通过穿越西伯利亚的路线前往欧洲。

签名:英格拉姆

资料来源:FO 371/16181,第 145—146 页

（杨越　译　陈志刚　校）

44. 英国驻国际联盟代表致英国外交部(1932 年 9 月 24 日)

档案编号:F 7053/1/10 来自:国际联盟 编号:无 发报日期:1932 年 9 月 24 日 存档日期:1932 年 9 月 29 日 主题:中国	**国际联盟满洲调查团报告书** 理事会第 68 届常会第 2 次会议的会议记录摘录。会期中,理事会通过了日本方面要求在收到报告书后给予六个星期时间的请求;理事会同时准允报告书在 10 月 1 日发布,理事会应该在 11 月 14 日开会讨论。

国际联盟理事会第 68 届常会

第 2 次会议记录摘录

公开举行于日内瓦,9 月 24 日

3120. 中国政府之申诉:贯彻理事会 1931 年 12 月 10 日

决议而成立的国联调查团的报告书

主席:需要理事会进行裁决的事件是日本政府的一项请求。这一请求已

经通过理事会的审理，在实际收到国联调查团报告书和开始讨论报告书之间，应该空出六个星期的时间。我的同僚知道，这样的延后是因为日本政府请求以四个星期的时间来翻译、研读调查报告书并撰写意见书，然后用两个星期的时间让特派员将他们的意见书送至日内瓦。

首先，我们必须面对一个事实，那就是如果这样的请求被准允，便意味着国际联盟大会和十九国委员会会议将会不可避免地被推迟。十九国委员会已经表示他们希望能够最迟在11月1日之前开始审议调查报告书，然而假使调查报告书要在10月初才能到达相关人士和理事会成员手中，理事会几乎不可能能在11月中旬之前开展讨论。

无论怎样，我认为只有在一个情况下——我会在之后顺便提及，国际联盟才应该同意，而且是极其同意这样的时间要求，尤其是国联其他成员们也同时要求需要时间来阅读这些调查报告书。国际联盟是一个国际性的组织。人们愈加认识到，如果国际联盟想要实现它作为国际性组织的目标和宗旨，就必须竭尽所能地铲除那些疏远联盟和其成员国的困难。

然而，我想如果我不表达一下我的遗憾之情就向国联理事会建议同意这样的延后的话，我必然会在日本政府和国联其他成员面前失了诚实。我的遗憾必然也同样是理事会的其他成员和大多数人的遗憾。在讨论调查团报告书之前，甚至是在报告书被印刷出来之前，日本方面就已经承认了所谓的"满洲国"政府，并与其签署了条约，一步一步地阻止这场争端的解决。在接近一年的时间里，作为一个整体的国际联盟以及其成员国都极其谨慎，避免对这场争端发表任何评论，然而调查团原本是为了调查这一争端而建立起来的。直到调查团完成报告书并被国联机构审议讨论之前，整个争端问题都始终悬而未决。

然而，无论我们对以上的事情感到多么遗憾，我认为这种遗憾也不能影响我们最终的决定。我们必须认识到，中日关系的问题事关两国，非常重要，我们的确应该考虑推迟调查报告书的审阅，因为这也是日本政府重视中日问题的一大体现。因此，我提议我们应当赞成日本政府的请求，不知我的同僚们对此作何看法。如果大家没有异议的话，我想我们应该开始考虑具体的日期了。

长冈先生：正如主席刚刚所说，我所写的那封通报信函中清楚地阐述了日本对于自身所处紧急状况的看法。在此我想再澄清一点，我国政府做出之前的请求，并非希望推迟报告书的审阅和讨论，而是对当前情况进行了务实考量之后得出的,我想我的同僚们也应该知道。我想,他们都会赞成这一请求的。

既然这样,我们就只有一个现实问题需要解决了,那便是理事会何时开始审议报告书。在这个问题上,我希望同僚们能够将日本和欧洲之间的通讯问题考虑在内,在确定日期时不要太严苛。

至于主席提到的承认"满洲国"政权的问题,我认为任何有关中日问题的事情都需要综合考量,不能单独地考虑。因此我将不会讨论您所提及的这个问题。

颜惠庆先生: 主席先生,我们认真听取了您的阐述,同时也认真听取了日本代表的阐述,他们希望在李顿报告书印刷后延迟六个星期再开始审议报告。

对于日方希望就李顿报告书作意见书,我们表示理解。但是对其希望延迟至少六个星期甚至更长时间的请求,我们认为没有必要。据我们所知,日本政府应该是全球组织最好、雇员素质最高的政府组织之一。在日内瓦,日本也已经拥有一支高效、庞大的代表团,东京与日内瓦之间的电报通讯也很迅捷。不得不说,由专门的信使来送意见书到日内瓦,这不合情理。试问如果信使或者意见书在中途丢失,难道理事会又要再等上六个星期吗?

我认为,如果日本政府采用电报通讯的方式来与日内瓦沟通的话,会更高效、快速。如果这种方法被采纳,我想通常用于审议报告书的时间会更加充分。

我们应该考虑到,日方的这一推迟请求的背后,极可能是他们希望在推迟的这段时间内继续恶化当前局势,对此我们已有前车之鉴。借由时间推迟,日方的军事占领范围已经扩大到了 400 000 平方英里。在推迟的这段时间里,傀儡政府建立完善,海关、邮政等服务设施也被完全摧毁。我不愿看到 30 000 000 中国人和许多的外国人因为日本侵略、社会失序而饱受折磨。

我政府昨天收到的一封电报中提到日本正准备军事入侵热河省和其他地区。9 月 17 日早上,日本军队在长城附近的山海关进行了多场军事演习,企图煽动我方驻军。中国北方最重要的港口城市天津也出现了类似的挑衅行径。

总结而言,中国政府认为,进一步推迟解决这场争端将会给远东地区带来极大危险,日本定会从中渔利。因此,我们认为不应该再有任何的推迟,而应该尽快地解决这一问题。

另外,程序上的问题也值得我们思考。你应该已注意到,理事会决议的第十二条规定的解决争端的六个月的时间已经超时。的确,7月1日国联大会决议同意延长这一时限,但是大会在做出这一决议时对这次延长做出了非常谨慎的定义。请允许我在此向你们宣读这一决议的重要内容:

"国联大会……在不存在先例的情况之下,决定在极其必要的情况之下延长时限。"

在收到李顿调查团报告书之后,国联会在理事会的提议下修改延长的时间。

毋庸置疑,国联大会通过这一延长时间的决议,并非要过度地延长工作。国联希望能够在条件允许的情况下尽快完成这项工作,尤其希望理事会能在11月1日之前开始对李顿调查团报告书的审阅。

因此在这一决议中,国联决定只在极其必要的情况下才延长时限,同时也需要在不存在先例的情况之下。同时,在收到李顿调查团的报告书之后,国联会在理事会的提议下对延长的时间进行修改。另外,国联也希望审议报告书的时间不晚于11月1日,因为"国联大会通过这一延长时间的决议,并非要过度地延长工作",而是"希望能够在条件允许的情况下尽快完成这项工作"。

很明显,根据决议的细节,我们知道国联延长时间的决议不是要让任何一方提这种要求。相反,国联知道自己的做法,没有修改延长的时间,而是选择等待报告书,等它变得尽可能短。现在如果有任何提议影响或曲解延长的时间,或者挑战国联修改延长时间的权威,那它也应该让国联自己来考虑。的确,国联受邀审议李顿调查团的报告书,但是时间问题太过重要,关乎争端的解决,如果理事会同意延长六个星期甚至更长的时间,这不免有些越俎代庖。正如理事会前主席保罗-邦库尔(Paul-Boncour)先生所说,因为在争端的解决中理事会由国联大会指挥,所以理事会应向国联大会提出争端问题,国联大会做出最终决定。我们现在讨论的问题也应该这样。

总结而言,国联大会应该承担修改延长时间的责任,理事会如若延长了李顿报告书的审议时间,便是行使了国联大会的权利。3月11日的决议结尾提到,国联应该继续会议,主席应该在他认为必要的时候召开大会。也就是说,召开会议并不取决于理事会,而是国联大会。7月1日的决议对此观点进行了阐释,提到在收到李顿调查团报告书之后,国联将修改延长的具体时间。因此,如果理事会通过任何方法延长国联大会和十九国委员会审阅报告书的时间,限制了国联大会和十九国委员会的职权,那就将违背理事会的义务。

　　既然国联拥有解决争端的义务,那么它就应该决定所有具体流程,理事会起到协助和通讯的作用。何时召开会议、审阅报告书应该由十九国委员会主席来决定。同时,国联大会享有在必要情况下决定延长时间的权利,以便让双方和国联成员研究、讨论报告书。

　　根据上述观点,我很荣幸地提议将日本政府的请求上交至十九国委员会这一授权的提审机构,由它来决定延长的具体时间。

　　主席:我们的中国同僚们提出异议,鉴于理事会将中日争端提交国联大会的决定,理事会除了立即向大会提交调查团的报告外,别无选择。

　　个人认为,中方的这一言论是站不住脚的。李顿调查团的成立贯彻了理事会 1931 年 12 月 10 日通过的决议,同时他们将报告书上交至理事会。除非有后续事件,理事会行使关于这一报告书的裁量处置权是自然而然的。

　　根据理事会 1932 年 2 月 19 日决议,中日争端问题提交至国联大会。这一事实在多大程度上(如果有的话)限制了这种裁量处置权?

　　当然,从政治和实际角度看,这限制固然比较大。考虑到国联大会承受巨大压力,而由它依法任命的理事会希望能得到国联调查团报告书。毫无疑问,万一理事会在审议报告书时做了任何不必要的延迟,这也不会影响国联大会的意志。

　　然而从章程上讲,我认为是这样:国联在就中日争端做出合法建议时,它理应获得李顿调查团提供的资料。实际上,在这一点上,国联大会并没有采取相关的举措来直接获得这些相关资料。然而,报告书由理事会要求撰写,也最终被寄送到理事会并由理事会进行讨论,这是一个不会改变的事实。

　　让国联大会来处理中日争端问题这一决定,将自然而然给理事会在该问题上的发言权带来限制。举例来说,理事会将不再像《国联盟约》第十五条所说明的那样,起草法定的理事会报告。但是,这些限制并不会减少理事会自由讨论报告书内容的裁量处置权。这一报告书正是理事会根据《国联盟约》另一条款要求起草的。

　　在我看来,理事会在这一问题上的权利无可厚非,因此我想不用我说,方才我所提出的观点正是国联大会在 1932 年 3 月 11 日通过的决议中体现出来的。决议说:"国联大会要求理事会与调查团进行沟通,包括所有涉及的意见书和理事会认为适合的应该送至国联大会的文件。"

　　萨尔瓦多·德·马达里亚加(Salvador De Madariaga)先生:我不希望再

讨论中方代表所提出的合法性问题,也不想再讨论主席先生刚刚给出的"总结性"的发言。

但是,我想日本代表应该会允许我在此表达一些对于他方才所说观点的疑惑,以及一些我可能没能理解的东西。

如果我没有理解错的话,日本代表提到任何有关于中日争端的问题都应该综合地讨论,这意味着日本代表不会对主席先生所提出的承认报纸上所说的"满洲国"的问题做出任何评价。实话实说,我想告诉我理事会的各位同僚,这样是极其危险的。在中日争端上指导国联和理事工作的法则,就是我们必须在中日争端的实质和军事事件的实质之间划清界限。这一法则同时也是国联和理事会处理其他事件的法则。在此,为了简洁明了,也为了不让大家误会我使用"军事事件"这一词是先入为主,我澄清我所说的"军事事件"是指日本在其授权占领的铁路区之外侵略满洲这一行为。

我们只需看一看接二连三在这张桌子上进行谈判的日本代表所做的这些申明。时间已经过去一年,日本代表和我们还没有就这些"军事事件"讲清楚,他们一直以来都向我们保证他们在铁路区之外的"突进"只是暂时的,只是为了保护日本侨民的安全。这一系列的举措造成了我们今日的这些争执。我再说一次,我们已经强调,我们需要分清楚这两类截然不同的注意事项和事实。

首先,我指的分歧的实质是一个严格意义上的中日问题,这个问题没有得到讨论,我们也没有发表意见。第二种是提交到国际联盟的事件,因为这类事件事关国际社会,并且同样事关《国联盟约》。这一系列的后续事件不仅事关中日关系,还在很大程度上事关由国联和理事会所代表的国际社会与日本的关系。如果我没有弄错的话,承认所谓"满洲国"这一事件,就恰属于第二类注意事项。这不仅危及中日两国关系,也同时危及日本与国联、与《国联盟约》之间的关系。总结而言,这事关我们正努力创建的国际社会的未来。

除此之外,承认"满洲国"这件事也印证了中国代表所提出的一个清楚看法。那就是时间对于这件事非常重要,在这一段时间内再给出额外的延长时间将极其危险。我们自去年 9 月 18 日以来已经有很多例子了,这一类事件大多会让事情变得更糟。

尽管我认为我刚刚所提及的不良后果很有可能发生,我想说,我仍然同意主席先生应该给予日本代表他们所要求的延长时间的提议。

长冈先生:我们目前正在讨论程序上的问题,我并不想在此时讨论关于实质的问题。如果我们之间有什么误解的话,我很遗憾。

颜惠庆先生:至于国联大会与理事会之间的分权,1932年2月19日通过的决议规定国联大会拥有中日争端的最高发言权,并且应该继续获取对争端解决有用的信息。现在的这些决定将不会影响理事会维护和平的职责。另一方面,国联大会3月11日的决议宣布,考虑到国联对整个争端负责,也考虑到它需要遵循《国联盟约》第十五条有关内容规定的流程,要建立一个十九国委员会。这两个决议非常清楚地厘清了在中日争端问题上,国际联盟的两大机构——国联大会与理事会所拥有的权力。从那时起,理事会便没有遵循第十一条和第十五条的相关准则来解决争端。自那时起,国联大会便担起了解决争端的全部责任。解决方案应该从第十五条第三款还是第四款中得到呢? 国联大会应该通过调解还是建议来接管这一工作呢? 理事会还会保有何种权力呢? 这些问题都在2月19日的决议最后一句话中得到了清楚的回答,那就是理事会将会为了维护和平继续它的工作。该理事会移交了其准司法职能,但保留了作为国际和平守护者的执行职能。这意味着,即使在国联大会审议期间,与之平行的理事会也可以在双方之间进行干预,以防止武装冲突,并为此采取保护措施。这两种行为是平行并进的,一种是应对冲突的解决,另一种则是应对可能隐含战争危险的事件。

我一直坚持赞同中国政府在程序上的观点,因为我们已经一次又一次地表明了我们在国联大会上做的一切都创造了先例。因此,在理事会做出任何决定之前,都应该让这个问题得到充分的考虑,这是大家所希望的。同时,在主席先生的允许下,我想问,日本政府提出的这个请求是否已经提请秘书处的法学家进行研究了呢?

主席:我想我应该告知中国代表,这个问题已经得到了非常细致的考量,秘书处的法学家们也一致认为,理事会拥有接收和审议报告的权利,并且无论是否撰写了意见书,它都可以将其上交至国联大会。为此,理事会获取并审议报告是非常必要的。我可以向他保证这个问题已经经过了仔细考虑。有一些新观点被提出,它们虽然之前没有被法学家们提及,但是在我看来这不会影响我所提出的结论。

理事会根据相关条款同意日本政府的请求

主席:我们现在开始确定日期。如果理事会能够于11月21日召开会议,那么时间便很充足。

秘书长：我们在 9 月 22 日收到报告书。这是一个考虑非常周全的报告书，法语翻译的校对需要较多的时间。正常情况下印刷会花费 4 周的时间，但是如果我们延长工作时间，也许可以准备好报告书和地图。这是委员会希望在 10 月 7 日或 8 日得到的东西。另外，如果地图作为附件来印刷的话，那么报告书应该能在 10 月 5 日就准备完毕。还有另外一种可能：只印刷报告书，但不印刷地图，地图在之后另行印刷。如果理事会同意这一程序的话，那么报告书可在 10 月 1 日准备完毕，而地图则在 10 月 5 日准备完毕。然而我想说，这样的话将会和理事会的愿望背道而驰。我们可以印刷报告书的一部分附件，但是这些附件还没有送达日内瓦。我们已经安排在报告书送达理事会和日内瓦国联的那天，就将其他所有的附件交给在南京的中国政府和在东京的日本政府。因此，这些特定的资料将会在到达理事会手中之前送到有关政府手中，但是既然附件并不是报告书的重要部分，我想理事会不会对这一程序有什么意见。

因此，我想要问理事会支持哪一种决议：（1）报告书和地图（放在报告书的一个适当之处）一起在 10 月 7 日或 8 日印刷；（2）报告书随同作为附件的地图一起在 10 月 5 日印刷；（3）报告书在 10 月 1 日印刷，地图在之后另行印刷。

我并不希望对理事会的决定怀有偏见，但是我认为即便是地图印刷稍微晚些，报告书也是越早印刷越好。我在此提出这个建议，是因为理事会即将要对日期做出修改。

长冈先生：日本政府希望报告书的印刷是完整的，也就是说我们希望报告书和所有的附件及地图一起印刷。

秘书长：附件非常冗长，还没有送达这里，这意味着我们还需要等至少两到三个星期才能够印刷。根据日本政府的请求，他们希望在其收到报告书和附件之后被给予 6 个星期的时间。正如我所说，我们已经在南京和东京做出了清楚的决定，只要报告书到达理事会和国联成员手中，那么报告书复本就要交与日本政府。我希望这样的决定能够符合日方的诉求。日本代表的请求应该包含一个考虑周全的延迟方案。

长冈先生：为了消除一些误解，我想说，我唯一的希望就是日本记者在发表报告书方面应享有日内瓦可能给予的同样权利。如果文件在 10 月 1 日传阅给理事会成员的同时交给日本政府，日方要能够立即将其翻译成日语，让我国人民能够理解。因此,想要在日内瓦传阅文件的同时在东京和南京传阅,是不现实的,因为它必须有译文。也正是因为这一技术问题,我才要求日内瓦、东京和南京之间应该达成一项共识,确定一个印刷的时间。

理事会决定报告书将于 10 月 1 日发布,地图则稍晚公布

秘书长:我们已经在原则上同意了日本政府要求延长 6 周时间的请求。我们必须就审议报告书的时间达成共识,我建议是 11 月 21 日。

颜惠庆先生:我认为这有些过长,我建议 6 个星期。

主席:我们最好确定一个具体的时间,让理事会召开会议讨论报告书。

秘书长:应日本代表的观点,理事会也许需要 3 天的时间来考虑日方的意见书。同时我们需要一点时间来应对紧急情况,但是我认为我们能够确定出一个具体的时间。

马达里亚加先生:我们现在有两种截然相反的观点。有一位代表建议延长时间,另外一位则建议加快进度,我们至少可以折中。我们已经在原则上同意了日本政府的请求,在实际操作中,我们也赞同中国政府提出的不超过 6 个星期的延长方案。既然 6 个星期的时间将会在 11 月 12 日星期五结束,那么我提议 11 月 14 日星期一来召开这次会议。除非主席先生认为会议还应当延迟,我们就这样做吧。这样的话,我们可以很好地把握。

长冈先生:我想要在此解释一下我所说的技术问题。目前,哈尔滨正在遭受洪水侵袭,中东铁路上没有列车运行。因此,文件的运输将要经过符拉迪沃斯托克,而在符拉迪沃斯托克与日本之间只有一家航运服务。我在此提出此事是希望我们的西班牙同事能够同意把日期定在 11 月 17 日。

主席:如果理事会成员们同意,我认为我们应该赞成西班牙代表的提议,在 11 月 14 日召开理事会会议审议报告书。当然如果理事会认为日本政府的提议有理,那么我们也可以给予一周以内的延长时间。

马达里亚加先生的提议通过。

理事会举手。

资料来源:FO 371/16178,第 89—106 页

(余松琦 译 陈志刚 校)

45. 英国驻国际联盟代表团致英国外交部（1932 年 9 月 26 日）

<table>
<tr><td>

档案编号：F 7035/1/10
来自：国际联盟英国代表团
编号：第 262 号
发报日期：1932 年 9 月 26 日
存档日期：1932 年 9 月 28 日
主题：中国

</td><td>

国际联盟满洲调查团报告书
随信寄送外交大臣与长冈先生就日本方面对李顿报告书态度的谈话记录。

</td></tr>
</table>

备忘录

　　今天早上，长冈先生与我进行了通话，询问我们对日本提出的要求作何态度。日本方面要求国际联盟理事会在日本收到李顿报告书后给予他们一段时间来研读报告并撰写相应的意见书送到日内瓦，并同时要求理事会在收到日本政府的意见书之前不可提前审议李顿报告书。长冈先生提出，其中的四个星期是用来研读报告书和准备意见书的，另外两个星期则用来运送意见书到日内瓦。除此之外，他还要求给他们额外的一星期时间来应对可能的延误事故。由于理事会的成员们已经在 9 月 30 日收到了李顿报告书，这样的要求如果被批准，审议的时间将会被推迟到 11 月 17 日。

　　我询问他是否将这件事告知了其他人。他告诉我，秘书长似乎认为此要求合理，但是为将来计，最好还是确定一个确切的时间，而不是说个大概。他同时也向赫里奥特（Herriot）先生谈及此事，先生也表示日本的这一要求是合理的。我告诉他我尚未有机会与理事会的其他成员就此事进行交流，但是就我个人而言，这项建议倒也合理。

　　在我与长冈先生的谈话中，他两次提及有关报社媒体和李德（Reed）参议员访谈的流言，说日本政府对访谈中放出的消息很感兴趣。我提到，媒体的流言多是空穴来风，而我和李德参议员除了喝茶时聊上几句，平时交流甚少，因此我的确没什么能告诉他的,只能告诉他对媒体的敏感消息最好置之不理。

签名:□······□

日内瓦,1932 年 9 月 23 日

资料来源:FO 371/16178,第 85—86 页

(余松琦 译 陈志刚 校)

46. 英国外交部致英国驻东京大使林德利(1932 年 9 月 26 日)

尊敬的林德利先生:

我想您会有兴趣阅读随函所附的中国驻英公使与曾在中国海关工作过的斯蒂文森(Stevenson)先生的谈话记录,这些内容是斯蒂文森先生友情告知的。

郭泰祺先生跟我讲过关于犬养毅(Inukai)的故事,但我们觉得难以置信。无论如何,即使这是真的,中国的抵抗是否会产生所希望的效果似乎值得怀疑。

至于公使在第二段中提出的建设性意见,在实际中如何实现这一点是不同的。然而,尽管我们希望向处于危险状态的中国表示同情,但我们不允许自己受到经济方面或其他特权的拉拢,以改变我们最终可能就满洲问题提出的任何看法。

我给英格拉姆先生寄了一封类似的信。

签名:奥德

资料来源:FO 262/1802,第 110 页

(黎纹丹 译 陈志刚 校)

斯蒂文森与中国驻英公使的谈话

公使收到来自日内瓦的报道,认为英国在国际联盟的政策是不明确的——英国对其是赞成的,这似乎是对目前实际局势的妥协,而不是试图调查

日本,保卫中国不容置疑的主权——以至于英国似乎并不同情中国的立场,而是倾向于默许日本的态度。

关于我提出的问题:(1) 此事已正式提交国际联盟,国联调查团正在现场审查此事,并正准备提出报告书,在提交和审查该报告书之前不可能采取任何行动;(2) 这对国际联盟来说是一个需要裁定的问题,当事情尚未判决时,国联的任何成员都不应采取任何行动或发表任何意见。公使说,如果真的是这样,那么英国和美国的意见将对国联极为重要。而且如果英国和美国就明确的行动方针达成一致,并且让大家知道他们的一致意见是什么,这种意见将占上风。例如,众所周知如果英国同意史汀生先生最近发表的观点,日本则不敢继续推行目前的侵略政策,蔑视英国和美国的一致意见。在日本,是由军队负责这些政策,在日本还有一个非军事派(完全反对军方的政策),他们支持通过谈判处理所有存有争议的问题。关于这一点,他们有以下证据:在满洲争端的早期阶段,已故的犬养毅派出一名秘密全权特使(带着全权证书)到达南京,敦促中国尽全力抵抗日本在满洲的军队,并说日本军方单独负责当前政策。如果日本军队确实被中国制服,陆军一派就会失去威望,他们就会丧失统治地位,这个非军事派就会掌权,就能坚持他们通过谈判解决问题的政策。公使接着说,中国一直都使用武力对抗在满洲的日本人,但张学良让他们失望了,他放弃并退出了战斗。当上海事件发展的时候,犬养毅发来另一封密信,说现在事情已经一发不可收拾,都是由于中国起初没有抵抗,他(犬养毅)现已无能为力。这说明日本还有一个党派反对现在的侵略政策,这不是日本整个国家的政策。难道不能与非军国主义者合作做点事情吗!

由于他听到了英国在日内瓦就其观点和政策发表的报告,他对英国明显缺乏同情心深感不安。如果他知道英国实际上同情中国的立场,即使英国不能公开承认这份同情,他也会松一口气。毕竟,英国在中国的利益,实际上在很大程度上与中国的利益是一致的。

公使问我在英国和中国之间安排一些基于关税优惠的经济协定是否可行,是否有可能或切实可行的办法来达成这样的协定。他让我调查这个问题,并告诉他我的想法。

资料来源:FO 262/1802,第 111—113 页

(黎纹丹 译 陈志刚 校)

47. 英国驻日内瓦总领事帕特森致英国外交部(1932 年 10 月 1 日)

	十九国委员会讨论未来程序的会议
档案编号:F 7113/1/10 来自:帕特森总领事(日内瓦) 编号:82 发报日期:1932 年 10 月 1 日 存档日期:1932 年 10 月 3 日 主题:中国	贾德干先生发来信件,包含了十九国委员会所讨论的内容:(1) 在理事会将李顿报告书及其意见书交给国联大会后需要采取的行动。(2) 中国代表提出请求,要求日本政府不准利用时间延长来加剧地区局势。(3) 十九国委员会主席陈述的内容。

来自瑞士

英国总领事(日内瓦)发来的电报

发报时间:1932 年 10 月 1 日

收报时间:1932 年 10 月 3 日

以下来自贾德干先生:

应中国代表的请求,国联大会十九国委员会在今天上午召开会议,讨论未来的程序问题。

在主席先生的提议之下,委员会决定,只要理事会将李顿报告书及其意见书上交至国联大会,十九国委员会就要召开会议并建议国联大会修改延长时间的日期限制。

中国代表同时也请求十九国委员会敦促日本政府不要利用时间的延长来加剧地区局势。主席表示,他很确信委员会对理事会主席在 9 月 24 日提出的遗憾表示理解,即日本政府将会在李顿报告书审议之前就与"满洲国"政府达成协议,承认其地位。海曼斯先生建议,对于委员会来说最为合适的程序是遵循埃蒙・德・瓦勒拉(Eamon De Valera)先生的话,向双方提交一份附件。

在经过捷克斯洛伐克、瑞士和瑞典代表的简短讨论之后,各国一致通过这一决议。

资料来源:FO 371/16178,第 158 页

(余松琦　译　陈志刚　校)

48. 英国驻东京大使林德利致英国外交部(1932 年 10 月 3 日)

档案编号:F 7114/1/10	**国际联盟满洲调查团报告书**
来自:林德利先生(东京)	日本媒体在赞赏李顿报告书的历史叙述部分的同时,一致反对其提出的解决方案。"满洲国"的独立被认为是木已成舟。
编号:371(R)	
发报日期:1932 年 10 月 3 日	
存档日期:1932 年 10 月 3 日	
主题:中国	

来自日本

林德利先生(东京),1932 年 10 月 3 日

发报时间:1932 年 10 月 3 日 13:15

收报时间:1932 年 10 月 3 日 09:50

日本媒体在赞赏李顿报告书的历史叙述部分的同时,一致反对其提出的解决方案。"满洲国"的独立被认为是木已成舟,排除了国际社会的控制。调查团因为没有很好地理解这一情况而被谴责。

资料来源:FO 371/16178,第 159 页

(余松琦　译　陈志刚　校)

49. 英国驻东京大使林德利致英国外交部（1932 年 10 月 3 日）

档案编号：F 7123/1/10 来自：林德利先生（东京） 编号：372 发报日期：1932 年 10 月 3 日 存档日期：1932 年 10 月 3 日 主题：中国	**国际联盟满洲调查团报告书** 10 月 3 日东京电报 371 号（F 7114/1/10）已经表明，报告书对日方观点的支持比预期的更少。目前，报告书不会以任何方式改变日本的政策，真正的问题是日内瓦应该怎么看待这份报告。 （转发给北平）

林德利（东京）

发报时间：1932 年 10 月 3 日 19：25
收报时间：1932 年 10 月 3 日 12：45
No. 372

我的第 371 号电报。

我发现报告书对日方观点的支持比预期的更少，但是民众对报告书的谴责是不可避免的，因此不需要太过在意。

目前，报告书不会以任何方式改变日本的政策，真正的问题是日内瓦应该怎么看待这份报告。

致外交部 10 月 3 日的第 372 号文件。

转发给北平。

资料来源：FO 371/16178，第 170 页

（余松琦 译 陈志刚 校）

50. 英国驻日内瓦领事帕特森致英国外交部(1932 年 10 月 5 日)

档案编号:F 7233/1/10 来自:帕特森领事,日内瓦 编号:第 87 号存档 发报日期:1932 年 10 月 5 日 存档日期:1932 年 10 月 7 日 主题:中国	**国际联盟满洲调查团报告书** 艾登先生汇报与长冈先生进行谈话的消息:显然,该报告书对日本政府没有产生任何影响。长冈先生称,报告书中表明,日本政府去年 10 月曾提出让步,因中国不承认"满洲国"而无法加以商讨。

来自瑞士

自英国(驻日内瓦)领事(普通文字)电报

发报时间:1932 年 10 月 5 日

收报时间:1932 年 10 月 7 日

No. 87

下列内容来自艾登先生。

我今晚与长冈先生进行了谈话。显然,李顿报告书对日方没有产生任何影响。长冈先生称,报告书中表明,日方去年 10 月曾提出让步,中方不承认"满洲国",因而无法与中方进行商讨,且日本为扩张付出了大量人力和财力,无法回到去年秋季的局面。

资料来源:FO 371/16179,第 8 页

(余松琦 译 陈志刚 校)

51. 英国驻国际联盟代表致国际联盟(1932 年 10 月 5 日)

<table>
<tr>
<td>
档案编号:F 7243/1/10
来自:英国代表致国际联盟
编号:277
发报日期:1932 年 10 月 5 日
存档日期:1932 年 10 月 7 日
主题:中国
</td>
<td>
满洲问题
陆军上校道内(Dawnay)于 9 月 30 日的备忘录,记录了与建川(Tatekawa)中将的谈话,谈话有关:(1) 日本政府不能接受胡佛(Hoover)计划,尤其是胡佛计划裁减兵员方面;(2) 日本政府意图在国际联盟大会讨论李顿报告书之前巩固其在满洲的现有地位;(3) 日本政府对李顿报告书内容存在疑虑;(4) 热河局势;(5) 日苏关系;(6) 日美关系。
</td>
</tr>
</table>

陆军上校道内与建川中将的谈话记录

1932 年 9 月 29 日

1. 昨日两人近两小时的午宴中,建川中将与我讨论了日本参谋本部对于一系列问题的态度。在参谋本部中,他确实足以胜任代言人一职。这些问题非常广泛,除了其他方面,主要包括裁军、满洲问题、李顿报告书发表后日本与国际联盟关系的可能定位等。

2. 谈到裁军,建川中将表示日本绝不可能接受胡佛计划,尤其是裁减兵员方面。另一方面,在定性裁军上,若能说服法军进行同等让步,日本参谋本部并非不愿意裁至 155 mm 级移动火炮和 25 吨坦克。相较此前坚持的 320 mm 机枪和 35 吨坦克,这是一项很大的进步;但最有意思的一点在于要求法国采取同等措施,这强烈证实了当下的流言——法国与日本达成一致,在满洲相关问题上支持日本,以换取日本在裁军问题上支持法国。

3. 关于满洲问题,建川中将相当坦率地承认日方意图在国际联盟大会讨论李顿报告书之前全力以赴巩固其在满洲的现有地位。他们的方针是在大会上描述木已成舟的既定事实,对"为煎蛋饼而不得不打破鸡蛋"的行为表示遗憾,承诺今后将一丝不苟地遵守国际联盟的原则,并建议过去的事就让它们过去,达成共同协议进行和解,既往不咎。当然,这些毫无新意,但证实了我们此前对日方可能会出现的态度的猜测,或许比较令人感兴趣。

4. 关于李顿报告书,日本参谋本部自然对其可能包含的内容产生了相当的疑虑。他们担心能否保住在国际联盟的席位。怀着这种愿望,他们准备好冷静接受针对报告书中对他们采取的手段的大量谴责。然而,关于主权问题,他们态度坚决。一旦任何国家要求日本将"满洲国"实际归还给中国,日本将无可避免被驱出国际联盟。但他希望能找出某种方法避免这种情况,他们可能会承认,从法律上讲,"满洲国"拥有中国宗主权管辖范围内的自治权,"满洲国"有权选择从任意来源(如日本)要求获得此类外国援助。我猜想他提出的这一解决方法只是他的个人观点,不一定代表日本参谋本部人士的看法。

此时,我认为最好向中将表明,无论我们本来支持哪一方,如果一定要面临不得不在对日本的友善态度和对国际联盟的忠诚中二选一的情形的话,我们无疑会选择后者。因此,我希望日本能竭尽所能防止这种痛苦局面出现。

5. 谈到当前局势更加具体的方面时,建川中将向我保证日本参谋本部完全清楚侵入热河的内在危险,侵入热河可能会在军事行动活跃的地区将北平卷入进来。他表示,日方决心避免这种情况,除非因张学良方面肆无忌惮的行动而不得不介入该地区。

6. 谈到北边,趁着他无比坦率的态度,我直截了当地问他日本是否实际已明确与苏联达成任何协议以确保该地区无侵入风险。他既未肯定也未否定存在该协议,只是回答说,在他看来,日本不会在最近与俄国交战。据此,我认为我们也许能得出合理结论了。

7. 展望更远的未来,建川中将表示,日本参谋本部迫切希望结束迄今为止与美国的敌对状态。他们认识到这种敌对状态并非基于任何根本利益冲突,并且期待将来"圆满解决现今令人遗憾的问题之时,日本将迎来新时代的黎明,与英国及美国友好合作,共同促进彼此利益增长,维护远东全面和平与幸福"。

1932 年 9 月 30 日

资料来源:FO 371/16179,第 17—19 页

(余松琦　译　陈志刚　校)

52. 国际联盟的麦克斯韦·格内特致英国外交部(1932年10月6日)

档案编号:F 7248/1/10 来自:麦克斯韦·格内特(Maxwell Garnett)(国际联盟)致英国外交部 编号:无 发报日期:1932年10月6日 存档日期:1932年10月7日 主题:中国	**国际联盟满洲调查团报告书** 传送国际联盟执行委员会通过的决议文本:希望国际舆论能共同对有关方面造成压力,成功说服其参加以报告书为讨论基础的会议。

副本

国联联盟

1932年10月6日

先生:

国际联盟执行委员会派我向您发送下列决议内容,该决议由执行委员会于今天上午会议通过:

(2)国际联盟执行委员会同意李顿报告书公正且具有政治风范地表明了大致情况,即满洲、日本和中国的未来繁荣及良好关系可能得到保证,敦促英国政府拥护国联通过的决议,并相信造成压力的"共同国际舆论"能成功说服有关方面参加以李顿报告书为讨论基础的会议。

签名:格内特

资料来源:FO 371/16179,第44页

(余松琦　译　陈志刚　校)

53. 英国驻华代办英格拉姆致英国外交部（1932 年 10 月 6 日）

档案编号：F 7267/1/10 来自：英格拉姆先生（南京） 编号：355(R) 发报日期：1932 年 10 月 7 日 存档日期：1932 年 10 月 8 日 主题：中国	<u>英格拉姆和外交部长就李顿报告书的讨论</u> 　外交部长表示，中方总体来说是支持的，最困难的问题在于要求中日各选出一个顾问委员会。外交部长补充，他还没有时间仔细考虑李顿报告书并得出意见，或评价公众对李顿报告书的反应。英格拉姆先生告诉外交部长，他自己只能就中国政府可采取的适当策略发表个人看法。 （转发给东京及北平）

来自中国

解密　　英格拉姆先生（南京）

1932 年 10 月 6 日

发报时间：1932 年 10 月 7 日

收报时间：1932 年 10 月 8 日 09：00

No. 355.（R）.

　　在讨论李顿报告书时，外交部长表示中方总体来说是支持的，最困难的问题在于要求中日各选出一个顾问委员会。中方委员会将在中国本土选出，且为常设委员会。只要日军仍占领满洲，任何当地选出的委员会都不可能真正代表中国人民。此外，如果中国主权得到承认，只有由南京方面选出的委员会能真正代表中国人民。外交部长表示，他还没有时间仔细考虑李顿报告书并得出意见，或评价公众对李顿报告书的反应。这些在整篇报告翻译完毕之后才能完成。他深深感谢一切推动这项工作进展的人所具有的真诚与乐于助人的精神。他有些失望地承认，没有任何司法裁决对 9 月 18 日当天及之后的事件问责，但也很清楚将来比过去更重要。

　　他询问中国应采取什么策略，我回复道，我只能从个人观点来说，中国根据建议采取此后可能难以收回的态度是不明智的。就我来看,现在情况下中国外交部或中方媒体没有必要采取毫不妥协的论调。最后,外交部长同意,只有在很长一段时间之后,中日双方才能通过可能有中立观察员参与的直接谈判得出最终解决办法,过早摊牌不仅毫无用处,还会妨碍进行谈判的机会。

发往外交部的第 355 号电报,转发给东京及北平。

资料来源:FO 371/16179,第 51—52 页

(余松琦 译 陈志刚 校)

54. 英国驻奉天总领事伊斯特致英国驻华代办英格拉姆 (1932 年 10 月 7 日)

档案编号:F 7895/1/10	李顿报告书
来自:伊斯特总领事(奉天) 编号:152 发报日期:1932 年 10 月 7 日 存档日期:1932 年 11 月 9 日 主题:中国	10 月 7 日向北平发送第 155 号电报的复印件,报告满洲发生的与李顿报告书有关的宣传。附上《满洲日报》的摘录,其中的一篇文章提供了武藤(Muto)将军对该报告书的意见,还包括"满洲国外交部长"在李顿报告书发布之际向媒体提供的采访文本。

副本

伊斯特总领事致英格拉姆先生

(含 2 份附件)

奉天,1932 年 10 月 7 日

No. 155

(副本发往东京、使团、哈尔滨、牛庄和大连)

先生:

正如人们所预料的那样,被日本控制的满洲新闻界对发布的国际联盟满

洲调查团报告书的意见中,很不幸地将其称为李顿报告书,好像该报告书完全是由调查团团长一人负责完成,这在很大程度上是对东京所表达的意见的忠实回应。

2. 虽然起初的总体印象似乎是整个报告书对日本不利的部分比对中国不利的部分稍少,估计所占比例分别为40%和60%,但我们很快发现日本强大的军事力量正激发起对其中两个观点的怨恨:(1) 日本在1931年9月18日之后采取的广泛的军事行动超出了"自卫"的范畴;(2)"满洲国"宣布独立不是该国"三千万"人的自发行为。

3. 10月4日星期二的《满洲日报》以引人注目的标题"帝国军队对其认为的故意侮辱行为怒不可遏"发表了当天来自东京的消息,同时在第一页最醒目的靠前位置转载了日本帝国代表武藤将军对该报告书的"印象"。谨随函附上该文章的复印件。在同一天,武藤将军的私人秘书鹤见(Tsurumi)先生在这里接受了一位美国新闻记者的采访,他在这次采访中大发脾气,猛烈地抨击李顿勋爵本人,说他在调查团报告书中"没有政治家风度""不切实际"。

4. 10月6日下午,我从位于长春市的"外交部"宣化司收到一份官方公报,内容是外交部长就该报告书的主题向报社记者发表的意见。我同样随函附上了该公报的复印件。

5. 显然,一场坚定的宣传运动已经展开,其目的是形成"不干涉'满洲国'事务"的民意。

6. 我已将此电报的复印件及附件转发给外交部、英国驻东京大使、南京的外交使团以及驻哈尔滨、牛庄和大连的领事官员。

签名:伊斯特

资料来源:FO 371/16181,第39—41页

(杨越 译 陈志刚 校)

1932年10月4日的《满洲日报》摘录

武藤将军对李顿报告书的印象

关东军总司令兼驻"满洲国"全权大使武藤信义对李顿报告书的基本观察如下:

在收到正式文本并对其进行全面研究之前,我无法发表我对国际联盟调

查团报告书的意见。

我对这份报告书的印象是：

为了调查有关未决争端的真相并准备如此全面的一份报告，调查团一定花费了很多天在这么大一个国家四处走访，我非常尊重他们的努力。

报告书的某些部分对我具有参考价值，但令我遗憾的是，报告书作者在最重要的一点上被误导了。

报告书谴责日本的自卫措施毫无根据，但根据国际法和国际惯例，日本的军事行动是正义和恰当的。自卫行动中采取的步骤不应由第三方判决。

接下来，报告书称之前没有听说满洲发生过独立运动。还补充说，新的"满洲国"不能被认为是一次独立意志运动的结果，暗示这个"新政权"的成立是日本谋划的。这样的结论完全没有根据，很可能是旧时封建积极分子或在旧政权下享有奢侈特权的敲诈勒索分子进行误导性宣传的结果。

其次，将日军在满洲的存在以及日本文官和军官的活动视为建立"满洲国"的决定性因素，从而试图将所有责任归咎于日本，是一种严重错误的判断。

事实上，日本军队及文官和武官的存在和活动可能激发了对满足权贵重建"新政权"的信心。但毫无疑问，"新政权"在1932年3月1日成立的事实是"满洲国"全体民众意志的自然结果，这一无可争辩的事实在日本9月15日予以承认后绝对不可能改变。

报告书宣称试图将满洲恢复到事变前状态是对上述事实的忽视和被单纯的理论的误导，只会导致事态变得更加复杂。

出于同样的原因，将"满洲国"恢复到1932年3月1日之前的状态应被视为空谈，而不是直面事实。

我们将采取日本与"满洲国"合作，恢复该"国"秩序以及实现东方和平与繁荣的既定政策。

世界上任何力量都无法改变日本的这一最高政策。

虽然我们为了世界和平事业已准备好配合国际联盟采取行动，但试图改变"新满洲国"的存在必定被视为妨碍东方和平事业。

资料来源：FO 371/16181，第 42—43 页

（杨越　译　陈志刚　校）

副本

"外交部"宣化司

"外交部"第 5 号公告

"满洲国"新京,1932 年 10 月 3 日

在国际联盟调查团报告书发表之际对"外交部长"的新闻采访

1932 年 10 月 3 日

国际联盟调查团是在"满洲国"独立之前派出的。也许由于此原因,其成员中有着在抵达满洲时故意企图忽视"新政权"存在的迹象。

在这个国家逗留期间,调查团成员得到了"满洲国"当局充分且完整的解释,但调查团在最终报告书中得出的结论仍然没有认识到"满洲国"的独立性,我们对这一事实深感遗憾。

自调查团离开该国以来,"满洲国"当局在人民的支持下,继续为巩固国家基础而努力。他们的工作正在逐步结出硕果,特别是在金融领域,我们正在看到意想不到的出色成绩,因此该政府不久便可以考虑减轻人民的税务负担。此外,我们希望通过履行最近签署的《日"满"议定书》的规定,在日本军队的帮助下开展彻底清除土匪和其他非法行为的运动。因此,我们相信,实现我们建立和平安全的国家的目标将不会遥远。

通过上月签署该议定书,我们与日本的关系得到了令人满意且明确的调整。关于与中华民国的关系,我们可以说,鉴于两国人民之间密切的民族关系,广大炎黄子孙甚至高度赞扬这个国家的努力,渴望让"满洲国"成为他们的家,尤其是在我们国家的国民生活的方方面面取得进步之后。

我们不得不说,中华民国几乎没有任何稳定的中央政权,而在"满洲国"随处可见健康的发展,很容易注意到这一非常鲜明的对比。鉴于这种情况,无论是国际联盟、任何其他此类组织,还是任何尊重世界和平、民族自决和人类福祉的国家,采取任何可能不必要地改变现有的国际关系给这片土地上三千万居民的繁荣未来蒙上阴影,并造成世界局势进一步复杂化的行动,都是自相矛盾的做法。对于任何此类企图,我们都会强烈反对。

资料来源:FO 371/16181,第 44--45 页

(杨越 译 陈志刚 校)

55. 英国驻大连领事邓宁致英国驻东京大使林德利（1932年10月8日）

英国领事馆

大连，1932 年 10 月 8 日

No. 133

（副本发往北平第 109 号，哈尔滨，商务秘书，奉天和牛庄）

先生：

谨随函附上东京发来的新闻稿副本，这是一份关于国际联盟调查团报告书的新闻，10 月 7 日刊登在《满洲日报》上，题为"关于军事行动的描述均为捏造"。

2. 当地媒体对这份报告书的评论并不新颖。但是，日本媒体自从第一次试图对其要旨做出明智的预测，认为日本所起的作用不会得到无条件支持以来，一直在进行诋毁，并得到了充分的支持。军队和其他当局的尖锐意见忠实再现，调查团成员对局势了解不充分，对东方思想缺乏了解的陈词滥调也是如此。

3. 在报告书发表之前，调查团诠释满洲问题的能力显然会受到攻击，而且无论如何，唯一可以预料的是，这是日本对不同意见的正常反应。但是上面提到的新闻消息称，这不是唯一的一种，还包含了更为险恶的故意误导和虚假指控。正如总领事伊斯特先生在 10 月 7 日发给北平的第 155 号信件中所说，不幸的是，调查团的报告书总是被称作李顿报告书，尤其是在北平起草工作即将结束时，广泛报道称李顿勋爵主要负责起草工作，而且调查团的其他成员很难说服他和麦考益将军同意缓和某些关键段落的语气，如果被指控蓄意反日，那就更不幸了。

4. 据了解，该报告书的副本是先生于 10 月 5 日空运至南满洲铁道株式会社的，并附有日文译本。更多的副本正在尽快印刷，以便分发给会社的专家，他们的批评将为日本官方书面意见提供重要材料。据报道，松冈（Matsuoka）先生将带着这些意见去日内瓦。媒体已经指出，南满洲铁道株式会社强烈反对报告书中涉及中日铁路形势的章节,据称这一节"显然是建立在'信息不足或恶意'的基础上的"。

5. 报纸上也刊登了一些中国政府高官的意见,但主要是想说明他们普遍接受这份报告书,进一步证明了其所谓的反日偏见。

6. 日本独资的英文报刊的一个重大遗漏就是缺乏满洲当地媒体对报告书的评论。毫无疑问,人们能预料到,这些报纸会就这一问题发表一些看法,而且鉴于日本人坚持认为"满洲国"独立运动是自发的,对于报告书中的结论他们会像其他日本同龄人一样感到愤慨。因此,这将为日本的争论提供有益的支持。然而,就我所见,尽管"满洲国"外长(包括一名日本副部长)和"满洲国"驻东京代表全面提出了他们的意见(他们和日本人一样都在报告书中发现同样的错误),外国媒体的意见也完全覆盖了,却没有单独引用任何"满洲国"当地媒体的内容。

7. 我很高兴地告诉大家,大原(P. Ohara)几周前就停止了向《满洲日报》"面对满洲的现实"栏目投稿,除了一篇长文,其中涉及好几个问题,他在文中为牛庄绑架受害者的命运假慈悲。也许有人认为,既然达到了目的,就不再需要他的宣传了。也许如果大原是《每日电讯报》的代表戈尔曼(Gorman),他的分裂式忠诚已经由伦敦报纸终结了——不幸的是,他在东京的代表彭林顿(J. N. Penlington)先生 9 月 11 日晚上在长春和哈尔滨之间的火车干线上经历了一次劫匪的袭击。毫无疑问,其伦敦雇主也充分了解了情况。也许最明智的解释是,当局认为让他对国际联盟报告书发表评论是不明智的,而且考虑到他作为宣传者却常常自相矛盾且极其低劣的宣传辞令,从当局的角度看,这可能是最好的决定。无论如何,目前当地英文报纸上关于时事的唯一署名评论都是由同一人发表的,此人以前居住在美国,可能是一位日本人。他提及关于反日的任何事情和任何人时都十分下流且完全缺乏新闻业基本的礼貌,所以他们可能会被忽略。

签名:邓宁

资料来源:FO 371/1802,第 114—116 页

(黎纹丹 译 陈志刚 校)

56. 英国外交部备忘录(1932 年 10 月 10 日)

档案编号:F 7304/1/10 来自:英国外交部备忘录(普拉特) 编号:无 发报日期:1932 年 10 月 10 日 存档日期:1932 年 10 月 11 日 主题:中国	**李顿报告书** 对李顿报告书内容的分析研究及对满洲情况的历史背景描述;记录中日关系及造成中日摩擦的主要因素;认为李顿报告书不会彻底解决争端,但可能会缓解当前局势的压力,因为不再有理由视日本为被告席上的罪犯。

这份报告书毫无疑问对满洲整个情况及背景进行了令人钦佩的调查,我认为没有任何一点,包括任何细节,能够被批评。普拉特先生很好地总结了要点,在这方面我不想做任何补充。还剩下一个普遍疑问:满洲问题将如何解决?

从解决问题的实际角度来看,这份报告书作为珍贵的外交文件让我印象深刻。确实,对考虑周到、不失偏颇的读者来说,该报告书为免去日本罪责作出了巨大贡献,虽然日本的确会因其引发这场危机的手段和追求的过激政治目标而受到一些谴责。不确定是否所有人都会将该报告书解读成这种含义,但我认为有充分理由相信,没人会在认真思考后还倾向于认为日本应被逐出国联。毫无疑问会有一些指责,但报告书中有材料证明中国也应受到谴责,因其普遍排外政策、对待朝鲜人的方式、对日本权利的处理方式及其有意修建有竞争力的铁路,却不顾承诺明知故犯;大肆挥霍开支于修建铁路,而修建部分铁路的款项更应该用于付清日本贷款,以及正如普拉特先生额外指出的一样,这些钱也更应该用于维护中国长城以南的铁路——他们主要靠外国资金修建了这些铁路,却违反自己的义务任由其锈蚀。

有迹象表明日本并不希望离开国联,只要保障其将来席位,日本接受对其手段的一定谴责。一些报告显示(见英格拉姆先生自南京的 355 号电报),中方同样合理看待李顿报告书,虽然我担心他们很可能如通常一样忽略了报告书中所包含的使他们失掉信誉的部分。然而一直以来的报告称，蒋介石认为好战方针并无用处，且蒋介石比目前因病"休假"的行政院长汪精卫更有分量。我们有充分证据表明，中方无意对日内瓦采取过于强硬的态度，而且意识到自己必须与日本达成协议。我偶然听说，中英银公司——该公司对英国在华修建铁路的财务状况很感兴趣——在与中国进行生意往来时感受到了一种新的更理性的态度。简而言之，中国人似乎吸取了教训。

因此，有相当的理由可以期待日本在面对国际联盟时并非不可理喻，而且中国在面对日本和国际联盟时也将会相当通情达理。可以说，中日之间最终必将坐下来谈判。李顿调查团提议为中日谈判设立确切计划，但并没有坚持，这是调查团职责的一部分。他们很可能接受事情进展最终会和预期不同，普拉特先生等了解中国外交的人也会本能地这么认为。无论有无外界协助，中日对话讨论都无疑是主要目标。这一目标在中国至少不难实现，在日本可能更难。日本几乎不可能公开收回对"满洲国"的承认，且日本外相近期宣称无法容忍以任何形式延续中国在满洲的主权的解决方法。这将难以让日本同意保留中国名义上的主权，而这在形式上对中国至关重要，尽管如此，作为最后一招他们只能面对现实。"满洲国"同样致力于获得独立主权，但若列强均拒绝承认其为独立国家，其国力可能衰退，并发觉最光明的道路将是让"满洲国"接受中国的宗主权，日方也可能会默许此举。然而必须留到日内瓦会议上才可能意识到这一点。关于普拉特先生的备忘录第十七段的大体政策提议，我同意服从下列内容，但这并不需要影响我们的战略态度。

我并不太相信能完成任何有关重建中国的工作，但我的确认为有必要就满洲问题达成差强人意的解决方法，或者事实上唯一一种日本可能接受的解决方法。显然，在这项工作中，列强能否进行有效合作必须由中方是否愿意接受该合作来决定。我深深怀疑，在列强合作的唯一有效条件下中方不会乐意接受该合作，即外方真正控制中国金融，顾问的建议真正得到实施。中国基本不可能允许外方如此掌控金融和行政，而如果无法实现这些条件，列强合作则会收效甚微，无法解决满洲问题。满洲问题确实难以等到中国完成内部重建后再来解决，就算处于一切最有利的情况，重建过程也需要花费很长时间。的确，若中国未真正实现重建，就不可能找到体现中国本土对满洲事件真正意见的方法来解决满洲问题，但对我而言，如果中国政府的管理仅仅是名义上的主权，似乎就没有必要将重建中国作为优先条件了。这一结果似乎可能实现，且并非不尽如人意。

签名：奥德

1932 年 10 月 12 日

资料来源：FO 371/16179，第 58—60 页

（余松琦　译　陈志刚　校）

关于李顿报告书的备忘录

1. 或许不按照李顿报告书原本顺序来，而是从 1931 年 9 月 18 日当天及之后的事件（第四章）与调查团的调查结果及结论开始比较方便。报告书陈述的事实客观公正，绝大部分都只陈述事实本身，是非由读者自由定夺，但只要有必要，调查团就毫不迟疑地用适当而清楚的语言做出论断。若不联系报告书前半部分简述的历史背景而仅看表述的观点本身，很容易认为是对日本的严厉谴责，但报告书整体大意是表达虽然难以替日本为了补偿不公、摆脱困境所采取的手段做出辩护，但只要透过现象看本质，正义的天平是倾向日本一方的。

2. 关于 1931 年 9 月 18 日晚至 19 日的事件，报告书得出如下结论：

"不能将日本军队在当晚的军事行动视为正当防卫。"（第 71 页）

日军军事行动本应在 9 月 21 日占领吉林后结束，但日方声称受到中方挑衅，不得不违反自身意愿进行更多军事行动。其中第一次军事行动是轰炸锦州。日方坦白，他们轰炸了辽宁省政府公署所在的交通大学，报告书中指出"并无正当理由以军事力量轰炸民政部门"。后续军事行动导致由中国人构成的政府从整个满洲消失，报告书对此仅进行陈述，未加评论。第四章描述了以下过程：首先在沈阳建立市政府，随后建立奉天省政府及吉林省、黑龙江省政府，最终这三省与热河省（日军未进入该省，其中国统治者保持中立态度）共同组成"大满洲帝国"。3 月 9 日，"大满洲帝国"在长春宣布成立。对于这些事态发展，报告书表示：

"9 月 18 日至'满洲国'政府成立，日本军方采取了一系列民政管理措施，尤其是管控银行、管理公共事业服务、管理铁路，这些措施表明，自军事行动开始以来，日方所追求的占领时长就并不止于临时军事占领的需求。这些措施超出了保护侨民生命和财产安全的必要。""至于铁路方面，从军事占领时期开

始,日本当局采取的措施就在于以有利于日方利益的方式完全解决中日铁路间长期存在争议的一些问题。"

下文中总结的调查团最终结论揭露了日方的大量诡辩和伪装:

自 1931 年 9 月 18 日以来,日本军方的民事及军事活动基本上出于政治考虑。日本逐步占领东三省,连续剥夺了中国当局对齐齐哈尔、锦州及哈尔滨城镇的控制,并最终剥夺了中国当局对满洲所有重要城镇的控制。日军每占领一个城镇,就重组其民政机关。显然,1931 年 9 月前满洲从未听说过有独立运动,仅在日本军队出现后独立运动才成为可能。

一群退休日本文官、武官积极策划、组织并完成了这场运动,以解决九一八事件后满洲出现的局势。

为达此种目的,他们利用了某些中国人的名义及行动,并利用了居民中对从前政府管理心存不满的某些少数居民。

同样明确的是,日本参谋本部人士从最初,或至少在很短时间内,就意识到了该自治运动可能产生的用处。因此,他们提供助力,为运动的组织方提供指导。所有来源的证据都向调查团表明,虽然导致"满洲国"成立的因素有很多,但日本军队的存在及日本文官和武官的行动这两点结合起来的作用是最大的,且就我们判断,没有这两个因素,这个"新政权"也不可能形成。

因此,不能认为现行政权是由真正自发的独立运动产生的。

3. 报告书表示,中国人并非普遍支持"满洲国"政府,当地中国人认为"满洲国"政府是日本人的工具。该政府中日本官员作用突出,所有重要部门中均有日本顾问。"新政权"的各个组织中总务委员会实际权力最大的首脑都是日本人。仅"中央政府"就有近 200 名"满洲国"官员是日本人。这些日本官员和顾问把控着主要政治和行政权力,遇到任何重要问题都只能按照日本政府的指示进行。无论何种情况,日本政府都有方法施加不可抵抗的压力。

4. 该报告书对"满洲国"政府的当前状况与前景持有悲观看法。上海的事件严重加大了面对义勇军与土匪活动时维持秩序的难度。"似乎值得怀疑,满洲的大局势在不久的将来是否会出现任何改变,但我们完成报告之时,许多地方依然战火纷飞。"这个"新政权"的财务状况眼下不尽如人意。据初步预算,第一年将会出现超过 2 000 万元的赤字,将由 6 月 14 日成立的"新中央银行"贷款填补。"除了能从旧银行中挽回的财款,'中央银行'据称向日方贷入了 2 000 万日元,'满洲国'政府向其捐赠 750 万元资本用于建立银行。……一个政府向其银行捐赠 750 万元,随后又从该银行借了超过 2 000 万元以平衡预算,则其'中央银行'或预算都没有建立在可靠的财务基础上。"政府计划进行一系列自由改革,宣称这些改革能保证行政管理廉洁高效,以获取民众支持。"但考虑到'满洲国'政府至今执行其政策时间之短且尽可能注意到已经进行的步骤后,没有迹象表明该政府能实际上执行多少改革。只举一个例子:要实现其预算及货币改革,似乎有一些艰巨的困难需要克服。在 1932 年缺乏安全、充满骚乱的条件下不可能推行全面改革计划、保持环境井然有序及实现经济繁荣。"

5. 日内瓦是世界的缩影。全世界都对自 1931 年 9 月以来除满洲实际发生事件以外的远东政治问题了解得少之又少。李顿报告书对这些事件进行了公平公正的报道,简要概括于前述几段。毫不令人吃惊的是,那些只能根据这些信息做判断以及了解得更多的人主要关心的都不仅是中国或日本的利益,而是维护国际联盟的和平机制,联盟这一集体制度本应立即得出对日本非常不利的结论。然而,一旦研究了满洲局势的历史背景,就不可避免会得出大相径庭的结论。幸好报告书第一、二、三、七章都对这一历史背景进行了出色的概述。

6. 1896 年,中国邀请俄国至满洲以抵御日本。十年后,日本见满洲即将受俄国控制,被迫为自身生存而战。英勇抗争后,日本击退了强大的敌人,且根据 1905 年签订的《朴次茅斯条约》继承了俄国在南满洲的权利和特权。日俄双方此后专于巩固在各自势力范围中的地位。第一次世界大战爆发时,日本提出了臭名昭著的"二十一条",极大拓宽了其政治和经济特权,此后抓住机会通过 1915 年协商达成的某些协议获取更多特权。日本因此在满洲占据重要且非同寻常的地位,世上其他地区均无可比拟。"日本以几乎完全的主权来管辖关东租借地。日本通过满铁管理铁路地区,包括几个镇和奉天、长春等人口大市的大片地区,在这些地区,日本控制了治安、税务、教育和公共事业。日本在这些地区的许多地方都驻有武装部队:租借地的关东军、铁路地区的铁路护卫队以及遍布各区的领事馆警察。"满洲领土的战略重要性是日本在满洲的利益中十分重要的一点,日本正是因此才于 1904 至 1905 年与俄国进行伟大斗争。"对日本人来说,人们将铭记,这场与俄国的战争是一场生死攸关的斗争,是出于抵抗俄国入侵威胁的自我防卫。十万日本人死于这场战争,耗费了二十亿金元,这些事实让日本人下定决心不能白白牺牲。……爱国之情、对军事防御的重要需求及特殊的条约权利共同促使日本声称在满洲占有'特殊地位'。日本认为该'特殊地位'不仅限于与中国或其他国家签订的条约和协议中合法规定的内容。这一声称一部分是与日俄战争遗留的情感和历史关联，以及对过去二十五年间日本在满洲事业成就的自豪，这一部分虽然难以形容，却真实存在。因此，日本的外交辞令中'特殊地位'这一短语晦涩难懂，其他国家不能或难以通过国际文书承认该地位，这些都是自然而然的事。"

7. 自古以来，不是满洲鞑靼王朝征服整个中国的一部分，就是中国各朝各代逆转征服浪潮，统治满洲，潮起潮落都促进了中华文化向北传播。满族王朝同时统治着中国和满洲，直到 1912 年王朝覆灭。直到 1878 年，才鼓励中国人移居满洲。直到 1907 年，才执行中国省级行政管理制度，全满洲由一名总督管辖。1911 年，满洲当局袖手旁观，并未参与革命，但稍后接受了中华民国这一既定事实。1916 年，张作霖成了满洲的领导人物，并于 1918 年成了其唯一统治者。直到 1928 年去世前，张作霖隔三岔五或支持中央政府，或攻击中央政府，或宣布其领土独立于中央政府，其间他发起进攻，在北京抓住了权力的缰绳。他要求列强直接与他的政府协商满洲所有问题，苏联政府确实于 1924 年采取了这一方式。李顿报告书指出，虽然满洲从法律上来说是中国不可分割的一部分，但其自治性质足以使其与日本进行直接谈判，谈判的问题就是现今冲突的根源。然而，虽然满洲和中国的确切关系无法用西方政治用语来定义，"数百万中国农民移居于此，解决了将来获得这片土地的问题。这场迁徙实际上是一场占领，和平而难以察觉，却依然实实在在。俄国和日本正忙于在北满和南满划定各自利益范围的界限，而中国农民则占领了这片土地，满洲现在也毫无疑问地属于中国"。

8. 中国人大量涌入满洲，恰逢中国民族主义情绪增长的时期。1905 年以前，满洲的控制权几乎落入俄国手中，但 1905 年以后，中国开始重申其主权，该权利与日俄双方地位相冲突。1917 年俄国革命后，俄国地位崩塌，中国机会来临，苏联政府承认了这一既定事实，政治特权正式废除。1924 年在北京和奉天签署了协议，通过这些协议，中国中东铁路成了完全的商业公司，由中苏联合管理，而苏联却在铁路事务及北满地区重要经济利益事务方面保留着重大影响。自此以后，该"权利恢复"运动势头见涨，俄国与日本地位均受到了系统性的打击。对于俄方，这些打击在 1929 年 5 月对俄国残存权利及利益的强制清算中达到高潮，中方以苏联政府打破了不参与政治宣传的承诺为由采取了该暴力行径,并试图为该行径辩护。苏联政府否认了该控告,并入侵了北满洲,导致中方立即瓦解,重新回到现状。争端期间,苏联政府认为其行动是出于合法自我防卫,绝不能视为违反巴黎《非战公约》。

9. 同样,对日本地位的打击在去年 9 月 18 日开始的公开敌对行动中达到高潮。打击运用的主要武器是一项主动策略,即修建铁路,其目的(据日方称)在于包围和破坏南满铁路。关于所谓 1905 年的协议是否对中国政府构成有法律约束力的义务,要求其不得在南满铁路附近修建任何铁路干线,不得修建平行于南满铁路的干线或可能有损南满铁路利益的支线,该报告书没有发表意见,但声明中国政府于 1907 年承认确实有该义务,应该没有疑问。1925 年左右中国当局着手在满洲实施铁路建设计划时,这项义务被刻意忽略了,且是出于既定政策而忽略的。必要但或许不幸的是——该报告书过分详细地说明了满洲种种铁路及铁路纠纷,以至于事件概貌有些含糊不清。为了鼓励修建铁路支线以作为南满铁路的分支,日方贷款给中方用于建设这些铁路线,并持续增加新的贷款,即使中方并未履行此前的债务(他们一贯如此)。因此,许多支线是用日方资金修筑的。此后,中方更进一步用自己的钱将这些支线铁路建得更长,最终修了一些连接线,将这些南满铁路的分支连接起来转化成了独立的铁路干线系统,与南满铁路同台竞技。"当下冲突爆发的前两年中,中方试图将这些不同的铁路线作为大中华铁路系统进行运营,并尽可能努力只用中方运营的铁路线运送所有货物,在中国牛庄港口有一个沿海出口——可能在葫芦岛也会有一个,结果中方在其铁路系统各部分都有联运安排,而拒绝于重要地区在其铁路线和南满铁路系统之间做出类似交通安排。……关于这些联运争议,中日铁路线间展开了一场艰苦的价格战……日方声称中方价格过低,形成了不公平竞争,但中方回应称其主要目的不是赚取利润,这一点和南满铁路不同,而是促进国家发展,使偏远地区人口能够以尽可能便宜的价格去市集。"中方因此为拖欠铁路贷款开脱,借口称条款过于严苛,无法获取利润,且为其跳楼价找借口,称目的完全不在于获利。该报告书几乎没有指出这些战略的恼人本质,也并未充分强调中方通过铁路竞争来动摇日本整体地位——此举几乎是中日关系中最严峻的因素,也是冲突爆发的主要原因,虽然并不是直接原因。

10. 对日本地位进行打击的另一阶段在于中方通过政策设置障碍阻挠日本人根据条约享受在南满洲内部地区旅行、居住、经商及出租土地的权利(但并不很成功),因其从根本上不承认授予日本人这一权利的 1915 年条约(源自臭名昭著的"二十一条")有效。然而,这些条约条款几乎无可避免地引起持续而激烈的争论,这一点似乎已得到普遍承认。日方行使权利在南满铁路地带维持市政府、征税、派驻铁路护卫队,所有这些权利都基于最初 1896 年中俄铁路协议中的条款,该条款给予铁路公司"对其土地绝对唯一的管理权",日方此举也同样无可避免地引起摩擦和争论。一场普遍的反日骚动后,1927 年年底左右,一场迫害朝鲜移民的运动在中国官方的教唆下爆发于满洲,这一情况就不那么情有可原了。"因日方指控严重,且满洲朝鲜人民处境悲惨、值得同情,调查团特别关注了这一问题,并旨在确认中方对满洲某些地区朝鲜人民采取的行动是否符合这一大体描述,但并没有全盘将这些控诉视为对事实的充分展现,也未断定某些施加于朝鲜人的限制性措施完全不公。"关于这一点,提到哈尔滨内外这一小群约 10 万名白俄的状况可能就并非毫无关联了。调查团发现,"因为他们属于少数群体,没有国家政府保护,因此遭受了中国官员及警方各种各样的羞辱。……该群体许多成员的处境很可能已经糟糕透顶,并不奇怪他们会欢迎日方到来,且希望在新政府管理下自己的命运能够得以改善"。

11. 报告书也提到了"从学校开始,贯穿公共生活每一阶段的敌对排外政治宣传"及经济抵制的运用。两种情况的主要受害者都是日本。1905 年以来举行了十一次抵制,其中九次矛头都直指日本。1925 年以来,国民党"这一中国政府的建立者和管理者成了这些示威行动真正的组织、推动、协调及监管方"。报告书发现,抵制是通过胁迫手段强制进行的,且不断有非法行为发生,当局和法院却并未充分镇压这些非法行为。

12. 报告书以下列的观察结果结束了对整个问题的出色调查:

"这场冲突涉及的问题并不像表现得那么简单。相反,这些问题极其复杂,任何人都只能在深入了解了一切事实及其历史背景后才有权发表明确看法。这一情况并不是一个国家没有事先用尽《国联盟约》提供的调解机会就向另一个国家宣战,这也不是一国边界遭到邻国武装部队侵犯的简单情况,因为满洲有许多特点在世上其他地方找不到正好相似的情况。"

这或许是该报告书中最重要的一段。这一段推翻了去年十月以十三对一通过的决议中对日本进行谴责的基础,且必将大幅减缓实施 1932 年 3 月 11 日大会决议中的所谓史汀生不承认主义。

13. 该报告书特别强调,无论是恢复现状还是维持、承认当下政权,包括将满洲永久与中国其他地区分割,都不能圆满解决这一问题。报告书随后(于第130页)明确了符合要求的解决方案应该遵守的总体原则,建议国际联盟理事会邀请中日两国政府就这些原则商讨争议解决办法,并概述了举行协商的方法及执行最终解决方案的手段的可能形式。然而人们实际直接关注的并非这些细节,因为报告书主张:(a) 若中国缺乏强大的中央政府,符合要求的解决方案的条件就无法得到满足;(b) 若中日之间无法达成和解,由此开创彼此深入了解、政治合作的新时代,任何解决方案就都不能富有成效,无论该方案囊括何种条款。

14. 该报告书开篇第一章及后文的许多段落都将中国描述为一个缺乏有效中央政府的国家和缺乏真正国家观念的人民,政治、社会、知识、道德一片混乱,受地方军阀和腐败政客掠夺折磨,遭内战、土匪暴行破坏殆尽。报告书承认,这些状况是由于中国正处于转型阶段,也承认已经取得了巨大的进步,但因为中国偏离了1921—1922年华盛顿会议中计划的国际合作道路,沉浸于"从学校开始,贯穿公共生活每一阶段的敌对排外政治宣传",意图"以仇恨之火点燃爱国主义,以伤痛之感增强男子气概",中国的进步受到了阻碍。1928年,孙中山先生于1924年改组的国民党横扫整个中国,建立了全国政府,那时国家似乎终于能够得到统一,政治、经济也似乎即将开始重建。然而很快又爆发了分歧和内战,国家重建因此也依旧遥不可及。尽管如此,人们要求他国立即放弃治外法权及其他特权的热情却丝毫未减,也因此减少了其他友好国家对中国的同情。因为1928年国民党大获成功,且张作霖的儿子(即张作霖的继承人)缺乏经验,接受了国民党,所以满洲头一回向组织有序、系统化的国民党政治宣传敞开了大门。反俄运动和反日运动势头迅速增长,都以武装冲突、灾祸和耻辱而告终。

15. 报告书中对中方情况的指责并非言过其实,且本可以更加严重。例如,中方声称1915年条约缺乏基本有效性,但若非中方将任何施加恼人义务的手段都视为缺乏基本有效性,且公认中方以威胁单方面废除有约束力的协定作为谈判技巧,人们本会对中方的声明怀有些许同情。报告书本可以指出,长城以南的铁路彻底沦为废墟的同时,在满洲建起了广阔的中国铁路系统。人们本可以推断出,仇外情绪的确是中国最强大的力量,就算不是唯一最强大的力量,也是其中之一。所以另一方面,报告书本可以对日本进行大量严苛批评,却并没有。毫无疑问,调查团对于这些情况都认为更加明智的选择是宁可大事化小也不要做得过火。

16. 从报告书可以得出结论,虽然双方都应受责备,中日之间当前难题的根本原因还是在于中国未能处理好内务,除非中国真正开始重建国家——最好是在国际合作下进行重建——并且愿意以李顿报告书推荐的方法和态度与日本会面协商,才可能有解决方案。简而言之,主动权在中国手中。

17. 对于中国应当接受外国帮助重建国家的建议,中方不大可能立即做出回应或做出较明显的回应。报告书中有关孙中山对这一问题的态度的表述一定程度上偏离事实。孙中山的观点是,列强应该以类似于铁路所有贷款的默认条款借钱给中国,以用于在长江三峡上为汽轮炸出一条航道之类的计划。他的国际合作理念是外国势力不应该争夺把钱扔进无底洞的特权,而应该同意平均分配。孙先生的接班人和追随者们的立场都与此没有太大不同。因此,李顿报告书不会解决这一争端,但可以极大缓和当前的紧张局势,因为人们不再有理由把日本当作被告席上的犯人对待,也不会再制裁日本或将日本逐出国际联盟。

远东司,1932 年 10 月 10 日

资料来源:FO 371/16179,第 61—64 页

(余松琦 译 陈志刚 校)

57. 英国驻奉天总领事伊斯特致英格拉姆(1932 年 10 月 10 日)

档案编号:F 7896/1/10 来自:伊斯特总领事,奉天 编号:153 发报日期:1932 年 10 月 10 日 存档日期:1932 年 11 月 9 日 主题:中国	"满洲国"政府对李顿报告书结论的看法 发送 10 月 10 日从奉天发往北平的第 156 号电报复印件,转发外交部发布的进一步公告,其中包含 10 月 7 日向国际联盟满洲调查团派出成员的五国外交部长及国际联盟秘书长发出的电报。

第 1 号文件

伊斯特致英格拉姆先生

（包含在 10 月 10 日从奉天发出的 153 号电报，外交部于 11 月 9 日收到）

（第 156 号）

奉天，1932 年 10 月 10 日

先生：

作为 1932 年 10 月 7 日的第 155 号电报的续电，我谨随函附上长春"外交部"宣化司的另一份公报复印件，其中包含向国际联盟满洲调查团派出成员的五国外交部长及国际联盟秘书长发出的电报。

2. 这一值得注意的消息首先宣称在过去 7 个月里，新成立的"满洲国"见证了（当然它必须具有充满信仰的眼光！）"在提升居民幸福感方面的显著进展"，然后继续声称调查团报告书的公布将自然地刺激不法分子的活动，这些活动在该"国"内仍然猖獗。

3. 我将把这封电报及其附件转发给外交部、英国驻东京大使、南京外交使团以及英国驻哈尔滨、牛庄和大连的领事官员。

签名：伊斯特

资料来源：FO 371/16181，第 47 页

（杨越　译　陈志刚　校）

第 1 号文件的附件

第 9 号公告

"外交部长"谢介石先生致各国外交部长和国际联盟秘书长的电报

新京，满洲，1932 年 10 月 8 日

我谨向阁下发表以下声明：

国际联盟调查团四月抵达"满洲国"时，表达了蓄意忽视这个国家存在的态度，对此，政府当局非常努力地向调查团全面解释了这里目前的情况，为调查团成员提供参考。

然而，尽管我方付出了这些努力，但任何看过调查团报告书的人都会立刻发现，调查团成员明显受到了如今在中国本土建立的旧东北军国主义者巧妙

的恶意反"满洲国"宣传的极大影响。自我国人民 3 月宣布独立,致力于消除前军国主义者的弊政和建立和平安全的国家以来,"新政权"在所有官员和人民的坚定决心下,在促进居民幸福方面取得了显著的进步,这是在中华民国的现状中绝对预料不到的。此外,由于我们的友好邻国日本帝国最近给予我们法律上的承认,我们的人民对自己的国家获得国际大家庭成员资格这一事实感到无比高兴。在这种情况下,目前的报告书自然会让我们的人民感到无比震惊,他们认为这是令人无法忍受的。

该报告书的结论完全拒绝认真审视"满洲国"的独立,这绝对不能反映这里的实际情况。很明显,任何根据这些结论来执行措施或提案的尝试都将以完全失败告终。该报告书的公布本身会自然地刺激在我国仍然猖獗的不法分子的活动以及关内的旧军国主义者通过操纵匪徒和联合集团而煽动的对扰乱和平的不安,带来的结果直接违背了国际联盟致力于世界和平与人类幸福事业的伟大使命。

谨以"我国政府"的名义,最庄严地邀请阁下认真留意上述情况。

签名:谢介石

1932 年 10 月 7 日("大同"元年)

资料来源:FO 371/16181,第 47 页

（杨越 译 陈志刚 校）

58. 英国驻上海副领事吉特森致英国外交部（1932 年 10 月 11 日）

备忘录

中国民众对李顿报告书的反应

正如所料,上海本地的中国民众强烈斥责了李顿报告书中不利于中国的观点,也十分赞同谴责日本的内容。报告书批评了中国当前的大环境,认为目前的冲突应归咎于中国排外的政治宣传以及抵制日货的经济措施。对此,民众表示反对。民众认为报告书中对中国现状的评论只是为了掩盖主要问题。对于所谓的"排外主义",中方认为这是"民族主义"的体现,主要针对外国对中

国采取的特殊立场,而非排挤外国人。至于抵制日货,是在缺乏有效、有组织的军事抵抗的情况下,中国反对外来侵略的一种措施。同时,民众认为中国政府不应对抵制日货负责。报告书指出,日本应该对1931年的九一八事件负责,民众对此普遍赞同。报告书还得出结论:"当前的政权并不能称之为自发的独立运动的结果。"

对于李顿报告书最后两章给出的提议,民众看法各有不同,这主要取决于他们了解政治的信息来源。保守派反映了政府的观点,对调查团的提议持谨慎态度。激进派不赞成提议,反对建立自治政府,因其有悖于《国联盟约》和《九国公约》精神。保守派认为报告书提出的建议至少是可以商榷的,激进派则认为报告书中调查团提出的解决方案,即废除满洲军备、建立一个特殊的自治政权、承认日本在满洲的相关权力和利益,侵犯了中国的领土主权。

对于未来中国应该采取的政策,民众意见主要分为两个阵营:一是基于李顿调查团划定的界限与日本谈判(但调查团也担心,在国联考虑报告书提出的建议之前,日本会要求延迟谈判,届时调查团的建议将不再适用);另一种观点则是不谈判不妥协,继续抵制日货,在满洲进一步加强自发的抗日活动。第二种政策或多或少得到了上海中央委员会15位成员的支持,他们在通电中坚决表示,国联已充分暴露其无能,中国不能再依靠国联,要渡过当前的危机,只能依靠武装反抗。也有极端派支持讨伐伪满洲国,断绝与日本的经济往来及外交关系。

总的来说,大部分民众似乎都反对调查团的建议。同时,第二种政策即使被接受,也很难实施,因为日本承认"满洲国"已成事实。等国联开始考虑报告书中的建议的时候,其内容大多都已经失去时效。

虽然报告书以不同方式表达了一致的观点,但中国民众对于这样的统一性感到震惊。大多数中国民众认为这种统一性意味着调查团中某些成员需要做出妥协,成员们毕竟来自不同的国家,观点冲突在所难免。不过,这种一致性应当是件好事。

签名:吉特森

资料来源:FO 676/110,第1—3页

(杨越　译　陈志刚　校)

59. 英国驻国际联盟代表塞西尔致国际联盟(1932 年 10 月 12 日)

档案编号:F 7409/1/10 来自:英国代表致国际联盟 编号:306 发报日期:1932 年 10 月 12 日 存档日期:1932 年 10 月 14 日 主题:中国

中日争端

塞西尔(Cecil)与顾维钧先生的谈话记录。顾维钧先生表示,他认为重要的是在远东的各利益相关国应在日内瓦保持一致。我告诉他进行道德控诉不存在困难,但如果美国和苏联不赞成,就无法施加经济压力。顾先生似乎要求国际联盟发表明确声明同意李顿调查团的调查结果。顾先生证实了日本的权力现在掌握在年轻官员手中的观点。塞西尔表示他对英国政府的方针一无所知。

副本

顾维钧先生请求今天下午与我会面,大谈中日争端。顾维钧先生说,他认为至关重要的是在远东的各利益相关国应保持统一战线。他重复了好几次,我问他是什么意思。我对他说我认为李顿报告书将呈至国联理事会,或许也会呈至国联大会,他们将会同意报告书的内容并根据报告书采取一些行动,但日本可能会拒绝接受。那么对于保持一致他考虑的是什么呢?看上去他对自己想要什么并没有非常清晰的概念,我告诉他我认为进行道德控诉不存在困难,但是如果美国甚至苏联都不赞成,经济压力之类的制裁就行不通。他非常同意,而且看起来更重视道德压力。他希望国联发表非常明确的声明或者其他类似文件来支持李顿报告书。我问他是否考虑任何特殊的道德压力,比如将日本逐出国联,或各国撤回大使,或其他类似处理。他说他认为任何这类处理都会非常令人满意,而且几乎可以肯定没有必要再考虑任何进一步的行动。

他向我证实了我从其他地方听到的传言,即日本的权力现在掌握在年轻官员手中,即使荒木也没有掌控权。他断言,日方将会坚持下去,直到他们非常确信如果继续拒不妥协就会受到孤立,失去大国地位,但当其大国地位受到威胁时,年长的官员就会坚持要求改变政策。然而这似乎和他认为日本政策由年轻官员主导的观点不太一致——他说,这些年轻人谋杀了已逝的首相却从未受到惩罚。他再三重复他认为日本的处境非常严峻。接下来他谈论了英国的政局以及其他类似话题,没什么别的有意思的内容了。

我反复告诉他,我对英国政府关于这件事的方针一无所知,对于我所有的观察评论都只能当成个人意见。

签名:塞西尔

资料来源:FO 371/16179,第 160—161 页

(余松琦 译 陈志刚 校)

60. 英国驻东京大使林德利致英国外交大臣西蒙(1932 年 10 月 13 日)

档案编号:F 7868/1/10 来自:林德利先生,东京 编号:550(8/43/32),机密 发报日期:1932 年 10 月 13 日 存档日期:1932 年 11 月 8 日 主题:中国	**日本人对李顿报告书的反应** 英国的利益可能受到损害,因为整个远东地区将此报告称为李顿报告书,而不是满洲调查团报告书。附上戴维斯(Davies)先生的备忘录,其中全面报告了日本的反应。满洲问题很大程度上涉及日本的国内政治形势。与牧野(Makino)伯爵的对话记录几乎涵盖了日本政治的各个领域,包括日本和国际联盟。不相信军方可以成功管理国家,失败只是时间问题。

第 1 号文件

林德利先生致西蒙先生——(11 月 8 日收到)

(No. 550,机密)

东京,1932 年 10 月 13 日

先生:

我在本月 3 日发送的第 371 和 372 号电报以及本月 7 日发送的第 374 号电报中,简单报告了日本媒体对本月 3 日公布的李顿报告书的反应和我对目前公众情绪的印象以及近期日本政策的可能走向。在本电报中,我打算根据我在编写这些电报后了解到的信息对这些电报加以详细说明。

2. 首先应该提到的是,国际联盟调查团对这次中日争端的调查报告书在整个远东地区被称为《李顿报告书》。在日本,这个称呼对英国没有任何好处,从这个角度讲,甚至可能对英国不利,但在其他远东地区可能情况恰恰相反,如果该报告书最终得到满意的解决,李顿勋爵和他的同胞都将由于该报告被冠以他的名字而获得好处。日本媒体齐声谴责这份报告书是不可避免的,除非调查团避免记录与占领满洲有关的最显而易见的事实。因此,当期待已久的报告书最终被人们所知时,日本各大报刊爆发出普遍的不满情绪,这就不足为奇了。谨在此附上戴维斯先生记录的备忘录,在克宁翰(Cunningham)先生本月 10 日回到任上之前,由戴维斯先生担任驻日本的副参赞,他查阅了媒体在过去两周报道的公众人员和各个机构的声明。可以看出,正如所预料的那样,报告书中的两个观点特别让他们不满:宣称日本1931 年 9 月采取的军事措施超出了自卫的合法需要,并且否认"满洲国"是满洲人民自发意愿的体现。调查团得出这些结论,对每一个公正的人来说都是意料之中的事,我几个月来也一直在警告我的日本朋友,但是这个不可避免的结论并没有让日本公众更能接受它们——结果可能恰恰相反。人们也不断表达着对该报告书的更合理的批评,那就是对中国目前的状况和前景的看法过于乐观,在东三省建立未来政府的建议在实际中行不通。无论后一种论点是否属实,都应该注意到,所有各方都不承认中国对这些省份的主权,并且所有表达意见的人都一致决定坚持"满洲国"的完全主权和独立,以及遵守所谓的"满洲国"与日本签署的条约。

3. 虽然从上一段可以看出,满洲政策不会在近期发生任何变化,但不应该认为该国没有对该政策感到很大的不满。首先,毫无疑问,日本政策和政治思想的指挥者,至少身处军队之外的指挥者,对违反国际联盟的可能后果感到忧虑。与其说他们害怕经济制裁或战争,不如说他们害怕国际联盟庄严表达的反对会给日本带来耻辱,他们也担心日本被孤立迟早会造成严重后果。在这种情况下,日本肯定会为向日内瓦提交自己的案件做出不同寻常的努力,不会忽略任何使案件对日本有利且让日本避免与西方世界公开决裂的细节。在这方面,请参考我分别于 8 月 16 日、9 月 10 日和 30 日发送的第 497、483 和 524 号电报,这些电报报告了松冈先生的活动。松冈先生是一位极其干练且充满活力的自由人士,最近被任命为全体大会的日本代表之一。

4. 尽管存在上一段中提到的观点,而且随着时间的推移,李顿报告书的结论对更严肃的国际联盟成员国的影响越来越大,但不能认为军队已经失去对日本政策方向的控制。目前没有迹象表明这一点,而且如果在不久的将来出现危机,大部分人口将会坚定不移地支持采取军事行动,这几乎是不容置疑的。这种状况会持续多久很难说,但是满洲内部条件的恶化以及日本国内乐观地相信征服东三省会立即减轻危难的希望破灭,几乎肯定会导致军队在适当的时候采取行动。

5. 日本国内政治局势在很大程度上卷入满洲问题中,因此我一直在努力确定自己目前对这个国家的感觉。我信任的所有日本人都向我证实,我也本能地感受到,无论军中还是民间的兴奋程度都比几个月前要低得多。就此方面,我今天早上和经验丰富的牧野伯爵进行了长谈,他很慷慨地与我交谈了一个半小时。他完全证实了我在上面(以及上月 27 日发送的第 514 号机密电报)提到的印象,并补充说现在已经采取措施,将军中的激进分子分散到多个分开的部队中。他补充道,出乎陆军的意料,海军发生了一定程度的骚乱,但这一麻烦也已被控制住了,不过我并不认为骚乱已经完全被压制住。

6. 在讨论国内局势时,我告诉牧野伯爵,大使馆目前倾向于对日本的金融和经济地位采取相对有利的看法,但就财政方面而言,我们对未来感到有点焦虑。以后的开支将非常大,尽管在一两年内可以靠借贷来满足目前的开支需要,但这一过程再持续下去将会引发灾难。伯爵回复说,内阁的两位主要成员已认识到我提到的问题,即财政部部长高桥(Takahashi)先生和内政部部长山本(Yamamoto)先生,后者曾担任过日本银行董事。这二人一生都是政敌,现在却相处和睦。我们深入讨论了是否应该通过征税来增加所需的额外收入,或者是否应该依靠贷款,贷款肯定会引起严重的通货膨胀。伯爵本人曾与一些银行家和知名人士讨论过这个问题,大家普遍认为,目前不可能通过额外的税收来填补这一空白,还是必须依靠贷款。但是,正如他所说的,日本政府已充分认识到这种政策的危险性,在本预算年度之后肯定不会继续采取这种政策。

7. 然后话题转移到农业状况上,许多政治家,尤其是政友会的政治家利用农业状况来煽动对政府的反对以及增加他们在乡村地区的知名度。我告诉牧野伯爵,我们认为尽管乡村地区存在大量贫困人口,但大多数抗议来自那些与农业几乎或根本没有关系的人。牧野伯爵回答说情况确实如此,他还说,他只是在过去几天才从他的农村朋友那里得到更多可靠的消息。昨天,名古屋附近最大的土地所有者之一打电话给他,表示在去年 7 月他担心由于贫困,其所在地区的农民可能发生大规模骚乱,现在整体情况已有所改观。水稻产量充足,蔬菜、家禽、蛋和猪肉的价格都出现了令人满意的上涨,村民们再次能够自给自足了。至于他自己,也终于从砍伐自己的森林中获利。牧野伯爵说,这不是孤立的案例,也没有考虑到丝绸价格的急剧上涨已改变了桑树种植区的整体前景。此外,政府为减轻农民负担所采取的实际措施已经产生了有益的道德影响。简而言之,就日本的农村地区而言,现在可以满怀信心地期待冬天到来了。

8. 回到政治局势上,我询问了海相斋藤实(Saito)的健康状况,在我看来,这似乎取决于目前的联合政府内阁的任期。伯爵说,他和海相共同拥有一位医生,他昨天听说海相的健康状况目前无须担忧。没有理由可以期待政府近期有任何变动。当然,有人批评海相没有采取足够有力的措施来补救经济大萧条带来的影响,但认为他缺乏精力或决心是错误的。伯爵认为,随着时间的推移,他领导的政府将愈加稳固,而且所采取的行动已证明了这一点,我已在本月 26 日的第 513 号电报中提到,海相已采取措施让主要行政职位摆脱党派政治的影响。这方面的行动已真正开始,而且海相有意扩大行动,以便整治先前根据大选结果填补的一些低级官员的任命。我告诉伯爵,我们始终认为这是日本政府最大的污点,毫不夸张地说这次行动是一大进步。

9. 共产党人的活动没有让伯爵感到焦虑,因为根据与那次银行抢劫案有关的发现，警方现在已掌握该运动的所有线索，我在本月 14 日发送的第 551 号电报中已报告了这一案件。日本中央委员会下令采取措施筹集资金，结果导致了银行抢劫。昨晚在大使馆用餐的内田伯爵证实了这一观点，他还补充说，毫无疑问共产国际在日本有很多特工，而且他们最近特别活跃。这场运动令人讨厌但并不危险，而且与其他地方一样，日本共产主义的未来取决于苏联试验的成败。他不相信世界会逐渐意识到基于苏联的模式能建立起可接受的生活条件。

10. 关于满洲的和解问题，我向牧野伯爵表达了遗憾，在我看来东三省的情况非但未获得显著改善，反而出现了明显的恶化，日本军队似乎无法应对这种大范围的混乱局面。牧野伯爵承认我对目前事态的描述是真实的，他的印象是军方不愿意向满洲增派日本军队，也不打算将部队派往主要交通线和主要城镇以外的地方。必须采取其他措施来处理这些中心地区令人不满的状况。这一观点与我们在报告中提到的"满洲国"领事官员的观点一致，甚至军方也可能会发现从日本派兵来恢复秩序所需的开销是日本无法承受的。

11. 最后，我们的话题回到了日内瓦和国际联盟的问题上。我告诉伯爵，自从这个问题恶化以来，我一直尽力说服日本政府无论如何都要承认中国对东三省的主权，但是我彻底失败了，这让我非常失望。就我个人而言，我不理解国际联盟为什么不公开反对日本在满洲的政策，我承认我不喜欢日本应该受到世界谴责的想法。伯爵回答说，这个问题本可以在去年通过承认中国的主权来解决，但现在考虑这个解决方案已为时太晚。他 6 年前就对中日关系的发展趋势感到非常焦虑，他担心可能爆发战争。事实上，在他看来，如果没有《九国公约》和国际联盟的存在，这场战争可能已经爆发。当时币原喜重郎（Shidehara）男爵已经掌权，他一度希望可以友好地解决满洲问题，但中国人一直试图破坏日本在满洲的地位，爆发某种冲突是不可避免的。除了让"满洲国"独立，现在回到过去或考虑一个解决方案已经太晚了。日本政府急于避免与国际联盟决裂，在日内瓦将尽一切努力以最有利的方式陈述他们的立场，并希望按照日本所承认的基本政策进行和解。在详细讨论国际联盟的问题时，伯爵说必须进行改变，使小国的影响力降低到比目前更低的地步。从长远来看，拥有庞大人口的大国目前不会耐心地忍受那些人口很少且没有世界利益的国家的意见。

12. 我担心，在日内瓦即将举行的会议期间，这份离题的电报对英国政府帮助不大。我自己的感觉是必须在日本自身的演变中寻求解决远东问题的办法。我不相信任何国家的外交政策可以由军方成功控制。失败只是时间问题,伴随失败而来的还有民意的巨大转变。像俄国一样,当看到即将失败时,军方可能会孤注一掷,这可能给世界造成严重的麻烦。

签名:林德利

资料来源:FO 371/16181,第3—4页

(杨越 译 陈志刚 校)

1号文件中的附件

对李顿报告书评论的备忘录

(1)新闻界

在调查团报告书公布后,发表的社论普遍都采用谴责的语气。虽然大多数报纸都承认,前八章中包含了大量对国际联盟有指导意义的重要材料,并未像预料的那样对将日本称为侵略者的做法表示赞赏,但他们极力批评报告书中提出的解决问题的原则和条件以及最后几章提出的考虑因素和建议。整个文件被称为是一群对中国的情况缺乏充分认识、无视现实情况的人的空想。一家报纸称该报告书"展现出了什么是错误、曲解和无知",并指出其中不止一处存在矛盾。正如所预料的一样,日本军队超出自卫需求的论点以及调查团对"满洲国"不是满洲人民自发建立的论点,引起了日本的强烈反对。

以下是从各种本地报纸中随机摘录的简短内容,反映了新闻界的整体态度:

第九章中提出的原则和条件对满洲问题的基本解决没有任何帮助,调查团的工作并没有帮助理解中国的情形。

调查团一直纠缠于从满洲撤出所有武装部队的想法,因而导致未能考虑到现实情况,而他们急切地想警告人们对这一错误保持警惕。

谈论满洲的自治已经为时太晚——它已经独立了,但不能错误地认为满洲是在日本的努力下建立起来的。

将满洲置于国际联盟的庇护之下的前提是该机构是一个完美的国际机构,但它显然不是,这一提案过于理想化了。

调查团建议欧洲大国与中国合作实施复兴计划,该提议表明调查团不仅

梦想着建立乌托邦，而且认为自己就生活在乌托邦社会中。调查团是否真的认为一个特殊的宪兵队可以在像满洲这样的大平原上的国家维持和平与秩序？有着阴谋诡计的旧军事政权在那里连表面上的秩序都维持不了。

当日本声称其军队在满洲的行动是旨在促进该国政治利益计划的一部分时，调查团给予了指责。日本政府声称其确实对"满洲国"没有领土企图。

令人难以置信的是，由李顿勋爵这样的人领导的调查团竟然得出日本在满洲没有特殊地位的结论。英国政府在 1928 年 5 月发表的公开声明中强调一个国家有权在其拥有特殊利益的另一个国家采取自卫行动，李顿勋爵如何解释英国政府采取的这一立场，他会如何解释自己的国家为了保护其利益而在苏伊士运河区、埃及和伊拉克采取的行动？

国际法权威机构一致认为，保护生命和财产属于自卫行为，正是根据这一原则，英国派遣了一支远征队到上海，美国派遣了一支远征队到尼加拉瓜。

至于调查团认为日本是"满洲国"的缔造者，毫无疑问，调查团是在张学良元帅的影响下组建的。这不可避免会导致调查团的成员转而为蒋委员长做宣传。

欧洲大国在满洲几乎没有什么利害关系，而且很明显，如果采纳调查团关于保留中国对自治满洲的主权的建议，那么外国顾问所带来的大国影响力的入侵只会使情况复杂化。

调查团认为，通过在中国建立强大的中央政府，可以在东方建立永久和平，这种看法是不值得听取的，这种空谈的理论永远不会解决远东的政治局势。

中日之间所有争端的根本原因是中国的政治动荡，这种动荡已经发展成一种排外运动，满洲的情况是中国极度混乱的结果。

对日本参谋本部协助"满洲国"独立的指控，是根据蓄意诋毁日本军事当局的资料而编制报告的结果。

日本对这份报告书没有给予太多关注，他们关注的是国际联盟在此基础上做出的决定。日本必须准备抵制任何不利于国家利益的决定。

将满洲置于宪兵队控制之下的建议太过可笑，不值得认真考虑。调查团希望通过建议撤军剥夺日本在事件爆发之前获得的权利。

如果日本退出国际联盟，责任将由国际联盟承担，而不是日本。

另一个令人惊讶的建议是，行政长官应由国际联盟任命并受其控制。日本牺牲了 10 万士兵，并花费了 20 亿日元从俄国的压迫下拯救出满洲。日本投入了数十亿日元为满洲带来繁荣。李顿报告书完全无视这些事实,并希望将满洲置于国际联盟的影响之下,这与这片领土几乎毫无关系。

调查团的结论对国际联盟没有约束力,但很容易看出,这些结论将在联大产生重大影响。如果报告书最后部分提出的意见和考虑事项被提交讨论,日本将面临最糟糕的时刻,日本必须做好面对这种情况的准备。

(2)公众人物和机构的意见

下面简要摘录了新闻界出现的一些声称代表官方、公众人物和机构意见的陈述:

(a)枢密院

在成员之间交换意见后,枢密院认为调查团未能完全正确理解满洲问题。枢密院的意见与日本政府完全一致。根据一些内阁成员的建议,枢密院认为处理此事的一种方法是完全无视这份报告,但同时也意识到,由于日本要求国际联盟推迟讨论该文件,以便东京提交调查报告,所以现在不可能完全忽视它。枢密院认为首先必须考虑执行日本的满洲政策,对全球舆论的引导是次要的。

(b)作战部长荒木将军

该报告书对日本的影响比我们预期的更为不利,但这不会影响日本已经采取的政策。我们一点也不担心这份报告书,我相信国际联盟和美国最终也会意识到报告书中的错误。

即使作为事实的记录,该报告书的价值也令人怀疑,因为它充满了错误,我们决心指出这些错误。该报告书没有考虑满洲事件的历史背景或中国人的特点。但对国际联盟而言,中国无法对"满洲国"局势的发展发表任何意见。李顿报告书对局势没有帮助,如果国际联盟采用它作为解决问题的基础,那只会使问题复杂化。如果国际联盟成功解决了远东问题,我们应该感到非常惊讶。如果欧洲大国接受李顿报告书的建议,满洲将成为第二个巴尔干半岛。没有必要讨论满洲问题——日本承认"满洲国"的事实已经解决了这个问题。因此,我倾向于将李顿报告书仅仅看作调查团的旅行记录。对局势空谈理论不会得到解决方案。

(c)政友会总裁铃木(Suzuki)博士

虽然赞赏调查团提出的有关改善中日关系意见的动机,但我们认为所形成的计划并不可靠,它没有以远东的事实为基础。满洲问题错综复杂,涉及日本、中国和俄国,将国际联盟加入这种混乱局面,只会让局势更加混乱。

(d) 民政党

当他们建议在中国主权下实现满洲自治时,调查团显然在异想天开,他们没有意识到南京政府完全无能为力。我们希望日本政府不会被李顿报告书误导,继续执行其确定的政策,忽视第三方的无效结论和建议。

(e) 著名记者兼出版商德富猪一郎(Ichiro Tokutomi)先生

该报告书证明了欧洲人和美国人不了解远东的局势和情况,远东问题必须由远东人民自己解决。要完成如此轻浮的报告,没有必要如此奢侈地派遣一个杰出的调查团。这份报告书本可以由在伦敦、华盛顿或日内瓦工作的两三位新闻记者完成的,那么报告书内容将会比现在这个更精彩。该报告书试图通过学术讨论来解决现实问题,宪兵队可以维持满洲和平的建议完全无用。

(f) 前外相吉泽(Yoshizawa)先生

该报告书包含的事实比国际联盟理事会在派遣调查团时知道的事实更多。国际联盟在这个春季对满洲问题的了解比去年秋季更多,也比去年夏季更多。随着国际联盟越来越多地了解这一复杂局势,日本将不会再像上次那样以 13 比 1 的投票惨败。然而,不愉快的情况将再次出现,日本必须做好准备。

(g) 海外事务部部长永井龙太郎(Ryutaro Nagai)先生

该报告书完全缺乏对满洲局势的正确认识。

(h) 大阪商会

这个机构的意见对其认为的该报告书每一章中的严重错误都进行了反驳。以下内容摘自已转发给东京外交部的声明:

第 1 章　中国近期发展概况

1. 国际联盟调查团声称中国正在进步,但过去二十年的发展表明它正在倒退。

2. 调查团故意或无意中犯了一个严重的错误,它没有指出中日争端是由于中国发动中日战争后的三国干预所引起的,这符合中国让他国打击自己敌人的政策。

第 2 章　满洲

1. 认为满洲是中国不可分割的一部分是错误的。

2. 调查团表示,中国政府通过在满洲建设铁路,为当地自然资源的发展作出了贡献,但令人遗憾的是,调查团没有提到这些铁路的大部分都是通过从日本贷款来建造的,中国并不关心偿还贷款。

3. 报告书没有提到日俄战争期间中俄秘密签订的共同防御协议,也没有说明要不是因为日俄战争,满洲将成为俄国的领土。

第3章　中日之间的满洲问题

1. 在承认中日两国间特殊的政治经济和法律关系的同时,认为日本没有特殊地位,这是自相矛盾的。

2. 在提到1915年的中日条约时,国际联盟调查团表达了对中国的同情,明显怀疑这一条约的合法性,因此一定怀有极大的偏见。

第5章　上海

调查团没有提到粗暴的反日运动显然有失偏颇,而反日运动也是上海事变的起因。

第6章　"满洲国"

1. 基于不负责任的表述,指责日本军队对"满洲国"的建立负有责任,声称中国人全体反对这一事态,这一说法是毫无根据的。

2. 调查团显然打算指控"满洲国",因为它试图让人们了解到,"满洲国"突然强行夺取了满洲海关。

第7章　日本的经济利益和中国的抵制

1. 该报告书不准确,因为它在讨论抵制问题时没有提到美国传教士所进行的抗日教育。

2. 提出一项旨在控制抵制的国际协议是非常荒谬的。

第8章　满洲的经济利益

1. 该报告书在宣称日本人不适合移居满洲时,忽视了100万日本人居住在满洲的事实。

2. 调查团通过引用一些担心日本可能采取措施违反开放和机会均等原则的外国人的话,间接地指责日本,这是极不公正的。

第9章　解决的原则和条件

1. 调查团不承认满洲事件是日本的自卫行为,也不承认抵制的非法性,这是完全错误的。

2. 如果调查团坚持无视"满洲国"的存在并承认中国对满洲的主权,则问题不可能解决。

3. 当调查团表示如果"满洲国"的现状得到承认,中国将继续开展抗日运动时,它就成了中国实际的代言人。

第 10 章　为理事会提供的考虑事项和建议

1. 这些考虑事项和建议基于不合理的原则和条件或解决方案,完全是不切实际的学术论点。

2. 任何能让国际联盟长期干涉满洲问题的提议,都会使中日关系比以往任何时候都更加复杂。这样的提议不仅对日本来说是不可接受的,而且国际联盟为这样一项提案承担责任也是不明智的。

资料来源:FO 371/16181,第 4—8 页

(杨越　译　陈志刚　校)

61. 英国驻华代办英格拉姆致英国外交部(1932 年 10 月 14 日)

档案编号:F 8103/1/10	(1) 李顿报告书
来自:英格拉姆先生(南京)	(2) 中国的总体情况
编号:147 T. S.	与财政部长宋子文的谈话记录,涉及李顿报告书、日本在满洲采取行动的能力、中国的财政状况、盐业收入和一般政治局势。
发报日期:1932 年 10 月 14 日	
存档日期:1932 年 11 月 21 日	
主题:中国	(复件发往北平、东京和上海)

第 1 号文件

与财政部长会谈的记录

(通过驻南京的英格拉姆先生的第 147 号电报寄送,外交部于 11 月 21 日收到)

我今天下午在财政部部长的私人住宅中与他进行了长谈。他告诉我,目前政府的全部时间都在考虑李顿报告书,中国政府不确定接下来如何做。他

们不希望对此采取不妥协的态度,因为他们意识到他们唯一的希望就是在此基础上实现问题的解决。与此同时,如果公开无条件接受报告书的提案,就会失去讨价还价的筹码。因此,他们正在考虑通过发表一般性的声明来赞扬报告书的公正性,表明它为谈判奠定了基础。他询问了英国政府对报告书的看法。我告诉他我毫不知情,而且我认为英国政府在国际联盟审议报告书之前不太可能发表意见。

他问我最近有没有来自日本的消息,我告诉他我得到的消息报纸上基本都能看到。宋博士认为日本的财政状况非常不稳定,日本人为满洲事业申请新的国内贷款的能力必然受到限制。他没有看到日本从长远来讲如何从满洲获得回报,即使他们能够在那里维持和平与秩序。

在回答我对中国财政状况的询问时,他承认中国的财政状况非常糟糕。唯一的亮点是从海关作为担保的外国债务正在得到偿还。到目前为止,他只有一条路可走,而且这是一条成功的国内道路。他坚持认为,这个因素应该有助于提高中国的信誉。但是,我暗示他没有求助于向外国借款的事实,可能是因为他认识到世界货币市场与他对中国信誉的看法相左,或者世界货币市场只有流动资金可用。这让我有机会提到某些贷款协议中的厘金条款,这部分谈话已单独记录。

然后我询问宋博士盐业收入如何。他回答说收入超出了预期,山东和四川比较困难,但总体情况还不错,他希望偿还下一批英法的贷款没有困难。

我抓住机会提到了英国盐务局局长皮尔森(Pearson)先生的卸任情况。这部分谈话已单独记录。

话题转移到铁路债务的一般性问题上,他向我保证,铁道部非常希望通过一些安排走出困局,并且正在忙着制定方案细节。

至于一般政治形势,他告诉我汪精卫已病入膏肓:他的疾病发生在肝脏上。我们俩都不知道这意味着什么,但宋博士告诉我,他见过汪精卫的医生,医生告诉他病人的病情非常严重,最终康复的希望渺茫。他有必要出国治疗,可能前往卡尔斯巴德或其他类似的地方,而宋博士现在正在安排准备公开这件事。不过为了表明汪精卫对国民政府的支持,他的夫人不会陪他出国,而会留在南京。

至于四川和山东的内战,尽管很令人遗憾,但这些是中国政治的固有特征,宋博士希望国民政府能够通过劝说来阻止战争蔓延。应该注意到,他们是地方军阀之间的局部对战,绝不是对南京的反抗。

然后我们谈到了华北的情况,宋博士询问我对日本意图的看法。我回答说,我认为日本打破对于长城以南的新承诺是非常愚蠢的,针对热河的行动可能不会像从热河与京奉铁路间的距离上看起来那么容易成功。

我借此机会赞赏了这位年轻元帅最近采取的干预措施,阻止开滦矿务总局辖区的罢工,并指出为了中国和矿务总局的利益,一定要保证这些矿的产量不受影响。

宋博士的健康状况似乎比过去好些,但他告诉我他必须照顾好自己。他像往常一样警觉,表现出他对世界事务和经济状况的一贯兴趣和知识。

签名:英格拉姆

1932 年 10 月 11 日

资料来源:FO 371/16181,第 148—149 页

(杨越　译　陈志刚　校)

62. 英国驻华公使兰普森致英国外交部远东司副司长普拉特(1932 年 10 月 15 日)

	李顿报告书
档案编号:F 7573/1/10 来自:兰普森致普拉特 编号:摘录 发报日期:1932 年 10 月 15 日 存档日期:1932 年 10 月 24 日 主题:中国	对提供报告书副本及外交部远东司的会议记录表示感谢。表示该报告书显然试图达成双方的妥协,因其:(1)没有对明显违反《国联盟约》和《非战公约》的行为做出解释;(2)无视中国绝不可能同意合法割让满洲这一根本问题。 提交了对满洲问题的大致看法。

1932 年 10 月 15 日

我亲爱的普拉特:

非常感谢您提供李顿报告书的副本以及您和奥德的相关会议记录。

恕我直言,对我来说,两份会议记录都无法帮助我们取得进展,但或许报告书本身也不能。

李顿报告书当然是一份相当杰出的文件,显然试图使双方达成妥协,也毫无疑问本应如此。

但:(1)该报告书并未解决《国联盟约》和《非战公约》明显而突出地遭到违反的问题——李顿报告书不可能做到。

(2)虽然该报告书想要提出一种貌似可行的折中办法,但其忽略了一个大前提,即中国绝不可能同意合法割让满洲。比较中国对山东及对德国曾在山东的权利的态度就可得知。您也许会说山东和满洲有天壤之别,诚然,至少在我们眼中的确如此。但您也许会认为不言自明的是,中国绝不会接受任何他认为会将满洲从中国国土合法或长期分离的安排。

我个人认为(从纯粹中国人的观点来看)中国是完全正确的。时间将站在中国一边,中国也等得起。同时,经济状况也将成为重要因素——报告书本身确实阐明了这一点。于是回到了我从最开始就一直坚持的论点,即解决满洲问题的关键很有可能就在日本自身内部。

签名:兰普森

资料来源:FO 371/16179,第 238—239 页

(杨越　译　陈志刚　校)

63. 英国驻华代办英格拉姆致英国外交部（1932 年 10 月 24 日）

档案编号：F 7602/1/10 来自：英格拉姆先生（南京） 编号：389 发报日期：1932 年 10 月 24 日 存档日期：1932 年 10 月 25 日 主题：中国	**中国人对李顿报告书的看法** 参见 10 月 24 日 388 号南京电报（F 7603/27/10）。汪精卫离开前向报社发表了一篇有关其对李顿报告书看法的声明，声明中称，中国面临着两种选择——接受李顿报告书，或者发起战争恢复满洲。并称，中国处于弱势，相信国际联盟诚心寻求问题的解决方法，因而必须接受李顿报告书。近期与外交部长、财政部长及国民党的其他党政杰出成员进行了谈话，对谈话中获得的信息进行了概述。 （转发给北平、驻华海军司令及东京）

来自中国

译电　英格拉姆先生（南京）

1932 年 10 月 24 日

发报时间：1932 年 10 月 24 日

收报时间：1932 年 10 月 24 日 15：30

No. 389

我的第 388 号电报

汪精卫离开前向报社发表了一篇有关其对李顿报告书看法的声明。他表示，中国面临着两种选择：要么接受李顿报告书，要么发起战争恢复满洲。中国实力太弱，无法进行战争，因此必须接受该报告书并信任国际联盟。他认为国际联盟在诚心寻求解决方法。

2. 我从近期与外交部长、财政部长及国民党的其他党政杰出成员进行的谈话中得出了下列信息。

(a) 总的来说,中国认为国际联盟采取任何措施都不如重新举行一次华盛顿会议对中国更有利,前提是能够举行。中国确实已经放弃了从国际联盟获得具体结果的希望。

(b) 尽管如此,中国并不担心国际联盟的运转会因此而受到严重影响,因为联盟可以为中国提供公正无私的技术事务方面的顾问,这对中国非常有用。

(c) 中国认为李顿报告书是中国与日本协商解决问题的适当基础,前提是不过于从字面上理解李顿报告书中的建议,且允许中方有一定的谈判余地。

(d) 虽然中国因此愿意与日本直接谈判,但因其对日本极不信任,中国非常不愿单独进行谈判。中方将要求国际联盟促使日本相当具体地提前接受最终协议的基本原则,或要求举行谈判时有中立国家或国际联盟的观察员在场。

3. 我的印象是,虽然在日内瓦提供了强有力的证据,除非国际联盟采取有效行动解决争端,否则会危及和平,且中国将主要致力于再举行一次华盛顿会议。

10 月 24 日发往外交部的第 389 号电报,转发给北平、驻华海军司令,邮往东京。

资料来源:FO 371/16179,第 251—252 页

(杨越　译　陈志刚　校)

64. 国际联盟秘书长德拉蒙德致英国外交大臣西蒙(1932 年 10 月 24 日)

档案编号:F 7681/1/10 来自:德拉蒙德先生致西蒙先生 编号:个人 发报日期:1932 年 10 月 24 日 存档日期:1932 年 10 月 29 日 主题:中国	**李顿报告书** 　　与墨索里尼(Mussolini)先生谈到了李顿报告书和满洲问题。他评价说满洲的确属于中国,但是国际联盟这次得了块硬骨头。他判断理事会将会收到来自中国和日本的两份对于李顿报告书的意见书,除非日本方面接受李顿报告书(这很显然是不可能的),理事会除了通过报告书并且将这些意见书提交至十九国委员会和国联大会之外没有其他办法。概览这两种方案,其中一个将会被十九国委员会采纳。在这两个方案的详细评论中,秘书长支持第二种。索要意见书。

备忘录

　　想要让国际联盟的忠诚成员们承认在满洲的政权作为解决问题的合适方法,这是不可能的。然而日本急于同国联搞好关系,同时却不接受任何不以维持"满洲国"政权为基础的解决办法。时间也许能够改变日本的态度,因此我们应该等待。德拉蒙德先生提出了一个建议,可以让我们在明年夏天得到收获。这不是什么很好的建议,但是可以给我们一些喘息的时间,因此我们应该共同努力来通过这一建议,但是我们将会面临一些困难。除了美国之外,《九国公约》的所有成员国都是国际联盟的成员国,因此想要让所有国家都不表达自己对李顿报告书的看法有些困难。我已经在另外一张报纸上建议英国

代表在接下来的会议中应该采取的做法。为了方便起见,我在此重复这段话:

我们应该强烈反对向日本施压,包括撤回大使或者迫使其退出国际联盟在内的任何激烈建议。因此,在不损害任何联盟原则的前提下我们的目标就是要力争将日本保留在联盟之内,力争面向未来而非停留在过去,避免针对某一方做出偏激的裁决从而加剧局势的恶化。我们应当承认,李顿报告书的前八章内容是正确的,同时我们必须指出,承认"满洲政权"是不可能的,正如报告书中所说,想要通过维持现状来保持时局平衡也是不可能的。而说到报告书的第九章和第十章,我们对于其总体内容表示肯定,同意解决"满洲政权"问题的方法是通过双方的谈判,但是直到双方进行讨论之前,我们应该避免对报告书给出的每一项具体措施和程序给予认可。

想要知道《九国公约》中有多少个国家对此有不同的看法较为困难。那些有代表参会的国家有可能会发言,如果美国被问及其看法,他们有可能在不需要长时间休会的情况下在几天时间内就达成共识。我不认为英国代表会为了避免出现这样的困难,放弃自己的观察而去接受前八章的内容——事实的阐述——并且做出不承认的宣告。至少英国代表必须公正无私同时承认恢复原状已无可能。有关事实的调查结果不可避免地导致我们得出这样的结论:维持现政权与维持现状是不行的,但是我们唯一的方法是通过双方的谈判来确定一个新的政权,因此我们的整个立场都会转向。

第二个困难在于中国绝不会同意我们玩"时间游戏"。中国现在已经失去了从国联获得实际帮助的希望,转而寄希望于召开新的华盛顿会议。中国将会反对任何由九国来决策的提议,中国会指出,明显且合适的解决方法并不是获得美国这类强国的长期支持,而是召开所有相关的列强会议来讨论这一事件。中国的这一想法很合理,因此很难拒绝,但是美国不会欢迎这样的提议,日本则会大力反对。

最大的困难来自苏联。奥维(Ovey)先生在最近的一份快件中这样描述苏联的态度:

"苏联政府认为日本政府因公然进行帝国主义侵略而犯有罪责。苏方自身并没有做好准备来应对日本的侵略,除非日本侵犯苏联领土,苏联并不希望被牵扯进和日本的对立局势之中。同时,苏联也不会采取军事或外交手段与其他世界强国一起对抗日本,因为苏联只是在道义上与其他强国一起对抗和反对日本,希望能够避免在当前政治局势中进行国际合作。同时,苏联政府愿意等待,因为日本方面长期来看不会因为他们的侵略政策而获得什么益处,而即使日本没有被国内的危机所打垮,中国方面也不会让日本在满洲站稳脚跟。"

苏联的短期目标是在满洲维护自己的经济利益,它的长期最终目标则是要在远东地区扩展苏维埃制,不遗余力地打击帝国主义强国。当苏联面朝东方,它必然背向联盟和所有联盟所昭示的欧洲方式与欧洲理想。那么它最有可能怎么做呢?它为了达到自己的短期目标,极有可能与日本和"满洲国"达成协议。这样他也可以实现自己的长期目标,因为它认为日本在满洲是自掘坟墓,南京政府越是羸弱,共产主义就越有可能在中国得到发展。因此,要苏联遵循国际联盟倡议来解决满洲争端是最不可能的事情。

即使苏联还没有承认"满洲国",他们的答复也只会让国际联盟的声望蒙羞。

尽管我们面临如此多的困难,我认为我们仍然应该遵循德拉蒙德先生的建议,至少可以让我们获得更多的时间。在日本看来,我们面临着局势立马陷入僵局的危险,甚至更糟。因此时间是最重要的。

签名:普拉特

资料来源:FO 371/16180,第74—76页

(杨越 译 陈志刚 校)

德拉蒙德先生的第一则建议无疑会将我们带入死胡同。根据我们的情报,中国人会继续支持满洲地区的国内武装斗争,同时还会继续加强对日本的抵制,并给予官方支持,一个极其危险的局势将会出现,上海的动乱也许会再次上演。中国不太可能听从劝说从而保持耐心。日本不会接受谈判,因为谈判是基于李顿调查团报告书解决条件七来制定,囊括了中国主权完整和管辖权完整的条件。同时,除了不会遭到日本对于抵制的报复之外,中国也不会再因为自己的耐心而获得好处。还有另外一种更糟的可能性:尽管要接受李顿调查团的解决条件四(承认日本在满洲的权利、利益和历史渊源),中国也许仍会接受报告书并应邀谈判,然后当日本因为抵制的增强而做出更严重的挑衅之后,宣布日本不得不诉诸战争。这样的话,我们不就会面对《国联盟约》第十六条所说的那种困难局势了吗?

我完全赞同普拉特先生就德拉蒙德先生第二种方法的观察,但是我也赞同他此事应该在日内瓦进行讨论的看法。美国政府也许不愿意公开他们的看法,但是他们不得不与国联或者《九国公约》的其他签署国沟通观点,因为根据《九国公约》第七条,任何一个签署国都有权要求进行完全公开的交洽。中国也许会要求召开九国会议。这样的要求也许会通过,虽然从时间上讲,这会是个大麻烦(我认为日本不会参加会议,但并不会阻止会议的召开)。同时,这一要求也可能因为不必要而被拒绝,因为除美国之外的其他国家都是国联成员,而美国的观察报告可以在不开会的情况下得到。美国政府可能会拒绝提交观察报告,除非召开一次会议。同时,如果召开会议在任何时候变得不合时宜,那么我们应该提前确定是否召开。一场会议会占用很多时间,但是在最短的时间内,可以单独要求美国政府在不召开会议的情况下提交其意见书,这对谁都好。

我在之前的一份文件中建议过,关于最为关键的承认满洲地区中国主权或宗主权的最有把握的办法,就是让"满洲国"发表宣言承认自己属于中国。在那个时候,如果足够小心谨慎并且处理得当的话,日本可能会勉强同意。我对此不抱很多希望,但是我也没有其他更好的方法。德拉蒙德爵士的第一种替用方法在实际中没有很大帮助,因为这没有给我们足够的时间来争取"满洲国"的宣言和日本的默许。第二种方案,除了将美国政府牵涉其中,至少可以给我们留一点时间。

我们如何获得上文提到的"满洲国"的宣言呢?"满洲国外交部长"将抵达日内瓦,我们应该可以和他进行一次私下谈话,以此来探明他们并非真心支持日本的"满洲国"政府,是否因为畏惧日本的强权而不敢做出这样的宣言,也许他们非常有可能这样做。如果"满洲国"政府不敢宣称对中国的主权或宗主权,那么就需要探明公众的看法,因为国联肯定会说他们愿意检测李顿调查团针对日本人得到的结论,即对"满洲国"政府缺乏民众支持是有道理的。李顿调查团在程序问题上建议,召开一个由中日双方代表组成的顾问会议,由双方代表来代表当地人民,一方代表中国政府,另一方代表日本政府。这种有双方代表的主意也许是探明观点的一种可行方法,但是我认为,更好的方法是派出公民投票团,这样才能确保公民观点的真实性(为了方便,我使用了"公民投票团"这个广泛术语)。这样做有很多困难:日本可能要反对,但是它们很难说明为什么。日本也许会阻碍投票团的工作,投票团的工作程序需要进行改善来克服这个阻碍。如果可能的话,最好的情况是让日本自己提出某种方法,来证明"满洲国"的运动是自发的。无论测试的结果如何,至少我们获得了时间。日本也许会因为认识到自己的困难而越加清醒,因此一份延迟了的不利于他们的总结报告,很有可能让他们变得愿意协商。如果总结是利于日方的,那么国联就可以在任何时候将这一问题的解决留给中日双方,让他们进行协商。上文提及的第十六条中的困难可以得到避免,尽管中国可能会因此启动全面的抵制,我们至少也由此获得了时间。无疑,日内瓦将有强烈反对延迟的意见,并且会要求即刻接受李顿调查团的结论,但是可能需要先克服这些反对之声。所以我建议,除了采纳德拉蒙德爵士的第二条建议之外,我们还要同时敦促"满洲国外交部长"发表宣言,接受中国的宗主权或主权。如果这一尝试失败,我们就测验"满洲国"公众对于以上观点的看法。如果可能的话,我们要劝说日本让他们自己提出来。后面的这一做法的确是立竿见影的,也能争取到时间。

将来建立投票团的想法并不是说要将报告书呈送《九国公约》国,这一想法可以看作德拉蒙德爵士第二条建议的修改版。但是,我倾向于将其连同《九国公约》国的建议一起实施,包括推迟李顿报告书第六章的主张。

签名:奥德

资料来源:FO 371/16180,第 76—78 页

(杨越 译 陈志刚 校)

我们最好根据需要解决问题的顺序来逐一检查它们。

首先,理事会在 11 月 21 日会面并讨论李顿报告书。中日代表无疑将会就此发表陈述。日本也许会重申他们之前提过的有关国联大会职权合法性的诡辩,但是这很难站得住脚(他们也许会为了延迟讨论,重申海牙国际仲裁法庭上的判决)。而占据辩论优势的中国无疑会在理事会上进行一番雄辩,以作为他们在国联大会辩论的前奏。除此之外,我们至今还没有设想(正如德拉蒙德先生在他信中所设想的),理事会所有成员都极其希望李顿报告书能早日完成向国联大会(也就是十九国委员会)的呈交。

但是,我现在看到在 F 7724 记录的采访中,我们倾向在理事会上来讨论此事,有人建议就这一点咨询德拉蒙德先生。我不知道这是否已经完成,但是

现在没有必要了，因为问题的答案已经在现在的这封信中了。无疑，理事会从理论上来讲是有权讨论这一问题的，但是只有国联大会才能够做出决定。因此换句话说，在最高法庭已经接收了案子的情况下再让一个低等级的法庭审理，是不符逻辑的。只有当由理事会任命的李顿调查团（在争端被呈送给国联之前）需要正式向理事会进行报告时，理事会才能讨论这一问题。另外，我冒昧地对以下观点表示异议：在理事会中由大国们讨论将比由十九国讨论少一些尴尬。据我所知，十九国委员会中有两个可能有潜在麻烦的成员，即瑞士和土耳其，它们不是理事会成员，但都不是特别危险。另一方面，一个重要的因素是颜博士是理事会的成员，但不是十九国委员会的成员。我非常希望，我们基于一切理由，反对理事会的任何讨论，并面对日本、中国或其他国家的任何阻挠，努力使报告书尽可能迅速地提交给大会。

第二，将报告书呈送国联大会（无论在理事会上是否进行任何辩论），也是十九国委员会的想法。我立场坚定地支持德拉蒙德先生信中的第二项建议。第一阶段，我们应该接受报告书的第一至八章所陈述的事实（我们应该摒弃奥德先生所提出的建立一个新的投票去再次确认满洲人民真实感受的建议。同时，我认为这样的建议就像给了李顿调查团一个耳光一样，因为他们在报告书中对这件事的总结比其他所有的都更坚决。如果日方要求这样，我们也许可以考虑，但是我真的怀疑我们提出这种做法是不合适的）。下一个阶段，我们要邀请《九国公约》的代表和苏联政府到日内瓦来审议报告书的第九和第十章，把他们的观点呈递给国联（另一个方法是将美国和苏联的观点合并到十九国委员会的观点之中）。接着，国联将耗时来完成最终结论，并根据《国联盟约》第十五条来发布报告书。

（有可能报告书第一到八章不被采用，整个报告书将会被呈递给十个大国。但是我更倾向于德拉蒙德先生的建议，如果国联连李顿调查团对于事实的判决都不能证实的话，未免也太弱了。）

普拉特先生虽然不反对德拉蒙德先生的建议，但是他认为（详情参看他动议的第 2 页和第 3 页）有一些困难要克服（我以（a）（b）（c）进行了标注）。我认为他提到的这些困难并没有他所说的那么严重。

（a）如果德拉蒙德先生的建议被采纳，我看不出有什么理由使国联大会或英国代表应该就不承认或维持现状发表任何声明。在事实的陈述中也许有一些隐含的结论，但是我们可以把它们留给十个大国和国联大会，让他们来得出结论。

（b）我不知道中方如何反对提及这十个大国。虽不是名义上的，但是这个会议实际上将会是一个"华盛顿会议"。如果中日同意以正式代表身份出席会议，他们双方都无法反对与其他的"华盛顿会议国"谈判。

（c）我认为苏联不会拒绝邀请，会参加这一会议。奥维先生说（在 F 7664 中）他们"不准备和其他大国采取外交的或军事的联合行动以抗击日本的行动"。如果他们考虑过对日采取"行动"，这无疑是真的。但是如果奥维先生的意思是他们不会和其他大国在日内瓦讨论局势，那么我认定这是错误的。最近，我从德国代表（在日内瓦，苏联人同德国人交谈时比同其他任何人都更加随意自由）那里得到了一则很明确的陈述，苏联政府希望像美国那样被邀请，来参加由国联举办的会议或委员会，以讨论满洲问题。同时，我很确定，那位洞察形势的德拉蒙德先生是不会在不确定邀请是否被接受的情况下，建议邀请苏联政府的。我对形势的判断是，如果苏联政府被邀请，那么他们（除了对于旁听席的一两次讲话外）将会在议程中起到一定甚至是有益的作用。如果没有被邀请，他们就会在本国和远东地区的媒体中谴责我们所做的一切，并会在任何时候采取一切措施（一方面煽惑中国，一方面又承认"满洲国"）来让我们出丑。他们如果参加，可想而知会给我们带来一些麻烦（我认为不会很多），但是如果他们不参加的话，麻烦却会有很多。我不认为那些没有到过日内瓦的人会意识到过去两年里他们对于国联和其分支机构的态度悄然变化了许多。

因此，总结而谈，我认为我们应该着眼于：

（1）在理事会上，我们要避免任何讨论，并敦促即刻将报告书转送国联大会。

（2）在国联大会上（或者在十九国委员会上），我们要提议采纳报告书第一至第八章的内容（事实陈述部分），并避免做出任何有关第九至第十章的申明（建议部分），而将这两章内容提请给由《九国公约》国和苏联政府组成的一个委员会或者一次会议（或者其他任何最为方便的叫法）审议，邀请他们向国联大会提出关于这些内容的意见书或者建议。

我们都同意以下观点：

1. 德拉蒙德先生的第二条建议应该作为我们提议的基础被采纳。

2. 俄国应该加入《九国公约》成员国。

3. 然而,奥德先生有关成立新投票团来进一步调查"满洲国"民意的建议最好由日本来提出。

问题的关键所在是时间。强制性地让日本放弃他们的立场将会带来尖锐的矛盾。根据日本现在的情绪,这样的要求会被他们认为是一种国家耻辱。但是,日本已经开始认识到自己拿得太多,有些吃不消了,因此我们要想办法让日本自己退缩,并保全面子。因此,我们需要为他们修建一座桥让他们撤退。的确,这样的过程耗时数年,而非数月,但是数月也许就可以有所进展。因此,我倾向于赞成德拉蒙德先生采纳报告书关于事实陈述的提议,也就是第一到八章的内容,但不赞成现在发布不承认主权的声明,因为这只会加剧危机。我建议,针对李顿报告书采取的任何建议都应该交由《九国公约》成员国来执行。发布声明迟早是不可避免的,但是我们可以尽可能地采取行动来推迟发布,这样可以给日本找个台阶下,在此基础上进行修正,我认为德拉蒙德先生的第二条建议应该被采纳。我不想隐瞒事实,外交大臣也许很难继续反对某些方面的即刻行动给他带来的压力。同时,我也认为继续朝这个方向努力是值得的,因为在这个问题中争取时间是关键所在。

签名:西蒙

资料来源:FO 371/16180,第 78—81 页

(杨越 译 陈志刚 校)

柏林

私人信件,1932 年 10 月 24 日

我亲爱的外交大臣:

我担心你现在的压力太大,以至于你无法很好地考虑李顿报告书和满洲问题的解决方案。

我今天遇见了墨索里尼,和他谈论了此事,发现他很仔细地研究了报告书。他评价说,满洲的确属于中国,但是国际联盟得到了一块难啃的硬骨头,还把他丢在了一边。

我猜想理事会将会收到中日两国对李顿报告书的长篇意见书,除非采取措施让日本接受报告书,但这显然不太可能。理事会除了通过报告书并将这些意见书提交至十九国委员会和国联大会之外没有其他办法,因为这两个机

构,尤其是十九国委员会,将会最终制定能被采纳的政策。

当然,如果日本方面有了和解的措施,理事会也会努力促成和解,但是我认为这是极其不可能发生的。

那么,十九国委员会应该在国联大会上提出什么建议呢? 他们需要在《国联盟约》第十五条第十款和第六款的基础上做出一个报告。

我认为有两种可能性,其中第一种更为容易。

(1) 国联大会采纳李顿报告书,不承认"满洲国"政府,并建议中日两国就李顿调查团报告书中提及的内容展开谈判。然后,国联大会则履行第十五条规定的职责。但是大会也可以采取其他的行动,将报告书复本和决议正式发给签署并遵守《九国公约》的国家以及《凯洛格—白里安公约》的所有签署国,以便这些国家如果意愿,便可以继续追究相关的事务。当然,这样的行为必须符合《国联盟约》,国联也要尽力避免自陷风险之中。

但是国联如果没有成功解决任何问题,并将自己的职责推诿给了其他国家,那么国联愿意接受严重的谴责。令人难过的是,我认为这样的谴责是正当的,同时会在很大程度上削弱国联的地位。

我因此转向第二种可能:

(2) 难道日本在满洲地区的处境不会因为时间的推移而愈加困难吗? 他们难道不会越发感觉到有经济损失的风险吗?

另外,国联能否在没有美国或者苏联政府帮助的情况下(正如报告书中所指出的,两者在满洲拥有很大的经济和其他方面的利益),真正找到一种最终的解决方法? 简简单单地邀请这两个国家到国联大会或理事会来是不可行的,因为日本会大力反对这样的邀请。因此,国联大会应该怎样采纳李顿报告书前八章的内容(除了解决争端的具体提议之外的所有内容以及不承认的宣言)呢?

另外,关于第九、十和十一章,国联大会希望邀请那些对于远东地区有特别利益的国家(苏联、《九国公约》成员国和其他一些与此相关的国家)来审议报告书,并将审议的结果交给国联大会,这样国联大会便可以结合所有人的观点得出最终的结论。我想以上所述作为国联大会报告书的一部分在法理上符合第十五条的规定。

这样做有诸多好处。譬如可以促使苏联和美国的态度变得明确,让他们承担自己的责任。同时,我们可以获得更多时间,最后可以让国联少说话。我们也许需要在明年夏天召集另外一个特别代表大会,但这个困难很容易克服。

当然,如果国联延迟了自己的裁决,那么这样的做法可能会遭到批判,同时日本在满洲的地位会得到增强。

然而,就我个人而言,综合以上原因,第二种方案更好。

我还没有将这些告诉其他任何人,如果你能告诉我你对此的看法,我会非常感激。我知道我们肯定会面临以马达里亚加为代表的主张更激进措施的人的大力反对。在《日内瓦期刊》中有一篇文章肯定是他写的,他在文章中建议应该通过遣散日本大使、驱逐日本退出国联的办法来给日本施加压力。任何这样的建议在当前局势下都是缺乏理智的。

请原谅我写了如此冗长的一封信,但是理事会将在三周之内讨论整个问题,并且我们决定应该采取哪条路线至关重要。

签名:德拉蒙德

资料来源:FO 371/16180,第82—86页

(杨越　译　陈志刚　校)

65. 英国驻莫斯科大使奥维致英国外交大臣西蒙(1932年10月25日)

档案编号:F 7664/1/10 来自:奥维先生(莫斯科) 编号:(37/85/32) 发报日期:1932年10月25日 存档日期:1932年10月28日 主题:中国	苏维埃政府对国际联盟满洲调查团调查结果的态度 　　在10月18日,《消息报》刊登卡尔·拉狄克(Karl Radek)发表的一篇关于远东国联调查团调查结果的长篇文章。在此寄送该文章最重要和最后部分的翻译,苏联政府认为日本政府因公然进行帝国主义侵略而犯有罪责,但是苏方自身并没有做好准备来应对日本的侵略,并不希望被牵扯进对立局势之中。

第1号文件

奥维先生致约翰·西蒙先生(10月28号收到)

No. 604

莫斯科,1932年10月25日

先生:

1. 我非常荣幸地告诉您,10月13日《消息报》刊登了卡尔·拉狄克所写的一篇关于远东国联调查团的调研结果的长篇文章。除了这篇文章之外,《消息报》中没有任何其他的评论,这可以被看作政府的传声筒,我同时认为卡尔·拉狄克这一次所表述的是政府的官方观点。在此附上该文章最重要和最后部分的翻译。

2. 苏联政府在目前远东地区的这一危机上的政策一直十分明确,并且随着危机加深而不断增强。苏联政府认为日本政府因公然进行帝国主义侵略而犯有罪责。苏方自身并没有做好准备来应对日本的侵略,除非日本侵犯苏联领土,苏联并不希望被牵扯进和日本的对立局势之中。同时,苏联也不会采取军事或外交手段与其他世界强国一起对抗日本,因为苏联只是在道义上与其他强国一起对抗和反对日本,并希望能够避免在当前政治事务中进行国际合作。同时,苏联政府愿意等待,因为日本方面从长期来看不会因为他们的侵略政策而获得什么益处,而即使日本没有被国内的危机所打垮,中国方面也不会让日本在满洲站稳脚跟。

3. 这并非拉狄克所说,却构成了他对局势不怀好意的分析基础。他说,李顿报告书不可能付诸实施。日本在满洲地区的侵略是因为日本意识到了它无法同其他帝国主义强国一样在中国进行"和平"的金融竞争,同时日本担心那些大国未做好准备应对中国革命,如果日本不及时在它特别关注的地区采取行动,会威胁到日本的利益。那为什么调查团还要发起一个它自己都不相信的计划呢?他说,远东地区一个重要的影响因素是美国对于法国和英国的施压,美国通过在欧洲让步、通过债务与裁军来支持英法,从而让他们远离日本。美国国务院在这一点上做得极其成功,以至于李顿报告书驳回了日本"满洲国自发建立"的说法,并且起到动员世界舆论反对日本的作用。这将会是真的并且唯一能起作用的办法,因为任何以建议为基础的决议都是不可能成功的。他们具有妥协性,这也体现在他们希望让苏联也加入反日的阵营。同时,他还总结道,那些以苏联革命的危险来恐吓日本帝国主义的国际联盟宣员们,自己也希望日本能够发生一场革命来解决这场危机。

4. 当然,我们可以用不太有利的言语来描绘苏联的政策。柏林的《社会主义通讯》是社会民主党旗下的报刊,他们10月15日发表了一篇文章来论述远东地区的问题,该文章暗示了苏联对资本主义国家就远东危机所持的批判态度(如果苏联没有做到更好,文章也将抨击苏联的这种态度)。这篇文章问道,虽然大多数政府都希望维持"满洲国"的和平,苏联的政策在哪些方面同它的反对者不同呢?文章问道,苏联是怎么来实施它在其他地区所倡导的"与日本帝国主义永远进行斗争"的口号呢?接着,文章列举了苏联和日本的合作,列举苏联政府同意"满洲国"接管中国驻东西伯利亚的领事馆,这使得苏联政府成为第一个实际上承认了这一被日本从中国分裂出的地区。苏联政府被迫以这样的代价来维护和平,但是因此失去了领导世界工人阶级反对日本帝国主义的权利,也无权再控诉世界其他国家与日本帝国主义狼狈为奸。文章还指出苏联不只做了这些,根据苏联报纸的报道,苏联与日本签署了一份五年期的汽油供应计划。在现代战争中,汽油就像毒气一样是战争的支柱。文章接着说,这样的计划全然不顾世界其他共产党反对出口日本的规定。文章最后总结,苏联就像其他帝国主义国家一样被帝国主义利益驱使,同时不愿意放弃这些利益。

资料来源:FO 371/16180,第49—50页

(余松琦 译 陈志刚 校)

《消息报》,1932 年 10 月 13 日

卡尔·拉狄克关于李顿调查团报告书的总结文章
李顿报告书的真实意义

李顿调查团的这一计划不可能成为现实。日本帝国主义冒险采取了九一八那样的政策,是因为他们无法同其他帝国主义强国一起在中国和满洲进行"和平"的竞争。日本在华所有经济上的胜利都源于日本在廉价纺织市场上相对于英国的优势,因为英国人工成本更高。但毋庸置疑的是,如果其他帝国主义强国决定对抗日益高涨的中国革命,那么首先需要在铁路建设上进行大量投资。日本无力在资本上与英国、美国和法国抗衡,因此如果要这样"和平"地统治中国,日本将会被其他强大的资本主义国家所代替。的确,日本甚至没有

足够的财力来支持满洲的建设。列宁曾经说："在日本和俄国,军事独裁统治,从中国原住居民那里掠夺的大片领土或特殊设施,能够在一定程度上代替当代金融资本的需要。"他的话到现在对于日本还具有很大的意义。因此,日本将满洲从中国分裂出来,这是它计划的一部分。

李顿调查团报告书正确地指出："日本最关键的问题是它对于当代中国政治发展的忧惧,以及对于中国未来发展的忧惧。"(第 131 页)日本不相信列强知晓如何应对中国革命的危险,因此日本正力图通过采用分裂中国领土并将它们与整个中国的发展相隔离的政策,来及时确保日本帝国主义的利益。但是,如果李顿调查团的成员对自己设计的东西抱有疑虑,那问题便是他们为何还要设计它。一些人说,国际联盟是被迫制订这样一个保障和平的计划,即便他们知道这样的和平不过是国际警察在殖民地所创造出的表面和平。但是我们认为,国际联盟不仅制订了计划,而且还将其作为对待日军卵翼下的婴孩——"满洲国"的原则,或者作为日本殖民者侵占的幌子,这背后有更深层的原因。

在满洲这一系列事件开始时,美帝国主义者便不断施加对其他帝国主义国家的压力,让他们一起反对日本。英国与法国为了避免与日对抗而费尽心思,他们希望把日本作为一颗对抗美帝国主义者的棋子。这样的压力促使以英国和法国为代表的国联在 3 月 11 日表决通过了一项决议,不承认任何违背列强意愿的以武力对满洲所做的改变。这样的压力不减反增。美国已经开始和英国与法国就债务和裁军问题进行谈判。毋庸置疑,美国在这一系列谈判中为了征得英法一起对抗日本,将会在债务问题上给予两国好处,同时支持维持欧洲与德国之间的现状,最后终于也答应对于海上的竞争采取克制态度(这是对英国的一种退让)。

美国国务院否定了任何以参议员李德的名义正在进行的此种谈判,而且国务院不仅对法国媒体,对于美国著名的《时代》杂志也是如此说的。然而,这些否认并不能阻止美国最大的报社——美联社的报道,9 月 22 日美联社对法国因受美国影响而改变对日态度进行了报道。在同一时间,与美国外交部关系密切的《纽约时报》国际新闻编辑詹姆斯(Edwin James)在 9 月 25 日的报纸上写道:"事实摆在我们面前,说明我们已经通过与国联合作取得了伟大的胜利……此时我们否认我们是在利用这一时局(关于债务和裁军的问题),实际上史汀生正在和其他国家谈判,在债务问题上他们从我们这边得到了好处。

的确,我们的外交政策一贯崇高而仁慈,但同时这也意味着那些在债务上从我们这里得到好处的国家应该在其他方面给予美国一些好处,譬如在远东问题上。"我们不认为谈判已经结束,也不认为史汀生已经最终成功取得了英法两国的支持。为了使英法在反对日本上有坚决态度,美国还应该在债务问题上做出更大的让步。

但是,谈判正遭遇困难。戴维斯的伦敦之行和即将开始的赫伯恩(Hepburn)上校的跨洋之旅都说明,尽管选举迫在眉睫,美国现在正施行的外交政策很难在远东获得胜利。发布李顿报告书,同时又否认日本关于"满洲国"是自发独立的立场,这表明英国和法国不敢支持日本的观点,因为这意味着他们站在了日本的一边。谈判会如期进行,英法两国要么同美国一起反对日本,要么宣布他们对此无能为力(即使李顿调查团报告书中的一切都是事实),因为唯有战争才能让日本退出满洲。

李顿报告书在世界范围内鼓动了大家的反日情绪,加强了美国的反日立场。我们都知道日本是不会因为任何道德谴责而自觉放弃对满洲的统治,但是报告书引发的一系列言论也使得日本官方报纸无法再将这一系列事件大事化小。它的意义在于报告书调动了欧洲、美国、中国和满洲的民意。日本的孤立无援将会加强中国的反日倾向。由于日本和其他帝国主义国家间就李顿报告书达成的协议都只是为了让他们能在较长一段时间内继续扩张领土,所以李顿报告书的意义在于反日宣传。李顿报告书是妥协和协商下的产物,这体现在它同时提到日本敌视苏联,希望争取苏联最终反对日本。报告书提到(第129 页)"苏联在满洲拥有巨大权益,这其中包括中东铁路和北满以及满洲东北部领土的占有",并提到"不考虑第三国的利益而欲维持中日两国的和平关系,不仅是不公平的,也是不明智的,也不符合和平利益"。这最后一段的标题是"苏联利益的考量"。

在李顿报告书公布并掀起全球反日热潮的同时,国联正在解决"如何看待这份报告书"的问题。9 月 18 日,一位《纽约时报》的记者施特莱特(Streit)将眼光对准了这一问题,他是一位十分精通外交事务的人。他说大家对于李顿报告书有两种倾向:一种提议接受报告书的所有内容,尽管这也许会迫使日本离开联盟;另一种建议对于报告书的倡议暂时不做答复,稍做等待。后面的这一种"政策"(换句话说,等待政策)是建立在一种前提下的,那就是无论日本未来的发展朝哪个方向,无论是金融破产、革命还是与中国宣战,最终的结果都是日本方面让步。

实际上，没有什么比国际联盟的官员们正在以革命宣传的危险和苏联的革命尝试来恐吓日本帝国主义更令人感动了，他们希望日本发生一场革命，好让大家都渡过难关。

在李顿调查团对苏联利益表达了如此多关心之后，我们建议调查团应该把与国联有合作关系的报业集团主席施特莱特的话加入作为结语，希望调查团不会觉得不妥。

资料来源：FO 371/16180，第 54—59 页

（余松琦　译　陈志刚　校）

66. 英国驻东京大使林德利致英国外交大臣西蒙（1932 年 10 月 27 日）

	李顿报告书
档案编号：F 8304/1/10 来自：林德利先生（东京） 编号：569(11/42/32) 发报日期：1932 年 10 月 27 日 存档日期：1932 年 11 月 29 日 主题：中国	参考 10 月 13 日东京发送的第 548 号（F 7841/1/10）报告，在松冈先生离开东京之前宣布，日本意见书文本并不完整，有关文件将被吉田先生带到日内瓦。日本当地热情欢送松冈先生。据媒体报道，松冈先生在处理日本案件方面拥有很大的自由裁量权。向松冈先生提供的可能指示摘要。松冈先生有可能取代长冈先生担任国际联盟理事会的日本代表。

抄送北平第 124 号副本

英国大使馆

第 569 号(11/42/32)

东京,1932 年 10 月 27 日

先生:

继续我 10 月 13 日的第 548 号报告。我很荣幸地向您报告,松冈洋右先生于 10 月 21 日离开东京前往日内瓦参加即将召开的国际联盟大会。但是,相反的是,在他离开之前宣布,日本政府关于国联调查委员会报告意见书的文本并不完整,并且据了解,相关文件将由日本驻土耳其大使吉田茂(Isaburo Yoshida)先生带往日内瓦。后者也将出席大会会议,因为他在调查团在远东逗留期间担任日本的顾问。

2. 在离开时,松冈先生在车站受到人们热情送别,很明显,人们对他前往日内瓦抱有很大希望。在我上次发送关于他的任命日期后,他就他的"使命"进一步发表了几次言论,我选取了其中最重要的几篇发言,谨随函附上一份摘自 10 月 16 日的《日本时报》的要点。这是一篇 10 月 15 日在日本东京市公共礼堂举行的公开会议上进行的演讲,报纸上的内容相当长,但我冒昧地认为这可能会为我们提供些帮助,说明松冈先生可能会在日内瓦采用的论点。他充分了解了满洲的情况,并且毫无疑问准备了充分的事实来支持他的一般性陈述。

3. 据媒体报道,松冈先生在国联大会前对于处理日本事项拥有广泛自由裁量权。据报道,在他离开之前,内阁已经将批准的某些指示交给他。关于这些指令的性质存在许多相互矛盾的说法,并不能准确地一一说明。但可以确定包括了以下几点:

(1) 就日本而言,它认为中日之间源于满洲事件的争端在"满洲国"作为一个独立国家建立和两国签订协议的时候就已经得到了解决。

(2) 日本坚持认为,中国(除满洲之外)的待解决问题必须通过中日直接谈判解决。

(3) 日本准备友好地考虑中国内政改组方面的国际合作问题。

(4) 日本对国联的建议是,它应该暂时放任"满洲国"发展。

4. 据了解,自松冈先生离开后,日本政府的意见书已经完成,预计在吉田先生 28 日前往日内瓦时准备好。不久前新闻界表示,该文件的摘要可能会在其发送日期和国联会期之间公布。但现在似乎又不确定了,在将文件交给联盟之前,他们不会公布全文。

5. 我想补充一点,似乎有些人希望松冈先生也应该在国联理事会的会议上代表日本,并且有人提到他可能取代长冈先生成为日本代表。

签名:林德利

资料来源:FO 371/16182,第 61—63 页

(余松琦　译　陈志刚　校)

67. 英国驻东京大使林德利致英国外交部(1932 年 10 月 28 日)

档案编号:F 7658/1/10 来自:林德利先生(东京) 编号:第 384 号,机密 发报日期:1932 年 10 月 28 日 存档日期:1932 年 10 月 28 日 主题:中国	**美国和日本关于李顿报告书在伦敦的会谈** 　　日本副外相告诉我,日本驻英国大使与诺曼·戴维斯(Norman Davis)先生举行了会谈。在会谈中,大使声称,如果国际联盟大会通过了谴责日本、采纳李顿报告书的决议,局势将会变得危险而复杂。据说戴维斯先生对这一说法表示赞同并支持国联保持观望态度。日本副外相同时还补充,如果决议通过,日本民众将会因受到谴责而被激怒,这样的话日本政府将被迫退出国际联盟。

来自日本

译电　林德利(东京)

1932 年 10 月 28 日

发报时间:1932 年 10 月 28 日 23:30

收报时间:1932 年 10 月 28 日 09:30

日本副外相告诉我,日本驻英国大使 10 月 16 日在伦敦与诺曼·戴维斯先生举行了会谈。在会谈中,大使声称,如果国际联盟大会通过了谴责日本、采纳李顿报告书的决议,局势将会变得危险而复杂。据说戴维斯先生对这一说法表示赞同并支持国联保持观望态度。

我恳请副外相再次定义大使所说的意思,副外相说如果决议通过,日本民众将会因受到谴责而被激怒,这样的话日本政府将被迫退出国际联盟。

实际上,是陆军一派逼迫政府这么做,而非民众。

资料来源:FO 371/16180,第 44 页

(余松琦　译　陈志刚　校)

68. 沃尔特斯致英国外交部远东司司长奥德(1932 年 10 月 29 日)

档案编号:7693/1/10
来自:沃尔特斯(Walters)先生(国际联盟)致奥德先生
编号:无
发报日期:1932 年 10 月 29 日
存档日期:1932 年 10 月 31 日
主题:中国

(1) 日本对李顿报告书的意见书
(2) 理事会会议的程序和日期
指奥德先生于 10 月 27 日致德拉蒙德先生的信(F 7646/1/10),松冈先生将于 11 月 9 日或 10 日抵达巴黎,并提供实际完整的指示。日本的意见书非常冗长且详细,在巴黎的日本人希望只以书面形式提出详细的意见书。在这个意义上,《国联盟约》所要求的关于争端的报告必须由大会起草。日本人特别担心理事会不会在 11 月 21 日之前碰头,尽管他们还没有正式提出要求。

国际联盟，日内瓦

1932 年 10 月 29 日

亲爱的奥德：

德拉蒙德要求我回复你 10 月 27 日的 F 7646/1/10 号电文。

对于在满洲问题上理事会碰头的看法，日本人告诉我们如下：松冈将于 9 日或 10 日带着实际完整的指示到达巴黎。吉田带来的文件和指示与松冈的显然没有区别。日本人对李顿报告书的意见书非常冗长和详细，但在巴黎的日本人希望向理事会发表的声明具有普遍性，而详细意见书仅以书面形式提出。如果遵循这一程序，似乎可能发生的事情是，当理事会会见日本代表时，将提出他对日本政策和观点的一般性陈述，并且可能中国代表也会这样做，然后，理事会将允许每一方花一两天时间准备他们的回答。那么理事会可能不需要就日本提交的详细意见书发表意见。

至于理事会的作用，10 月 24 日德拉蒙德发给外交大臣的那封信(你一定看过了)一定程度回答了你的问题。无论如何，《国联盟约》所要求的关于争端的报告必须由大会而不是理事会起草。

最后，关于理事会的日期。预计吉田不会在 15 日或 16 日之前到达巴黎 (或视情况而定)，日本人非常渴望在理事会开会之前有时间与他和松冈进行讨论。然后他们会向理事会提交一个最终的总括性声明，因此他们明显地希望理事会等到 11 月 21 日再举行会议，尽管他们尚未正式要求这样做，也许几天内都不会这样做，因为他们告诉我们所有给东京的电报的回复都要等他们和松冈见过面之后再说。

议程上还有一些其他问题，这些问题自然可以在间隔的一两天内进行，这可能必须在听取双方的第一次陈述之后进行。如果有任何与满洲问题无关的理由(例如为了有机会与德国外交部长进行非正式对话)，希望理事会会议早于 11 月 21 日，我们可以将这些问题列入周五或周六，18 日或 19 日的议程。

签名：沃尔特斯

资料来源：FO 371/16180，第 88—90 页

（杨越　译　陈志刚　校）

69. 英国驻华代办英格拉姆致英国外交大臣西蒙(1932 年 10 月 31 日)

	中国人对李顿报告书的反应
档案编号:F 8728/1/10 来自:英格拉姆先生(北平) 编号:1349(760/3A/1932) 发报日期:1932 年 10 月 31 日 存档日期:1932 年 12 月 20 日 主题:中国	(1) 转发 10 月 13 日从上海发送的第 368 号电报副本,包括一份是由副领事吉特森先生撰写的备忘录,描述了中国对李顿报告书的反应,并摘录了《北华捷报》关于国家危机的报道。(2) 10 月 4 日外交部部长对李顿报告书发表的声明。(3) 汪精卫对中国危机的声明。(4) 摘自 10 月 16 日的《述报》(The Expounder),内容涉及李顿报告书的各个方面。发送关于这一主题讨论和分析的附件。 (发给南京和东京)

第 1 号文件

英格拉姆先生致西蒙先生(12 月 20 日收到)

No. 1349

北平,1931 年 10 月 31 日

先生:

1. 非常荣幸地向您转发一份来自英国驻上海总领事的文件副本,并附上一份备忘录,内容说明了中国当地对国际联盟调查团就中日争端所呈报告书的反应。

2. 吉特森先生的备忘录概述了上海的中国报刊的反应,一般来说,这也代表了在中国其他地区报道所能引起的共鸣。正如我们意料的那样,报告书摘要的发布引出了一大批各种各样的评论。一开始都是批评的声音,但总的来说还是可以接受的。但后来,由于涉及对报道含义更加仔细的揣摩,新闻界的语气明显变得更加不合理。例如,在南京,和其他地方一样,中国报纸对报告书中提到的中国存在排外主义并且声称中国政府对抵制行动负责的说法表示反对。拟议的解决基础并不可行,起码在这个国家的公众舆论中不会被接受。理由是决议提出的自治程度意味着将满洲完全分离出中国。在北平和天津,无论是关于九一八事变的起源,还是在满洲的独立运动的建立方式,媒体对调查团的调查结果都表示满意。另一方面,调查团认为让满洲恢复原状的结论是不可取的,同时提出,之前的政府应该由东三省的一个特别政权取代的结论虽然值得考虑,但是效果甚微。许多人还表示遗憾,该调查团未能明确指出去年9月爆发敌对行动的责任划分。并且,拟议的顾问会议一般被视为一种国际控制形式,这与中国对满洲的主权原则难以一致。同样地,他们认为,"满洲国"政府聘用日本顾问也不能保证以后不会再次出现类似于发生在大连海关的反抗事件。总的来说,调查团的建议无论多么公平公正,都可能面临被取消的风险,都不能帮助远东妥善解决冲突,或者防止日本日后入侵中国。

3. 乍一看,中国媒体所展现的迟钝态度可能会有些令人沮丧。但是不要忘记,像中国这样的国家,每项事务都是妥协退让、折中解决,没有任何建议会被认为是可接受的,都是在尽可能地讨价还价。因而,不论这些建议对这个国家多么有利,在第一时间都会遭遇其媒体的强烈反对。在很大程度上,中国媒体受制于当地的政府针对日本侵略政策所带来的影响,因此他们发现,此时此刻以任何解决方案去默认或承认日本有干预满洲事务的权利,都是件极度困难的事情。

4. 在政府作为一个整体就政策达成协议之前,本届政府领导人在对调查团的报告书做任何详细的评论时都表现出了极为谨慎的态度。为了让您更清楚,我随函附上外交部长10月4日的声明以及他对报告书的第一印象。其内容还包括汪精卫先生离开欧洲之前所做的陈述,正如我在10月26日的第394号电报中所述的那样,这份陈述是在政府的正式批准下做出的,并代表了其正在考虑的政策。年轻的元帅在接受媒体采访时表示,该报告书虽然在某些方面令人不满意,但总的来说是公平的。中国著名的学者胡适博士同样表示了满意的态度,但除了拟议的顾问会议的成员组成,理由是这种组成对满洲日本当局在去年所造成的局势过于偏袒。但是,胡汉民和孙科等反对派领导人对报告书进行了全面攻击,并建议拒绝该报告书。在他们看来,问题的最终解决方案不再是依靠国际联盟或日本侵犯的各种国际条约的签署国,而是中国人民的努力,他们现在应该把命运掌握在自己手中。中央执行委员会、西南政治委员会和其他组织的上海成员加入了谴责的队伍,但必须记住,他们的行动,就像所有目前尚未承担责任的中央政府代表一样,更多的是希望扼杀自己的政治对手,这会有利于他们自己或所属派系,而不是真正希望合作并寻找解决中日争端的基础。

5. 李顿报告书的各个方面都遭遇了中国媒体的不利评论,这集中体现在一篇发表在《述报》(在广州每周出版一次的英文报纸)上的文章中,随后我也将附上复印件。这篇文章的作者是《北平导报》的前任编辑,一个沙文主义者,名叫爱德华·宾·修伊·李(Edward Bing Shuey Lee),今年 3 月 5 日兰普森先生发送的第 306 号报告中说明了其停止出版的情况。

签名:英格拉姆

资料来源:FO 371/16185,第 22 页

(朱心怡 译 陈志刚 校)

第 1 号文件的附件 1

白利南总领事致英格拉姆先生

No. 368

上海,1932 年 10 月 13 日

1. 谨随函附上副领事吉特森先生编写的一份备忘录副本,其中描述了中国当地对国联调查团报告书的反应。

2. 不管怎样,至少在华中地区,就目前所及,中国负责任的态度虽有些许保留,但似乎都倾向于接受该报告书,但反对接受正式承认满洲造成的主权损害。

3. 然而,反对南京政府的"粤系"则指责该报告书,并谴责南京政府完全依靠国际联盟保护国家免受日本侵略。唐绍仪先生,一位年迈的粤系政治家,称这份报告书一文不值。但是如果因个人原因而故意让蒋介石难堪,这些对南方领导人的大量批评可能没有太大价值。因为很明显,在过去十年中,即使面对外敌入侵,各政治和军事派系也无法压制他们自身的敌意,难以形成对抗共同敌人的统一战线。

4. 这确实是行政院负责人、中央政府名义领导人汪精卫先生于 10 月 10 日(中华民国成立周年)发表声明时须承受的事实。汪先生明确表示,"军阀割

据的普遍存在是成功解决国家危机的主要障碍","这种状况使政府无法执行武装抵抗的政策,或是实现真正的民族团结"。

5. 由于声明出自该国最有影响力的文职领导人之口,整个声明令人感兴趣。因此,我随函附上由国民新闻社翻译和发行的声明内容。汪先生主张,无论后果如何,中国人都应该尽最大努力抵抗敌人,不要不做反抗就放弃每一寸领土。他说,虽然他们最终可能会失去领土,但绝不应该放弃每一寸领土,直到它"被我们自己和敌人的血液所染红"。他声称,毫无疑问,这种性质的激烈抵抗最终会阻止日本人的侵略,使国际干预更有可能站在中国一边,而且会促进中国人的团结。

6. 他也指出,如果各省军阀坚持反对中央政府并相互争论,所有的这一切都是不可能的。汪先生承认,这种状况并不能通过南京政府发布的法令来补救,只能依靠舆论的压力带来改变。他解释说,这是为了让公众注意到他辞去政府首脑职位这件令人遗憾的事。不过,我从最近发布的三名外国医生签名的公告中看到,汪先生患有严重的糖尿病,因此其数月之内都将无法恢复行使其政治职责。

签名:白利南

资料来源:FO 371/16185,第 22 页

(朱心怡 译 陈志刚 校)

第 1 号文件的附件 2

中国人对李顿报告书反应的备忘录

一切都在意料之中,中国当地的舆论一直在严厉批评李顿报告书中对中国不利的部分,同时十分赞同那些谴责日本的部分。而且就报告书中对中国一般情况的批评以及做出因排外宣传和经济抵制而导致目前冲突不断、气氛紧张的结论,中国舆论也表达了强烈的不满。有人认为,调查团对中国情况的结论只会掩盖主要问题。对于所谓的"排外主义",这只是民族主义的体现,不是针对外国人,而是针对外国人在中国的特殊地位。而至于抵制日货,它只不过是中国在没有任何有效的有组织的军事抵抗的情况下反对外国侵略的方法。还有人表示,中国政府应对这种抵制负责。而且,中国人普遍支持报告书的某个部分,是因为该部分要求日本对 1931 年 9 月 18 日晚上的事件承担责任,并得出结论

"现政权不能被认为是真正自发的独立运动所要求的政权"。

在报告书的最后两章中,由于中国人各自的政治立场不同,他们对建议的反应也不同。虽然保守派的观点反映了政府的观点,但实际上捍卫了对调查团建议的支持;而激进分子则谴责说,对一个自治国家来说,这些建议违反了《国联盟约》和《九国公约》精神。保守派认为该报告书至少提供了讨论的基础,但激进派则认为调查团建议的解决方案,即满洲非军事化、建立特殊的自治政权以及承认日本在满洲的权益,都与中国的国家主权不相容。

关于未来的政策,中国人的意见分为两个主要阵营,有点像李顿调查团所暗示的那样:一方是那些赞成与日本谈判的人(但是他们担心在国联通过的报告书可能会导致一个新情况——调查团的建议并不适用,而日方会大肆利用其之前要求的延期。尽管如此,他们的态度还是较为合理);另一方是那些不赞成谈判、不支持妥协的人,他们将会在满洲继续进行抵制日货并加强针对日本人的反抗活动。后者的政策或多或少得到了15名在上海的中央执行委员会成员的认可,他们在一份电报中表达了这样的信念,即中国进一步依赖国联无疑是自杀的行为。因为国联早已充分暴露了其软弱无力,而目前克服危机的唯一方法就是武装抵抗。还有一些极端分子,他们主张对"满洲国"发动惩罚性的征伐,并且提倡与日本断绝经济来往和外交关系。

一般来说,意见的倾向似乎与调查团提出的建议相违背。同时,人们也认识到后者即便可以接受也难以执行,尤其是因为日本通过承认"新政权"("满洲国")的既成事实,而当国联开始审议该报告书时,其内容在很大程度上已经过时了。

令人惊讶的是,报告书的所有部分都具有一致性,尽管这种一致性以不同的方式被解释说明。而且,大多数中国人认为这意味着调查团的某些成员不得不在他们的观点中进行妥协,因为在代表诸多国家的情况下,根据不同国家的观点立场,不可避免地会存在严重的意见分歧。然而,这种一致性仍被认为是值得庆贺的。

签名:吉特森

1932 年 12 月 11 日

资料来源:FO 371/16185,第 22 页

(朱心怡 译 陈志刚 校)

摘自 1932 年 10 月 16 日的《述报》

第 25 号第 1 卷

爱德华·宾·修伊·李

虽然一致意见认为，经过半年的现场调查后制定的李顿报告书是一份精湛的政治文件，但人们注意到，报告书中的建议是在调查团成员面对日本占领和承认"满洲国"的情况下做出的。

通过将导致九一八争端爆发的责任推脱给日本，并确立了满洲是中国的一部分的言论，而且指出"满洲国"，"该政权不能被看作是通过一个真正自发的独立运动形成的政权"，中国舆论的态度才有所缓和。但是，从中国主权的角度出发，报告书的其他方面并不令人满意，尽管在撰写报告书时，调查团成员早已意识到日本激进分子无意放弃从邻国那里抢夺的政治权利。

在查看李顿报告书时，人们不禁会注意到中国不稳定的状况所带来的过度压力以及其在经济上的抵制，这可能是一种外交尝试，可以缓和对日本军队犯下入侵满洲罪行的指控，而且表明"满洲国"不是"一个分裂运动"的结果。

也有例外，正如"政治动荡、内战、社会和经济混乱以及由此导致的中央政府的孱弱……对与中国接触的所有国家都产生了不利影响，直到变成影响世界和平的一个巨大威胁以及导致世界经济萧条的一个重要因素……到目前为止，日本是中国最近的邻居，也是最大的客户，在中国目前状况下，她遭受的损失比其他任何国家更为严重"。事实上，通过英国、美国、法国和其他国家的历史可以看出，政府层面的任何变化都会导致无序。中国正在经历四次革命，即政治革命、社会革命、工业革命和精神革命，要求在这一过程中给予其一些宽容，这是合理的。确实，自 1911 年民国成立以来，时局混乱就十分明显，但是把这种事态错误地解释为"对世界的威胁"，这是子虚乌有的事情，除非民族主义中国渴望废除陈旧的不平等条约这一合法愿望会被称为"威胁论"。日本一再指责中国"仅仅是一个地理名称"，但从外国标准来衡量并指责这个国家存在一些令人不满意的状况，这并不能成为用武装部队占领其领土的理由。这就好比一个拦路抢劫的强盗恳求他可以拿走受害者的钱，因为他有证据证明后者根本不知道如何花钱。

日本和中国最关注的是国联理事会关于调整"满洲国"政府地位的建议。考虑到恢复原状或维护"满洲国"的做法都是不切实际的，调查团提出了一个折中方案,希望能够安抚中国民族主义情绪的同时,也能满足日本帝国主义的需求。

一般原则如下所示:

1. 维护中日双方的利益。

2. 考虑保护美国的利益。

3. 符合现有的多边条约。

4. 承认日本在满洲的权益。

5. 建立中日新的条约关系。

6. 为解决未来争议提供有效条款。

7. 满洲自治。

8. 内部的秩序与稳定并反对外部的侵略。

9. 鼓励中日经济和解。

10. 中国重建国际合作关系。

在调查团计划授予满洲自治权、中央政府保留一定权力的情况下,任何考虑都必须基于未来可能的发展变化以及目前的实际情况。

国联调查团建议允许中央政府签订一般条约和外交关系条约,有权管理海关、邮政、盐税,可能还包括印花税、烟草税和酒税,有权任命东三省行政长官以及向其发出指示。而其他所有权力都属于东三省。

从中国目前和未来的对外关系的角度来看,对中国政府宣言的建议是不可取的,其内容包括宣布中央政府的权力同时提出建立东三省自治政府,承诺对满洲的非军事化达成一致,并同意在外国监督下组织一个宪兵队。在笔者看来,这样的宣言将会创造一个十分危险的先例,因为如果通过这种手段就可以实现满洲的非军事化,其他大国也可能在未来的某个时候找到同样蹩脚的借口,要求中国军队撤出中国的任何一片领土。而且,调整中央政府和各省的权力显然是中国的内部管理问题,并且在国际会议的干预范围之外。

无可辩驳的事实仍然是日本强行占领满洲,日本必须从被占领区撤军,必须将满洲交给中国管辖,日本建立了傀儡政府,而且日本必须弥补她对中国犯下的错误。因此,由日本发布声明,同意国联调查团报告书的建议。但现实情况是,只要日本军方仍然掌控着海岛帝国的命运,国联采取的任何行动都有可能被拒绝,所以必要时将采取一切力量,以武力践行"守住我们所拥有的"这一句座右铭。

中国是否可以通过发布对建议的声明来重新获得对满洲的名义控制？随后外国监管非军事化的满洲会产生什么样的复杂情况？现在必须回答这些问题。

日军从满洲撤出符合国联 1931 年 9 月 30 日的决议以及随后的决议。但坚持不允许中国军队进入中国领土是荒谬的,这背离"华盛顿会议"的精神,也不尊重中国的领土和行政完整。人们可以很容易地理解,这个建议被设计成诱使日本军队同意撤军的诱饵,并对日本参谋本部经常重复的断言达成妥协,即满洲是海岛帝国的第一道防线。然而,仅仅因为一个咄咄逼人的强大邻国宣称在前者领土上拥有第一道防线,这个国家就必须非军事化吗？如果将这一原则应用于欧洲各国,将如何运作？此外,调解方案中也并没有提到日本军队是撤回日本,还是仅仅撤回南满铁路区域。

毫无疑问,一开始提出中日和解与仲裁条约、非侵略与互助条约是出于好意,但这只会增加军事侵略外的条约清单。日本如此肆无忌惮地践踏了《非战公约》《国联盟约》和《九国公约》,却并没有得到明显的惩罚,如果同意其做法,又有什么可以阻止她撕毁这个中日和解协定呢？这样一项条约的实施让中国军队进入中国领土成为"一种侵略行为",日本军队将有权"采取一切可取的措施来保卫非军事化的领土,同时不妨碍安理会根据《国联盟约》采取行动的权利"。

其内容中提到的任命外国顾问的建议如下:"应由自治政府行政长官任命足够数量的外国顾问,其中很大一部分应为日本人。从国联理事会提交的顾问中选出一名行政长官,再由其任命两名不同国籍的外国人监督警察、财政、行政,而且这两名官员在新政权的组织和审判期间将拥有广泛的权力。顾问的权力应在'宣言'中加以界定。行政长官将任命一名外国人担任东三省中央银行的总顾问……我们建议至少有两名外国顾问(其中一人应具有日本国籍)隶属于最高法院,而其他顾问则有效地隶属于其他法院。"但是,除非顾问的职责得到界定,并且对任何超越其合法职能的行为施加限制,否则提出像"(顾问)很大一部分应该是日本人"的建议,仅仅只会使得现行制度永久化,而在这种制度下"满洲国"政府官员都必须听从于"顾问"。然而,报告书建议顾问必须拥有对政府和宪兵财政的广泛权力——这意味着对满洲的虚拟外国控制。对警察和财政实行监督的外国监督员"在新政权的组织和审判期间将拥有广泛的权力",但没有提到他们拥有多久如此广泛的权力。这是必须考虑的最为重要的一点,因为过去的经历已经给中国外交官上了一课,即每一份声明或中外条约都会被延伸解释,并附带上其他特殊含义。

对中日条约的建议涉及以下几个方面:(1)"日本自由参与满洲经济开发",但这不得因此而取得在经济或政治上操纵的权利;(2)保持日本在热河享有的权利;(3)延伸整个满洲的土地定居权和租赁权,以及修改一些对领事裁判权的原则;(4)关于铁路运营的协议。乍看之下,这些建议似乎是相当公平的,但事实上不能忽视日本根据"二十一条"看待她的权利和利益——"二十一条"被"大日本"视为具有约束力的条约,但是其有效性仍然是国际法学家之间的争议问题。而关于朝鲜人双重国籍的棘手问题,日本政府声称对持有中国入籍证的朝鲜人的管辖权必须进行调整。

至于"中日铁路利益合并将会提供更为彻底的补救"这一建议,如果没有详细的计划,也无法形成具体意见。

一些中日商业条约已经缔结,但李顿报告书建议列入一项特别条款。在这项条款中载有"中国政府承诺采取一切措施,在不影响中国消费者个人权利的情况下,禁止有组织的抵制日本贸易的运动"。国际法没有规定抵制武装侵略,但提出包含这样一个条款的拟议条约是国际关系的一个新趋势,一个国家可以迫使另一个国家在任何情况下,甚至在违背自身意愿的情况下购买其商品。通过拒绝购买日本商品,中国人民掌握了抵御日本武装侵略的有效武器,国联支持把抵制作为责罚入侵者的一种方式,但现在国联正在进行一次尝试,建议将这种表达中国对一个肆无忌惮入侵者愤慨的手段剥夺,迫使可怜的中国遭受进一步武装侵略。

虽然李顿报告书的一些建议值得称赞,但前面提到的某些观点其实是对中国主权的贬损。而且这些建议应该表明了国际联盟期望采取的行动方针。通过提倡直接(与弱者或是失败者)谈判来解决悬而未决的争端,旨在维护世界和平,国际组织希望避免使用自其成立以来就从未援引过的"第十六条"。在这场侵略中,中国遭受了巨大损失。而现在,如果这些建议付诸实施,中国仍将处于不利地位,日本却会比去年9月18日之前获得更多利益。所有这一切都表明,总是弱者遭受不幸,而强者则从中获益。这对中国来说应该是一个教训!

资料来源:FO 371/16185,第 34—42 页

(朱心怡 译 陈志刚 校)

70. 英国驻国际联盟代表贾德干致英国外交部远东司司长奥德(1932 年 11 月 3 日)

档案编号：F 7890/1/10 来自：贾德干先生致奥德先生(日内瓦) 编号：无 发报日期：1932 年 11 月 3 日 存档日期：1932 年 11 月 9 日 主题：中国	<u>针对李顿报告书的未来可能行动</u> 　　发送针对李顿报告书的可能的远东未来行动计划。讨论行动程序，并补充说明如果得到批准，有必要在十九国委员会上努力实现该计划。

英国驻日内瓦国际联盟代表团

1932 年 11 月 3 日

亲爱的奥德：

随信附带的文件是秘书长昨天提供给我的,其中包含针对李顿报告书的可能行动程序。

德拉蒙德告诉我,他已经与诺曼·戴维斯先生讨论过这个问题,戴维斯先生实际上建议在第 1 页 A 段末尾增加文字:"审议结果将向全体大会通报。"

我从德拉蒙德那里得知,他的想法是,理事会在举行会议时只会听取日本和中国的陈述,而且除非它看到实现和解的手段(这似乎极不可能),否则它将会将该事务提交全体大会审议。行动程序将是十九国委员会随即召开会议,开始对该事件进行详细审查。这可能需要一些时间,全体会议可能不会在今年年底或明年年初之前举行。

如果所附的计划纲要得到批准,我们应努力在十九国委员会上促成该计划的实施。

资料来源:FO 371/16181,第 32—33 页

(杨越　译　陈志刚　校)

基于李顿报告书远东地区未来可能的行动方案

12 月或明年 1 月举行全体大会

1. 采纳李顿报告书前八章。

2. 宣布不承认"满洲国"且不与"满洲国"政府合作。

3. 宣布支持通过国际合作促进中国内部的复兴。

李顿报告书的第九章和第十章。

这些章节的建议分为两类。

A. 满洲问题

全体大会邀请特别关注满洲的国际联盟成员国,关注满洲且非国际联盟成员国的《凯洛格—白里安公约》签署国(美国、苏联政府),以及签署并遵守《九国公约》的国家,举行会议来审查第九章和第十章提出的建议,并努力就问题的解决达成协议,审议结果将向全体大会通报。

B. 中国内部复兴方面的国际合作

全体大会根据其声明(见上文第 3 条)邀请特别关注的国家召开会议,以制订明确的计划,从而刺激与中国的贸易并努力减轻经济危机。

这些国家也将由全体大会指定,将会包括签署并遵守《九国公约》的国家以及德国。

苏联政府也将受到邀请,并自行决定是否能够基于所确定的基础而接受邀请。

两次会议的结果公布后,全体大会将再次举行会议,根据《国联盟约》第十五条确定最终报告,为此目的,该条款规定的时限将无限期延长。

资料来源:FO 371/16181,第 34—35 页

(杨越 译 陈志刚 校)

71. 英国外交部远东司司长奥德致英国驻东京大使林德利(1932 年 11 月 7 日)

档案编号：F 7870/1/10 来自：法国大使致韦尔斯利先生 编号：无 发报日期：1932 年 11 月 7 日 存档日期：1932 年 11 月 8 日 主题：中国	**李顿报告书** 　根据《国联盟约》第十五条第四款和第六款的规定，全体大会必须在六个月内对提交审议的争议起草一份报告并提出建议的解决办法。对埃里克·德拉蒙德先生提出的两个备选行动方案进行总结和评论。

　　法国大使今天下午来电，为我提供了有关满洲问题的备忘录(已随函附上)。他表示，埃里克·德拉蒙德先生最近提出的建议引起了法国外交部的注意，但他们还没有就埃里克先生提出的各种观点做出决定。他们非常希望与我们保持密切联系，而且很高兴能知道我们对埃里克先生建议的看法。他向我宣读了来自贝特洛(Berthelot)先生的一封私信，贝特洛先生在信中倾向于认为，最好的解决办法是理事会完全接受李顿报告书并将其提交给九国委员会和苏联。至于埃里克先生提出的在大国协助下在中国设立中央政府的建议，在他看来完全不可行。

　　我告诉大使，我确信外交大臣非常愿意在此问题上与法国政府保持密切联系。我补充道，外交大臣正在审议埃里克·德拉蒙德先生的建议。我向他简要介绍了我们对形势的看法，并强调了玩"时间游戏"的必要性。不过，我暂时无法告诉他更多信息，因为尚未做出决定。

　　我认为，让法国同意我们在这个问题上的看法没有什么坏处，这么做是完全有益的。

签名：韦尔斯利
1932 年 11 月 7 日

资料来源：FO 371/16181，第 19 页

(杨越　译　陈志刚　校)

英国外交部

1932 年 11 月 22 日

先生①:

随函附上的备忘录概述了国际联盟秘书长就国际联盟对李顿报告书采取的处理程序而提出的建议。

2. 法国大使于 11 月 7 日致电,表示埃里克·德拉蒙德先生的建议引起了法国外交部的注意,但后者尚不能对埃里克·德拉蒙德先生提出的各种观点做出决定。他们非常渴望与英国外交部保持密切联系,而且很高兴能知道我对埃里克·德拉蒙德先生的建议的看法。法国大使阅读了贝特洛先生发来的私人信件,信中倾向于认为最好的解决方案是理事会完全接受李顿报告书,并将其提交给九国委员会和苏联。在他看来,埃里克·德拉蒙德先生提出的在大国协助下在中国设立中央政府的建议是完全不切实际的。

3. 德·弗勒里奥(De Fleuriau)先生获悉我正在考虑埃里克·德拉蒙德先生的提议,他非常愿意就此主题与法国政府保持最密切的联系。与此同时,在私下讨论的过程中,有人向他强烈暗示玩时间游戏的重要性。他们解释称,由于尚未就需要遵循的政策做出任何决定,因此现阶段无法告诉他任何最终决定。

4. 类似的电报已发送给英国驻华代办。

签名:奥德

资料来源:FO 371/16181,第 23—24 页

（杨越　译　陈志刚　校）

---

① 译者按:指的是英国驻东京大使林德利。

72. 国际联盟秘书长德拉蒙德致英国外交部(1932 年 11 月 7 日)

档案编号：F 7903/1/10	李顿报告书
来自：埃里克·德拉蒙德先生 编号：无 发报日期：1932 年 11 月 7 日 存档日期：1932 年 11 月 9 日 主题：中国	由秘书长最后修订，基于李顿报告书的可能的未来行动方案。

基于李顿报告书远东地区未来可能的行动方案

12 月或明年 1 月举行全体大会

1. 采纳李顿报告书前八章。

2. 宣布不承认"满洲国"且不与"满洲国"政府合作。

李顿报告书的第九章和十章。

全体大会邀请特别关注满洲的国际联盟成员国，关注满洲且非国际联盟成员国的《凯洛格—白里安公约》签署国（美国、苏联政府），以及签署并遵守《九国公约》的国家，举行会议来审查第九章和第十章提出的建议，并努力就问题的解决达成协议，审议结果将向全体大会通报。

本会议的审议内容可能仅限于满洲问题。关于中国内部重建的国际合作（见李顿报告书第十章），全体大会在所附文件中已给出了令人满意且充分的声明。

在会议结果公布后，全体大会将再次举行会议，根据《国联盟约》第十五条确定最终报告，为此，该条款规定的时间将无限期延长。

国联大会：

鉴于中国国民政府在重建工作中遇到的困难，而且自 1931 年 9 月 18 日以来发生的事件加剧了重建的难度，全体大会宣布坚定决心继续向中国提供其所要求的技术援助，并认为如果中国政府在世界经济会议之前通过其他方式将中国重建问题升级为国际问题,该问题应该被视为具有国际意义的紧迫问题。

资料来源:FO 371/16181,第55—57页

(杨越 译 陈志刚 校)

73. 国际联盟秘书长德拉蒙德致英国副外交大臣范斯塔特(1932 年 11 月 8 日)

档案编号:F 7886/1/10 来自:埃里克·德拉蒙德先生致罗伯特·范斯塔特(Robert Vansittart)先生 编号:无 发报日期:1932 年 11 月 8 日 存档日期:1932 年 11 月 9 日 主题:中国	**李顿报告书** 美国政府向秘书长提供有关远东事件的机密报告。现在有人提出了互惠互利的问题,询问能否提供有关中日两国政府及两国新闻界对李顿报告书的反应的资料。

国际联盟

诺森伯兰大道 16 号,W.C.2

1932 年 11 月 8 日

亲爱的范斯塔特先生:

您可能不知道,美国政府经常向我提供一些有关远东事件的机密资料,我将这些资料发送给理事会的各国政府成员,您也会收到一份。不过,他们几天前提出了能否互惠互利,如果您拥有中日两国政府及两国新闻界对李顿报告书的反应的相关资料,能否向我发送一份摘要,以满足他们的要求。如果可行,我可以通过保密方式将其传递给在日内瓦的美国代表,以保证他们持续向我提供资料,我认为这样总的来说是有用的。我希望能够从法国得到类似的资料摘要。

签名:德拉蒙德

资料来源：FO 371/16181，第 26 页

（杨越　译　陈志刚　校）

中国和日本对李顿报告书的反应

　　来自中国的报道的大意是，虽然中国政界认为国联机构针对实际问题派遣公正的顾问对中国很有用，但他们实际上已对国际联盟在解决满洲争端方面取得具体成果不抱希望，而且认为如果华盛顿会议召开，中国将从中获得的好处比国际联盟带来的更多。如果不太过纠结于李顿报告书建议的字面意思，留出谈判的余地，可以认为这份报告书适合作为谈判的基础，但中国非常不愿意单独参与此类谈判。中立国或国际联盟应该在这些谈判中充当观察员，或者日本应该事先接受最终解决问题的基本原则细节。据信，尽管中国强烈表明如果国际联盟不采取有效行动，和平将会受到威胁，但中国在日内瓦的主要努力是确保在华盛顿召开新的会议。

　　据称，汪精卫在媒体上发表的声明代表中国政府所考虑的政策。该声明的大意是，如果中国人决心实现和平，将发动战争通过武力寻求正义。

　　"最重要的一步是接受国际联盟对我们表达的同情，但要设法取长补短，我们才能取得最后的胜利。"

　　我们还未收到有关中国新闻界对李顿报告书评价的官方报道。

　　来自日本的报道的大意是，日本新闻界在赞扬李顿报告书中有关历史的章节的同时，一致反对按照建议的路线而提出的解决方案。具体来讲，报告书中的两项调查结果受到强烈反对：（1）日本军事当局的行动不能被视为合法的自卫行为；（2）现在的政权（独立的"满洲国"）不能被认为是通过真诚且自发的独立运动建立起来的。调查团被指责没有正确理解这一情况，而"满洲国"的独立被认为已是既定事实，不受任何国际监督。官方一致认为，"满洲国"的完全独立已经是既定事实，必须成为日本政策的基础。

资料来源：FO371/16181，第 28—30 页

（杨越　译　陈志刚　校）

74. 英国驻哈尔滨总领事康斯定致英国驻华代办英格拉姆(1932 年 11 月 18 日)

机密,副本

哈尔滨

No. 104

1932 年 11 月 18 日

(副本发给外交部,编号第 27,南京外交使团,东京、奉天、牛庄和大连)

阁下:

过去几天,我收到了许多份由中国人用英文写的匿名信。因此,为了详述我于 17 日发出的第 116 号紧急电报,我将从中选取一份副本发送。信件内容为:抱怨长春下达指令要求开展活动以取得实质性的证据,以便在国际联盟大会上支持"满洲'新政权'是该国居民自发的分离主义运动的结果"这一论点。

2. 我的一位匿名通讯员附上了一份很长的中文文件,他声称,他和其他有识之士都是被迫签署这份文件的。文件要点为"满洲国"唯一可能的政府运行模式就是完全独立于中国政府之外,并与邻国日本合作。对比张学良政权的腐败低效和"新政府"的有效行政,"新政府"已经摆脱了许多不称职的官员,制订了国家预算,减少了军队预算,改革了货币,减轻了洪水造成的痛苦,并通过许多其他方式展现能力。国际联盟调查团报告书受到谴责是基于到达满洲的调查团成员对"新政权"存有偏见,并且没有花工夫去了解人民的真实感受。调查团所收到并在其报告中提到的匿名信,是张学良花钱雇人写的。

3. 驻哈尔滨总领馆的一名工作人员的中国朋友最近告诉他,大约两周前,哈尔滨市政府邀请中国商会召开商会代表会议。会议如期举行,市议会的一名成员向大家宣读了一份电报草稿,该电报旨在使国联调查团为其报告书感到窘迫,并且要求他们举手表示同意这封电报内容。虽然决议提出时没有人举手赞成,但他们还是被迫签署了电报。他们感到自己在这件事上无能为力,就只好照做。大约一个星期前,在两名日本人的指示下,哈尔滨市教育局召集哈尔滨"国立"学校的所有教师去参加教育局会议,并向所有教师宣读了一份类似的电报。电报须由所有教师、学者甚至幼儿班的孩子签字。

4. 今天早上,中国当地媒体发表报告指出,分属 13 旗的 20 人代表 70 万名蒙古人于 11 月 9 日、10 日和 11 日在郑家屯举行会议。这次会议通过了一项决议,批准以会议的名义向日内瓦的国际联盟理事会发送电报,声明由于国联调查团的报告书存在偏见,他们拒绝接受该报告书的调查结果和建议。如果达到目的,他们将把蒙古的旗帜重新置于腐朽暴虐的中国政府的宗主权统治之下,并将敦促其承认新的"满洲国"。在满洲政权保护下,蒙古人期待着光明的未来。他们力劝实行《国联盟约》所约定的自决权利,并提出拥护"王道"。(请参阅该领事区最后一份情报报告第 13 节"教育改革"。)

签名:康斯定(Garstin)

资料来源:FO 262/1802,第 8—10 页

(黎纹丹　译　陈志刚　校)

1932 年 11 月 18 日由哈尔滨发至北平的第 104 号附件

阁下:

日本占领这片地区以来发生的事件众所周知,通过李顿勋爵的报告书,所有国家都充分了解了满洲的情况。在国际联盟会议开幕之际,日本人表现得特别活跃,他们意识到他们难以证明自己使用的手段是正当的。然而,他们依旧自私、傲慢。我们谨通知,日本人在最近几天内拟订了一份文件,他们强迫中国居民签署该文件,要求他们承认并服从"满洲国"政府。这些文件是他们匆忙准备的,旨在发至国际联盟以对抗李顿勋爵的观点。中国人绝不愿签署该文件,但日本人不择手段进行逼迫,这些人只得含泪心碎地签署这些文件。

由于不能自由地向国际联盟成员国通报情况,我们冒昧地请求贵领事馆在国际联盟内将日本人的行为公之于众。我们相信您的正义,希望您能传达以上所有信息。

资料来源:FO 262/1802,第 11 页

(黎纹丹　译　陈志刚　校)

75. 英国驻日内瓦领事帕特森致英国外交部（1932 年 11 月 18 日）

档案编号：F 8076/1/10 来自：帕特森领事，日内瓦 编号：403 L. N. 发报日期：1932 年 11 月 18 日 存档日期：1932 年 11 月 19 日 主题：中国	<u>李顿报告书</u> 　　来自外交大臣的消息暗示松冈先生已抵达日内瓦并将于周一向理事会提交日本的诉讼。该消息记录了 11 月 18 日讨论日本立场时与他进行的对话，表示松冈先生在星期一的会议前没有与其他国家代表进行过沟通，并补充说已通过邮寄方式发送完整的谈话记录。

来自瑞士

译电　英国领事（日内瓦）

1932 年 11 月 18 日

发报时间：1932 年 11 月 18 日 08：45

收报时间：1932 年 11 月 18 日 09：30

No. 403. L. N.

紧急消息。

以下消息来自外交大臣。

松冈先生刚到这里，并将在星期一向理事会呈递日本的诉讼，他今天拜访了我。日本对李顿报告书的意见书目前正在印制，但在理事会星期一上午开会前，不太可能向理事会成员分发。松冈先生将会就日本的立场发表声明，而且除非中国代表准备好立即回复，否则可能休会一天或更长时间。松冈先生拜访显然是为了给我留下印象。日本无法就"满洲国"的存在及日本对"满洲国"的承认做出任何妥协。如果现在采取指控这一立场或涉及日本尊严的做法,日本除了离开国际联盟之外别无选择。松冈先生表示,尽管日本即将发表的书面意见中可能暗示这一观点,但没有明确说明。

他表示,日本与其他国家一样希望为世界和平作出贡献。在满洲问题上,日本正在遵循旧有的既定政策,而且认为自己的方法有利于和平。此外,被压抑了一定时间之后,日本人的情绪可能会爆发。

我注意到,国际联盟成员倾向于合作和相互妥协,我们希望日本适度地促进这一过程,哪怕是在反感最强烈时。英国政府在研究日本的意见之前不会做出决定,因为我们打算采取完全公正的行动。我补充说,李顿报告书似乎是本着公平公正的精神撰写的,但这位松冈先生认为调查团的某些观点应受到批评。

我推测松冈先生在周一举行会议前不会与其他国家的代表沟通。他在巴黎吃午餐时见过赫里奥特先生,但没有认真谈过这一话题。我建议他最好从《九国公约》的立场来看待代表美国利益的诺曼·戴维斯先生。松冈先生表示,日本不会接受根据《九国公约》举行会议的提议。日本认为其行为既未违反《国联盟约》,也未违反《凯洛格—白里安公约》或《九国公约》。他的语气非常肯定和明确。最后,他对我在理事会就这些问题采取的温和态度表示赞赏。我说我希望英国在远东问题上的善意不容置疑,我们的愿望是公平公正地行事。

谈话记录今晚将邮寄出去。

资料来源:FO 371/16181,第 115—116 页

(杨越 译 陈志刚 校)

76. 英国驻国际联盟代表致英国外交部（1932 年 11 月 18 日）

	李顿报告书
档案编号：F 8088/1/10 来自：英国驻国际联盟代表致国际联盟 编号：327 发报日期：1932 年 11 月 18 日 存档日期：1932 年 11 月 21 日 主题：中国	外交大臣 11 月 18 日的备忘录，其中记录了与日本代表就李顿报告书进行的谈话。

日本和满洲对李顿报告书的意见，《泰晤士报》1932 年 11 月 21 日

政策辩护

昨晚，就在今天的国际联盟理事会举行前，日本大使馆发布了日本政府对国际联盟满洲调查团报告书的意见摘要。

这些意见首先承认了调查团对该报告书的认真负责，但也声称，日本人认为对这些证据相对重要性的估计是错误的。"从报告书的字面上看，其结果显然是基于报纸文章、临时通讯员的信件、私人谈话以及经过认证的官方材料得出的，我们必须保留这些杂乱证据的可信程度的解释权。使用的证据无一例外都是针对日本的，这在报告书中涉及九一八事变和建立独立'满洲国'的部分尤为明显。前一种情况完全误解了日本武装部队的动机。而后一种情况，对'满洲国'未来政府提出的建议既不符合报告书其余部分的大意，也不符合现实情况。"

日本认为，报告书中对中国情况的初步说明过于乐观。在华盛顿会议召开时，本来有望早日恢复中国的统一与和平，但发生的事件与这一愿望背道而驰。反对军阀的斗争已变得根深蒂固和地方化，情况与 1922 年完全不同。引述了多段内容来表明该报告书"用有力但没有说服力的措辞记录了中国的暴动和纷争的盛行"，质问这些陈述如何与报告书中的其他陈述相协调，例如，

"中央政府的权威不会被(至少不会被公开地)否决"。

中国的意图

调查团对中国两种形式排外情绪(抵制和学校的排外教育)的处理没有表达出这种情绪的全部意义。这两种形式只是一种潜在现象的两个阶段,即国民党和国民政府的排外政策。国民党并不仅仅是西方意义上的单纯政党,而是一个宪政国家机关,该党一再宣布废除外国特权和单方面退出"不平等"条约是其基本外交政策。"因此,在 1931 年 9 月 18 日之前,外国人及其在中国的权利显然面临着严重的危险。……所描述的这种排外特征是其他任何地方没有的,已经迫使外国势力用一种制度来保护自己的权益。……在这样一个国家,应用目前形成的'和平机器'面临着无法克服的障碍。"

因此,对于满洲,日本政府认为"调查团未能认识到满洲不是中国自然和必然的一部分"。相反,满洲与中国形成的联合只是暂时和偶然的。即使假定在满族人没落后,满洲不得不宣布暂时并入中国(这是一个很大胆的假设),1916 年联合的共和国垮台也标志着中国政府的整体分裂。张作霖从未接受过在北平当权的各方势力的命令,尽管他可能在适当的时候听取了他们的意见。该报告书认为,尽管张作霖不打算脱离中国,"但在 1922 年 5 月对北京外交部长的声明中,张作霖明确表示没有将东北各省视为中华民国的领土"。他的儿子张学良将军采取了基本相同的态度。至于在张氏领导下的满洲的情况,调查团自己的说法已有效地"表明了满洲人民如何在官方和军国主义的压迫下劳作,以及日本没有必要通过人为的刺激来诱导他们在机会来临时造反"。

在满洲的权利

日本在满洲具有"如此神秘的"特殊地位,原因非常简单。它只不过包含了日本享有的特殊条约权利(加上日本的相邻地理位置和历史关联的自然结果),以及根据《加洛林规则》中标准原则而采取的重要且合理的自我保护措施。《加洛林规则》中规定,任何自卫行为都必须以要捍卫的利益的重要性、危险的迫近和行动的必要性为理由。正如报告书所述,这一地位与中国的主权并不冲突,"因为一个主权国家在行使其主权时授予的权利与主权并不冲突,反而体现了这种主权。该报告书不承认在日本的管理和控制下,南满铁路取得的成就,并强调满洲的发展是受勤劳的中国民众涌入满洲的影响"。但(报告书中提到)民众的涌入并非因为中国政府的政策,而是因为日本的存在使避免了战争灾难的满洲充满吸引力。

日本承认，该报告书审查了中国人对日本在满洲的地位采取了各种侵犯和阻挠行为，但"未能从这些行为中得出总体结论，根本原因只有一个：蓄意剥夺日本在满洲的权利。这些行为非常重要，表明了九一八事变的起因，但令人遗憾的是，报告书第二章所述对日本地位的各种攻击的总结并没有与第四章给出的事变起因关联起来（本应密切相关）。第二章的总结表明，满洲在与国民党结盟之前就已经采纳了该报告书所描绘的远期政策，而且在事变发生之后，满洲公开进行了有组织有系统的国民党宣传。第四章没有提到所有这一切，而实际上'远期政策'应归功于日本人。相反，有一些猜测认为，日本人可能已经为恢复'积极政策'做好了准备。第四章已向读者给出了结果：日本国内的不满是事变的原因，而不是中国人的侵略"。

日本政府坚持认为日本军方对九一八事变的描述是完全正确的，并且国际联盟理事会也提到了其中一些细节，这些细节在报告书的摘要中被略去。"报告书提出的结论似乎既不符合日本人的说法，也不符合中国人的说法，而且似乎受到了外界信息的影响。"报告书指出，日军在这天晚上的军事行动不能视为合法的自卫措施。这种毫无根据的观点令人完全无法接受。在白里安和凯洛格最终在美国参议院签署的谈判声明（1928年6月23日记录）中，当时（1928年5月和7月记录）的英国外交大臣及法国和德国政府都明确保留自卫权，并且均未反驳凯洛格先生的意见，即"每个国家……都有权利根据情况决定是否诉诸战争来自卫"，英国和法国的说明明确证实了这一点。因此，宣扬日本军事行动合法性的权利完全取决于日本政府。此外，让日本对随后针对中国人的抵抗而发生的事件负责是不公正的，也是不可能的。

"满洲国"

关于"满洲国"，报告书中提到在1931年9月之前没人听说过满洲闹独立，日本政府对此说法不以为然。张作霖及其继任者的铺张浪费以及这些浪费引起的恶政，导致了一场反抗运动。在这场运动中，无论是在名义上还是事实上，独立都是很重要的一部分。这场运动已成历史事实，领导者是王永江先生和于冲汉先生。在9月18日后，于冲汉组织成立了"自治指导部"。

为了实际建立新的"满洲国"，日本政府否认"满洲国"的独立是由日本人开创、组织和执行的，"九一八事变发生后，张学良将军的政权大部分都已消失，不同地区的地方领导人让日常生活的机器继续运转。……最终，这种行政核心融合为独特的省级和国家机构，这是非常自然且很有用的。他们本来就应该发展成一个真正的国家，这毫不奇怪，没有理由归咎于想象中的日本的刺激。……核对日期就会发现，日本当局不可能组织并激起 9 月 26 日发生的独立运动——奉天地方自治维持委员会在这一天发表了计划让满洲独立的宣言"。日本政府和日本参谋本部都没有为这些大胆的想法提供任何支持。至于日本军队的存在，他们只是在行使合法的自卫权利，即使独立运动利用了他们创造的条件，也绝不会改变运动的自发性。"其他大陆也有很多在存在外国势力的情况下宣布独立的例子，而且这种独立从来没有受到质疑。"

值得注意的是，报告书的这一部分有一个显著特点：来自不明身份的中国人的 1500 封信件获得了调查团的高度信任，除其中两封以外，据说都对"满洲国"和日本不利，官方备忘录及负责机构的请愿书和声明的权重很低，而这些内容列举了人民对旧政府的不满并表达了其愿望。日本政府认为，"满洲国"的前景是辉煌的，在恢复和平与秩序以及稳定财政方面已取得了进展。"调查团尽管遇到了许多挫折，仍对中国表现出了同情，而'满洲国'仅处于发展初期，对仅成立六个月的国家表现出一定的耐心难道不是公正的行为吗？"日本已准备好在其权力范围内向国际联盟提供"满洲国"的事件发展过程的全面信息。

《日"满"议定书》

日本人还认为，"在 1932 年 9 月 15 日签订《日"满"议定书》后，报告书中提及的定义日本和'满洲国'间的确切关系的困难已不存在，该议定书明确定义了日本的地位。无论是这份议定书还是日本与'新政府'的合作行为，均符合日本的任何公开协定。通过《九国公约》，日本承诺尊重中国主权及领土和行政完整。这项承诺从未打算剥夺中国人民的民族自决权。由此可以得出结论，签署国不能像国际交往中需要的那样，不承认这种既成事实。同样地，《国联盟约》第十条规定，要尊重和维护国际联盟成员国的领土完整，支持其'抵御外国侵略'。但如果是内部发展导致成员国的领土完整受损，《国联盟约》无权干涉成员国承担这种损害的权利和义务"。

至于满洲未来的状态，日本政府首先认为，对满洲的普遍承认和针对其发展而进行普遍合作，是实现东北局势稳定和远东和平的唯一手段。调查团的建议实际上是为了掩饰对满洲的国际控制，这对"满洲国"和日本而言都是无法接受的。这些建议似乎也过于精炼和复杂,不适合远东的现实。"调查团提出的这种计划至少需要各方各自拥有强大、稳定的政府。满洲问题空前复杂,而且一方没有强大而可靠的中央政府,试图运用这些建议来解决满洲问题只会让局势更加混乱。"日本政府认为,撤出在满洲的军队,交由国际宪兵队来维持和平和秩序是不切实际的。

"关于调查团的建议所依据的第九章中更为抽象的原则,其中一些日本没有根本反对的原则已经得到了具体的应用,也在日本和'满洲国'签署的议定书中得到了保留。"但无论如何,从这些原则的第十条,也是最后一条来看,如果中国没有强大的中央政府,其他原则(尤其是第四至九条)就不能适用。如果没有国际合作,绝对不可能建立起这样一个强大的中央政府;如果没有某种形式的国际控制,几乎不敢想象能实现这种合作(除技术援助外)。只有花费很长时间,才能在中国完成这样的重建,这是日本不可能考虑的。

资料来源:FO 371/16181,第 122 页

(杨越　译　陈志刚　校)

第 1 号文件

英国驻国际联盟代表致英国外交部(11 月 21 日收到)

No. 327

英国驻国际联盟代表谨表敬意,并转发一份备忘录副本,其中记录了 11 月 18 日就李顿报告书与日本代表进行的谈话内容。

英国代表团,日内瓦

1932 年 11 月 18 日

资料来源:FO 371/16181,第 123 页

(杨越　译　陈志刚　校)

第 1 号文件的附件

备忘录

松冈先生刚从东京抵达日内瓦,并将于周一向国联理事会呈递日本案件。他今日陪同日本驻巴黎大使兼日本驻理事会代表长冈先生拜访了我。吉田先生于昨日抵达,带来了日本对李顿报告书的意见,这些意见已印刷完毕并分发

给秘书长。在理事会周一早上开会审议李顿报告书之前,这些资料不太可能散发给理事会成员。松冈先生将在会上公布日本的立场,如果中国代表不准备立即回复(因为他才刚看到该文件),可能休会一天或更长时间。

松冈先生的英语讲得非常好,而且显然是一个很有个性的人,他来拜访显然是为了给我留下一种印象,即如果国际联盟试图以任何方式挫败日本,那将会出现非常严重的情况。他说,日本无论如何不能也不会在两件事上做出任何妥协:(a)"满洲国"的存在和(b)日本对它的承认。如果现在采取的做法让日本认为是在以牵涉日本尊严的方式指控这一立场,他希望让我知道日本除了退出国际联盟之外别无选择。

我询问了正在印刷和散发的日本意见书是否包含这方面的声明。松冈先生回答说,可能隐含这种观点,但我推测不会明确表达。他继续说,日本常常被西方国家误解,因为当引起我们愤怒的情绪时,日本人会通过保持微笑来掩饰类似的情绪,但他们具有同样的情绪,在一段时间后,被压抑的情绪就会爆发。如果日本对目前的情况表现出非常强烈的情绪,其他人可能想知道为什么会这样,我们必须注意到背后的情感是根深蒂固的且埋藏了很长时间。他说,日本为世界和平作出贡献的愿望不亚于英国或美国,但是在满洲问题上,日本认为自己在遵循传统的政策路线,而且这是建立和平的唯一正确方法。

我认为最好不要对松冈先生的声明表现出过度的担忧,这显然是精心预谋的,并且希望给人留下印象,所以我只注意到国际联盟的成员国注重合作和妥协,我们期待日本适度地促进这一过程,即使怀着强烈的不满情绪。正如我上周在下议院所说的,在研究日本的意见之前,英国政府不会就李顿报告书和应采取的相关行动做出任何决定,因为我们打算采取完全公正的行动。但我想我曾经说过,在我看来,李顿报告书显然是怀着公正地考虑双方情况的愿望撰写的,因此受到了司法精神的鼓舞。松冈先生说,日本承认李顿勋爵和他的同事们希望保持公正,但他们在某些方面的观点应受到批评。

我问松冈先生,他是否打算在周一的会议之前与其他国家的代表进行沟通,我推测他没有这个意图。他说,当他经过巴黎时,曾在用午餐时见过赫里奥特先生,但据我所知他并没有认真探讨此话题。我告诉他最好从《九国公约》的立场来看待诺曼·戴维斯先生,因为美国虽然不是国际联盟成员,但对此问题非常关注。松冈先生表示,日本不会接受根据《九国公约》举行会议的提议。日本认为其行为既未违反《国联盟约》也未违反《非战公约》或《九国公约》。

他的语气非常肯定和明确。

在离开之前,他说他希望代表日本政府对迈尔斯·兰普森先生以令人钦佩的方式处理上海局势表示感谢。他称赞了他的耐心和机智,并表示这些事务在东京获得了广泛的赞赏。最后,他对我在理事会就这些问题采取的温和态度表示感激。我说我希望英国在远东问题上的善意不容置疑,我们的愿望是完全公平公正地行事,成为各方的朋友。

日内瓦,1932 年 11 月 18 日

签名:约翰·西蒙

资料来源:FO 371/16181,第 123—124 页

（杨越　译　陈志刚　校）

77. 日本对国联调查团报告书的意见书(1932 年 11 月 21 日)

对国联调查团报告书的意见书

1931 年 12 月 10 日根据国联理事会决议任命的调查团

外交部,东京

1932 年 11 月 21 日

纠错:在第 21 页 24 行的"王权"后插入"中国的"。

目　录

绪　论

日本政府急于想要为调查团提供帮助

国联调查团提交了一份国联调查团报告书,报告书的重要性使得日本政府小心翼翼地对其进行研究。

竭尽全力为调查团提供信息以及帮助他们调查,是日本政府一直不变的目标,错综复杂的局势呈现出了许多陌生的新特征,调查团的成员们努力弄清这种局势的每一个细节,日本政府对他们所做出的努力表示了真诚的感谢。

访问时间短

然而,由于任务艰难以及时间较短,报告书中的一些段落有省略、前后矛盾以及误解的地方。要对局势有透彻的了解,一年时间都不会太长。满洲6周的访问以及在北平和南京停留的几周只能让调查团对局势有简单的了解,而有一些专家比他们更熟悉汉语,因此,他们有必要依赖于这些专家提供的信息和已有的观点。如果他们有更多时间去访问中国的其他地方,尤其是南方,那么他们对中国局势的乐观态度会有相当大的改变。

只对突出问题予以说明

日本政府不打算指出报告书所有的不当之处,也不打算对报告书内容做任何的细致评论,报告书的全部内容,尤其是描述的部分,提供了很有价值的事件汇编。当时,为了不妨碍提出进一步意见,调查团只阐述了重大事件的观察结果,而这唯一的目标是确定事实的真相。

证据未充分筛选

在提供这些调查结果时,关于调查团草拟报告书所采用的方法,日本政府无意对其做任何的反思。但是,令日本政府印象最深的是,他们觉得来源很可靠的资料——比如日本政府代表提出的资料——却被忽略或视而不见,与此同时,却对来源奇怪或来源未知的可疑情报过分倚信。

日本政府不能忽视以下事实——从报告书中可以明显看到——调查团的调查结果显然建立在了许多基础之上,除了中日两国之间定时交换的文件之外,还有报纸上的文章、来自临时通讯员的信件、调查团成员以及他们的专家顾问同被授权的没有特别限制的个人之间的谈话。这种来源不确定的证据总是能支持中国反对日本的论点，这是一件值得注意的事情。日本政府不可能查明每种情况的资料来源并一一予以驳斥，不过，要解释这些资料的可信度，进一步调查的权利很有必要保留。

特别是关于九一八事变和"新政权"

在处理九一八事变和建立独立的"满洲国"的过程中，收到这种可疑或无用的证据，尤其值得注意。在九一八事变中，这种证据使得日本军队的动机完全被误解。对建立独立的"满洲国"而言，这些证据使那些针对"满洲国"政府未来而提出的建议，既不符合报告书剩余部分的要旨，也不符合现实情况。

必须将整个事件纳入考量范畴

在未来的审议中，这些审议旨在确保远东的和平，国联不可避免地要考虑到中国以及"满洲国"存在的所有情况，包括发生在报告书编写之后的一些事件。正是想为此提供尽可能多的帮助，才起草了目前的意见书，以便国联成员能够从各个方面对真正的形势有个清晰的了解。

日本对中国人民没有敌意

在撰写意见书的过程中，当不可避免地要对中国人的行为进行反思时，最好摒弃日本对中国人民怀有怨恨或敌视情绪的想法，这一想法在报告书中若隐若现。日本政府认为，中国人民受到了许多误导、恐吓和歪曲，他们就是想要和平安静地享受他们的劳动成果。日本保持其一贯的友好态度，期待着两国繁荣以及睦邻合作的时代。

第一章
中国

A. 综合调查

在阐述满洲的局势之前，报告书第一章对中国作了非常恰当的概括性介绍，并对普遍存在的内部情况做了一些说明。

不幸的是，调查团所进行的调查不仅不完整，而且有些肤浅。事实上，报告书包含许多从观察到的事实中得出的许多公正的结论。但所有这些观察和结论都笼罩在乐观的迷雾中，这种乐观肯定会误导那些不知道真相的人。

中国并不是有组织的国家

关于"中国不是一个有组织的国家"(第17页)以及"中国处于完全混乱和令人难以置信的无政府状态"(第17页)这样的说法,调查团似乎感到很惊讶。他们提请注意"所有与会国在华盛顿会议时采取的一种完全不同的态度",当时,中国其实有两个完全独立的政府,一个在北京,另一个在广东,并且土匪猖獗,经常干扰内地的交通。同时,内战即将爆发,而几个月后,中央政府被推翻了,第三个独立政府在满洲建立。简而言之,"至少有三个宣称独立的政府,更不用说一些省份或省份以下地区的实际自治地位了"(第17页)。

当时的情况当然不理想,但那时中国只有三个主要竞争对手。而现在则完全支离破碎,外蒙古和西藏几乎完全要失去了,南京国民政府不仅没有收服各地方领导人,尤其是广东的西南派,而且实际上也受到以湖北、福建、江西等省为中心的巨大的共产党势力的威胁。大多数派系都是为了实现统一中国的理想,他们都认为这可能实现,每个人都想做中国的主人,但正如报告书似乎想要断言的那样,他们那样做也并不能使中国统一。

各种事件与在华盛顿所做的假设不符

在华盛顿会议召开之时,有可能实现中国早日恢复团结与和平的希望,但各种事件使这一希望破灭。中国的分裂和无政府状态每况愈下,各个军事将领之间的争斗已经交织进了中国政治的组织和结构之中,共产主义已经深植于中国的核心区域,内乱已经根深蒂固和普遍存在。只有盲目乐观者或对形势不了解的人,才能促使观察者发现自1922年以来的进展。

实例

日本政府承认报告书的许多结论公正有力,因为它在第一章中说明了中国目前的情况。

"自辛亥革命以来,政治动荡、内战、社会和经济的动荡,以及由此产生的中央政府的软弱,一直是中国的特点。这些情况对那些与中国往来的所有国家都产生了不利影响,如果不加以补救,将继续对世界和平构成威胁,并将成为一个导致世界经济萧条的原因。"(第13页)

在第14页,针对中日两国面临的同化和转型问题,报告书强调了中国的特殊情况,也就是"由于中国领土辽阔,人民缺乏民族团结以及在传统的金融体制下,全部收入都没有汇解到中央财政部"。报告书还说,"中国不愿接收外国人,对待来华人员的态度必然会造成严重后果","统治者的注意力都集中在抵抗和限制外国势力上",还补充说,"因此,该国想要应付新情况,便需要建设性改革,而这几乎完全被忽视"。

报告书的第 16 页回顾了 1914 年至 1928 年的一件事实,即"中国被交战各派所蹂躏,然而由于征召了失业的农民、饥荒灾区的绝望居民或无饷银的士兵,那些常常出现的土匪成了名副其实的军队。即使是在南方作战的宪政主义者,他们之间也一再面临军阀之争的危险"。

报告书的第 16 和 17 页指出,1927 年南京国民政府成立,"该党现在准备实施其政治和经济重建计划,但内部纷争、掌管自己军队的将军们定期的反叛以及共产主义的威胁,使其无法实施。事实上,中央政府曾多次争取实施该计划"。

最后,在第 17 页,报告书指出,"表面上的统一维持了一段时间。但是,当强大的军阀相互结盟进军南京时,即使是表面上的团结也无法维持。尽管他们的目标从未成功,但失败之后,他们仍然保持着不可忽视的潜在力量。此外,他们从未认为反对中央政府的战争是一种叛乱行为。在他们看来,这只不过是他们与另一个派系在争夺最高权力的斗争,而这个派系碰巧在首都并被外国认为是中央政府"。并得出结论:"从这一简要描述来看,中国的分裂势力似乎仍然很强大。"(第 17 页)

不可能使这些声明与承认中央的权威相协调

如何才能使这些完全合理的说法与同一章节所表达的乐观观点相一致?例如报告书的第 17 页提到:"目前,虽然中央政府的权力在一些省份仍然很薄弱,但至少没有省份公开否定中央的权威。"

最近的一些事件

报告书完成之后,几乎没有必要回顾最近的一些事实,而这些事实证明敌对军阀之间的斗争还远远没有结束。在北方,尽管受到国民政府的禁令,但刘珍年将军和韩复榘将军自 9 月中旬以来一直处于敌对状态。在南方,例如福建省政府的省府主席之争,也引发了对立的军民两派之间的斗争。在西面,西藏的军队占领了西康省和青海省。在四川,刘文辉将军和刘湘将军之间发生了军事行动,尽管蒋介石将军发了一封紧急电报,旨在提醒他们这种行为会给人以缺乏团结的印象,但这些敌对行为却有增无减。

报告书确实明确地指出,中国的共产主义不仅仅是某些现有政党成员支持的政治主义,也是一个与其他政党竞争权力的特殊政党组织。正如除苏联以外的大多数国家那样,"共产党已成为国民政府的实际对手,它拥有自己的法律、军队和政府以及自己的领土范围。其他国家都没有这样的情形"(第23页)。

自 1922 年华盛顿会议以来,情况变得更糟

在对"破坏力量"进行快速回顾之后,报告书也承认"破坏力量"正在继续控制中国。但报告书第 17 页所表达的观点是,自华盛顿会议召开以来,"其实已经取得了相当大的进展",与报告书内容相反,日本政府坚信,公正检视将表明中国的状况实际上要糟糕得多。

B. 中国的排外运动

中国发生的许多强烈排外情绪的表现,与刚才所描述的无政府状态和动乱情况一样,都造成了引发最近不幸冲突的那种气氛。

排外宣传与抵制外货的协调

报告书本身也宣布:

"为了解决遇到的难题,中国走上了国际合作道路,就像在华盛顿所做的那样,如果继续走这条道路,在过去的十年里,中国可能已经取得了更实质性的进展。中国只是被一直进行的排外的恶性宣传所阻碍。当前冲突出现的气氛是由两个因素导致:一是利用了经济抵制;二是在学校引入了排外的宣传。"(第 18 页)

不幸的是,关于排外的宣传(特别是在学校里)和抵制加剧,报告书将两者分开。如果我们想了解中国事态发展的真实状况,就必须认真协调这两者。当时,形成满洲紧张局势的特殊原因导致了 1931 年的九一八事变。

在学校的宣传

"国民"政府弥漫着强烈的排外情绪,并认真地向年轻一代灌输关于外国人的恶毒仇恨。五千万的中国年轻人在暴力思想的影响下,因此,不久的将来会出现一个大麻烦。南京政府正在尽最大努力促进这一令人震惊的进程。让我们引用报告书中的内容:

"孙中山先生的思想现在已在学校传授,好像它们拥有与几个世纪前的经典名著相同的地位。孙先生的语录受到的崇拜赶上了孔夫子的语录在革命前受到的崇拜程度。然而,不幸的是,在年轻人的教育中,更多地关注民族主义的消极方面,而不是建设性方面。仔细阅读学校使用的教科书给读者留下的印象是,他们的作者试图用仇恨的火焰点燃爱国情绪,通过受伤感来激发勇气。这种恶意的排外宣传的结果,从学校一直蔓延到公共生活的每个阶段,一直引诱着学生参与政治活动,攻击部长和其他当局人员、住所或办公室,企图推翻政府。"(第19页)

抵制

报告书承认,中国的抵制明确表现出了中国对日本的敌视态度,也损害了日本的经济利益,也从精神和物质上损害了中日友好关系。这种观察证实了日本政府一贯坚持的立场。

尽管如此,就中国抵制的特殊性质以及关于抵制的责任问题,可以发表一些评论。

近年来,抵制运动在中国发展起来的特点是,其不仅被用作抗议外国在华保护其国民生命财产合法措施的一种手段,而且是一种国家政策的工具,用于确保另一国家放弃其条约权利。

关于抵制的责任

关于政府责任问题,报告书指出,国民党"毫无疑问"应当对抵制行为负有责任,这显然是正确的。必须补充的是,国民党不是西方意义的一个简单政党,而是一个根据中国组织法建立的正规国家机关。很明显,它的行为要对国家政府负责任。

革命外交

关于教育的方法和兴起抵制运动的片面描述,无论其内容多么细致详细,都不足以充分了解中国的实际情况。为了揭示国民党以及其政府的排外政策,很有必要对排外运动的两个阶段进行协调,报告书没有提及这一点。值得注意的是,华盛顿会议后的几年内,国民党以及其政府开始在中国发挥着重要作用。执政以来,他们一直坚持执行所谓的"革命外交"。正是他们这一公开承认的政策以及中国没有法律的现状震惊了外国列强,也使得他们更不愿意放弃他们目前仅有的保护权。

在这一点上,报告书指出,"国民党对中国民族主义的影响是,带来了一种对所有外国势力的额外的不正常的愤恨。……中国要求归还租界及铁路区域内外国所享有之行政权和其他非纯粹的商业权,归还租界的行政权,以及归还治外法权,该特权意味着外国人可以不服从中国的法律、法庭及交税"(第18页)。另外,"中国要求立即放弃某些特权,因为这些特权是对中国尊严和主权的贬损"(第23页)。

进一步的研究将向调查团表明,这些不是空洞的"要求",而是中国当局决心通过单方面声明和暴力来促进这些要求的实现。

官方胁迫声明

国民党一再宣布废除外国在华特权为其基本外交政策,宣称必要时会单方面废除"不平等"条约,不管其他签约国是什么样的态度。1926年,蒋介石将军宣布,如果国民革命成功,中国将立即单方面废除所有"不平等"条约。1927年1月,国民党强占了汉口、九江的英国租界。4月,南京国民政府成立,之后,国民党行动可能较为温和,但其政策并没有改变。他们一再宣布要废除"不平等"条约,废除外国人在中国获得的权利和利益。他们也一再向公众保证实施这一政策。1929年12月28日,政府根据这一承诺颁布了一项法律,其规定从1930年1月1日起废除治外法权,并于1931年1月再次宣布,除非在同年2月底之前就治外法权问题找到令人满意的解决办法,否则政府将继续执行其宣布的政策,即用外交手段以外的方式废除治外法权。与此同时,颁布了《在华外国人管理条例》。因此他们公开表示要单方面废除这些条约,并向相关国家宣布了这一事实。

日本是最大的受害者

显然,在九一八事变之前,外国人及其在中国的权利面临着严重的危险。而且正如报告书所指出的那样,"就日本是中国最近的邻国和最大的客户而言,日本所遭受的没有法律的情形要比任何其他国家多得多"(第23页)。

C. 外国人在中国的异常状态

外国在华采取的非正常自我保护措施

内部解体是当前中国所面临的最重要问题,结果导致外国人生命财产面临的持续不安全状况。学校里的仇恨灌输和面向青少年的排外宣传,日益完善的抵制方法,应用于不同国籍的外国人,单方面废除条约,加上其他源自"革命外交"理论的举措,所有这一切均导致需要花费大量精力来应对中国所呈现的这些问题。因为没有一个强大统一的政府,中国具有完全特殊的性质,因而常见的解决办法都不可行。正是所描述的这种排外的特征(在其他任何地方都是没有的),迫使外国列强维持其手中拥有的保护其权力和利益的制度。这些国家不仅在中国拥有治外法权,而且(当然除租借地之外)在天津、汉口、上海和其他城市维持租界,在这些地方他们自己行使警政权利。因此,在这些国家做出适当的规定以减少中国没有法律的负面影响的时候,他们也在用武力保护自己的权利。在九一八事变之前,除了在满洲负责保护日本铁路的军队外,还有4 700名在北平、天津地区的美国、英国、法国和意大利军队,以及900多名日本军人,按照条约规定,他们从1901年起就驻扎在那里。这些国家中的大多数也有军队驻扎在上海,不是条约规定,而是出于自我防卫的简单需要,这种状况出现在1922年华盛顿会议之后,因此也表明了自那以后的恶化情况。许多炮舰不仅停泊在上海、青岛等港口,而且停泊在内陆水域,比如长江和白河。

这并非虚张声势,许多情况下,这些军队和炮舰经常投入到积极的自我防卫之中。

实例

外国军队1925年在沙面开火、1926年炮击万县以及1927年炮击南京,除了这些显著事件外,还有很多航行在长江上的外国炮舰被迫向长江两岸的中国军队反击的诸多案例。这些无端的攻击近年来确实一直在增加,尤其是国民党执政以后。

报告书暗示中国并未履行现代政府的职能

因此,很明显,外国势力在中国的地位完全例外,这种地位在世界其他地区都没有。国际惯例和行使自我防卫权的方式,都不同于其他一些文明国家。报告书第23页指出:"实现中国在对外关系领域的民族愿望,取决于中国是否有能力履行现代政府处理国内事务的职能,除非消除这些差距,否则国际冲突、意外事件、抵制和武装干预的危险仍将继续存在。"

正常的和平机制不能应用于中国

"和平机制"的应用,如诉诸国际法院或国际仲裁,这些在中国遭遇了不可逾越的障碍。在过去,甚至在不涉及重大利益的一些争端中也不可能使用这些机构。中国的不正常状况以及列强由此而不愿更改上述不正常和特殊机构这一事实足以证明,把目前形成的正常"和平机制"应用到中国的争端中去几乎不可能。

第二章
满洲

A. 综合调查

满洲自然也必然不是中国的完整一块

推定满洲自然也必然是中国的一部分,这似乎自始至终都影响着调查团。在第 29 页,他们说满洲一直被认为是"中国不可分割的一部分"。事实上,满洲与中国的联合只是暂时和偶然的,这一点从报告书中可以看出。报告书轻描淡写地讲解了清王朝覆亡的情况。其实,虽然满洲官员本可以"服从袁世凯的领导",也可以对自己的宪法地位不用太在意,但接受南京政府顾问爱斯嘉拉(Escarra)经过深思熟虑的意见非常保险。(《中国与国际法》第 240 页)清朝从中国的消失以及由此而来的王朝联合支持的消失,其能将个人联盟的满洲与中国联合起来,很难有其他的联系方式。满洲从来都不属于中国,因为他是一个统治了中国的满族皇室。相反,另一方面,人们不能把中国看作满洲的附属……这是个人联盟的一个例子……他进一步说:"从根本上来说,这几乎不能成为中国对待满洲的权力问题,除了满族,其他都不能登上王位,这个皇室消失了,为了解释满洲和中国的关联,应该寻找另一种法律形式,但是几乎没人有意识地去寻找这种形式。"

因此,满洲与中国之间的联系松散模糊,并且在任何场合,张作霖都断然否定这种联系的存在。

帝制废止之后

甚至假设在这种模棱两可的情况下,满洲必须宣布暂时已与中国正式合并——这是一个很大的假设——1916 年袁世凯去世后,统一的共和国的垮台,标志着中国政府统一性的瓦解。在这片广阔的土地上,产生的政府中没有一个拥有最高统治权,最终在南京建立的政府被列强承认为合法政府,但并没有赋予其管理其他地区的权威,比如从来没有受到南京国民政府支配的满洲。

张作霖

事实上,时常在北平争夺权利的各政党会下达一些命令,而张作霖从来没有听从过这些命令,虽然他可能会在合适的时候征询他们的意见。报告书的第 28 页说:"他和那些控制不断变化的中央当局军事领导人之间的私人关系,常常能决定他的态度。他似乎从个人联盟的角度来看待他与政府的关系。"报告书列举了许多关于他独立的例子,并进一步发展了这一理论,即在主张独立于中国政府以及与中国政府自由结盟的过程中,他并不打算独立于中国(第 28 到 29 页)。这一论断最多只能表明,张作霖希望并会欢迎一个由他领导的满洲组成统一的中国。情况可能是这样,也可能不是这样,但在任何方面,满洲的地位显然都不会受到影响,一切完全取决于事实,而不是猜测。事实上,张作霖在 1922 年 5 月的声明中明确指出,东北各省"不是中华民国的领土"①。

张作霖的儿子和接班人张学良将军基本有着同样的态度,不否定包括满洲在内的统一中国的理想,接受南京政府作为理想统一的象征,但在实践中却对它完全不服从。正如报告书第 30 页所说:"在所有军事、民事、财政和外交方面的事务中,与中央政府的关系都取决于自愿合作。不能容忍无条件服从的命令或指示的要求,也不能接受违背满洲当局所做出的任免。"

因此,报告书清楚地表明,在张氏的统领下,满洲完全不受任何中国政府

---

① 驻北京的外国公使、驻天津的外国领事及驻唐山的外国侨民和军队:

我已收到徐世昌的来信,信中提到放弃东三省、特殊地区热河和察哈尔,还有内蒙古和外蒙古,所有这些地区都不被承认是中华民国的领土。

由于我的特殊职位,我不得不承担一切责任,尽我所能保护所有友邦侨民的生命和财产,与这些国家建立友好关系。在满清政权和中华民国时期签订的所有重要条约都将得到充分承认和尊重。那些想要商谈其他事务的外国公使、外交领事和外国侨民可与我在兰州市的办事处联系。今后,我将与友好国家建立比以往更密切的商业关系,以促进人民的福祉和繁荣。在本月一号以后,没有我的直接许可,不管徐世昌缔结任何涉及东三省、内蒙古和外蒙古以及热河和察哈尔的条约,我都不会承认,并且我会把它们看作徐世昌的恶意。

签名:奉天军总司令张作霖

的支配或干预。

报告书内容自相矛盾

因此,报告书第 29 页宣称满洲"仍然是中国不可分割的一部分",并且报告书中别的地方也宣称这样的立场,而这与已提出的能证明满洲完全独立的一切内容互相矛盾。报告书援引的不利于日本的国际法,却与该法最基本的条款相冲突,即一个国家必须且一直拥有一个最高政府。自 1916 年以来,没有一个政府对整个中国行使过实际权力。

种族起源于中国人并无争议

为进一步证明满洲应该被视为中国的一部分,报告书依据的是一个不争的事实,即目前满洲的大多数居民都是中国移民。对此,我们只需指出,正如报告书中所述,中国人没有强烈的民族意识,并补充说,报告书的理论如果适用于其他地方,将对许多国家的领土地位和世界和平造成非常尴尬的后果。

B. 张氏统治时的失政

东三省的独立和随后东北四省的独立,乃至一直维持到 1928 年 12 月以后的行政统一,并不意味着满洲的治理很好。尽管它们在某种程度上减轻了在张氏统治时普遍存在的行政失当,但调查团还是注意到了这些行政失当的存在。(第 31 页)

"满洲当局意识到,和以前一样,他们的权力更多来自他们的军队,而不是南京。

这一事实解释了为什么要维持约 25 万人的庞大常备军,以及花费了 2 亿多美元(银圆)的庞大兵工厂。据估计,军费开支占总支出的百分之八十,其余部分不足以支付行政、警察、司法和教育费用。财政部没有能力向官员支付足够的薪资。因为所有的权力都掌握在一些军人手中,所以只有他们才拥有办公室。这种状况不可避免地导致了任人唯亲、腐败和管理不善这些后果。调查团发现,关于这一行政失当的重大投诉普遍存在。然而,这种情况并不是满洲特有,因为在中国其他地方也存在类似甚至更糟糕的情况。

军队的维持需要课以重税,由于普通收入的不足,当局通过将不可兑换的省级纸币不断贬值的形式,进一步向人民征税。这种做法经常发生,特别是最近,与'官方购豆'行为有关,这些行为到 1930 年已经达到垄断程度。借用控制满洲的主要产品这一方式,当局希望通过迫使外国买家,特别是日本人,支付更高的价格,从而提高他们的收益。这些交易显示出当局控制银行和商业的程度。官员们也同样自由地从事各种私人企业,并利用他们的权力为自己和他们的同伙聚敛财富。"

这一黑暗的画面是一份对《中国现状》第八章中的材料经过严格编辑的摘要,这份材料由日本顾问提交给调查团,这幅画面没有完全反映出比上述摘录所暗示的更糟糕的真实情况(特别是在司法和警察方面)。尽管声明很温和,但这篇文章很有效,因为它展示了满洲人民如何在当局和军阀的压迫下辛勤劳动,它也展示了以下情况是多么不可能,即为了在机会到来时引诱他们打破这种局面,一些人为的日本刺激很有必要。

C. 日本的特殊地位

日本在满洲的"特殊地位"

正是在这个地区,日本获得了"特殊地位"。

日本在满洲的"特殊地位"非常神秘,而现实中是一件非常简单的事情。它只不过是日本在中国的特殊条约权利的总和,再加上一些自然结果,其来自日本的近邻国家和地理状况以及日本的历史联系。日本的自我防卫措施必须以它的利益程度来衡量,其利益非常特殊、紧密和至关重要。在"卡罗林号事件"中,正是由于加拿大临近美国以及加拿大的极其重要性和混乱状态,美国才默许英国入侵美国领土并摧毁眼前的威胁。

为了所有自我防卫行动的正当性,每一次行动都必须取决于所捍卫利益的重要性、危险的迫切性和行动的必要性。日本在满洲的利益占主导地位,与日本领土毗连,并且日本不能完全依靠当地的力量。日本的"特殊地位"立马变得明显。这种"特殊地位"没有给日本也不曾声称给她滥加干涉满洲行政的权利。但这无疑创造了一种立场,在这种立场下,日本必须以非凡的能力保卫自己,以抵御军事攻击。

日本的特殊权利

日本政府完全同意这些段落的内容,在这些段落里,调查团根据1905年和1915年的条约列举出日本在满洲获得的权利,很明显,日本政府明白这些条约已完全生效,且不能通过单方面行动予以废除。

报告书第 38 页记载：

"这份关于日本在满洲的权利清单的摘要，清楚地显示了日本与中国满洲建立的政治、经济和法律关系的特殊性质。世界上可能没有任何地方能与这种情况完全相提并论，没有一个国家在邻国的领土上享有如此广泛的经济和行政特权。"

第 39 页写道：

"日本在满洲的利益在性质和程度上都不同于其他国家。每一个日本人都深深地记得 1904 年和 1905 年与俄国进行的伟大斗争，他们在满洲平原、辽宁和辽阳、南满铁路沿线、鸭绿江和辽东半岛进行了斗争。对日本人来说，与俄国的战争将永远作为一场生死攸关的斗争而被铭记，这是一场为了自我防卫而抵抗俄国侵略的威胁。在这场战争中，十万日本士兵牺牲，花费达二十亿日元，这些事实让日本人有了一个决心，那就是这些牺牲不会白费。"

没有与地方主权发生冲突

"特殊地位"与中国的主权没有任何冲突(正如报告书中所言)。

在这被称为南满铁路的极其狭小的区域，赋予俄国和日本的权利与中国的主权根本没有冲突。中国将这一区域割让或长期租赁给俄国，并通过俄国租借到日本，不可能有任何例外。这是行使主权，而不是与主权冲突。在与俄国达成协议时，允许中国的名义主权得以维持，并不使中国赋予俄国的权利与中国主权发生"冲突"。相反，这些权利来自中国的主权。

满洲与日本的毗连以及满洲经济和战略对日本的重要性与地方主权相冲突，这让人难以想象。相比于满洲在遥远的世界的另一端，这种毗邻的态势会使日本更有可能利用满洲发生的事件进行自我保护。但这并不是限制该地区的主权，它只是一种对每个国家甚至最强大的国家所发生事件的遥远责任。"卡罗林号事件"并未损害美国的主权。

日本的文化成就

尽管有许多尴尬，人们一直指责日本的"特殊地位"，但这却使得日本完成了满洲的许多文化工作。南满铁路的多种形式活动主要代表着这种文化发展。但是，报告书第二章和第八章都没有承认这些完成了的工作。事实上，尽管中国的移民活动很受重视，但铁路几乎没有被提及。正如报告书中所说，目前满洲的繁荣无疑要归功于辛勤工作和生活简朴的中国人口的涌入，这不能归功于中国政府的移民政策。这种现象纯粹是因为满洲对中国农民有着吸引力。而满洲之所以有吸引力，不是因为它很好的治理，而是因为日本的存在，才使得满洲没有战乱。众所周知，正如报告书所指出的那样，中国人对环境的适应能力很强，没有多少强烈的民族意识。他们与中国如果有关系的话，则是一个关于社会和家庭感情的问题，这并不意味着任何政治上的依附。报告书第125页说：“满洲与中国其他地区之间的关系主要在于种族和社会。”也就是说，这种关系不在于政治层面，在于“种族和社会而不是经济”（第123页）。有鉴于此，报告书强调这种非政治和非经济关系的政治效率，这让人难以理解。

D. 日本的地位受到攻击

报告书虽然很少提及日本在满洲的企业和机构，但正是这些企业和机构成为中国直接攻击的对象，报告书第三章审查了这些特别的问题：

1. 针对南满铁路的包围政策。
2. 妨碍土地租赁和行使其他条约权利。
3. 对日本人的压迫，尤其是那些朝鲜族日本人。
4. 中村大尉遇刺。

报告书中减罪的借口

但在报告书中，无论是第三章或是其他任何地方，都没有反映出要谴责中国蓄意违反政策和否认条约以及其他承诺，它甚至倾向于以民族主义解放计划作为这些行为的借口。报告书也没有提到，由于中国的敌对态度，就悬而未决的问题无法达成任何令人满意的解决办法。令人遗憾的是，报告书零碎地处理了这些问题，并未能再次将它们协调为一个整体。如果这样做的话，显然有一个基本原因构成了所有事件的基础，而且，无论每起案件正确与否，它们都体现出了一个固定意图，即消灭日本在满洲拥有的权利。

这些侵害与九一八事变的联系

关于张学良将军与南京政府结盟后满洲的发展情况，报告书第30到31页给了一份总结，而在总结中更清楚地表明了这一结论。

“在外交政策方面，满洲与国民政府的联合将产生更重要的结果，尽管在这方面，地方当局也有很大的行动自由。张作霖持续攻击中东路在满洲的地位，以及漠视日本所主张的某些权利，表明在与国民党联合之前，满洲已经采取了'进取政策'。但是,与国民党联合以后,满洲便接受了组织严密、系统的国民党宣传。在国民党的官方党报和许多附属机关中,始终坚持以下几点的头等重要性,即恢复失去的主权、废除不平等条约以及帝国主义的邪恶。这样的宣传肯定会给满洲留下一个深刻的印象,在满洲,中国的领土上有着外国的利益、法庭、警察、警卫或士兵,这一现实显而易见。民族主义的教科书使得国民党的宣传进入了学校。一些协会也出现了,例如辽宁人民外交政策协会等。他们激发和强化民族主义情绪,并开始煽动反日;他们向中国房主和地主施加压力,要求提高日本和韩国房客的租金,或者拒绝续签租赁合同。日本人向调查团报告了许多诸如此类的事件,韩国移民受到了有组织的迫害。各种具有抗日性质的命令和指示被发出,摩擦事件不断累积,危险的紧张局势持续发展。1931 年 3 月,在省会设立国民党党部,随后在其他城镇和地区设立支部,越来越多来自中国的国民党宣传人员来到北方。日本人抱怨说,反日情绪的煽动每天都在加剧。1931 年 4 月,人民外交政策协会在奉天主办了一场为期五天的会议,并且来自满洲不同地方的三百多名代表出席了会议,就清算日本在满洲的地位的可能性开展了一系列讨论,并将收回南满铁路纳入所通过的决议中。同时,苏联以及其侨民也被这些类似的倾向所困扰,而白俄因为没有主权或特殊权利而屈服,因此也受到了羞辱和虐待。"

令人遗憾的是,这份摘要充分说明了 9 月 18 日前夜的情况,只载于报告书第二章,但没有讲述那天发生的事件(这是第四章要谈到的内容)。

事变背景被切断了

在讨论第四章的关键问题时,报告书并未表明它与中国长期攻击日本利益之间的联系。既没有提到对日本商品的强烈抵制,也没有否认日本条约的有效性,没有提到与日本铁路的破坏性竞争,没有提到对朝鲜移民的阻碍,更没有提到万宝山事件,而中村大尉的情况也只是偶然提及。九一八事变的全部背景被切断了。

所有关于中国人侵略性决定的证据都已被抹去,取而代之的是各种杂七杂八的理由,其旨在解释日本人可能已经为"恢复'积极政策'"做好准备。

当然,对依靠正规军来保障国家安全的好斗邻国进行武装攻击,可能会被击退,但不必援引日本贸易萧条等因素对其做任何的解释。把迅速彻底的击退与先前中国侵略性的证据分离开的结果是,让读者看到日本国内的不满,而不是中国的侵略性,并将其作为对铁路应有的最后一次攻击的理由。这就是中国在满洲采取"积极政策"的原因,调查团应该好好地对此进行调查。

日本为缓和紧张局势所做的努力

早在 1931 年 6 月 15 日,日本政府就指出满洲官员和警察的行为可能会产生严重后果,并且也没有受到贸易萧条或军事和政治不满的驱使,从而发动"积极政策",反而想尽一切办法缓和紧张局势。尽管做了这些努力,中国人的侵略性态度仍有增无减,值得注意的是,当日军进入"北大营"时,墙上挂着一张告示,告诫驻地官兵:"看看沿着这些兵营西侧运行的铁路!"毫不奇怪,正是这些营房驻军策划了 9 月 18 日的爆炸。

报告书提到,中国人的这种侵略性态度,而不是日本恢复"积极政策"的那种态度,解释了满洲的紧张局势。张学良将军在奉天的军队中,还有许多其他傲慢和好斗的例子,在一份题为《满洲中日冲突的大致情况》的小册子中可以看到,这份册子由关东军编写,并于 4 月 24 日提交给调查团,但调查团认为没有必要在报告书中提及这份小册子。有些人一直关注事件发展,并已经意识到报告书中详述的中国人的侵略性正日益增长,对他们而言,他们清楚地知道最重要的是要避免那些可能会引爆易燃气氛的极微行动。

第三章
九一八事变以及后续行动

官方叙述

日本军事当局以书面形式和与关东军司令部工作人员进行谈话的形式,向调查团提供了关于这一事件各个阶段的完整详细资料。日本政府认为这一资料是准确而又真实的描述,因此他们必须将这一资料保持完整。

在题为《日本的说明》的六段内容中,报告书总结了这一资料(第 66 到 69 页)。在这份摘要中,省略了许多重要的细节,因此,调查团成员们想要得到进一步的信息,就要借助主要参与者本人提供的描述以及日本政府提供文件中所插入的描述。

调查团得出令人惊讶的结论

在总结了《中国的说明》之后,报告书得出了一些令人吃惊的结论,因为这些结论在逻辑上不是之前两份说明的结果,报告书发现,其他非官方来源的资料对这些结论的影响尤其大。

调查团承认爆炸的事实,但他们补充了一点,爆炸所造成的损害不足以成为采取军事行动的理由(第 71 页)。在这方面,调查团没有考虑到其他两个因素,但他们承认这两个因素的存在,即冲突的军事力量之间严重的紧张局势以及同任何其他有组织的军队一样,日本军队必须随时在外国领土或附近驻扎的地方准备紧急作战计划。反复发生的情况尤其表明,可能很有必要迅速采取措施。

报告书忽视了紧张局势

报告书承认了紧张局势的存在,即中日之间普遍且日益严重的紧张局势,以及密切联系的军队之间的局部紧张局势,但正如已经观察到的那样,报告书没有充分说明这一点。

日军的作战计划

关于日本人"为了应付与中国人可能发生的敌对行动所做的精心准备"的说法(第 71 页),只要一看到事实,就能确信没有任何其他国家以及其武装部队会采取行动。

9 月 18 日前,面临着拥有飞机、存储弹药和大型军火库等物资供应的超强部队,满洲的日军显得实力较弱,某些事件的发生或中国的攻击迫使日军立即采取行动,以防被更多的敌人压倒,因此日军自然不得不为这些做好准备。毫无疑问,日军有处理这种情况的计划,如果不这样做,那将是严重的失职行为。每一种可能的组合都经过了精心的设计,频繁演练有助于几乎自动化地执行计划。虽然一定程度上的主动性必须留给那些任何场合都在现场的人,但在发生任何攻击的情况下,都会有预见和众所周知的主要目标。因此,在中国士兵引起的铁路线爆炸和第一枪射击之后,"迅速而精确地实施"计划,这非常自然。(第 71 页)

宣称和平的电报

制订这一紧急计划是一项最合理、最必要的安全措施,而中方没有制订任何要攻击日本军队或危害日本国民生命财产的计划,报告书将这两者进行了对比(第 71 页)。为了支持这种态度,调查团引用了张学良将军本应于 9 月 6

日发出的一份电报，指示东北军要有耐心，避免使用武力。尽管日本人不知道这一点，但如果这份电报实际上是已经发出、接收、散发出去，且后来张学良将军本人没有取消或修改这些命令，在中国军队纪律涣散已经臭名昭著的状态下，电报本身不能保证中国人永远不会攻击日本人，也不能提供任何能证明他们没有发动 9 月 18 日袭击的决定性证据。值得注意的是，中国军队其实在那晚发动了进攻，并继续以武力抵抗。"中国人没有对日本军队进行一致或授权的攻击"是调查团的声明，这表明调查团没有放弃中国进攻的假设，但拒绝称其为"一致"或"授权"，从而限制了这一事件的影响。根据报告书，这次袭击可能是士兵们在没有上级命令的情况下，主动采取行动的结果。

计划的自动实施

但无论如何，爆炸确实发生了，中国士兵确实发起了攻击，这仍然是确凿的事实。结果，在讨论破坏程度等问题之前，日本自动实施了应急计划。

调查团的观点

在处理 9 月 18 日晚上发生的事件时，调查团认为他们有责任进一步补充说："日军在这一夜的军事行动，不能看作合法的自我防卫措施。"（第 71 页）

对于将战争视为非法的《凯洛格—白里安公约》的缔约国而言，这肯定是一个令人惊讶的观点，他们完全不可能接受这种观点。

有权自卫

1928 年 6 月 23 日，在关于国务卿凯洛格先生的相同记录中，有关自我防卫权利的一段话是：

"（1）自卫。美国的反战条约草案中没有任何内容以任何方式限制或损害自卫权。这一权利是每个主权国家所固有的，并隐含在每一项条约中。每个国家在任何时候都是自由的，无论条约对保护其领土免受攻击或入侵有何规定，只有本国才有能力决定具体情况是否需要在自卫中诉诸战争。"

美利坚合众国参议院在批准该条约时通过的决议规定：

"众所周知，自我保护权利的行使可能而且经常超出行使这项权利的国家的领土管辖权范围。"

同样值得一提的还有奥斯汀·张伯伦先生于 1928 年 5 月 19 日和 7 月 18 日的信件。

第一封信中建议：

"4. 在研究了美国草案第 1 条的措辞之后，英国政府认为其范围包括一国可能被迫采取的自卫行动。凯洛格先生在我上面提到的演讲中已经明确表示，他认为自卫权是不可剥夺的，而英国政府则倾向于认为在这个问题上没有必要作任何补充……"

"10. 考虑到第 1 条中关于放弃将战争作为国家政策手段的措辞，我有必要提醒阁下，在世界的某些地区，其安宁和完整性对我们的和平和安全性具有特殊且至关重要的意义。英国过去一直在努力澄清，对这些地区的干涉不得受到阻碍。他们对攻击的防御对大英帝国而言是一种自卫措施。必须清楚地认识到，英国政府接受新条约的明确前提是，它不会损害他们在这方面的行动自由。美国政府拥有类似的利益，他们认为外国势力对这些利益的任何忽视都是一种不友好的行为。因此，英国政府认为，他们确定的立场也表达了美国政府的意图和含义。"

奥斯汀·张伯伦先生的第二封信说：

"我完全赞同凯洛格先生在 4 月 28 日的演讲中表达的观点，即拟议的条约不得以任何方式限制或损害自卫权，同时也认为每个国家都有能力决定何时需要为此目的而诉诸战争。"

同样地，法国政府在 1928 年 7 月 14 日给美国驻巴黎大使的答复中指出：

"在新的条约中，对自卫权没有任何限制，也没有任何妥协，关于此点，每个国家仍然可以自由地保卫领土免受攻击或入侵。这种情况是否需要为自卫权而诉诸战争，国家自己有能力决定。"

德国政府在 1928 年 4 月 27 日给美国驻柏林大使的信中还声称，他们首先假定，拟议的条约"不会质疑任何国家用主权保卫自己的说法"。

日本政府知道所有这些来文后，也在 1928 年 5 月 26 日给美国大使的信中强调："美国的提议中，没有任何内容会拒绝独立国家拥有自卫的权利。"

就自卫行为而言，由于这些意见的保留，发表决定性意见的权利完全在相关国家主权的鉴别范围之内。在这一点上，调查团的调查结果明确提到，调查团并不排除这样的假设，即在场的军官可能认为他们是在自卫（第 71 页）。在九一八事变中，除了在场的军官之外，其他人都没有资格判断日军所采取的行动是否属于自卫措施。

所涉利益重要性不同，自卫程度便不同

在这里，很有必要详述自卫权的本质。丹尼尔·韦伯斯特（Daniel Webster）先生在担任美国国务卿时，他将美国对权利公正行使的需求规定为一件具有必要性、即时性和压倒性的事情，且不允许选择任何手段，也不允许立即进行审议，九一八事变恰恰与这些情况相符合。（日本人）面对一种巨大而迫在眉睫的危险，即由一支强大军队发起的公开攻击，如果这支军队没有被扼杀在萌芽状态，他们能把日本人打到海里去。还能做什么呢？别无选择。没有时间考虑，要对他们发起公开的反击。幸运的是，没有必要考虑利害关系的严重性是否值得采取强制措施，因为这些利益完全就是日本在远东的全部地位。

让日本对中国随后因抵抗所发生的更多事件负责，这不可能，也不公正。自我保护措施通常不会受到阻挡，并且应由有关政府之间的友好讨论来解决。然而，如果遇到了武装反抗，必然不会有友好的讨论，而且也不知道自卫手段会发展到什么程度。

回顾纳瓦里诺的情况可能比较恰当，在那时，谁都不想也不期待一场冲突，以至于其中的一国政府将其描述为"不幸事件"。埃及的武装力量为土耳其镇压希腊叛乱提供援助，而他们面对的是英国、法国和俄国的舰队，这些舰队决心阻止他们这样做。在这种紧张状态下，一次偶然的射击成为冲突的导火索。结果摧毁了埃及的舰队和土耳其的希望，并确立了希腊的独立。然而，这仅仅是出于自卫，是一种还击。这说明对自卫措施的后果进行限制是多么地不可能。

同步性

在强调 9 月 18 日发生在整个南满铁路区范围内的同步行动时，调查团没有注意到这种同时展开行动的必要性。对于日军指挥官来说，没有其他的选择，因为 10 400 名日军官兵驻扎在一条 1 100 公里长的铁路沿线，面临着 22 万人的中国军队（不算长城以外张学良将军率领的 11 万人）。在奉天，日军只有一个兵额不足的联队，加上几支铁路巡逻队，总共有 1 500 人，面对的却是 1.5 万名中国军队，他们有 40 门大炮。长春和其他地方也有类似的情况。事实上，日本总司令负责保护居住在满洲的一百多万日本侨民。如果一个地方有袭击，其他地方也很可能有袭击发生，唯一可能确保安全的办法是使用铁路提供的所有运输便利,并在中国军队行动之前先发制人。

结论

总之,9 月 18 日晚上的行动仅仅是主动执行一项为应付中国进攻而准备的计划,鉴于中国本土的极大优势,总司令一直认为要完成他所承担的保护任务,及时准确的处决很有必要。这些行动无关其他,就是自卫,日本政府认为他们没有必要也不合适成为争议的对象。

后续行动

在 9 月 18 日之后,有一些为有效确保日本人生命财产安全而采取的行动,报告书详细叙述了这些行动。日本政府在此将不会过多谈论调查要涉及的内容。永远不要越过正当防卫权应有的限制,他们对此非常清楚。

第四章
"新政权"

主题的重要性

报告书第六章中关于"满洲国"的问题具有头等重要性,因为关于建立"满洲国"以及其居民对"新政府"的态度,第六章得出了一个结论,且基于这些结论,调查团在第九章得出他们的一般调查结果,即维持和承认满洲的现行制度同样不能令人满意。

不能令人满意的证据性质

目前处于商讨之中的结论似乎缺少已被证明的事实。在短暂逗留的过程中,当然很难确定一个才建立几周的"新政权"的真实情况。这样一个国家自然会遇到一些新问题——不同政见持有者和不满分子的所有敌对活动以及过渡时期必然会遇到的困难,特别不利于商业和农业——并且对"满洲国"来说,会遭受一系列强烈的敌意和肆无忌惮的宣传。

然而,令人遗憾的是,报告书拒绝接受日本政府庄严的声明,也不太重视其提出的详细文件。同样地,在满洲和张学良的大本营北平,调查团显然是听取了那些不明身份者的意见,并相信了那些来历不明的信件。

因此,日本政府认为他们的主要责任就是:确保国联更为正确地认识第六章所讲述的主题,即"满洲国"的建立、"满洲国"居民的意见以及"新政权"的组织和前景。

A. "满洲国"的建立

满洲独立不算是个新闻

报告书首先得出一个结论，在 1931 年 9 月之前，从未听说任何关于满洲独立的消息（第 97 页）。

然而，以上内容已经清楚地说明，满洲一直是一个特殊的区域，在地理上和历史上都与中国本土不同。它是一个独立的区域，中华民国或其官员没有权力将其并入中国本土，正如报告书所叙述的那样，张作霖至少两次宣布了满洲的独立。报告书承认了张作霖及其儿子张学良将军的治理不当、声名狼藉。以牺牲满洲为代价，他们的野心和贪婪促使他们开始对中国进行代价高昂和灾难性的侵袭，在历史上很久以前就产生了"为了满洲人的满洲"的口号，表现就是众所周知的"保境安民"运动（维护边疆，予民和平）。从这样一场运动到完全独立，无论是从名义还是从事实来看，都是很小的一步。这场运动的存在并非凭空臆想，其领导人十分著名，他们分别是王永清先生和于冲汉先生，他们都是张作霖的手下，王永清是奉天省省长，而于冲汉是张作霖的顾问之一。他们俩都不得不屈服于张作霖宏伟的计划。九一八事变后，于冲汉成了"自治指导部"的组织者，这是后面会谈到的内容。在这一点上，他并没有屈服于日本的恳求，他只是继续做他中断了的工作，他的事件很典型。

这一点不需要通过引用其他出现在变革时期的各种独立运动来阐述。但令人惊讶的是，报告书却宣称独立思想并不存在。

张作霖将军和张学良将军长期以来的治理不当和强夺，使得受过教育的中国人和满洲人认为改革非常有必要。奉天的法学研究会会长赵欣伯博士向张作霖提出了这个问题，但被张作霖拒绝了。在奉天的冯庸大学里，一群教授也对政治改革做了研究，这个改革被认为是专门对抗张学良将军的军阀政策，因此，赵博士开始与这一群人有了联系。

因此，在 1931 年 9 月之前的一段时间里，曾经有一个以满洲独立为基础的运动。关于这方面，调查团似乎完全忽略了所提供的与它们有关的所有资料，特别当调查团在满洲与"新政府"主要人士进行谈话之时。

关于最近的独立主张的细节

以上就是关于从来没有人听说过满洲独立的论断。现在，我们开始谈论有关确定建立满洲为独立国家的模式以及日本人对它的态度。在这一点上，报告书与事实远远不相符合。

报告书说道，日本人发起、组织和开展了宣布满洲独立的运动，旨在解决九一八事变所造成的局面，并且利用了某些中国要人的名字和他们积极合作。从 9 月 18 日起，日军司令部的活动贴上了政治动机的标签，东京参谋本部为独立运动提供了协助，并对其组织者做了一定的指导。

但只要稍微想想，便会发现这一假设是多么毫无根据。

九一八事变之后，张学良治下负责维持东北秩序的地方官员消失了，此时显然需要一些组织来维持正常生活秩序。地方首脑成立了地方警戒委员会，日军对他们的合作表示了欢迎并提供了一些便利。一支军队应当尽可能地减少对其所占领土造成的破坏，这也是一种保留文明生活方式的途径，并且保留文明生活方式是日军最关心的问题之一。这些政府的胚芽最终会合并发展成一个真正的国家，这也不是一件令人惊讶的事，假想受到日本指使的说法完全是无稽之谈。满洲这个"国家"被统治得很糟糕，在这一方面，也只比中国好一点而已——这个"国家"只有一位主人，也没有受到各种冲突的蹂躏，并且它的新行政人员决定脱离张氏政权，这一点也不奇怪。对于那些了解满洲在 1931年 9 月 18 日前后的实际情况的人来说，每个人都有推翻张氏政权的决心，这显然很容易发展成一场宣布完全独立的运动。在这方面，还应该记住另外一场运动——复辟清朝——它同中华民国一样古老且很大程度上与满洲有着密切的联系，因为满洲曾经是清朝的发源地，后来也是它的王朝领地。随着"独立运动"的真正发展，对任何熟悉这些情况的人来说，他们对此并不感到惊奇。必须放弃将责任完全（第 97 页 25 行）或部分地（第 97 页 33 行）推给身份不明的日本人或日本参谋本部的这个假设。

对中国人和满族人工作的认可

根据报告书的声明，所有这些支持地方、省和国家独立的运动，都是有着很高地位的中国人、满族人或蒙古人在从事。在奉天，有法学研究会会长赵欣伯博士、张学良将军统治时的东北政务委员会副委员长袁金铠先生、地方维持委员会副委员长于冲汉先生以及奉天省省长臧式毅将军。熙洽将军是吉林省省长,张景惠将军是东省特别区行政长官。而筹建"新政权"计划的是两名中国人,他们分别是于冲汉先生和臧式毅将军。奉天、吉林、黑龙江、热河和东省特别区的主要人物,以及聚集在奉天的蒙古旗人,他们制定了详细的国家组织方式并草拟了独立宣言。东北行政委员会只有中国人、满族人和蒙古人,他们构成了"新政权"的雏形。

日 期

如果我们考虑到日期,事实与调查团所得结论之间显然不一致,而这完全相互矛盾。奉天省地方维持委员会于9月24日成立,并已于26日发表声明,声明设想了该省和东三省的独立。9月26日,熙洽将军宣布吉林省独立。9月27日,哈尔滨设立了地方维持委员会。10月1日,张海鹏将军在洮南宣布独立。10月17日,奉天边防军司令于芷山将军也宣布独立,要求建立一个以前皇帝为统治者的满蒙国。介于九一八事变与这些独立运动之间,难道日本官员可以相聚一堂、同心协力商定一个发起独立的方案,并让中国人、满族人和蒙古人立即把它作为他们自己的独立方案来执行吗?更为简单合理的结论是:许多主要的中国居民和满族居民已经自发地、自然地找到了一个行动范围,他们有着一些愿望,而在令人反感的政府消失后,这些愿望就会否定上面的假设。

毫无疑问,宣布独立的思想与复辟清朝的思想有一些相似之处,他们都完全起源于中国人、满族人和蒙古人。例如,张燕卿("满洲国"工商农业部长,清朝著名学者、政治家张之洞之子)和现任"满洲国外交部长"谢介石先生,都是运动中的显要人物,尤其是在复辟清朝的运动之中。熙洽将军是满族人,也是著名的君主主义者,目前是"满洲国"的财政部长,也是该团体的主要成员。日本官员当然意识到了这些想法的存在,但是,无论个人对这些计划感到何种同情,日本政府和满洲的关东军司令部都没有给他们任何的鼓励。

日本的不干预

在这方面,应该指出,外相币原喜重郎和陆军大臣南次郎(Minami)将军于9月26日向满洲的日本官员发出指示,严禁日本人干预建立满洲"新政权"的各种企图,这是非常适当的。

与这些指示相一致的是,无论是日本文官还是日本军方,都一致弃权,不再有任何的干预。当该运动变得明确时,关东军司令部显然不能忽视它,当发起运动的领导人已经慎重拟定并解释他们的计划时，该运动便开始进入一种状态，它要得到那些最终负责维持秩序的人的尊重，因为预估形势的发展可以通过明确建立一个"新政权"来消除所有令人不安的因素。

报告书似乎十分重视"自治指导部"，自治指导部于 11 月 10 日成立，并由一名中国人管理。然而，报告书把它变成了关东军司令部第四部门的一个机关，由日本人组织，而且大部分是由日本人管理（第 92 页），这只是重复了"中国备忘录"中的指控。根据报告书，"可靠"证人留下了来历不明的证据，这完全不符合事实。关东军司令部一直有一个研究满洲政治事态发展的部门，1931 年 9 月 18 日以后，独立运动的出现，使得这个部门在履行其职能时，当然必须收集所能得到的一切相关资料。但是，关东军司令部的这个部门与于冲汉先生管理的"自治指导部"没有任何关系，自治指导部成立的目的是协调各个保卫和平或是独立的不同部门的行动，并于 10 月初在奉天省成立。赵欣伯博士向调查团讲述了他担任会长的协会是如何在 9 月 18 日后立即成立了独立委员，并派代表到各省区了解各地方要人对"新政府"的意见。

基于日本军队存在的争论

最后，报告书指出，如果没有日本军队，这种支持政府更迭的运动不可能进行。而日本军队依据正当权利在满洲留驻。根据条约所规定的权利，他们驻扎在铁道区，并在行使自卫权的情况下可以越过铁道区。如果独立运动利用了由此创造出的条件，那也绝不会改变独立运动的自发性。在其他地区有很多例子，外国军队的存在提供了获得独立的可能性，而且这种独立从未受到质疑。

基于《九国公约》的争论

1922 年的《九国公约》禁止缔约国损害中国的主权，这是真的，但与目前讨论的东西无关。如果缔约国在中国境内正当履行其合法权利，就不能对其后果负责。如果这些后果损害了中国主权和完整性，罪魁祸首也不是那个国家。因此，即使假设张学良将军统领下的满洲确实是中国不可分割的一部分，日本仍然不会对其所采取的适当必要的行动的后果负责。如果中国真的是一个有组织的国家，在满洲实行完整的行政管理，这也仍然会是事实。

简言之，否认目前的政权被视为自然和自发运动的结果，就是承认"满洲国"提出的所有证据都被忽视。在由"满洲国"政府编写并提交给调查团的《满洲建国小史》中，叙述了全国各地相继举行的支持独立的示威活动。在这里，我们有精确和公开的声明，有标题，并且宣言和决议的内容得到了翻印。商业、工业、农业以及教育团体，有时有成千上万的信徒参加了这些示威活动。国民代表大会的代表由四个主要地方协会按照惯例在每个区任命，以便 1932 年 2 月 29 日在奉天宣布建立"新政权"的代表大会充分代表着每一个地方的利益。令人奇怪的是，报告书勾勒出了一套实用的制度，用以确定民众对满洲政府行为的看法时，提出了同样的传统制度，即商会、贸易公会和其他民间机构的代表制。（第 134 页）

结论

总之，调查团在第六章的一节中所得出的结论与以下几点背道而驰，即产生"新政权"的历史因素、引发潜在情绪激增的精神和物质因素以及所有能证明满洲人民发起的独立运动自发性的事实，而这些事实的结果是建立了"新政权"。

日本政府对这些悖论没有担忧，并重申道：宣布满洲独立的运动是一场真正的、自发的、大众的和自然的运动。古老的帝国将其过往首领的后裔定为统治者，以确保其免受旧军阀暴君和中国本土无政府状态的压迫。为什么这一非常理性自然的行为应该归咎于日本的阴谋？这很难想象。以下断言毫无根据，与日本政府的声明背道而驰，且完全没有证据支撑，即关东军司令部的一个主要机关推动独立的断言（第 92 页），一群日本官员策划、组织和进行这一运动的断言（第 97 页）以及日本官员的活动是创建"满洲国"的"最有效"因素的断言。在提出这些断言时，报告书似乎只是简单地全部采纳了中匡顾问的陈述。

B. 民众对"满洲国"的态度

调查团已将形成他们意见的材料归置在一起：

调查团手中的资料

1. 由代表商会、政治组织、农业和教育组织等的各族人民（中国人、满洲人、蒙古人、日本人、朝鲜人、俄国人）组成的权威机构发出的请愿书和宣言书。

2. 大多数来自中国人的信函及其他的书面沟通，数量达 1 550 份，以邮寄或其他方式传送。

3. 与商人、银行家、教授、医生、警官以及其他人的私下交谈。

给予过分和不充分的信任

报告书这部分的一个突出特点是,对身份不明的中国人的信件给予了极大的信任,但其中有两封除外,据说这两封信的内容对"满洲国"和日本不利——对官方备忘录和责任机构的请愿书和声明书起不到太大作用,而其他信中列举了民众对前政府的不满,表达了民众的愿望和希望。

调查团已经收到 1 548 封反对"新政权"成立的信件。鉴于中国宣传的力度,他们没有得到更多的来信真是令人吃惊。满洲大约有三千万人,如果只有两万人来向调查团表达他们的愿望,那么这是对"满洲国"功劳的赞扬,而不是其他。另一方面,支持"满洲国"的数千人集会所提供的积极证据,得到了负责任的代表团和头面人物的证言支持,但由于日本人的阴谋诡计,使得人们普遍对其不予理会。很清楚,一个受统治者系统地"挤压"、压迫和欺骗的民族,不需要日本威胁和贿赂的指导,以便引诱他们接受和同意建立一个至少能保证他们的劳动成果的政府。当然,"外国人和受过教育的中国人"的观点并不能代表农民和工人的态度(第 109 页)。

来自不同阶级和民族的人们的意见

至于其他阶层的人们(官员、警察、士兵、商人、银行家等),报告书不仅仔细注意到任何有敌意的人,而且不信任那些支持"满洲国"的人,认为他们是出于个人私利或恐惧,没有被爱国理想所感动。

最后,报告书坚持认为中国人对"满洲国"的敌视,试图解释朝鲜人、俄国人和蒙古人自由加入"新政权"的原因。报告书承认了朝鲜人对"新政权"的欢迎,却不是自愿为之,报告书怀疑这样的欢迎会持续多久。至于蒙古人,在承认他们普遍同情态度的同时,报告书过分地强调,在张学良将军的支持下,蒙古王公代表团在北平发表的反满宣言。

幸运的是,事实比报告书描绘的不利情况更加鼓舞人心。没有必要再一次回顾在"新政权"建立之前的诸多大规模民众示威,《满洲建国小史》详细描述了这些示威活动。这里也不需要列举证明"满洲国"被接受的标志,尽管"满洲国"的敌人做了很多努力,但人民继续给予了"新政权"支持。这是一个文官政府,也是自清朝被推翻以来我国人民所知的第一个文官政府,与任何一个目前在中国统治的专制军阀政府相比,这一文治特点明显突出。

C. "满洲国"的组织和前景

在第六章描述了"满洲国"的组织、方案及其各种用以确认满洲独立于中国的措施之后,报告书指出:

报告书对"满洲国"改革方案的评论

"这个'政府'的方案包含了一些自由主义改革,不仅应用于满洲,而且应用于中国其他地方。事实上,其中一些改革在中国政府的计划中同样重要。这个'政府'代表在与调查团的约谈中表示,在日本人的帮助下,他们将能在合理的时间内建立和平与秩序,并在其后能够永久维持这种和平与秩序。他们表达了他们的信念,即他们将能及时获得人民的支持,向他们保证一个诚实有效的行政管理,保证免受强盗袭击,保证减少军事开支从而降低税收,保证货币改革,保证改善交通和人民政治代表。"(第 105 到 106 页)

但是,从这份充满希望的材料中,报告书只得出这样的结论:"在'满洲国''政府'执行其政策的短时间内,在其适当考虑到已经采取的步骤之后,没有迹象表明这个'政府'实际上能够进行多少改革。只需举一个例子,在预算和货币改革方面似乎存在严重障碍。"(第 106 页)

上文引述的调查团对"满洲国"的评论,与第一章中提出的某些评论形成了鲜明对比,第一章中提到:

报告书对中国改革方案的评论

"现政府试图平衡其目前的收支,并遵守合理的财政原则。各种税收已经合并简化。因缺少适当的预算制度,财政部每年都会发布一份说明。建立了一个中央银行,已经任命了一个国家财政委员会,其成员包括有影响力的银行和商业利益代表。财政部还在努力监督各省的财政状况,这些省份的增税方法常常让人非常不满意。由于这些新措施,政府可以被信赖……毫无疑问,政府在很多方面都失败了,但在很多方面也已取得了很大的成就。"(第 77 到 78 页)

为什么既悲观又乐观

要指出的是,考虑到调查团列举的各种措施,虽然中国取得了很大成就,但实际上大多都未能生效,但对"满洲国"的判定是由"以巴路山"宣布,而不是

"基利心山"。①

特别两点:秩序和财政

日本政府不愿意讨论调查团提出的悲观意见的理由,因为事实胜于雄辩。然而,有两个重要问题需要国联注意,即日军正与"满洲国"政府合作恢复和平与秩序所采取的措施以及"满洲国"政府的财政状况。

秩序的建立

在一个新成立的政权里,和平与秩序会受到反动分子和不满情绪的干扰,这是世界各地普遍存在的现象。在"满洲国",还有一个特殊的情况,那就是旧政权常规部队中服役的大批士兵,在该政权垮台时开始漂泊,变成了一群土匪。"满洲国"政府在其恢复和平与秩序的方案中认为,第一阶段是摧毁或解散这些土匪组成的大股匪团,第二阶段是通过完成目前正在建立的警察系统以及其他行政措施,征服不太重要的残余分子和规模较小的土匪。与此同时,政府正在改进现有的交通设施,以便促进完成秩序的恢复工作。应当指出,自调查团来到满洲以来,在上面提到的第一阶段工作完成方面取得了很大进展。马占山所指挥的部队,到目前为止是这个"新政权"最强大的敌人,也已被消灭。李海清领导的军队也已经被打败,由丁超和李杜领导的军队,也已被赶往中东铁路东段以北的偏远地区。在奉海铁路和鸭绿江之间的一片区域里,这些强大的土匪群体构成了南满的主要危险源,被日本和"满洲国"的联合部队歼灭了。南满的其他大股匪团正被驱赶到奉天和热河边境的偏远地区。总的说来,满洲南方和北方的现状,使得"满洲国政府"有可能开始他们计划的第二阶段,也就是计划中的建立警察系统这一部分。

中国人援助土匪

关于满洲土匪的现状,不可忘记的一件重大事件是这些土匪都得到了中

---

① 译者按:以巴路山(Ebal)和基利心山(Gerizim),源自《圣经》。以巴路山和基利心山是位于示剑南北的两座高峰,海拔达 900 米。一般认为此二山的位置和状况与祝福及诅咒有象征关系。以巴路山在示剑之北,属左手一边,为祸患所在;基利心山在示剑之南,属右手的一边,为福气所在。——马银春编著:《圣经故事》,中国物资出版社,2008 年,第359 页。日本在此引用以巴路山和基利心山的故事,意在表达对国联调查团关于"满洲国"调查结论的不满。

国的支持。只要指出在中国各城市为帮助满洲土匪所进行的公开募捐就已经足够,而不用注意暗中提供这种支持的情况。

通过教唆犯罪,"满洲国"的名声明显被败坏

还应指出的是,近来随着主要匪徒群体对和平与秩序的威胁活动减少,许多小团伙的行动越来越多地表现出了政治策略的特点。例如,最近在满洲的匪徒和绑架者的活动主要是针对外国人,从而使这个新成立的"政权"失去信誉。人们认为中国反满洲分子蓄意企图使中国目前情况看起来比以前更糟。

土匪威胁在适当的时候消失

最后,日本政府预计在满洲全面恢复和平与秩序需要相当长的时间,实际上在其他地方遇到类似的情况也是如此,他们满意地再次表达了他们的自信,正如报告书所引述的内容一样:这个国家有日本军队,那么,那些主要的土匪部队在两到三年内就会被消灭。他们把调查团对他们态度的描述作为他们自己的话:

"他们希望在每个片区组织'满洲国'警察和自卫队,这将有助于消灭土匪。目前的许多土匪都是良民,因为他们倾家荡产,所以不得不从事土匪的勾当。如果有机会恢复农业,希望他们能恢复以前和平的生活方式。"(第 83 页)

财政

关于"满洲国"的财政状况,国联通过参考"满洲国"政府提供的以下资料,很容易看出报告书中所载的悲观看法是多么毫无根据。

收入和支出

从 1932 年 3 月 1 日"新政权"成立到同年 6 月 30 日(大同第一年),"中央政府"的收入和支出如下:

收入:930 万元(税收和盐业收入)。

支出:910 万元。

这要比调查委员会访问时的财政状况好得多。

"中央"财政对 1932—1933 年的预算

随后,"满洲国"6 月份接管了海关,并于 7 月撤销了各省的财务办事处,从而迅速开展了集中和加强金融机构的任务。由于采取了这些措施,大同第

一年(从 1932 年 7 月 1 日至 1933 年 6 月 30 日),其预算基于以下预测值:

年收入:1.01 亿元。

年度支出:1.13 亿元。

这表明情况非常令人满意(顺便提一句,本预算的军费总额为 3 300 万元,约占 1930 年 1 亿元开销的三分之一。虽然预算赤字为 1200 万元,但必须注意到预算允许有 1 500 万元的应急储备)。

中央银行

有着 3 000 万元资金的"满洲国中央银行"成立,从旧政权的省级银行手中接管了流通中的 14 200 万元纸币,其中有 8 200 万元的货币储备和 6 000 万元的担保基金。

中央银行于 7 月 1 日开业

在这方面,值得注意的是,1882 年日本银行以 1 000 万银圆资金开业,成功地统一了各国家银行发行的所有纸币。如果适当考虑到满洲的经济状况、贸易条件和人口,那么,"满洲国中央银行"的资金就已经足够。

货币

"满洲国"政府尊重银行的独立性,采取一切预防措施,不干预发钞银行的职能,因此可以有把握地说,宣称"中央银行"和"满洲国"货币基础的不稳定,这是公然的错误。事实上,"中央银行"自四个月前成立以来,已将纸币维持在平价水平,并稳定了流通非常正常的货币。可以说,这与张氏统治时期的真实情况形成了鲜明的对比。

由于满洲出口过多,便从国外获得了大量的白银。因此,毫无疑问,"满洲国"将能够保持其货币的价值。

日本政府对"满洲国"前景的看法

此外,就国家未来前景而言,日本政府还希望能表达其仔细斟酌后的意见。

"满洲国"有着辉煌的未来。它幅员辽阔,人口众多,具有自然边疆的优势。"满洲国"政府自发地宣布,它们打算对中国做出的所有国际承诺表示尊重,只要它们适用于满洲,它们将忠实地遵守门户开放和机会均等的原则,他们没有排外的情绪。不像中国一样,"满洲国"没有共产主义的危险。"满洲国"还处于起步阶段,难道对国联调查团来说,不应该被视为明确的正义之举吗?尽管还有很多令人沮丧的事情,但调查团对中国表现出了如此的同情,但对一个成立不到六个月的"新政权",能否展现一定程度的耐心呢?

关于日本控制"满洲国"的说辞

到目前为止,报告书中涉及对日本政府的观察,他们不愿详述报告书所载的纯属无端的假设,即"满洲国"的所有政治行政权力都掌握在日本官员和顾问手中。报告书的确指出,这些官员与东京政府之间偶尔存在意见分歧,但报告书指出,日本官员用各种手段对"满洲国"政府施加无法抗拒的压力。它指出,这是由于军事占领以及"满洲国"需要依赖于日本军队以维持其主权和独立。

这些指控具有误导性

这些指控当然不能引起国联的注意。世界上有许多被公认为独立的国家,它们雇佣许多有着一国国籍或多国国籍的外国官员,或允许外国军队在其领土上驻扎。国联成员最近才承认,这种外国军队的存在并不妨碍这个国家成为国际社会的一员。

1932 年 9 月 15 日的《日"满"议定书》

最后,报告书强调了调查团在界定日本与"满洲国"之间的关系方面所遇到的困难(第 106 页)。由于签署了《日"满"议定书》,这一困难便消失了,该议定书内容如下:

"日本国已经确认这一事实:'满洲国'是一个根据居民意思而自由成立的独立国家。

'满洲国'已经发表宣言,中华民国所有国际条约和协定凡可能适用于满洲国的,一概予以尊重。

因此,日本政府与'满洲国'政府为永远巩固日'满'两国的睦邻关系,互相尊重其领土权,并确保东亚和平起见,签订协定如下:

一、'满洲国'在将来,即日'满'两国尚未另行签订约款前,应确认对日本国或日本国臣民在'满洲国'领域内根据以往日中两国间的条约、协定、其他条款以及公私契约所享有的一切权益予以尊重。

二、日本国和'满洲国'确认,对于缔约国一方的领土及治安的一切威胁,事实上同时成为对于缔约国另一方的安宁和存在的威胁,相约两国共同担负防卫国家的责任,为此需要日本军队驻扎于'满洲国'内。"①

不违反国际承诺

几乎没有必要指出,本议定书以及日本与"新政府"合作的行为都不符合日本政府的任何公开承诺。根据《九国公约》,日本加入了尊重中国主权、领土和行政完整性的承诺。这一承诺绝不是为了使中国免受国家生活中常见事件的影响,剥夺中国人民的自决权,剥夺中国人民建立合理、可接受政府的权力。因此,缔约国不能因为国际交往的需要而不承认这种失败的同谋,这是不可避免的必然结果。同样,《国联盟约》第十条规定,国联有尊重并保护所有成员国领土完整及独立、防御外来侵略的义务。如果一名成员国的领土完整因内部事态发展而受到损害,《国联盟约》没有对干涉的权利和成员国承认损害的义务做出规定。否则,就等于否定了许多欧洲和大多数美洲国家赖以存在的基础。

第五章
结论

日本的主张

基于上述观察,日本政府提出了以下几个要点:

中国是个不正常的国家

1. 自辛亥革命以来,中国已陷入混乱的无政府状态,目前仍处于同样的状态,只要这种状况持续下去,中国就可被视为处于国家瓦解的状态。而且,至少在目前的情况下,我们完全不可能知道中国何时会有一个强大且永久的中央政府,即使我们承认这一事件最终可能会发生。

外国人生命财产安全没有保障

2. 由于中国普遍存在这种情况,外国人生命和财产得不到充分的保护,

---

① 译者按:该议定书内容引自复旦大学历史系编译:《日本帝国主义对外侵略史料选编(1931—1945)》,上海人民出版社,1985 年,第 70 页。

特别是近年来，由于国内冲突的加剧和国民党对外国势力实施所谓的"革命"外交政策，使得情况更加恶化。

伴随而至的是持续不断自卫的办法

3. 因此，外国势力继续在中国行使例外的权力和特权，这种权力和特权现在世界其他地方都没有，例如治外法权、定居和特许权、维持驻军以及在内陆水域永久地停泊炮舰。

日本遭受特别的损害

4. 对所有在中国有利益的外国而言，虽然都受到中国的无政府状态和排外政策的影响，但日本遭受的损失却最严重。

日本与满洲的密切关系

5. 日本在地理和历史上与满洲人有着最密切的关系。日本在满洲除了拥有巨大的经济利益外，还拥有重要的条约权利，而许多日本人民在那里定居。此外，日本本国的安全问题使得日本从政治和战略角度对满洲极感兴趣。总之，日本在满洲的地位是完全的例外和特殊，在世界其他地方都没有。

侵害日本的权益

6. 近几年来，旧满洲官员为了破坏这一特殊地位，采取了各种阴谋手段。张学良将军与国民政府恢复友好关系之后，尽管日本为改善局势真诚地做出了努力，但满洲官员对日本权益的侵犯变得日益频繁和明目张胆，这造成了令人震惊的紧张局势。

日本采取了正当的军事措施

7. 正是在这种紧张的气氛中，发生了九一八事变，日军在事件发生前后采取的任何措施都没有越过自卫的限度。必须经过公正的考虑之后，日本才宣布任何其他国家在类似情况下也会选择和日本一样的做法。

满洲的不同形势：反对张氏专政、主张民族自决乃是民众的自发行动

8. 在历史和地理上，满洲在中国本土问题上始终占据着不同的形势。满洲居民对张氏专制统治深恶痛绝，反对张氏将满洲拖入中国本土社会动乱的政策。这一地理和历史情况，再加上对张氏家族的普遍反对，出现了被称为

"保境安民"的运动。这场运动加上主要源泉的复辟清朝运动,使得满洲人自发地完成了"满洲国"的建立。在合理的政策指导下,"满洲国"正在稳步取得进展,并有着非常有希望的未来。

承认并不违反任何承诺

最后,日本对建立"满洲国"的态度及其最终正式承认该"国",并没有违反任何国际条约。

重述要点

因此,为了正确理解所涉问题,必须时刻铭记这些立场。

中国不正常的情况导致了不正常的自卫权

第一,中国的不正常状况使其难以成为一个有组织的现代化国家,而且由于这种不正常的状况,其他国家为了保护自己的利益,保留了那些限制中国主权的特别权力和特权,并在这些权利受到威胁或损害时,习惯地使用这些特殊的权力。

尤其是日本,在满洲有众多权益

第二,因为日本在满洲的特殊地位,以及满洲本身在中国本土所占的特殊地位,就日本而言,与中国本土的对外关系相比,满洲在此问题上更加显著。中国问题,特别是满洲问题,都有着异常复杂的特征,没有其他地方可比,这一事实必须予以凸显。

正常的规则不足以应对不正常的情况

因此,那些通常用于处理一般情况下的国际问题的方案,很难适用于这一相当不正常的问题,也不能适用于处理这种异常问题的程序或最终可能达成的任何解决办法,它不能为国际争端的普通案件建立先例。关于这一点,报告书在第九章开头有一段重要的段落:

"对读过前几章的读者来说,肯定很清楚地知道,这场冲突所涉及的问题并不像通常所遇到的那样简单。相反,它们极其复杂,只有对所有事实以及它们的历史背景了如指掌,人们才有权对它们发表明确的意见。没有提前采用《国联盟约》规定的和解机会,一个国家便向另一个国家宣战,这是不应该发生的事情。它也不是邻国军队侵犯一个国家边界的简单事件,因为满洲有着许

多世界其他地方没有的诸多特征。"(第126页)

以上主张的运用

以上是日本政府对中国问题,特别是满洲问题的基本观点。根据这些基本观点,就报告书第九章和第十章提出的一些观点而言,现在可以提出一些意见。

报告书反对恢复原状

第九章的一段中写道:

"从我们已经谈到过的内容可以清楚地知道,仅仅恢复原状不可能解决问题。由于去年9月之前的情况产生了目前的冲突,恢复这些情况只会让困难重演。这将是从理论上处理整个问题,而没有考虑到现实中的局势。"(第127页)

维持"满洲国"现状至关重要

这一声明得到了"满洲国"政府毫无保留的同意。但他们不能同意这一章所记录的观点,即维持和承认满洲现行政权同样也是一种令人不满意的做法。事实上,即使报告书所有与这一点有关的段落,都是为了辩论而被采用,但我们也不可能承认这是必要的推论。日本政府已经指出,以维持和承认"满洲国"为基础的解决办法绝不会违背国际义务的基本原则。有人进一步指出,这样的解决办法将满足满洲人的愿望。此外,我们可以满怀信心地认为,中国人民自己最终将认识到,只有这样的解决办法才能稳定中日关系,确保东方的和平。无论如何,关于已经建立并正取得迅速和积极进展的"新政权",绝不要认为它的解体能够真正适应"既有之现实"。日本政府认为,鉴于根据实际情况处理和管理这些问题的必要性,忽视"满洲国"存在这一令人印象深刻的事实或使该国没有国际交往,都不是值得赞扬的政策。

日本特别关注满洲的稳定状况

由于在满洲占有重要而特殊的地位,在不稳定和不确定的状态下,日本不能离开"满洲国"并且断开与"满洲国"之间的联系。基于上述原因,为了促进"满洲国"的积极发展,日本认为要承认"满洲国"与国际合作,这是适应当前形势,稳定满洲局势以及为远东带来和平的唯一解决办法。任何其他国家若是处于日本的立场,也都会得出同样的结论,并且也会使用同样的方针路线。正是出于这一原因,日本政府签署了《日"满"议定书》,其基于上述必要条件,且明确界定了两国之间的关系。因此,有关日本在满洲权益的保护、"满洲国"领土完整的维护以及对满洲人民免受外部和内部威胁做出的保证,《日"满"议定书》奠定了友好的基础,从而在很大程度上为安全维护远东和平作出了贡献。

密切关注事件的每日进展

在这一点上,报告书第十章开头一段内容可能与此相关。

"本着这一目标,在铭记国联各项原则、有关中国的条约精神和文字以及和平的总体利益的同时,我们没有忽视当前的现实,并考虑到东三省现有的和正在改革中的行政机制。为了世界和平和最高利益,无论会发生什么事情,国联的职能都是决定如何扩大报告书中提出的建议,并将其适用于满洲目前每天都在发生的动荡事件,其目的始终是通过利用所有合理的力量,无论是在理想还是在个人方面,无论是思想上还是行动上,都能实现中日之间持久的谅解。"(第132页)

国联在研究报告书时,适当考虑到调查团在本文中所表达的观点,必然希望得到关于事态发展过程的充分了解和满意的信息,事态的发展日复一日,可以看到,中国本土继续出现混乱,而在"满洲国"方面却取得了稳定的进展。在这方面,日本政府随时准备向国联提供它们掌握的进一步资料,以便根据调查结果的简介,国联成员可以彻底了解复杂局势的每一个方面。

对报告书所提建议的批评

关于报告书第十章所载的某些建议,该章的开头指出:"调查团的职责不是直接向中国政府和日本政府提出解决目前争端方法的建议。"(第132页)鉴于调查团的职权范围,这是一个正确合适的意见。报告书本身清楚地指出,这些建议仅仅是为了说明一种方式,这种方式可以真正实施第九章所载的各项原则。此外,在补充下列调查时,调查团本身表明了这些建议的试验性和偶然性。

"报告书在日内瓦审议之前,即使日本已经正式承认'满洲国'——对此我们终将无法无视——我们的工作也不会变得毫无价值。无论如何,我们相信国联理事会会发现,报告书包含的内容对国联做出决定以及向两个大国提出建议有一些帮助,其目的是满足它们在满洲的重大利益。"

换言之,在这种情况下给出的建议,他们以模糊的措辞对其给予了一定的重视,调查团意识到,如果日本承认了"满洲国",这些建议的效用就会受到一定程度的怀疑。因此,似乎没有必要对这些建议进行详细的讨论。不过,为了进一步阐明这一立场,不妨就这些建议的某些特点做以下简短评论。

a. 正如我们所看到的,第九章中的原则十可能导致中国本土①受到国际控制。同样,第十章所载的更重要的建议,实际上相当于对"满洲国"变相的国际控制,而"满洲国"肯定会予以拒绝。从日本的立场来看,这些建议也不会被接受。

b. 此外,这些建议似乎过于精细化和复杂化。如果将其应用于欧洲和美洲,它们可能被证明比较合适,但不适应远东目前的现实。调查团提出的这一计划需要的最低限度要求就是争端各方各拥有一个强有力和可靠的中央政府。满洲问题是一个空前复杂的问题,在这个问题中,一方没有强大可靠的中央政府,要想试图将这些建议应用于解决满洲问题,会使混乱局势更加混乱。

c. 仅由一名特别国际宪兵来使满洲非军事化、维持"满洲国"的和平与秩序的建议,并将此建议适应现实中的局势,对此,日本政府很难说服自己同意。即使在欧洲,像在满洲这样广阔的领土上,和平与秩序是否能够通过这样的制度得到充分的维持,这也都值得怀疑。它永远不能满足满洲人的愿望,而且会引起日本政府的极大忧虑,因为它会在该地区煽动动乱,这正是日本最想避免发生的事情。因此,这一建议让人非常不满意,因为它会使情况比恢复原状更糟糕,调查团也拒绝了这一建议。

对提出的十项原则提出批评

建议的具体内容就是这些。我们现在谈到一个更抽象的问题,即为解决争端而制定的原则,这些原则是这些不确定的建议的基础。调查团在第九章费力地界定了"任何令人满意的解决办法都应遵循的一般原则",而第十章中的解决计划正是根据这些原则而拟订的。日本政府完全不反对的某些原则已经在日本和"满洲国"签署的议定书中得到了具体的应用。但是,无论如何,只要中国的无政府状态持续下去,基于这些原则中的前九项原则,特别是原则四到九,显然不可能就有关问题达成令人满意的解决办法。正如原则十所指出

---

① 译者按:此处应为"东北",但原文为"中国本土"。

的那样，没有强大的中国中央政府，这九项原则无法实际适用。为了帮助中国形成一个强大的中央政府，国际社会在内部重建的任务上进行合作当然可取。然而，除技术援助外，任何国际合作都是遥远的偶然事件，极难实现，除非这种合作确实采取对中国实行国际管理的形式。此外，即使允许这种国际合作的可能性，我们不能保证会立即实现一个强大的中央政府。日本不能为了解决满洲问题而无所事事地等待这样一种不确定的可能性。

当前的稳定会被对"满洲国"不怀同情的态度而扰乱，日本人忧虑此种危险

在这种情况下，对目前正在恢复的和平与秩序而言，任何可能破坏它们的计划都将不可避免地带来一个有着争端和困难的新时代。那么，至少为稳定满洲的局势而努力，这难道不是更好的政治家风度吗？ 在这过去的二十年里，对中国的重建表现出的耐心和同情，这难道不应该是世界对满洲"新政权"抱有的理解和希望吗？ 满洲的问题一旦解决，解决中国本身的远大问题，就会非常简单。毫无疑问，满洲的和平以及良好高效的管理的到来，将为中国树立良好的榜样，对满洲的态度产生良好的影响，使其内外政策转向理智适中的渠道，这不仅给中国人民带来了幸福，而且与其他国家分享了由此带来的利益。

资料来源：FO 262/1802，第 61—76 页

（孙莹　译　陈志刚　校）

78. 英国外交部远东司司长奥德致英国驻东京大使林德利（1932 年 11 月 22 日）

No. 709

外交部，1932 年 11 月 22 日

先生：

随函附上的备忘录载有国际联盟秘书长提出的建议大纲，该建议是关于国际联盟在处理李顿报告书时应采取的程序。

2. 法国大使于 11 月 7 日来访，他说，埃里克·德拉蒙德先生的建议已引起法国外交部的注意，但法国外交部尚未就埃里克·德拉蒙德先生提出的各

种问题做出决定。他们非常渴望与英国外交部保持密切联系,并很高兴知道我对埃里克·德拉蒙德先生的建议有何看法。大使宣读了贝特洛先生的一封私人信件,信中贝特洛先生表示,他倾向于认为最好的解决办法是理事会完全接受李顿报告书,并将其提交给由九个大国和苏联共同组成的委员会。在他看来,埃里克·德拉蒙德先生关于在大国的帮助下在中国建立一个中央政府的建议完全不切实际。

3. 德·弗勒里奥先生获悉,他正在考虑埃里克·德拉蒙德先生的建议,他表示非常愿意就此问题与法国政府保持最密切的联系。与此同时,在一次私人讨论中,德·弗勒里奥先生强烈地向法国大使指出了拖延时间的重要性。由于还没有就应采取的政策做出决定,在目前阶段不可能告诉德·弗勒里奥先生任何最后的决定。

4. 一份类似的急件已送交英国驻北平的代办。

签名:奥德

资料来源:FO 262/1802,第 144—145 页

(黎纹丹 译 陈志刚 校)

79. 英国驻日内瓦领事帕特森致英国外交部(1932 年 11 月 23 日)

档案编号:F 8230/1/10 来自:帕特森领事,日内瓦 编号:409 发报日期:1932 年 11 月 23 日 存档日期:1932 年 11 月 25 日 主题:中国	<u>建议兰普森先生应该前往日内瓦参与李顿报告书的讨论</u> 　　提及外交部 11 月 20 日的第 564 号电报(F 8090/1/10)。约翰·西蒙先生发给罗伯特·范斯塔特先生的消息表明他目前不会要求迈尔斯·兰普森先生前往日内瓦,但如果局势变得严重,可能需要采取这样的措施。还补充说在确定迈尔斯·兰普森先生的离开日期之前还可以在伦敦讨论这个问题。

译电 英国领事(日内瓦)

1932 年 11 月 22 日

发报时间:1932 年 11 月 23 日 11:55

收报时间:1932 年 11 月 23 日 11:45

No. 409

以下信息发给罗伯特·范斯塔特先生。

您的电报编号为 564。

非常感激您提出的考虑因素,我目前不会要求迈尔斯·兰普森先生前来这里。但是,这里的局势可能变严重,而且可能有必要利用所有可用的资源。在这种情况下,我可能有必要要求迈尔斯·兰普森先生到场,尽管存在您提到的这些不足。不过在确定迈尔斯·兰普森先生的出发日期之前,还有机会在伦敦讨论此事。

资料来源:FO 371/16181,第 235 页

(杨越 译 陈志刚 校)

80. 英国内阁结论摘录(1932 年 11 月 23 日)

档案编号:F 8253/1/10 来自:内阁结论(摘录) 编号:62(32) 发报日期:1932 年 11 月 23 日 存档日期:1932 年 11 月 26 日 主题:中国	**"李顿报告书:日本和国际联盟"** 　　记录 11 月 23 日举行的会议内容,内阁在会上审议了外交大臣的备忘录。(F 8097/1/10)。内阁同意:(a)接受外交大臣的报告;(b)应授权自治领事务大臣按照上述备忘录的意思与布鲁斯(Bruce)先生和托马斯·威尔福德(Thomas Wilford)先生谈话,不得向他们展示备忘录或使用明确的语言。

11 月 23 日的内阁结论摘录

No. 62(32)

4. 内阁收到了外交大臣发来的一份备忘录(C. P. - 404(32)),名为"李顿报告书:日本和国际联盟"。在这份备忘录中,外交大臣审查了李顿调查团的报告书,该调查团得出的一个结论是"满洲国"的建立不是由于满洲人民的自发行动,而是由于日本的有组织干预。在这种情况下,外交大臣料想国际联盟理事会肯定会接受自己的调查团一致签署的报告书,他预计这将是在日内瓦达成的第一个决议。如果调查团的事实调查结果被接受,日本似乎应该对无视《九国公约》负责,该公约规定日本和其他签署国必须尊重中国的完整,这也是史汀生先生的观点。正在考虑此事的国际联盟可能会发现很难不发出谴责日本的声音。然而,这可能会产生令人尴尬和危险的结果,包括日本可能脱离国际联盟。外交大臣在其备忘录中阐述了自己的结论,如下所示:

"在这种困难情况下,在我看来,英国的政策必须牢记以下必要条件,但很难同时满足它们。我们应该成为国际联盟的忠实成员,尽可能避免对孤立的或突出的个人行动进行谴责。放弃对国际联盟的忠诚是不可能的……"

资料来源:FO 371/16181,第 305 页

(杨越 译 陈志刚 校)

81. 英国驻东京大使林德利致韦尔斯利(1932 年 11 月 24 日)

档案编号:F 8885/1/10	<u>满洲问题;日本对国联议程的态度</u>
来自:林德利先生(东京)致韦尔斯利先生 编号:无 发报日期:1932 年 11 月 24 日 存档日期:1932 年 12 月 29 日 主题:中国	日本的立场仍未改变,很显然日本不会忍受对满洲的干涉。有理由相信,在竭力辩解无效后,日本代表团将会从日内瓦退场。我已经警告日本,国联的谴责是不可避免的。日本政府可能会屈从于政府内的陆军一派,此一派认为退出国联乃是必然。

英国大使馆，东京

1932 年 11 月 24 日

尊敬的韦尔斯利先生：

包裹明天就会送出，我真的很遗憾，不能寄出任何对您或日内瓦方面有帮助的东西。我感觉自己已经说了所有能说的话，但最终还是只能听天由命。目前的形势仍旧不见任何转机。日本不会忍受对满洲的干涉，并将承认"满洲国"为独立国家作为其政策之基。

我在今天上午的文件中看到，松冈明确反对李顿在理事会发表的讲话。这是只有日本代表才会做的愚蠢之事。因为这样做对最终的结果没有任何益处，反而只会使当前的局势更加恶化。从我们的角度来看，我们再次让一名英国人（李顿）站在战斗的最前线，这将是令人遗憾的，因为他并不能代表整个英国政府。在我看来，日本代表团将会在调解进程终止前离开日内瓦。在日本代表团费尽心思仍旧诉求无望后，我担心如果联盟再表示反对他们的行动，日本可能宁愿缺席。我一直在私下谈话中警告他们，就我个人而言，我并不知道如何避免某些看似反对的表达，因为国联必然会接受自己的调查团的定案。我这样做是为了让他们的思想受到触动，因为他们一直沉浸于追求案件的公平正义，所以根本无法理解除自身观点之外的任何意见。

虽然这也是我们必须考虑的一种可能性，但上述情况并不完全意味着日本必然会退出国联。日本当然不想离开国联，但是鉴于日本军方仍然可以在此引起如此大的骚动，其政府将不得不向它低头。然而，最令大多数日本人恼火的是，在某种程度上，日本的命运居然掌握在那些对远东既不感兴趣也不了解的欧洲小国手上。毫无疑问，在国联议案中，日本最反对的部分也具有合理性。如果日本决定退出联盟，国联可能会被迫接受他们的要求。

日本和美国之间的关系并没有得到真正的改善。双方对彼此的感觉都十分糟糕——尤其是在殖民地的个别美国人中。当然，您比任何人都清楚，这没什么新鲜的。自日俄战争以来，美国就开始在远东地区阻碍日本，而日本也早已彻底意识到了这一点。

接下来的几个月，这样的情况肯定会更令人焦虑。我只希望我能为自己的国家发挥更大的作用。

签名：林德利

资料来源:FO 371/16185,第 178—179 页

(朱心怡 译 陈志刚 校)

82. 英国驻东京大使林德利致英国外交大臣西蒙(1932 年 11 月 25 日)

英国大使馆,东京

No. 631(30/43/32)

1932 年 11 月 25 日

先生:

在我上个月 13 日发送的第 550 号机密信中,我尽力报告日本媒体对于李顿报告书的反应。现谨随函附上最近当地媒体更新的关于日内瓦会议进程的主要文章。这些文章基于日本媒体最为关注的大量电报,相当真实地反映了这个国家的民意。

2. 日内瓦各大国与小国间的观点存在一定差异,对于这一点,日本人总是过分强调。这种分歧是日本对正由理事会移交给大会处理的事件抱有敌意的背后原因,而日本人没有意识到,这里存在的分歧并不涉及案件的对错或相关的原则,而是体现了那些真正利益攸关的大国的审慎,因为国联提出的任何联合行动,他们都必须共同承担责任。并且,日本人强烈反对他们的命运由小国投票决定。他们认为,这些小国的反应实际上局限于该事件可能对他们远在欧洲的本国事务产生的影响。正如我在上述急件的第 11 段末尾所报告的,牧野伯爵提到的事情就是这一方面。

3. 谨随函附上一篇文章副本,该文章为 11 月发表在东京《当代日本》上的一篇新评。据我所知,这篇文章是由日本外务省的英语顾问巴蒂(Baty)博士撰写的。我认为,这篇文章可以准确地传达日本外务省的观点,这篇文章对这场争论作出了重大贡献,可以看出,它特别强调中国是一个地理概念,而不是一个国家,并认为李顿调查团虽然是由最高权威发起,却从一开始就偏袒中国。

4. 对于日本政府可能在日内瓦奉行的政策,阁下,您比我更有资格做出

评判,因为您将会一直与日本代表团保持联系。我只能说,无论大国间对这一政策会有什么反对意见,没有任何迹象表明日本政府将削弱其坚持"满洲国"独立国家政策的决心。虽然他们仍渴望继续担任国际联盟的成员,但我相信,他们宁愿离开国际联盟,也不愿放弃所采取的路线。

签名:林德利

资料来源:FO 262/1802,第 12—14 页

(黎纹丹 译 陈志刚 校)

当地媒体关于日内瓦会议的主要文章摘要

《时事新报》断言,如果不承认"满洲国",或者干涉这一"新政权",只会使局势无可挽回地恶化。即使假定"满洲国"的存在是由于另一个国家的援助,但满洲人民是第一次从其前军国主义政府中解放出来,无视这一点,仍然是不理智且危险的。日本已采取立场,坚持"满洲国"是在远东建立和平的最可靠的手段,希望理事会利用这一机会就日本的行为进行调查。至关重要和正确的是,应该进行最充分的辩论,以便使日本能够纠正其他国家可能存在的任何误解,日本的代表们应该会充分利用这一机会。同时,对日本人民来说很可能发生许多不愉快的事件,他们心胸不够开阔,不愿听取反对的意见。然而,他们应该以一种大国应有的方式面对国际联盟,代表们应该警惕,不要对那些对日本在满洲的行动持怀疑态度的国家表现出不耐烦,从而破坏日本在日内瓦会议上的目的。

《东京朝日新闻》强调理事会试图掌控话语权,并继续指出,任何企图恢复满洲原状的行为都必须被视为企图破坏正在逐步建立的和平基础。它引用了几个以前的实例以说明发生争端的国家都曾尝试用国际宪兵进行镇压,并声称所有这些尝试均以失败告终,以此表明任何针对满洲的类似方案,比如李顿报告书,都会落得同一下场。

《报知新闻》完全赞同日本对李顿报告书的意见。然而,令人遗憾的是,最近向国际联盟理事会提交的文件中,力图提出的问题没有早些提出。也有人批评日本历届政府的疏忽,未能明确说明并采取措施保护日本在满洲的特殊利益。文章指出,在这个危急时刻,谈论这方面的问题或许为时已晚。

《中外商业新闻》将日本政府的"观察"描述为对李顿报告书的补充而非反

驳,并坚持认为该文件应该对国际联盟理事会提出的解决办法提供实质性帮助,尤其鉴于日本已经承认了"满洲国",因此实际上已经解决了整个问题。任何企图干扰现状的行为都只会带来麻烦,而国际联盟有责任审视目前这种状况。他们应该意识到,如果当初他们没有干涉,没有被中国的宣传带入歧途,可能现在已经恢复和平。

《国民新闻》就松冈先生于 11 月 21 日在理事会会议上的开幕词表示祝贺,认为这必定对出席日内瓦的大国理解日本和中国之间文化和组织上的根本差异作出很大的贡献。日本不会信任中国,中国只有承认"满洲国"才能切实有效地保障自己的权利。

《东京朝日新闻》在晚于上述几天发表的一篇文章中,又转回提到了国际联盟理事会对中日争端的态度。该报称,理事会似乎企图避免把所有的精力都用于达成解决方案。从一开始它就致力于理论和琐事,忘记了它的使命——一个崇高的使命——是维护世界和平。它仅仅关心自己的立场,并且担心如果自己处理这个问题,会引火烧身,因此,它正设法把责任移交给国际联盟的另一个机构,并建议将李顿报告书连同它希望从理事会获得的一份补充报告一并提交大会。根据其他报告,国际联盟建议十九国委员会对李顿报告书进行讨论,以便给小国一个表达意见的机会。这或许比让整个大会进行讨论要好,因为大会中众多参加辩论的人只会让局势更混乱。然而,无论如何,理事会此举只是试图逃避其责任。日本坚决反对这样做,如果理事会坚持以这种不恰当的方式处理该问题,结果将是局势不仅无法得到改善,反而会因这种行为而恶化。

资料来源:FO 262/1802,第 15—18 页

(黎纹丹 译 陈志刚 校)

83. "满洲国"驻日代表鲍观澄致英国驻东京大使林德利 (1932 年 11 月 25 日)

"满洲国"驻日代表处

东京,1932 年 11 月 25 日

尊敬的大使先生:

我谨告知您,我"国"政府以电报通知我,关于国际联盟理事会开幕会议,"满洲国"政府外交部总长谢介石先生于 22 日第一时间接受了以下新闻采访:

"今日召开的国际联盟理事会会议,将围绕满洲问题进行讨论。在这方面,我们希望通过指出以下要点澄清我们的立场:

第一,'满洲国'的成立是一个严峻的现实,这一点不能被无视。'政府'基础已经得到巩固,并作为一个完全成熟的独立国家发挥作用,所有行政活动均进行得颇令人满意。自'政府'建立的八个月以来,取得的各项成就有力地证明了这些事实。

第二,'满洲国'从一开始就并非空谈,而是认真妥善地管理内部事务。在外交政策方面,我们为充分实现王韬的思想而努力。我们认为,维持与外国的友好关系和确保远东的持久和平是我'国'应该走的唯一明智的道路。为了执行这些基本原则,所有官员都以最大的热情和不可动摇的决心从事'国家'事务。

第三,李顿调查团报告书宣称'满洲国'没有得到我国民愿的支持,并提出了一项建议,该建议无异于否认我们'政权'的独立。该报告书中的结论从根本上就是错误的,我'国'人民的大量言论已经充分证实了这一点。他们最近像一股强大的浪潮从全'国'各地涌来,全'国'人民的热情和真诚让我们印象深刻,极大地鼓舞了我们。

我们相信,各位有智慧、受人尊敬的国际联盟理事会成员,不会仅仅因为面子问题或过去的情况而束缚自己,而是将努力通过正视现实理解我们的立场并对我们的'政府'抱有信心来公正友好地解决这一局势。"

我希望通过这次机会向阁下致以最高的保证。

签名:鲍观澄

资料来源:FO 262/1802,第 4—6 页

(黎纹丹　译　陈志刚　校)

84. 国际联盟理事会会议记录摘录（1932 年 12 月 8 日）

档案编号：F 8498/1/10 来自：国际联盟（已分发） 编号：无 发报日期：1932 年 12 月 8 日 存档日期：1932 年 12 月 8 日 主题：中国	**李顿报告书** 　　理事会于 1932 年 11 月 21—28 日举行的第 69 届常会第 5—10 次会 议的记录摘录。

国际联盟

中国政府的申诉

根据理事会 1931 年 12 月 10 日通过的决议设立的调查团的报告

理事会第 69 届常会的会议记录摘录

（涉及 1932 年 11 月 21—28 日举行的会议）

（已根据理事会 1932 年 11 月 28 日通过的决定提交给全体大会特别会议）

第 5 次会议（先秘密举行，再公开举行）

举行日期：1932 年 11 月 21 日（星期一）11：00

会议主席：德·瓦勒拉先生

参会人员：理事会成员国所有代表及秘书长。

3159. 中国政府的申诉：根据理事会 1931 年 12 月 10 日通过的决议设立的调查团的报告书。

会议主席：调查团报告书已分发给理事会成员，毫无疑问，我们每个人都对其进行了仔细审议。

11 个月前，面对在国际联盟两个成员国间的这场悲惨争端中查明事实的困难，理事会做出以下决定：

"成立五人组成的调查团，就地研究任何情形影响国际关系而有扰乱中日两国和平或和平所维系之谅解之虞者，并向理事会提出报告。"

在宣布任命调查团的决议时，已经遗憾离去的杰出的前任主席白里安先生宣布："原则上调查团认为应该调查的问题只要属于我刚才引述的范围，都不应该排除在外。"白里安先生补充说，调查团将有充分的自由裁量权来确定要向理事会报告哪些问题。

理事会已于 1932 年 1 月 14 日批准了对调查团成员的任命。调查团承担了极其繁重和责任重大的任务，其成员在调查过程中不辞辛劳，无暇顾及自己。理事会的每位成员都希望我能向李顿勋爵及其杰出的同事们致以诚挚的谢意，感谢他们提供尽责且有启发性的报告书。我们一致认为，该报告书不仅向理事会和国际联盟大会提供了有关情况的事实和历史背景，还提供了有关解决方案的意见和建议，这本是国际联盟应该寻求承担的责任。因此，我谨代表理事会感谢李顿勋爵及其同事出色地履行了他们的职责。

事实证明任命这样一个调查团是可行的，并且他们能够在存在争议的两国政府的协助下，以及两国顾问的配合下开展工作，这是一个值得祝贺和提倡的做法。

我希望将来可以改进设立这种调查团的程序方法，从而避免在任命当前调查团之前所进行的漫长谈判。但是，对任何此类建议的审议不是我们的紧迫任务，不过也许我可以表达这样的信念：除了在我们面前的特定案件中可能取得的成果外，李顿调查团还为我们提供了一个具有巨大价值的先例，构成了国际联盟在艰难的发展道路上取得真实而具体进展的一种措施。

除了报告书之外，在满洲逗留期间，调查团于 4 月 29 日提交了一份初步报告书。该报告书和若干补充文件已分发给大家，供理事会成员参考。根据未经证实的证据，这些补充文件已在前一段时间传达给中日两国政府。当然，调查团在拟定报告书时考虑了这些补充文件，因此，就我们的讨论而言，报告书仍然是必不可少的文件。

在审议程序问题时，理事会将会铭记，尽管调查团仍在进行调查，但理事会在 1932 年 2 月 19 日的决议中决定"根据《国联盟约》第十五条第九款上述争端提交全体大会……"，并指出"为了获得审议争端所需的信息，已经采取的措施将继续执行"。理事会要求"根据第十五条第二款规定,争端各方应全体大会的要求,尽一切努力向秘书长传达各自案件的声明以及所有相关事实和文件",并宣布"理事会根据《国联盟约》维持和平的工作仍将继续,不受本决定的影响"。

因此该问题已经提交全体大会,全体大会也在 3 月 11 日通过的一项决议中表示构成中国政府诉求主题的整个争端已提交给它,决定"成立一个由十九个成员国组成的委员会",并要求理事会向该委员会通报"其可能提出的任何意见以及其认为适合向全体大会提交的任何文件"。

我建议日本代表应该首先开展讨论,日本代表可以补充其掌握的有利于其政府的书面意见的任何意见。在下午的会议上,将为中国政府代表提供类似的机会。

松冈先生:日本代表团已向国际联盟理事会提交了日本政府认为适合针对调查团报告书提出的意见。我们认为整个报告书,特别是其描述性部分,提供了非常有价值的事件概况。日本政府完全同意一些段落,甚至一些完整的章节。我们对调查团认真和艰苦的工作表示高度赞赏,我们首先希望对这个杰出的集体和各位成员表示诚挚的欣赏和感谢。

然而,我们应该坦率地指出,尽管对该问题进行了较长时间的研究,但报告书中的许多推论和结论并不充分或正确。因此,我们努力拟定了一些意见供理事会审议,我们希望这些意见能得到认真审查和充分考虑。

报告书详细描述了中国的情况,但采取了一种比较乐观和充满希望的态度,我们遗憾地表示对此无法苟同。

调查团指责我们日本人采取了与"在华盛顿会议期间完全不同的态度","当时存在至少三个自称独立的政府,更不用说一些省份或省份的部分地区的自治状态"。在 1922 年的华盛顿会议上,虽然中国的情况并不理想,但我们与其他国家一样希望恢复统一与和平,我们很乐意这样做。我们知道当时的情况比十年前宣布成立中华民国时更糟糕,但我们希望能有所改善。现在又过了十年,情况没有变得更好,而是更糟。

现在存在各种各样敌对的军事领导人,他们通常被称为军阀。外蒙古已被苏联化,西藏正在与中国交战,新疆几乎完全与这个名义上的主权国家脱离联系,国民政府只控制了长江口几个省的军事力量,山东正遭受另一场军事领导人的冲突,四川陷入混乱,广州具有独立且敌对的派系,而且正如调查团报告书所述,还存在"来自另一个来源的威胁,也就是共产主义"。

在华盛顿会议召开之际,中国没有共产主义的威胁。共产主义是孙中山先生于 1925 年引入该国的。在俄国的军队、金钱、军事专家和训练有素的宣传人员的协助下,这位著名的革命领袖有能力发起民族运动。当他去世时,蒋介石将军担任领导。蒋将军与其俄国伙伴意见不一,并将他们驱逐出境。今天,他正在与中国领导者开展的共产主义运动做斗争,特别是在湖北、福建和江西等省——也就是中国的心脏地带。但是蒋介石领导的国民政府和支持它的国民党却没有放弃一些原则,这些原则在几年前导致各个外国政府增加了上海驻军。

外国——欧洲、美国以及日本——的军队在中国驻扎了三十多年,外国海军舰艇在长江巡逻的时间跨度也差不多。这些外国军队留在那里,不仅是为了保护他们各自的侨民,使他们在贸易和旅行上不受限制,甚至还要保护在旧都北京(现北平)和新都南京的外国使团,也即保护外国的全权代表。

当全权公使被任命到一个被认可的政府,为了他们的生命安全而不得不由军队或士兵跟随的时候,这难道不是一种非同寻常的事态吗?世界上其他地方也存在这种情况吗?外国军队和海军在中国的存在只是形式问题吗?我很遗憾地说不是。人们还记得,1927 年南京的外国领事馆遭到小股国民党官兵的袭击,美国和英国的海军舰艇开始行动,以挽救其领事及其妻子和孩子的生命。土匪和士兵对外国商船的袭击也从未停止。特别是在过去的七年里——也就是说,自从国民政府决定废除所谓的"不平等条约"以来——外国海军舰艇,无论是欧洲、美国还是日本的舰艇,都多次遭遇到军队和土匪的袭击。

虽然在正常情况下,我们政府在中国的军队和战斗人员并不比英国或美国政府多,但我们有更多的人需要保护。在中国通商口岸居住和经营业务的日本人数是所有其他外国人的总和的数倍。通过此陈述,我想要表达的是,我们不仅寻求尽可能少地使用军队,而且尽可能少地运用武力。

自国民党采取激进思想以来,中国与外国的关系没有得到改善。正如国际联盟调查团所报告的,"具体来讲,在两个方面的推动下,形成了造成当前冲突的氛围——即利用经济抵制和在学校开展排外宣传"。

调查团表示,"孙中山先生的思想现在已在学校传授,好像它们拥有与几个世纪前的经典名著相同的地位。孙先生的语录受到的崇拜赶上了孔夫子的语录在革命前受到的崇拜。然而，不幸的是，在年轻人的教育中，更多地关注民族主义的消极方面，而不是建设性方面。仔细阅读学校使用的教科书，给读者留下的印象是，他们的作者试图用仇恨的火焰点燃爱国主义，通过受伤感来激发勇气。这种恶意的排外宣传的结果，从学校一直蔓延到公共生活的每个阶段，一直引诱着学生参与政治活动，攻击部长和其他当局人员、住所或办公室，企图推翻政府"。

国民政府充满了强烈的排外情感，并努力将对外国人的仇恨灌输到年轻一代的思想中。五千万年轻的中国人在暴力思想的影响下成长，在不久的将来将会造成可怕的问题。

虽然中国的军队人数超过 200 万，但其中很少是为保卫国家而组织起来的。在应对外国势力所谓的不公正时，经常采用武装抵抗以外的方法。这种方法就是抵制———一种与商业条约或友好条约相悖的敌对形式。其结果通常比我们所认为的战争更加旷日持久、更糟糕、更难以处理。这是一种阴险的战争。

我们在中国的侨民多年来一直受到这种做法的折磨，其中甚至包括切断每日供应，许多人已倾家荡产。我们在国内和中国的许多行业都受到了重创，有些甚至遭到了破坏。如果这是由于购买我们商品的人不喜欢我们而自然发生的结果，我们不会如此抱怨，但它是由国民党甚至政府官员授意和组织的行为。它被用作促使外国势力放弃其条约权利的国家政策工具。世界各国已通过条约禁止诉诸武力。我请问理事会，为什么当抵制具有官方或半官方性质时，不应受到国际联盟的谴责，并且不应被国际联盟所禁止？

不仅日本遭受了这种形式的敌意，英国甚至美国都遭到了抵制。但是，我们比其他任何国家都更依赖中国贸易，所以近年来一直忍受着它的冲击。调查团指出，"由于日本是中国的最近邻国和最大客户，非法活动对其造成的损失超过任何其他国家"。尽管我们长期尽力与中国保持友好关系，但我们遭到了抵制。可以注意到，我们容忍的时间越长，敌意就越严重。我们的宽容显然被中国人视为弱点，似乎在鼓励政治派系进一步发动伤害我们的行动。

由于在我的发言中，我似乎不可避免地对中国人的行为进行指责，我可能会反驳报告书后面部分提到的观点，那就是日本对中国人怀有怨恨或敌意的想法。日本政府认为，中国人民受到了很多误导，恐怖威胁和误传，他们的主要愿望是和平且安静地享受他们的劳动成果。日本保持着古老的友好态度，期待着两国之间繁荣睦邻的合作。

我对中国的情况已讲得够多了。现在讲讲满洲,这里的排外骚乱主要集中在我们身上。

在满洲独裁者张作霖1928年去世之前,这种骚乱是不被允许的。"老元帅"明智地阻止了它。但是,当他的儿子"少帅"张学良继承了父亲的财产和权力时,他对蒋介石将军做出了让步,允许中国特工进入满洲并进行直接反对日本的宣传。日本在满洲获得的所有权利都将被"收回",日本对铁路、矿山和其他企业的投资都将被剥夺,尽管这些投资给中国人民带来了无法估量的收益,他们慢慢地被迫离开这个国家。小册子和宣传单被广为印刷和散发,城市的墙壁上张贴满海报,私人和公共场合不断举行着以此为目的的演讲,经过排外运动训练且经验丰富的宣传员指导了这项工作。张学良的军队有三十多万人,他们都被灌输了这些理论。

调查团详细介绍了这一运动,并表示国民党在其官方刊物和许多官方机关中,始终坚持收回失去的主权权利,废除"不平等"条约和消灭邪恶的帝国主义是最重要的。调查团继续表明,这样的宣传必然会在满洲留下深刻的印象,在这里的中国土地上,外国利益、法院、警察、警卫或士兵随处可见。"辽宁国民外交协会(一个中国人的协会)等协会相继成立,他们激发并加强了民族主义情绪,并进行了抗日鼓动。迫于压力,中国的房主和房东不得不提高日本和朝鲜房客的租金,或拒绝续签租房合同。朝鲜定居者受到有组织的迫害。各种抗日性质的命令和指示相继发布。"1931年4月,在奉天举行的人民外交政策协会会议上,"讨论了取消日本在满洲地位的可能性,收回南满铁路被纳入通过的决议"。

日本无意放弃在满洲的权利和财产,并一再明确这一事实。日本已正式警告张学良本人及其下属军官和文官。日本还告知全世界,认为满洲在战略和经济上都对自己至关重要,并且不会容许自己在该领土上所拥有的特殊地位发生任何改变。

然而,日本一直小心翼翼地反复声明,除了保留自己的条约权利和财产外,日本没有其他意图。日本同意承认中国的虚假主权,日本还在所有国家贸易中小心地遵守着开放和机会平等的国际政策。日本表现出的耐心不少于任何处于同样地位的西方大国。事实上,我相信日本表现出的耐心更多,但忍耐极限已经到来。即使日本人的耐心再有弹性,也无法无限地拉伸。去年9月

18 日的事件是打破过度紧绷的带子的最后一根稻草。

关于这一事件，调查团的报告书提到，对铁路造成的损坏本身并不足以证明军事行动的合理性。如果爆炸是自己发生的，这确实是微不足道的。但报告书没有充分考虑到这种情况的严重背景。如果事件发生在另一时间段，调查团的意见可能是正确和合理的。几年前发生了一个更为严重的事件，一辆特快列车的失事（我本人当时在满洲担任满铁的执行董事之一）——无疑是中国军人的行为——导致许多人丧生，该事件实际上就发生在离这个特定地点不远的地方，但由于当时的局势并没有那么紧张，因此没有造成任何后果。然而，在 1931 年 9 月 18 日的事件后，紧张局势更加恶化，后果变得更加严重。大家一定也记得，在这次爆炸之后，中国军队开了火。

在收到指挥部命令之前，我们分散在南满铁路周边的军队采取了迅速行动，一些人没有意识到存在的相互猜疑和高度紧张，以及日本军队和居住的日本人口所面临的巨大风险，所以他们对此感到很惊讶。像任何其他有组织的部队一样，日本必须为任何紧急情况做好准备。当驻扎在外国领土上或附近时，特别是当反复发生的情况暗示可能必须立即采取措施时，军队必须准备好精心制订的应急计划，日本军队就是这么做的。没有准备应急计划本来就是一种明显的失职，因为我们的军队只有 10 400 人，他们被一支二十倍规模、配备了飞机并拥有充足的武器库且被认为是中国最好的军队所包围。为了防止被消灭，日本军队不得不制订计划，一旦发出警报，其行动几乎是自发的。事实上，正如报告书中正确描述的，该计划被"迅速且精确"地实施。

在处理 9 月 18 日和 19 日的事件时，调查团认为"日本军队在夜间执行的军事行动不能被视为合法的自卫措施"，我们对此不能认同。

美国国务卿凯洛格先生在 1928 年 6 月 23 日的记录中载有一段有关自卫权的内容，如下：

"（1）自卫。美国的反战条约草案中没有任何内容以任何方式限制或损害自卫权。这一权利是每个主权国家所固有的，并隐含在每一项条约中。每个国家在任何时候都是自由的，无论条约对保护其领土免受攻击或入侵有何规定，只有本国才有能力决定具体情况是否需要在自卫中诉诸战争。"

美国参议院在批准该条约时通过的决议规定：

"众所周知，自我保护权利的行使可能而且经常超出行使这项权利的国家的领土管辖权范围。"

同样值得一提的还有奥斯汀·张伯伦先生于 1928 年 5 月 19 日和 7 月 18 日的信件。

第一封信中建议:

"4. 在研究了美国草案第一条的措辞之后,英国政府认为其范围包括一国可能被迫采取的自卫行动。凯洛格先生在我上面提到的演讲中已经明确表示,他认为自卫权是不可剥夺的,而英国政府则倾向于认为在这个问题上没有必要进一步阐述……"

"10. 考虑到第一条中关于放弃将战争作为国家政策手段的措辞,我有必要提醒阁下,在世界的某些地区,其安宁和完整性对我们的和平和安全性具有特殊且至关重要的意义。英国过去一直在努力澄清,对这些地区的干涉不得受到阻碍。他们对攻击的防御对大英帝国而言是一种自卫措施。必须清楚地认识到,英国政府接受新条约的明确前提是,它不会损害他们在这方面的行动自由。美国政府拥有类似的利益,他们认为外国势力对这些利益的任何忽视都是一种不友好的行为。因此,英国政府认为,他们确定的立场也表达了美国政府的意图和含义。"

奥斯汀·张伯伦先生的第二封信说:

"我完全赞同凯洛格先生在 4 月 28 日的演讲中表达的观点,即拟议的条约不得以任何方式限制或损害自卫权,同时也认为每个国家都有能力决定何时需要为此目的而诉诸战争。"

法国政府在 1928 年 7 月 14 日的答复中也提出了类似的意见,德国政府也是如此。

获知所有这些信息后,日本政府也在 1928 年 5 月 26 日给美国大使的信函中强调,"我们认为美国的提议不包含剥夺独立国家的自卫权的任何内容"。

面对这些明确的支持意见,并且鉴于当时经常对我们的利益、我们的人民和我们的部队发动的有组织的敌意行为,日本政府作为这个问题上被公认的评判者,认为其军队的行动完全属于自卫,《非战公约》已非常明确地表示任何国家的这一权利都不容置疑或否认。

经常有人问,"为什么我们不把满洲问题提交给国际联盟"? 简单来讲,答案是,第一,日本的民族情绪不允许外界干涉满洲问题,我们一直采取这种态度。第二,如果我们把此问题提交给国联,由于国联程序总是会发生延迟,包括朝鲜人在内的日本臣民在满洲的地位会受到严重损害,满洲有超过一百万日本人，包括具有朝鲜血统的人。第三，日本人和西方人的心态存在差异。在情况变得严峻之前，西方人就会开始争论，而日本人可能长时间抱着找到解决方案的希望。第四，当临界点意外发生时，事件就会按照其自然的进程发生。

关于满洲，我们向理事会提出的意见与调查团的报告书有很大区别。我们不同意满洲是中国不可分割的一部分这一观点。在二十世纪初以前，它显然几乎完全是清朝的皇族领地或私人庄园，并且从未有任何公认的中国政府对其进行控制。只有在某些情况下，它的独裁者才认为适合与中国领土上的政府结盟。我们在意见中用一定篇幅阐述了这个问题。

在整个共和政权统治期间，共同统治满洲的张作霖和张学良完全按照自己的意愿和利益独立管辖或与中国的一个或另一个派系结盟，中国领土上没有任何势力能够驱逐他们。

调查团声明将满洲恢复原状不是一个令人满意的解决方案，对此我完全同意。但调查团声明"维持和承认现政权同样不令人满意"，对此我完全不赞同。我们认为，建立"满洲国"是唯一可能的解决办法，正是根据这一观点和信念，日本政府正式承认了这个"新政权"，两国还缔结了一个旨在相互保护的联盟条约。只要我们考虑另一种解决办法，整个远东局势就可能出现严重的混乱，这将很快动摇目前在"满洲国"政府和人民之间建立起来的信任感，这将鼓励中国进一步采取行动制造混乱。我们不能考虑这样的方案。

调查团提出了满洲独立运动的真实性的问题。报告书指出，"一群与日本的新政治运动联系密切的在职和退休日本文官和军官策划、组织并实施了'满洲国'的独立运动"。

这种说法不正确。这个"新政权"的成立不应归功于日本的倡议，这是因为人民明显希望摆脱张氏家族的统治。报告书还在一定程度上表明，这是一种可怕的统治，对民众进行了无情的压迫。因此，民众会自然地抓住解救的机会。在过去，这种欲望在几年前就引起了"保境安民"的呼声——"保护国境，实现和平"，或者用西方的话讲"满洲人的满洲"，这是一种分裂主义运动。这种运动的存在并不是一种假想的虚构情节，它的领导者是众所周知的，并且是非常有信誉的人。两位较为突出的领导者是张氏政府的官员，这两人都不得不辞职，让位于军阀的宏伟军事征服计划。9月18日之后，张将军的前顾问之一于冲汉先生成了所谓的自治指导部的组织者。此外，在作为清朝发源地和皇族领地的满洲，还有一场恢复清朝统治的运动，这一运动的历史与中华民国一样古老。报告书宣称，在 9 月 18 日的事件发生之前，不存在独立的思想，或者从未听说过独立运动。调查团似乎对向其提供的很多关于此问题的信息视而不见。我承认，对于西方人来说，肯定很难发现和了解与东方这些运动有关的一些暗流。

稍加思索就可以发现调查团的推论是错误的。奉天地区的自治维持委员会早在 1931 年 9 月 24 日就已成立，并于去年 9 月 26 日发表了独立宣言。同一天，吉林的熙洽将军宣布吉林省独立。同月 27 日，哈尔滨自治维持委员会成立。10 月 1 日，张海鹏将军宣布内蒙古洮南独立。10 月 17 日，辽宁国防军司令于芷山将军宣布独立，要求建立以清皇帝为统治者的"满蒙国"。是否可以认为，在 9 月 18 日的事件发生后的三个星期内，据称不受欢迎且多余的日本官员，一群相对较少的人，可以走遍这个国家，改变其信仰并让其团结起来反对旧政权。您认为以人力可以做成这样的事情吗？这对我们来说太过奉承了。

它让我们相信自己的说服能力，而我们不具备这种能力。但是这些各种各样的地方运动不是一个非常明显的欢迎迹象吗？如果不是，那至少就是对张学良的统治消失感到满意和宽慰的表现。

9 月 26 日，我们的外相币原喜重郎男爵和陆军大臣南次郎将军发出电报指示，禁止日本军官和文官以及其他日本人参与为在满洲建立"新政治"秩序而进行的各种尝试。

在这种情况下，谁是"新政府"寻找的最自然且合乎逻辑的最高长官？是否可以否认这个人是满洲祖先统治者的合法继承人？或者说，是否可以质疑长期以来一直有人希望在中国东北复辟满族政权，并且也采取过实际行动？事实上，中国曾有过几次试图让前皇帝复辟皇位的尝试，有一次，在很短的一段时间内，他实际上在北京重掌了政权，也许你们都知道。

我们的意见中阐述了更详细的细节。我们感到遗憾的是，调查团似乎已被说服接受张学良的一群信徒的言论和论点，而不是"满洲国"官员和支持者的言论和论点。

虽然在一些地方，报告书表示对中国充满希望，但它对"满洲国"不这么看。我们的观点正好相反，尽管不满 11 个月，但"满洲国"政府已在发挥民政部门的职能。这是我们所知道的该国自 20 年前清王朝垮台以来的第一个民政机构。

虽然确实如果没有日本军队在满洲的存在，"新政府"很难建立起来，但我想请问，如果没有来自外国，特别是俄国的武器、人员和金钱帮助，国民党政府如何能够在南京成立？

在我们的意见中，还提供了一些有关"满洲国"发展的细节。与中国的缓慢发展相比，这里的发展相当惊人。我需要举一个有说服力的明显事实——"满洲国"中央银行纸币的价值。调查团的报告书对该银行的成功表示怀疑，但事实是，它的纸币价格已经高于银圆的价值——这是张氏政权长期统治下的满洲历史上前所未有的事实。尽管有一次，在张作霖元帅的指挥下，几位著名的中国商人被斩首，但这并没有让他的货币价格保持不变或者停止贬值。正如我所说，当前政府的纸币已经产生溢价。我认为这是局势稳定和人民对其政府充满信心的非凡证据。该报告书还对预算问题表示悲观，但是，事实已经证明，没有任何合理的理由担心这个问题，在"满洲国财政部"的报告中可以清楚地看到这一点。在这里要补充一下，十多年来，满洲的进出口顺差已经超过 100 万到 200 万日元。

确实，对非法活动和土匪的镇压尚未完全实现。分散在各地的旧独裁者的残余部队仍然在反抗"新政府"和日本军队。几十年来，盗匪一直是满洲的一种生存手段和职业，而且由于这片土地太过广阔，我们无法在几个月或一年时间内与"满洲国"军队合作打压这种行为。

目前的非法活动在某种程度上得到了中国的支持，毫无疑问，他们的目的很明确，表达对西方世界的不满，同时竭力掩盖中国时常发生的战争或为其开脱。

让日本对满洲发生的事件负责是不公平的。我们没有寻求改变，如果整个中国，甚至只是满洲得到了适当的治理，如果日本人民的权利、利益和生命不会受到故意损害，就不会有任何改变。我们自发地采取了自卫行动，而且，当我们采取行动时，独立运动也自发地发展了起来。

当有关政府很不愿意或期望将一场冲突描述为"不幸事件"时，与纳瓦里诺的情况相类比是不恰当的。埃及的武装力量帮助土耳其人镇压希腊境内的叛乱，而他们面对的是英国、法国和俄国的舰队，这些舰队决心阻止他们这样做。在那种紧张状态下，一次偶然的射击成为冲突的导火索。结果摧毁了埃及的舰队和土耳其的希望，并为希腊的独立奠定了基础。然而，这最初只是出于自卫而进行的还击。这说明限制自卫措施的后果是不可能的。

我们还记得美国 1916 年和 1917 年向墨西哥派遣远征军的事实,因为当时的墨西哥政府无法保护其人民。在满洲,当局实际在鼓励抗日活动。我们不应对结果负责,中国和张学良的独立政府才应对此负责,这是他们发起的活动,而不是我们,他们不顾我们反复和持续不断的警告。我们既没有违反《国联盟约》,也没有违反《九国公约》和《非战公约》。

我想请求理事会查看一下日本自八十年前开放对外交往以来的记录。我们三百年来未发生过对外战争,比世界上任何其他国家的记录都更长。后来,我们参加了几次战争。在这些战争中,除了寻求保护我们自己的安全免受他国威胁,我们是否有过其他目的? 没有。另一方面,中国的状况多年来一直威胁着世界和平,这一情况将持续多久?

我国的政策、希望和决心是维护和平。我们不想与任何国家交战,我们不想要更多的领土,我们不是侵略者,我们深切而诚挚地渴望我们伟大的邻国幸福安宁。

几十年来,中国的不幸状况一直产生着危险的影响,而日本的政策一直是保护和维护远东地区的稳定(历史事实已证明这一点)。如果西方国家指责我们,日本将很难理解他们的态度。

最后,请允许我再次代表日本政府和日本代表团对李顿勋爵和调查团的其他杰出成员表示由衷的感谢,真诚地感谢他们的艰苦旅行和出色工作。

资料来源:FO 371/16183,第 108—112 页

(杨越　译　陈志刚　校)

第 6 次会议(公开举行)

举行日期:1932 年 11 月 21 日(星期一)16:00

会议主席:德·瓦勒拉先生

参会人员:理事会成员国所有代表及秘书长。

3160. 中国政府的申诉:根据理事会 1931 年 12 月 10 日通过决议设立的调查团的报告书:一般性辩论(续)。

顾维钧先生:在我陈述中国政府有关调查团报告书的意见之前,请允许我就日本代表今天上午所做的发言说几句。

如果我们接受他今天早上所说的一切,我们就不得不相信日本就像猛

兽——中国嘴边的温顺羔羊,为它的生存而抗争。但是,幸运的是,杰出的调查团为我们提供了一份报告书,对局势进行了充分的说明。

日本代表在发言中提到了许多方面,我在目前提交给您的声明中也谈到了其中一些方面,但对于其他一些方面,以及在题为"日本政府对调查团报告书的意见"中做出的声明,我想首先保留意见,以便在另一场合发表更多的评论。同时,我想针对一两个方面说几句,不会太详细。

今天早上,我们听到日本代表用很长篇幅抱怨中国目前的局势。在我发言的过程中,我将说明为什么日本一直企图抱怨中国的局势。即使假设今天早上有关实际情况的陈述都属实,我们仍要问,这能否证明武装干预、军事入侵像德国和法国加起来那么大片的中国领土具有正当理由。

如果我没记错的话,日本代表也声称去年9月18日和19日晚上的军事行动属于自卫行为,我们也被告知,关于有关行动的特征,日本军队制订了计划,其原话是"一旦发出警报,其行动几乎是自发的。该计划被'迅速且精确'地实施"。这个计划是什么?该计划是不仅要占领奉天,还要继续占领整个满洲。但是,正如调查团的报告书所证实的那样,他并没有告诉您中国人没有计划进行侵略或防御。9月18日和19日晚,当日本军队用机关枪和野战炮兵实施计划时,中国军队撤退且没有给予任何抵抗。仅仅根据这一事实,我们是否可以将日本军队的行动视为自卫措施?

我们不仅听到了对行动性质的解释,而且日本代表还声称这些行动属于自卫,还利用了《非战公约》的权威,引用了一些主要签署国的意见。如果我们对《非战公约》这样伟大的和平协议的条款做出这样的解释,那么我们很可能会问是否仍有必要遵守公约。但我相信,签署国、理事会成员国(其中一些国家可能亲自参与了这一公约的缔结)对此更清楚,而且我觉得可以放心地将《非战公约》条款中的"自卫"的性质和意义留给理事会来解释。

谨此陈词,我将继续就中国政府对调查团报告书的意见发表声明。

调查团的努力已凝聚成现在摆在大家面前的报告书,无论如何赞扬他们的工作都不为过。对于李顿爵士及其同事,以及他们的秘书和专家非常干练地履行了自己的重要使命,中国的公众舆论已非常热心地致以敬意,但我想借此机会正式表达中国政府的感谢。他们历经九个月的旅行和辛勤工作,经历了各种不同的状况和不断变化的气候条件。作为中国顾问,我很荣幸大部分时间都能与他们联系,我现在很高兴能够亲自见证他们所有人在履行这项棘手职责过程中的奉献精神和尽职尽责。在执行任务的过程中,严酷的冬天和炎热的夏天都没有对他们产生影响,他们的不懈精神和深刻的责任感值得所有人赞美。

中国顾问在与调查团一起访问满洲的路途中遇到了不必要的阻碍,让调查团成员们感到很焦虑,而中国顾问及其工作人员在抵达满洲时更是受到了不同寻常的限制,他们的行动和通信权受到限制,让调查团失去了许多援助,而在调查团的现场调查中提供这些援助是中国顾问的职责,也已获得理事会去年 12 月 10 日的决议的授权。有几次,中国顾问不得不提请调查团注意"他和他的工作人员遭受到的尴尬和不便,这些情况对他们的行动自由造成了不必要的限制,妨碍了他们履行职责"。在奉天期间,中国顾问于 1932 年 4 月 27 日致函调查团,其中写道:

"不仅中国代表团的每个成员在外出时都会跟着一个或多个警察,而且在大和旅馆,有大量警察在监视。即使在访问另一个房间或去旅馆的餐厅时,中国顾问也会被跟踪。有人曾多次观察所访问房间的房号,并登记他的访客。

中国代表团的部分成员住在东方饭店,这里的情况更加艰难。大约十名警察在一楼监视,他们一直告诉中国成员,只要有任何成员离开旅馆,都应该通知驻守在大楼内的侦探,以便他们选派特殊人员'保护'他。在旅馆住宿期间,他们在客房内没有隐私。警察自由地进入中国成员的房间,随时向他们提问……

中国代表团的通信被完全切断,任何中国人都不允许拜访东方旅馆或大和旅馆的任何中国房客。我们已经知道发生了几起逮捕事件……"

同样,在长春,他于 5 月 3 日向调查团发送了一份备忘录,内容涉及日本警察的干预,当时他正在大和旅馆的房间里接见两位外国传教士。备忘录中写道:

"打开门后,他看到五六个日本人,其中一个显然是首领的人坚持要进入房间,想知道访客是谁,他们拜访的目的是什么。该名男子被确定为(关东租界地警署)长春警察局的高级组长,他走进房间,在中国顾问离开自己的房间后,他才被诱导离开房间。在此阶段,调查团的阿斯特先生碰巧路过,他的友好介入让我们得知,日本警察局长急于知道中国顾问接见访客是否获得了日本警方许可,或者访客是否被允许拜访中国顾问。"

在吉林,中国顾问被佩戴刺刀的日本士兵"护送",在哈尔滨,被穿着制服的警察和便衣警察"护送"。

由于无根据的限制和禁令,中国顾问无法陪同调查团访问要调查的事件现场或安排中国证人向调查团陈述。

未经日本当局批准,满洲的任何中国人都不得访问中国顾问或调查团。正如报告书第 107 页中指出的:

"但警方采取措施的目的是让我们远离证人,许多中国人甚至害怕与我们的人员见面。我们在一个地方获悉,在我们到达之前,日方已宣布未经官方许可,任何人不得与调查团见面。因此,采访通常相当困难且是秘密安排的,而且许多人告诉我们,即使以这种方式与我们见面也非常危险……代表团的大多数成员都是由日本人或'满洲国'当局介绍的,我们有充分的理由相信提供给我们的陈述已提前得到了日本的批准。"

在作为中国领土不可分割的一部分的满洲,日本当局给予中国顾问及其工作人员的这种待遇,与日本顾问在中国各地享受的最大自由和最充分的便利形成鲜明对比。在南京、上海、汉口、北平等地,中国当局从未试图以任何方式干涉其向调查团引荐自己的国民作为证人的自由,也未对渴望向调查团表达其观点的日本人加以干涉。

提供了这些简短的初步评论后,我想就报告书中提出的一些更重要的问题和事实发表一些看法。

日本提出的一项指控表面上是为其在中国,特别是满洲的无理行动寻找理由,但实际上是为了混淆舆论和隐瞒真正的问题,那就是中国"不是一个得到有序管理的国家"。我国是国际联盟的最初成员,在提到我国时使用这种说法不仅反映了一种失礼的态度,而且在我们看来,也暴露出了为日本的行为找到真正合理的论据的无望感。中国从一个有着 4000 年历史的古老帝国向现代民主国家转型的今天,正经历着政治历史研究者所熟悉的、任何一个国家在重建过程中都不可避免的考验和磨难,这是毫不奇怪的。这个国家的各种因素和各种力量的混乱表象,只不过是重新觉醒的人民的活力和生气的象征,这是一个有着 4.5 亿人口的国家在重建方面取得进展的证据。中国正在转型的景象可能并不完全令人愉快,但它与任何处在重塑过程中的旧体系结构没有什么不同。用调查团报告书的话来说,重要的一点是"尽管有困难、拖延和失败,但实际上已经取得了相当大的进展"(第 17 页)。

意识到中国需要这样一个过渡期,在华盛顿缔结《九国公约》的签署国(包括日本在内)已经承诺"为中国提供最充分且最便利的机会,以发展和维持一个有效稳定的政府"。但是,中国在统一和重建任务中面临的最大困难之一是日本一再试图使其难堪,阻止其取得成就。例如,在一本名为《日本国民和军队在满蒙地区的活动》的小册子中,作为作者的日本著名政治家后藤(Goto)男爵介绍了一些基本事实,他表明在中华民国初期,日本试图在东三省开展君主运动,推翻当时实现中国完全统一的袁世凯总统。其中直白地指出,为了立即实施这一阴谋,日本金融家大仓喜八郎(Kihachiro Okura)向清皇室的一位重要成员——肃亲王提供了贷款,下面引用后藤男爵自己的陈述:

"第五联队长、日本军士土井大佐奉命率领大批日本士官,组织策划反袁世凯的军队。"

让我们举一两件最近发生的事,我们至今仍对它们记忆犹新。1927 年以及 1928 年,日本以保护完全无生命危险的日本侨民为借口,突然派遣大批日本军队前往山东首府济南,其真实目的是阻碍蒋介石领导下的不断获胜的国民革命军继续前进,并阻止其将华北置于南京国民政府的管辖之下。1928 年 5 月 28 日,在田中(Tanaka)男爵领导下的日本政府发表威胁性声明,称如果北京和天津方向的动乱进一步发展,日本可能不得不采取适当有效的措施来维持满洲的和平与秩序,随后在日本警卫巡逻的南满铁路的一座铁路桥下,通过炸毁火车而谋杀张作霖元帅。也是出于同样的目的,当日本驻奉天总领事、特使林淳一郎(Hayashi)男爵和佐藤(Sato)少将对张学良将军宣誓效忠于南京中央政府并悬挂国旗而相继发出警告时,这一目标被公之于众。1928 年 8 月 9 日,张学良将军在回访日本领事馆的林淳一郎男爵时,再次收到了同样的警告,当他质疑日本态度的合理性时,佐藤将军说:

"现在不是争论什么合理或不合理的时候。田中首相已经决定您不应该悬挂新旗帜,这就足够了。"

值得注意的一个独特而重要的事实是,日本虽然从未停止向世界抱怨分裂的中国,却坚持奉行防止中国统一的政策。这引出了日本是否真的希望看到中国统一的问题。显然,日本担心一个统一的中国会对其扩张政策和征服世界的梦想造成打击。报告书(第 131 页)说"对日本来说,问题的核心在于其对现代中国的政治发展及其未来走向的担忧",这委婉地暗示了日本的这种恐惧。

我们认为,一个国家多么有效地运转的问题的重要性,取决于它对该国与外部世界关系的影响。在许多因素中可以找到这一事实的可靠迹象,其中之一是对外贸易的增长。在这方面,中国的记录比任何国家都要好。尽管多年来,通过充满敌意、组织极为严密的宣传在国外精心培养起了某种印象,但在过去20年里,中国对世界经济作出了越来越大的贡献。中国的对外贸易统计数据比日本批评者的言论更能说明中国的情况。我们1911年的对外贸易总额为8.49亿两白银(现在的价值相当于瑞士法郎的一半);在1921年,贸易总额为15亿两白银;而在1930年,贸易总额达到了22.04亿两白银。换句话说,在过去二十年里,中国与外界的贸易增长了158%。

　　一个国家政治组织的完善程度的另一个合理指标在于其与其他国家在合作维护国际条约尊严上的忠诚度和有效性。这种合作是国际生活的新秩序和世界的和平运转不可或缺的条件。按照这个衡量标准,人们不禁要问,日本作为一个国家,其组织有多完善? 现在国联面临的满洲问题的真正困难在于我们认为日本未能遵守其国际承诺,比如伟大的和平条约——《国联盟约》《非战公约》《九国公约》——中明确规定的承诺,也未能履行其在理事会和全体大会上做出的从满洲撤军并避免局势恶化的承诺。无论这种失败是由于日本政府与生俱来的不情愿,还是由于其无权将自己的意志施加于拥有无上权力的军事领袖之上,其对整个世界的影响都同样令人不安,从过去一年一直到现在,国际联盟一直能感受到这种不安。

　　在这方面,为了全面评估远东局势,有必要了解调查团报告书中提到的日本传统扩张政策的含义和影响。这就是日本所谓的大陆政策,即征服亚洲大陆的政策,它有两个方向:向北推进——经由朝鲜入侵满洲和华北;向南推进——入侵华南、华中以及南海,在台湾岛上建立基地。16世纪的丰臣秀吉(Toyotomi Hideyoshi)主张征服中国,他在回复朝鲜国王的信中说:

　　"既然我们不能在这个世界上活一百年,我们怎么能继续把自己局限在这个小岛上呢? 长期以来,我一直希望经由贵国征服明朝(中国)。我们的天皇对您愿意派代表到我国建立关系感到很满意。我希望在我们动员自己的军队进攻明朝时,您会派遣军队帮助我们。"

　　让我们看一个更近的日期,在19世纪中叶,为了纪念锅岛氏(Nabeshima),佐贺的封建领主与肥前的武士们奏折上写道:

　　"幕府将军是以征服蛮夷为使命的伟大将军。'征服蛮夷'这两个词是日本不变的政策。由于长时间的和平,我们人民的精神已经腐化。现在是时候通过向海外传播我们的实力,找回我们越来越少的财富,为我们伟大的国家奠定坚实的基础。"

在西乡隆盛(Saigo Takamori)之前,大木乔任(Oki Takato)在批评日本政策的过程中,热情地鼓吹征服朝鲜和分割中国,他说:

"俄国是最令人恐惧的国家,它最有可能有效地制约日本实施大陆政策。如果我们决心采取这样的政策,我们应该与俄国建立联盟,两国应平分中国领土。"

我引用上述段落,不是因为它们的历史利益,而是因为它们对日本针对中国和远东的当代政策具有重要影响。这些引人注目的言论及其所倡导的政策背后的精神仍然是现代日本的精神和政策,它们与日本人民的这些偶像首次提出时一样的有力和真实。1922 年 3 月 31 日,在东京召开了最高级别的陆军和海军官员重要会议,并制订了新的战争计划。《读卖新闻》(东京的一种日报)第二天发表了会议记录,并表示最高军事会议已经决定,如果发生战争,日本应立即"与从汉口开始,经由山东一直到哈尔滨和库页岛(萨哈林岛)的亚洲大陆建立密切联系,这片大陆将构成日本的第一道防线"。

关于军事行动计划,它泄露了以下惊人的秘密:

"为了加强自身的防御,日本首先应该加强其在台湾、库页岛和朝鲜的驻军。为了获得充足的战争物资供应,以进行长期斗争并确保最终胜利,日本应该不惜一切代价建立通往汉阳和萍乡的煤炭和铁矿生产中心(即长江流域的中心地带)的无障碍通道。为了防止其国际关系迅速发生变化,日本应该接管北京,并确保从满洲获得充足的供应,应该占领奉天和长春。"

1922 年春,陆相山梨(Yamanashi)将军回应了帝国议会关于最高军事会议决定的新战争和国防计划的质询,他说:

"目前与我们保持密切友好关系的国家(意指英国)现在已经选择废除同盟条约。如果发生战争,日本将面临经济封锁的威胁。在这种意外情况下,日本必须将这片大陆(意指中国)和西伯利亚置于其军事占领之下,以确保自己获得充足的粮食和战争物资。"

双管齐下的大陆扩张政策是日本武士数百年教义的结晶,其目标是将中国作为征服亚洲的第一阶段,并从北方和南方同时进发,就像一只恶毒的蝎子通过它的前爪和尾巴攻击它的受害者。这让我们能够理解为什么日本在 1894 年至 1895 年的中日战争结束后,坚持要求中国割让辽东半岛和台湾岛。

这有助于我们了解日本的以下行径的完整意图：1879 年从中国夺取琉球群岛，在与俄国交战后占领南满洲并吞并朝鲜；1911 年向位于长江流域中部的汉口派遣军队，1914 年至 1922 年间占领山东；1915 年突然向中国提出"二十一条"要求，不愿撤回派往西伯利亚东部的远征军；1927 年和 1928 年向济南派遣一支庞大的军队；最后，于 1931 年 9 月 18 日和 19 日晚上袭击了奉天和其他城市，以及几乎占领整个满洲并拒绝撤离，逆全世界公论而行，违背自己的承诺和保证。

日本在 1907、1910、1912 和 1916 年寻求与俄国缔结了一系列瓜分满洲和蒙古的秘密条约，以及在 1917 年与其他大国秘密交换了有关山东和南满洲的意见。根据我刚刚引用的大木乔任的话，我们能够估计日本的这些行为的真实意图，我们还了解到日本最近试图在欧洲建立同盟。

现代中国的所有领导者都知道这一大陆政策，这是对远东和平的真正威胁，也是影响各国友谊的一个令人不安的因素。它严重威胁着和平，因为在这项政策的背后，有一个独断专行的陆军一派，其拥有现今最强大的战争机器之一，并寻求通过武力和铁拳来充分实现其野心。中国局势表面上的不稳定，与其目前所处的过渡时期分不开，虽然不应该不必要地延长，但这本身并不会危及以法治和和平解决国家间争端的原则为基础的国际生活新秩序。日本军国主义者不断试图在中国的统一道路上设置障碍，增加中国的内部困难，并利用中国所遭受的洪灾和"共产主义动乱"等不幸灾难，这一切都是为了推进日本在这片大陆上的扩张政策——这种情况比任何其他因素都更可能阻碍中日之间的和平，以及中日之间对和平所依赖的基础的良好理解。60 年来的中日关系历史充满了这一事实的证据。我之前提到过的一系列战争、军事远征和侵略行为尽管是在不同的时间和地点发生的，但都是同一个传统的、不变的扩张、统治和征服政策的不同阶段。

值得注意的是，这项政策的目标并不仅限于获取满洲和蒙古。根据日本前首相田中将军的奏折——日本出版社在 1931 年 9 月出现满洲事件之前经常提到该文件，其真实性不存在任何疑问——控制中国的东三省只是统治世界计划的一步。其中说：

"在未来，如果我们想要控制中国，我们必须首先镇压住美国，就像过去我们不得不在日俄战争中战斗一样。但是，为了征服中国，我们必须首先征服满洲和蒙古。为了征服世界，我们必须首先征服中国。如果我们成功征服了中国,其他亚洲国家和南海国家将害怕我们并向我们投降。然后世界将意识到东亚是我们的,不敢侵犯我们的权利。这是明治(Meiji)天皇留给我们的计划,其成功对我们的国家存亡至关重要。"

日本现在也认为这个计划不仅仅是历史利益问题。根据现今著名的日本政治家和军人的著作和言论,似乎刚引用的这段文字中野心勃勃的政策仍然占据统治地位,是日本现今的主导力量。北一辉(Ikkikita)先生1919年起草的国家重组计划已经成为日本年轻军官的圣经,其中宣称:

"我们国家有权为保卫受压迫人民的国家或自由而宣布和发动战争——例如,为了使印度脱离英国的枷锁,使中国免受外国压迫。"

其中另一处说:

"我们国家同样有权对拥有过于广阔的领土或被以非人道方式管理的国家发动战争。例如将澳大利亚从英国分离出去,将西伯利亚从俄国分离出去。"

最后,内阁书记长官森恪(Kaku Mori)先生在经济杂志《钻石》(1932年7月)上声明:

"日本人民被条约禁锢在自己的领土上。只要按目前的含义来解释《九国公约》和《非战公约》,日本就无法在东方扩张。如果我们要取得进展,就必须打破对条约的这种辩护。"

再引用一条信息。著名的荒木将军,即现任东京内阁的陆军大臣,在最近一期的陆军机关杂志《偕行社记事》中发表了一篇文章,呼吁日本人民忠于他们的民族精神,其中写道:

"东亚国家是白人压迫的对象,这是不可否认的事实,日本不应再让这种粗鲁行为逍遥法外。日本人民有责任反对不符合帝国精神的大国的一切行动,这是公平和正义的体现。日本不能对东亚任何地区的任何动乱视而不见,绝不允许动乱与帝国的本质精神并存。每个日本人都应时刻准备在精神和物质上尽其所能恢复和平,哪怕通过诉诸武力。"

这就是日本政策的精神和适用范围。至于寻求实现的方法,陆奥(Mutsu)男爵出版的回忆录中明确阐明了这一点。1894—1895年中日因朝鲜问题而爆发战争,时任日本外相的陆奥男爵在这一影响深远的国际事件中发挥了主导作用。公众多年来对这一事件的起因一直不解,但这本书现在清楚地表明日本应该对强制发起中日战争负责。1894年6月,日本向朝鲜派出陆军和海军分遣队，由日本驻汉城公使大岛（Oshima）先生指挥。出乎他意料的是，当时朝鲜首都的局势已经平静下来，陆奥男爵对中国宣战的政策可能被拖延。陆奥男爵通过电报向大岛先生发出指令，告诉他是时候采取果断行动了，并断然命令他（引用他自己的话说）"利用任何借口发起积极行动"。正如日本外相在其回忆录中所解释的，日本政策的指导方针是：

"在军事行动中，日本必须保持主动优势，但日本的外交手段必须努力造成其被迫陷入困境的印象。"

和朝鲜一样，现在轮到满洲了。明确提出了理由和论据，作为为日本无端的侵略行为辩护的借口，但是无论这些借口是否被世界所接受，都必须不惜一切代价实现侵略目标。正如调查团报告书第 77 页所述，"尽管在日内瓦提出了保留意见，但日本继续在按照其计划处理满洲局势"。

关于日本一直持反对态度的中国抵制日货问题，调查团的报告书中已经给出了明确的说明，但我希望在报告书中加上几点意见。在我们看来，抵制只不过是一种自卫措施。它是针对特定外部起因的一种反应——一种中国无法控制的起因。在过去的 25 年里，发生了 9 次抵制日货运动，正如报告书第115 页所述：

"如果详细研究这些抵制运动，就会发现，每次运动都可以追溯到一个明确的事实、事件或事故，这些事实、事件或事故通常具有政治性质，并被中国解释为违背其物质利益或有损其国家声誉。因此［继续引述报告书，其对因果关系有着敏锐的认识］，1931 年的抵制运动是继当年 6 月的万宝山事件之后，朝鲜人在 7 月发起的大屠杀的直接后果，1931 年 9 月的沈阳事件和 1932 年 1月的上海事件更加重了这一后果。"

这里应该提到的是，这次反华大屠杀持续了十多天，从 1931 年 7 月 3 日一直持续到 13 日，而且在七个不同的朝鲜城市都有发生，即使日本警方没有煽动，也一定在纵容，导致 142 名爱好和平的中国公民死亡，91 人失踪，546 人受伤，财产损失超过 400 万日元。今年 1 月和 2 月，对中国的财富中心和远东著名大都市上海的袭击造成 24 000 人伤亡，财产损失达 150 万美元。日本入侵满洲后，仍在残酷地屠杀中国人和肆意破坏中国财产，造成的损失无法估量。

上海确实是目前抵制运动的中心。但是，上海的中国人不但听到在作为中国不可分割的一部分的满洲发生了不宣而战的事，而且在今年 2—3 月的 5

周时间里亲身经历了苦难，还看到日本军队在 5 月撤退只是为了赶赴北满，协助其他日军进行屠杀和破坏，他们应该最积极地采取这种形式的报复行动。5月中旬，当我和调查团身在哈尔滨时，在我们旅馆房间窗户下的街道上，从上海经过数个日夜行军后刚刚抵达的日军第 14 师团，正以不同规模的小队实施侵略战争。枪炮的火光映入我们的眼帘，日本大炮的轰隆声和日本机关枪的咔嗒声不绝于耳，没人知道每个日夜夺走了多少中国人的生命。这是悲惨和不幸的，但没人能够阻止。我们可以想象，中国其他地方的人民听到东三省及其同胞的厄运后，会是什么感觉。当前的抵制运动一直而且仍将是为了反对日本的这种肆意侵略政策。

考虑到这些事实，就可以理解为什么不仅个别中国人拒绝购买日本商品，甚至公共组织也积极参与到运动中，以尽可能发挥抵制的效果。他们意识到自己国家的武器装备落后，表现出这种愤慨，并用这种自我牺牲的报复方法抗议日本对中国犯下的错误。他们，尤其是中国商人，在给日本带来这种经济压力的同时，也给自己造成了相当大的损失，这是他们做出的牺牲。事实上，没有任何属于日本国民财产的货物被没收，而且，如果一些人因误解而被捕，他们也总是会在查明所有权之后被释放。

在这样一场自发的民众运动中，任何政府都无法置身事外，而且中国政府在对这个国家遭受的错误和不公正待遇感同身受的同时，不能不同情和支持这种运动。在人民的眼中，中国政府是公认的抵御外来侵略的安全卫士。此外，这是合法的防卫措施，中央政府不能拒绝支持。相反，日本对中国发动的无端战争所引起的民众情绪（用调查团的话说，这是一场"变相的"战争）的强烈程度，使我们有时有必要向地方当局发出命令，以便在合法范围内指导这场运动，更好地保障日本人的生命和财产安全。由于中国政府的这种警惕（经调查团报告证实），自日本入侵满洲以来，很少发生不幸的事件。

一个问题是，如果中国政府对目前有组织的抵制日货运动提供了官方指导，那么中国政府是否可以承担一定的责任？中国政府认为，任何责任都没有理由归咎于它。面对日本在满洲和中国实施的肆意且有预谋的军事侵略行动，它主张的各种形式的抵抗都是合法的防卫。

在寻求通过国联并根据《国联盟约》和平解决问题并等待决议的同时，为避免新局势被视为现状并被当成重要的既成事实，有必要说明一下入侵部队正在稳步推进且正在不断加剧局势的恶化。中国坚持自己的和平和宽容政策，选择了这种和平的抵抗模式。我们认为，对入侵国家造成这种压力更加人性化，因为它不会导致杀戮和流血，如果以暴制暴，杀戮和流血将不可避免。日本人遭受利益损失是意料之中的。然而，这与日军在满洲、上海和天津造成的数以万计的中国人伤亡和数十亿美元的中国财产损失无法相提并论。

在这样一个充满爱国愤慨情绪的民众运动中，为了使抵制更有效，更热心的参与者有时可能采用不完全符合法律严格规定的方法。但是，当人们想起中国最富裕的 3 个省份在没有挑衅的情况下被日本军队侵略和占领时，他们的行为可能被认为是正当的。我们不禁要问，如果另一个国家受到如此严重的不公且面临如此紧迫的威胁，会发生什么事。在目前的情况下，中国政府将全国对日本公司和日本商品的抵制合法化，从而确保更加统一地实施，也许不是不切实际的。它尚未这样做，只是源于其克制和节制政策的特点。

必须强调的是，中国极不情愿对日本采取抵制行动，因为（正如刚才所说）虽然它是为了防御日本侵略，却给中国人民造成了相当大的损失和牺牲。中国热爱和平，一贯奉行和平解决国际争端的政策，永远希望通过仲裁来解决与日本的争端。日本的军事实力比中国更强，而且是国际联盟的成员，中国非常真诚地希望其尝试通过《国联盟约》中提供的任何和平手段来解决中国想要提出的任何要求。但是相反，日本军方从一开始就在日本奉行武力政策，并着手实施一项精心准备的侵略计划。

在中国政府看来，对日本大力实施抵制是完全有必要的，因为国联的补救需要时间。过去 14 个月的经验明显证明了它的观点，日本政府不仅没有履行在去年 9 月和 12 月的理事会决议中做出的承诺，撤出在所谓的南满铁路区域内的日本军队，反而允许他们继续采取行动，时至今日，几乎所有东部三省都已被他们占领。在这漫长的时期内，国际联盟也没能找到有效的办法阻止日本军队导致那里的政治和军事局势继续恶化，或者执行其要求日军承诺撤军的决议。

我们认为，否定中国对日军一年多来在满洲的军事侵略采取的抵制行动，就是否定一种合法且和平的防御手段。此外，在当今的世界经济中，采取和实行禁止性关税、配额制度和外汇限制是一种普遍认可的做法。如果这些措施在今天得到有力的支持，被视为对付经济侵犯的合法自卫措施，那么采取具有类似基本特征的抵制措施作为对付军事侵略的合法防御手段，难道没有更加正当的理由吗？

在目前的案件中,只有在解决了另一个初步问题之后,对日本民族实施有组织的抵制是否符合友好关系或条约义务的问题才会存在。这个初步问题就是,在朝鲜的大量爱好和平的中国公民被屠杀后,以及面对日本无端的入侵中国领土,在满洲、上海和其他地方不断破坏中国人的生命财产,此刻是否仍可以认为与日本的关系是友好的? 在日本公然通过违法行为蓄意将互惠条约义务抛到一边的情况下,中国是否应该继续单方面严格遵守这些义务?

我们真诚地希望上述意见有助于审议抵制日货的问题,有助于更全面地了解其真正的意图和意义。

现在让我谈谈中国的民族主义。在中国民族主义迅速发展的同时,其底层并没有排外情绪。诚然,中国的公众舆论希望中国收回某些具有政治性质的让步和权利,把它们作为主权的基本属性,但是,所有认真的中国人都支持通过公认的谈判和协议方式实现这一目标。到处都可以看到贴在断壁残垣上的海报,或者听到学校讲台上发表的演讲,就中外关系的现有基础发表看法。然而,与西方共产主义媒体的猛烈抨击一样,这些言论并没有反映出中国总体上的清醒观点。

孙中山先生所倡导的中国民族主义作为国民党三民主义中的一条,是防御性的、和平的和建设性的,这反映了他过去与外界交往的经历。它表达了一种民族愿望,即将中国从不平等条约的限制中解放出来,并使中国与世界其他国家处于平等的基础之上,因此它是防御性的和和平的。它也具有建设性,因为它旨在通过民族主义手段实现国际主义。中国希望发展成为一个富强繁荣的国家,为全世界的和平与幸福作出贡献,最终我们希望世界发展成为各国的伟大联邦。这种政治理想的起源可以追溯到包括孔子在内的中国古代先贤的教义,孙博士进一步发展并将其纳入国民党的原则和纲领中。

然而,针对日本旨在控制和征服中国的传统政策,全国范围内存在着一种反对情绪。每一次新的事件或冲突都使我们更清楚地认识到这一政策的真实意图,以及对整个中国安全和生存的影响。中国人民并不认为满洲的现状是中日关系中的一个孤立事件,而会根据日本的大陆扩张和政府政策(我已在前文介绍)来看待它(如果他们要理解该事件的所有关系和影响,就必须这么做)。调查团已在其报告书(第 23 页)中正确指出:

"近年来,在中国,日本的主张对中国国家理想所构成的挑战,被认为比其他所有大国夺走的权利加在一起还要严重。"

他们受到中国人民如此看待，不是出于单纯的怀疑，而是出于过去几十年的了解和经验。

对于其他国家，不存在排外主义。事实上，为了共同的利益和福祉，中国政府和人民真诚地希望与他们保持最友好的关系。我不需要在这一点上详细阐述，提及一些事实就足以表明这一点。超过 36 万外国人和 8 200 多家外国公司在中国和平地生活和工作。其中，7 567 人是分散在内陆地区的传教士，他们的宗教工作没有受到骚扰或阻碍。事故很少发生，即使是中国境内的数千名日本国民仍受到中国当局的保护，现在仍在安全地生活。尽管两国之间存在紧张局势，但事故很少发生。

此外，另一个重要事实是，在中国的不同国家机构中包括数百名外国职员。在中央政府的各部委中，有来自 8 个国家的 40 多名外国专家参与管理，他们的人数仍在不断增加。调查团报告书本身也证明了中国政府寻求海外合作的自发愿望（第 24 页）。

"[报告书称]近年来，国民政府寻求并接受了国际帮助来解决其问题——自 1930 年以来的金融事务，自 1931 年成立国民经济委员会以来，与国际联盟的技术组织联络解决经济规划和发展相关事务以及为同一年的大洪水造成的苦难提供救助。"

最近，通过国联的斡旋，一些专家被邀请到中国参与教育、卫生、管理、农业和丝绸业问题的研究。如果中国真的存在排外情绪，那么这种全面的合作政策就不可能取得如此大的成功和满意结果。

日本人提出的一些更为严重的指控显然是为了隐瞒争端的真正问题，我已针对这些问题发表前述意见，并特别提请您注意，实际上是日本的扩张和征服政策构成了对远东和平的真正威胁。我现在想继续指出调查团报告书中的一些重要发现，这些发现澄清了与该问题最相关的事实。

针对日本在解释 1931 年 9 月 18 日的满洲行动时提出的夸张主张和离奇要求，中国特别注意到报告书的一些发现，这些发现揭开了一些重要事实的神秘面纱。日本声称有"300 起未解决的案件"，并且为了确保得到令人满意的解决，其被迫在满洲对中国采取军事行动。但报告书在第 66 页表示：

"两个国家之间有 300 起未解决的案件，和平解决这些问题的方法已被一方逐渐用尽，这种说法无法得到证实。"

解决此问题后，我们从报告书中注意到，在日本"如有必要，以武力解决所有悬而未决的问题成为一个流行的口号"。

报告书继续表示：

"媒体大量提及诉诸武力的决定，以及陆军部、参谋本部和其他当局讨论实现该目标的计划的会议，以及向关东军总司令和沈阳驻地官员土肥原大佐下达的在必要时执行该计划的明确指令。土肥原大佐于 9 月初被传唤到东京，他被媒体称为在必要时尽快诉诸武力解决所有未决问题的提倡者。媒体关于这些方面和其他一些团体所表达情绪的报道，表明了一种日益严重且危险的紧张局势。"

该报告书继续提醒人们注意（第 66 页）"日本陆相在东京发表了言辞激烈的演讲，为他们的军队在满洲的直接行动提供建议"。报告书中提到日本军队在奉天开展挑衅性的夜间演习，频繁地开火，然后很快就发生了 1931 年 9 月 18 日和 19 日的事件，报告书中称这是"军事占领整个满洲行动的第一步"（第 66 页）。因此，造成目前中日关系危机的是日本通过其军事当局进行的干预，而不是两国之间悬而未决的诉求。关于未解决的争端，调查团进一步注意到"它们本可由仲裁和司法程序解决"。

是否如日本声称的那样，1931 年 9 月 18 日和 19 日的军事行动是一种自卫措施？考虑到《国联盟约》的具体规定，这个问题的答案不仅对中国至关重要，对国联本身也至关重要。日本人声称他们入侵满洲是一种自卫行为，关于这一点，调查团得出了以下不支持日本主张的结论。用调查团自己的话说（第 71 页）：

"中日两军之间无疑存在着紧张的气氛。正如在证据中向调查团解释的那样，为了应对日本与中国之间可能发生的敌对情况，日本人制订了周密的计划。9 月 18 日和 19 日晚，该计划得到迅速准确地实施。根据第 69 页提到的指示，中国人没有计划在这个特定时间或地点攻击日本军队或危及日本侨民的生命或财产安全。他们没有对日本军队进行协同或授权的攻击，并对日军的袭击和随后的行动感到惊讶。"

日本声称中国士兵于 9 月 18 日晚上 10 点左右炸毁了沈阳附近的南满铁路。他们制造这个借口是为了启用日本的军事机器，这台机器已经在一个大型的中国营地和军营附近进行了挑衅性的夜间演习。李顿调查团对铁路爆炸导致日本入侵满洲的说法做了报告。报告书中说：

"毫无疑问，在 9 月 18 日晚上 10:00 至 10:30 之间，铁路上或附近发生爆炸，但对铁路造成的损害并没有实际阻碍从长春南行的列车准时到达，而且本身并不足以证明军事行动是正当的。日军在夜间的军事行动（如上所述）不能被视为合法的自卫措施。"

我认为这一点很重要。如果沈阳附近发生的所谓爆炸不能证明其附近的军事行动是正当的，那么日本军队在距离长春、吉林和营口数百英里远的中国领土上同时进行军事入侵的行动就更不合理了。日本人袭击并焚烧了中国军营，但正如调查团指出的，中国军队收到了不对日军的侵略行为进行武力回击的命令。

调查团也没有忘记提醒注意，日本军队为"铲除"中国东三省民政当局而采取的残忍行动。在日本已接受的理事会 9 月 30 日的决议本应生效的期间，这种对民政当局的打击仍在持续。理事会决议的第二款"承认日本政府对其在满洲没有领土企图的声明很重要"。同一项决议的第三款中提到，日本代表声明"随着日本国民的生命财产安全得到有效保障，日本政府将继续尽快将军队撤离到铁路区域（这一行动已在进行），并希望尽可能充分且快速地实现这一目的"。第五款提到，"中国和日本代表已保证各自政府将采取一切必要措施，防止事件范围扩大或局势恶化"。这是中国和日本都已接受的决议内容。

但事实是什么？ 在日本军队的驱离下，沈阳所在省份的中国官员，包括代理省长、财政厅厅长、教育厅厅长和公安局局长，被迫撤离到沈阳以西许多英里外的锦州。李顿报告书称，继沈阳之后，日本人不允许中国人在锦州建立他们的平民政府，试图根除这些机构。事实上，10 月 8 日，政府所在的交通大学、飘着红十字旗子的医院、火车站和其他未加强防守的地方都遭到日本人的多次轰炸，他们还用机关枪突然袭击这些建筑物。因此，日本军队试图赶走所有残余的中国政府机构，而这些机构对维护南满洲的公共秩序和政府组织至关重要。自沈阳事件后，日军先后摧毁了锦州、吉林和满洲其他地方的政府机构，但他们还不断抱怨满洲缺乏公共秩序。

如果不是有意让日本人取代中国政府，这种行动将是不负责任的。正如理事会和全体大会所知，中国表达了对这一目的的担忧，而这遭到了日本当局的愤然反对。直到 1931 年 12 月，日本首相犬养毅先生还坚持"日本不会把满洲作为礼物"。然而，就在这个时候，一些中立的新闻机构，如美联社和路透社，报道了日本方面直接或通过其傀儡在满洲主持民政工作的积极活动。

　　提醒您注意 1931 年 10 月 8 日的锦州事件,以及随后日本军队通过武力占领这个地方,并迅速占领东三省的所有中国行政中心的目的,是明确地表明日本当局缺乏诚意,其侵略行为一直在妨碍解决所涉问题,并且一直在挑战《国联盟约》所代表的法律规则。

　　到目前为止,我们还没有开始介绍日本通过藐视国联权威,给中国人民带来了多大的痛苦。我们希望尽量不让您听到这些痛苦细节的叙述,但至少让我再提一个这样的事件。日本已保证不会造成"任何局势恶化",而且在 9 月 30 日和 12 月 10 日相继向国联做出承诺,包括承诺不采取任何可能导致进一步交战或生命牺牲的行动。而事实正好相反,日本对中国的领土和行政完整发起了近代史上规模最大的攻击。日本通过武力将我们的 3 000 万人与其他中国人分开,它选择任命傀儡官员来代替忠于中国的人。日本及其傀儡夺取了中国在满洲有效运作的现代服务业,比如海关和盐税。它夺取了在各地有效运作的邮局系统、电报线路和电报局,中国的矿山和铁路,中国的广播和无线电台,中国政府的国库以及已经收缴和储存的某些收入。目前在满洲,未经日本人许可,在任何地方都不能采取任何行政措施。

　　这是一个渐进的恐怖化和同化过程,违背了日本当局对国联做出的最庄严保证。用调查团的话说(第 127 页):

　　"事实是,在没有宣战的情况下,大片无可争议的中国领土被日本武装部队强行夺取并占领,并且由于这一行动,这些领土与中国其他地区分离并宣告独立。日本声称实现这一目标的步骤符合《国联盟约》《凯洛格—白里安公约》和《九国公约》的义务,而所有这些条约都是为了防止这种行动。"

　　不仅如此,日本还于 1932 年 1 月 28 日继续通过上海入侵中国。除了我提到的 24 000 名中国人伤亡外,日本还给这座未设防的城市及周边地区造成了 15 亿银圆(约等价于瑞士法郎)的巨大损失。中国新军在上海抗击日本侵略的抵抗计划,使有关方面认识到,中国人民既能进行大规模的消极抵抗,也能在必要时进行强大的军事抵抗。然而,日本在上海的不幸遭遇并没有阻止它。另一个惊人的藐视行为是去年 9 月 15 日正式承认所谓的"满洲国"政府,并将此写入一项所谓的议定书中,完全无视其在《国联盟约》和国际条约下的庄严义务,以及其在理事会一再做出的保证。

　　关于满洲在得到承认之前的事态,我想向理事会引用李顿调查团报告书中的这些话(第 97 页):

"很明显,1931年9月之前,在满洲从未听说过独立运动,这些独立运动只有在日本军队存在的情况下才可能实现。一群与第四章中提到的日本新政治运动联系密切的在职和退休日本文官和军官,策划、组织并实施了这一运动,作为九一八事变后出现的满洲局势的解决方案。为了实现此目的,他们利用了某些中国人的名望和行为,并利用了对前政府不满的少数居民。同样清楚的是,日本参谋本部从一开始就意识到,或者至少在很短时间内就意识到,可以利用这种自治运动。因此,他们为该运动的组织者提供了援助和指导。从各方收到的证据让调查团确信,虽然有许多因素促成了'满洲国'的建立,但其中两个因素的结合起了最大作用,根据我们的判断,没有这两个因素,这个'新政权'不可能成立。这两个因素就是日本军队的存在,以及日本文官和军官的活动。因此,不能认为目前的政权是由真实且自发的独立运动而建立的。"

关于日本对于东三省自愿与中国分离的欺骗性主张,不再需要反驳。

这是报告书中一些比较重要的事实发现,也是无法反驳的符合逻辑的结论。问题是,解决方案是什么? 答案应该在全体大会特别会议的后续会议上给出。自2月以来,特别会议就一直在正式处理中日冲突。

为了促进以解决问题为目的的讨论,调查团方面向理事会着重强调了一些条件和原则以及一些考虑和建议。中国代表团希望将针对这些内容提出意见的权利保留到以后的讨论场合。但与此同时,我谨提请您注意报告书中提出的一个解决条件,其中表示(第130页):

"任何解决方案都应符合《国联盟约》《非战公约》和华盛顿《九国公约》的规定。"

这是一项基本原则,对这些伟大和平条约的所有签署方都具神圣性,是他们的庄严义务。

中国政府一再强调,必须尊重这些条约,这些条约委婉或正式地奉行了尊重中国主权、政治独立及领土和行政完整性的原则。实际上,中国代表已于1931年10月23日在理事会宣布:

"中国和其他国家之间的任何讨论……必须根据《国联盟约》和《九国公约》规定的中国权利和义务来进行,并且必须尊重1922年华盛顿会议上制定的原则。"

中国政府不断重申这一观点。中国看到自己的态度得到报告书的认可,感到很欣慰,并自行宣布愿意将任何符合这一原则的建议作为讨论的基础。

根据这一原则,可以提出一些补充原则作为其逻辑推论,这些原则将进一步澄清中日冲突中涉及的主要问题,并将有助于加强我们都希望维护的世界和平基础。

其中一个原则是不应该对侵略加以任何鼓励。该报告书非常明确地声明,引发整个冲突的是日本的军事行动。《国联盟约》第十条规定:

"国联成员承诺尊重国联所有成员的领土完整和现有的政治独立,保护其不受外来侵略。"

从逻辑上讲,既然中国被保证不受这种侵略,那么就不能因为这种侵略行为,而要求或期望中国放弃其在侵略之前拥有的权利。另一方面,同样不能接受的是,侵略国家通过获得以前无权享有的新的权利而从其侵略政策中受益。不遵守这一正义与和平的原则,就等于对侵略加以鼓励,因为它将使一个国家能够从它不应实施的行为中获得利益。这将为和平利益创造一个危险的先例。而且正如报告书中所说(第 129 页),和平利益"……在世界各地都是一样的。对《国联盟约》和《非战公约》的各项原则在世界任何地区的适用性丧失信心,都会削弱这些原则在世界各地的价值和效力。"

出于同样的原因,一个被保证不受外来侵略的国家有权就侵略所造成的损害而获得赔偿。因此,根据中国代表已在去年 12 月的理事会会议上所做出的声明,中国政府保留在解决冲突时要求赔偿的权利。

"中国认为上述安排(指 1931 年 12 月 10 日做出的设立调查团的决议,以及理事会主席的声明)既不会直接影响,也不会暗中影响中国及其国民的赔偿和损害……并在此方面持明确的保留意见。"

显而易见,尚未执行的理事会和全体大会特别会议决议至今仍然有效,日本政府根据 9 月和 12 月的决议撤离部队的义务保持不变,这种撤离仍然是根本解决中日争端的必要和先决条件。

中国政府已就此议题反复做出了声明,并确信国际联盟其他成员国在这一点上的态度没有改变,我们据此认为,如果没有认识到必须首先终止军事占领的压力,以及在占领期间因使用武力而产生的既成事实的压力,就无法讨论整个争端的妥善解决。

在中国政府看来,如果我们要充分重视和尊重调查团报告书提出的严谨且重要的事实发现,如果我们要维护以人类实现永久和平的希望为中心的国际生活新秩序，在考虑公平且永久解决争端时就应该承认这些原则。

现在让我总结一下。我之前说过，调查团的工作当之无愧地受到了中国政府和人民的赞赏。我提到了在满洲的中国顾问遇到的一些不必要的障碍，这些是为了阻止他们履行其对调查团的职责，进而增加其完成重要使命的难度。我尝试解释了在中国表面上的局势不稳定的背后，中国人民的根本目标是一致的。日本对中国统一的明显恐惧，以及其干涉和阻止中国统一的传统政策，还有在国外对分裂的中国的大声抱怨，使中国的统一任务变得更加困难。我已强调，这是日本所谓的大陆扩张政策，其旨在通过控制朝鲜和台湾岛、满洲和蒙古、华北、华中、华南和南海等一系列阶段，统治和征服亚洲和世界。正如我提到的，这一政策才是远东和平面临的威胁，也是世界其他地区面临的严重干扰因素。

我还指出，中国没有排外情绪，中国的抵制日货运动是中国人民反对日本公然侵略的自然反应，尽管抵制给他们自身带来了巨大的损失和痛苦，但他们不得不采取此途径作为合法防卫的必要与和平的手段。

我已提请您注意调查团报告书中的更重要发现，以及对满洲局势中一些最重要事实的结论。我强调了尊重国际和平工具的基本原则，以及从报告书的发现和结论中合理推断出的补充原则。中国政府认为，任何永久解决方案都应坚决维护这些原则。

在过去的 10 个月中，国际联盟急切地期待调查团的报告书，并希望其找到解决问题的基础。这一报告书现在已经完成，它就摆在我们面前。由于调查团对争议的主要方面进行了谨慎和彻底的调查，这份宝贵的文件使我们能够清楚全面地了解满洲的情况。报告书中清楚地说明了事实发现和推断出的结论，现在是国联迅速有效地采取行动的时候了。继续犹豫不仅会给满洲的三千万中国人带来更多的杀戮和痛苦，而且可能会无可挽回地动摇对这个伟大和平机构的效力的普遍信心。1931 年 10 月 24 日，在理事会主持对同一个中日问题的讨论时，著名的和平使者白里安先生表示"如果这一局势继续延续，将会使已经持续太久的焦虑状态永久化"。

时间已经过去了一年多，而这种拖延的结果是，由于日本在满洲、上海和天津的军事扩张行动让整个局势继续恶化，已导致数以万计的无辜中国生命丧失，数十亿美元的财产遭到破坏。我们现在面临的处境是，不仅中国的存在遇到危险，而且国联本身也受到了挑战。只有按照我不止一次提到的国际条约中明确规定的正义和正确的原则，迅速有效地解决这场冲突，中国才有望从遭受的不公中解脱出来，世界和平的工具才会得到维护。

资料来源：FO 371/16183，第 112—123 页

（杨越　译　陈志刚　校）

第 7 次会议（公开举行）

举行日期：1932 年 11 月 23 日（星期三）下午 3：30

─────────────

会议主席：德·瓦勒拉先生

参会人员：理事会成员国所有代表及秘书长。

3161. 中国政府的申诉：根据理事会 1931 年 12 月 10 日通过决议设立的调查团的报告书（续）。

会议主席：我将请日本代表发言，我知道他希望陈述自己的意见。

松冈先生：主席先生，首先保留我们在必要时发表进一步评论的权利，以及就中国代表在昨天的发言中提出的观点发表意见的权利，我现在将仅针对一些主要方面发表我的意见。

一开始，中国代表赞同了我们的话，表示我当天早上所说的话给他留下的印象是，我表明日本就是"中国这个猛兽嘴边温顺的羔羊，为它的生存而抗争"。我想知道，有多少听过我发言的人获得了这种印象，我肯定无意以这种方式介绍日本。在任何情况下，任何人都不会想到日本是一只温顺的羔羊。我提及这句话，只是为了向您表明，一些中国代表在提及我们的发言时扭曲了其中的含义。当然，任何有判断力的人都不会从我的陈述中获得这样的印象。我很遗憾地说，在尊敬的中国代表所做的许多发言中，这种扭曲显而易见。

他还指出，根据所谓的日本大陆扩张政策，日本在去年 9 月采取的行动是在执行一项有预谋的计划，那就是"不仅要占领奉天，还要继续占领整个满洲"。这一陈述缺乏基础，在我稍后评价中国代表的书面陈述时，我会更全面地反驳所谓的大陆政策。

他接下来对日本对《非战公约》的解释提出了异议。在这一点上，理事会已经向他们提出了我们的意见，所以我不会再谈论此问题，但我想提醒的是，中国代表还表示，如果日本的解释被接受，那么《非战公约》的存在理由将会丧失。我们明确反对此观点，正如我们在各种场合声明的，日本的行为符合《非

战公约》所规定的自卫权。

我现在继续就中国代表提供给我们的书面陈述发表一些看法。我将首先提到所谓的日本大陆扩张政策。

我想彻底而明确地表示，日本从未有过这样的计划。你不需要被这样一个噩梦吓到，我们没有这样的计划。为了表明日本拥有这样一个征服世界的可怕计划，中国代表列举了一些历史事实和一些同时代的日本人的言论，我想是为了用作证据吧。有些人已经不在了，有些人还活着。他特别提到那位伟大的勇士兼政治家丰臣秀吉，丰臣秀吉通常被称为日本的拿破仑，是一位伟大的天才。我承认丰臣秀吉试图实施这个计划——这个计划甚至不能被称为征服中国计划，它只是向中国派遣了远征军——而且他完全失败了。

在我们存在的二十六个世纪里，只有一位像丰臣秀吉这样的勇士兼政治家，这一事实应该对理事会很有吸引力吧！在那个时代，我们只有一个人曾经梦想派遣远征军前往这片大陆，并且曾经实际尝试过，这难道不是一件很好的事情吗？虽然日本只有一个这样的人，但我们的伟大邻国中国却有很多。日本曾经几乎被一些中国的最高统治者征服。中国代表可以辩称，我所指的这些最高统治者没有中国血统，但他们控制了中国，并利用了中国各族。据我们所知，二十六个世纪以来，日本的领土一直局限在这些小岛内。我们的民族遇到过很多扩张的机会，如果它愿意，这对任何公正的人都很有吸引力，因为我们的民族始终充满血性，我还没有见过任何国家的任何人声称我们的民族是弱者，但事实是它将自己的帝国局限在这些小岛中。事实上，日本精神是一种冒险精神。曾经有一位伟大的将军以山田（Yamada）的名义前往暹罗并成为暹罗国王麾下的著名将军，但没有日本政治家利用这一点，或者试图诱使那位将军征服暹罗。他担任着暹罗国王的校尉。在那时，还有其他许多日本人在南海从事贸易并获得了很大的成功。然而，没有日本政治家或军事家曾梦想过用这些日本人来征服南海。我再次重申，当我们的人民有机会扩张时，他们没有这样做，他们非常满足于在这些小岛上建立自己的帝国。

您如何解释我们的种族天生爱好和平？作为事实，请允许我表明每个日本人都憎恶夺走任何属于他人的东西，他们更乐于奉献。这可以解释过去二十六个世纪以来，日本为什么没有企图扩张到帝国边境以外。如果允许我列举一些详细的例子（我一直忍着没这么做），我可以列举出很多的拿破仑、准拿破仑或丰臣秀吉，而日本只有一个丰臣秀吉。我可以相当有把握地讲，所有成为人类历史上的重要力量的国家都有这样的人。在我看来,丰臣秀吉的失败,是因为他违背了我刚才提到的日本特色。历史事实证明了这一点。

　　中国代表还提醒注意我们的一些政治家和宣传人员的言论,但我认为几乎没有必要提及或讨论这些言论。理事会的成员国必须明白,如果您听取了政治家的言论,您可以对地球上的每一个国家提出非常严重的指控。例如,我自己属于一个政党,而且我有一些发表巡回政治演讲或竞选演讲的经验。众所周知,所有国家的政治家经常发表演讲,在许多情况下几乎是无意识地攻击执政政府,并且在演说过程中,政治家经常不顾体面地说出一些非常轻率的话。现在,如果您将这些言论联系起来,我想您可以对任何国家提出严厉的指控,但奇怪的是,我们这位来自中国的代表很少给出这样的案例。我会建议他更全面地回答这个问题,让他有机会再提供一些案例。

　　所谓的大陆政策仅此而已。但在结束对此方面的评论之前,我希望在这里特别提一下著名的田中奏折——那份因中国的宣传而闻名的奏折。我坦率而明确地讲,日本从未撰写,也从未向皇室提交过这样一份奏折。但是,我们日本人对皇室奏折必须遵守的形式和措辞有所了解,整个事情太荒谬了,我们甚至觉得没有必要去反驳它。在我的一本政治小册子中,我提到了它,而且基于我对奏折的深入了解而否认了它。我与已故的日本首相田中将军关系密切,我知道它并不存在。我可以保证,从没有这样一份奏折被提交给我们的天皇。但是鉴于有很多关于它的宣传,我希望再多花一些时间来详细讨论一下这个话题。

　　我提醒理事会注意这样一个事实,在 1930 年 4 月,当时的南京国民政府外交部长王正廷向驻中国的日本公使承诺,他将采取适当措施防止因这份伪造文件的传播而造成恶劣影响,并且沈阳外交事务专员和天津市长也向各城市的日本总领事发去信件,做出了同样的保证。但是,我们在理事会面前的中国代表,以最负责任的立场提醒我们注意这份伪造的奏折,并且他保证其真实性不存在任何疑问。他有何意图? 至少这些中国官员在这个所谓的奏折上的言论并不一致。

　　我现在想说的是,这份奏折的英文版小册子已在美国和欧洲广为流传,这显然是由于中国的宣传,它甚至还被上海的民族刊物《中国评论周报》印刷发行。最近,它出现在一个鲜为人知的组织"纽约世界和平运动"的宣传中。美国版的副标题是"日本密谋征服中国以及美国和世界其他国家"。这本小册子被大量散发到美国的大学、中小学、报社、商会、俱乐部、和平组织等等。我们已故的首相犬养毅先生公开宣称这是伪造的。但是，我们日本人对皇室奏折必须遵守的形式和措辞有所了解，我们甚至觉得没有必要去反驳它。然而，有人费力在全世界传播这份奏折，显然是为了引导人们相信它的真实性，我或许可以指出一些段落来说服公正的人相信它一定是伪造的。即使对于对日本的奏折必须遵守的形式一无所知的美国人和欧洲人来说，只需提醒注意那篇长文件中的一些陈述，他们也显然会发现这份奏折是伪造的：

首先，没有任何日本外交大臣想过把如此详细的信息以奏折的形式呈现在天皇面前，何况包括如此微不足道的事务。这本小册子说：

"人们还记得，在《九国公约》签署之际，满洲和蒙古的限制性权力运动，舆论被大大激起，以至于已故的大正（Taisho）天皇召集山本（Yamagata）王子和其他陆军和海军高级军官举行会议，找到一种方法来阻止这场新运动。我被派往欧洲和美国秘密查明一些重要政治家的态度。我与这些大国秘密交流了关于满洲和蒙古发展的意见。我是经由上海返回的，在上海的码头，一个中国人试图夺走我的生命。一个美国女人受伤了，但我逃脱了。"

现在看看这段话。每个人都知道，在 1922 年 2 月 2 日华盛顿会议签署时，上述引文中提到的山本王子已经死了。山本的幽灵不可能召开所提到的大会，大正天皇自己病得很厉害，已多年不理国事。显然，天皇不可能，也没有召开这个伪造的小册子中提到的那种会议。田中男爵当时从未去过欧洲或美国，他上一次访问西方是在华盛顿会议召开前十年，那时我自己在华盛顿并在他返回日本的路上遇见了他。他生病了，当时只是一名少将。无论如何，他无法与不同国家的领导人讨论这些问题。

每个熟悉远东的人都知道，当他从马尼拉返回东京时，上述引文中提到的上海事件发生了，那个冒充的刺客不是中国人而是朝鲜人。

再次，这份伪造的英文小册子说"驻扎在菲律宾的美国亚洲中队距离对马只有一箭之遥"。您觉得田中会写这样的废话吗？从对马到菲律宾只有一箭之遥？从对马到马尼拉的距离超过 1 700 英里。显然，这本小册子的伪造者并不知道具体的地理位置，或者他认为 1 700 英里只是一箭之遥。

同样，这本小册子中写道"当时担任关东租界总督的福岛（Fukushima）将军，其女儿被派往内蒙古担任蒙古王子的顾问，以扩大日本的影响"。这对我们日本人来说太过分了。提到的那个女孩只有十五岁，正在东京的贵族学校上学,她不可能在蒙古担任蒙古王子的顾问。

同样,这本小册子还写道"名古屋的日军师团可以通过吉林—会宁线进入满洲"。首先,名古屋没有师团;其次,即使是今天,也没有吉林—会宁铁路。这是我们与中国讨论了多年的线路,但它还没有建成。

因此,您会看到一些中国人显然受到了成功让外国轻信这个假文件的鼓舞,已经发行了许多类似的小册子,如《福将军奏折》《日本殖民部会议秘密纪要》《日本密谋建立对满洲的管辖》等等。我确信这些小册子将被翻译成英文或法文,而且您将收到它们的复印版。您自己可以判断这类文件具有多大的可信度。

我现在谈谈抵制的问题。在日本政府提交给理事会的意见书中,以及我的陈述中,对此进行了充分讨论。因此,我仅简要谈谈这个问题。

在中国代表的发言中,给人造成了一种错误印象:只要中国人由于外国势力的一些错误做法而感到敌对,中国就会采取抵制措施。事实并非如此,抵制是针对某些特别措施而采取的,而由于该国的混乱局势,外国势力不得不求助于这些措施。不仅如此,它们经常被用来强迫和胁迫外国势力做出让步,并为强迫外国人或外国势力按中国意愿行事的企图提供支援。就我们在中国看到的情况而言,我们可以说抵制是一场变相的战争。它像真实的战争一样糟糕,甚至可能更糟。中国代表在谈到抵制时说:

"面对日本的侵略,任何形式的抵抗都是合法的防卫。在寻求通过国联根据《国联盟约》和平解决问题同时,为避免新局势被视为既成事实,有必要说明一下局势正在不断恶化。中国坚持自己的和平和宽容政策,选择了这种和平的抵抗模式。"

他继续说:

"在目前的情况下,中国政府将目前全国对日本公司和日本商品的抵制合法化,从而确保更加统一地实施,也许不是不切实际的。它尚未这样做,只是源于其克制和节制政策的特点。"

中国代表在发言中承认抵制是合法的,这在我看来有点严重。此外,他说,中国政府非常克制地没有全面执行这项政策来作为合法的抵抗措施。我想指出,我们的证据与这种说法相矛盾,这些证据已在现场调查过程中提交给调查团。

关于抵制,我还想说一点。我相信让理事会知道美国政府对此问题采取的态度,将会很有用也很有趣。在这里,请允许我提请您注意这样一个事实:中国对美国商品的抵制是中国近年来第一次针对外国势力大规模组织且有效运用的抵制运动。当时,我本人是日本驻上海代理总领事,上海港正是这次抵制的发起地,所以我讲的话有着自己的亲身经历和深入了解作为依据。事实上,我想补充一点,为了阻止抵制,我与美国驻上海总领事进行了密切合作。

如果我们参考《美国对外关系》第1卷中有关该主题的官方信件,就会了解到美国政府对中国抵制的反应。在那本书中,可以看到美国政府将这一运动描述为"对中国外交的非正规和非法的支持",这是我的论点。美国的观点进一步认为它是"一种以要挟他们国家做出让步为目的的胁迫形式,限制他们的贸易的阴谋,对条约的违反,以及在官方指导下并在中国政府的同情下进行的敌对行为"。继续引述:

"美国政府强调的意见是,这一运动公然违反庄严的条约和中国法律,是无知的人民承担政府职能和干涉国际关系的无理尝试,彻底制止它一直是且仍将是帝国政府(也就是清朝政府)的责任。"

中国政府还被警告他们将对所有损失负责,然后——请特别注意这一点——为了强制实现他们的立场,美国政府命令太平洋舰队随时待命。在直接压力和个人责任的威胁下,上海道台在24小时内停止了该港口的运动。还有比这更强有力的措辞或行动吗?

中方声明说[1]:

"当前的抵制运动一直而且仍将是为了反对日本的这种肆意侵略政策。"

它进一步指出[2]:

"必须强调的是,中国极不情愿对日本采取抵制行动,因为……虽然它是为了防御日本侵略,却给中国人民造成了相当大的损失和牺牲。"

在这方面,我想提醒理事会注意这样一个事实,即过去几年对日本的抵制不能被视为对日本军事措施的报复。可以举几个例子:1908年的抵制、1909年的抵制、1923年的抵制以及之前的另一次抵制——在凡尔赛会议结束后对日本商品和国民的大抵制,还有与1925年5月30日事件有关的抵制。这些抵制运动肯定不能认为是为了报复日本的任何军事侵略,事实胜于雄辩。至

---

① 参见第6次会议的记录,第14页。
② 参见第6次会议的记录,第15页。

于我刚才提到的对美国的抵制,我想指出,美国政府持有的明确观点和明确立场是,它不是针对美国军事或海军侵略的报复。

对于抵制,我就讲这么多。我现在要谈谈中国所谓的"排外"。

中国代表在声明中再次说①:

"对于其他国家,不存在排外主义","事实上,为了共同的利益和福祉,中国政府和人民真诚地希望与他们保持最友好的关系。我不需要在这一点上详细阐述:提及一些事实就足以表明这一点。超过36万外国人和8 200多家外国公司在中国和平地生活和工作。其中,7 567人是分散在内陆地区的传教士,他们的宗教工作没有受到骚扰或阻碍,事故很少发生。"

现在我想问大家是否认为"事故很少发生"。是这样吗?你们的看法是那样吗?我想只要大家查看过去十年的记录,就可以得出自己的结论。我不会占用大家更多的时间。但是,我想澄清一点,中国确实存在针对所有国家的排外主义。它可能隐藏在表象之下,但是当某个国家做了某件事或者中国想从某个特定国家获得某些东西时,中国就会采用排外的方法。正如我们一再指出的那样,而且调查团的报告书也表示,多年来——我想超过十年,可能是十五年——中国的学校一直在进行排外教育,中国的孩子从幼儿园一直到大学都在接受排外教育。我们还能期望从这种国家行为中获得什么?

众所周知,我们1900年在中国遇到了义和团的麻烦。外国公使馆被包围,囚犯被屠杀。想想这次义和团运动的基础:正是促使中国政治家对儿童进行排外思想教育的同一种精神。总有一天——可能就在不久的将来——全人类将面临中国这种强大的排外教育带来的严重后果,这让我们日本人非常焦虑。

此外,中国的这种排外教育将加剧中国的混乱,显然不会减轻混乱。这是全世界从现在开始将要面对的重大问题。这个问题本应在以前就得到解决,但是没有。它显然是适合国际联盟这样的机构进行处理的问题,而且需要立即处理。在过去的十年或十五年里,一千五百万儿童在学校和家中接受了这种排外教育。这些孩子很快就会年满20岁或25岁,将会挑战这个世界。如果允许这种状况在中国继续存在,那么满洲事件只是这个问题的一个小插曲。如果没有任何国家或机构对此问题加以讨论和干涉,任其发展下去,我认为总

---

① 参见第6次会议的记录,第16页。

有一天,中国的义和团运动会比上一次严重十倍或二十倍。到那时,世界意识到这一事实可能已经太晚了。

在日本看来,中国领导者应该清醒地认识到这种排外教育产生的灾难性后果,这也符合中国人民的真正利益和福祉。我相信,如果他们不自我完善,并设法阻止这种排外教育,最终会毁掉中国和中国人民。我认为中国人在没有受到这种教育时就已经遇到了够多的麻烦了。

在继续讲下一点之前,请容许我稍微讲讲著名的田中奏折。在中国报纸或其他国家的报纸上刊登不负责任的报道是一回事,对于一个坐在国际联盟理事会席位上的民众代表而言,对日本政治家或任何其他国家的政治家进行轻率的严厉控诉是另一回事。我认为中国代表这样做并不轻松,我认为他在这样做时完全认识到了他是在对已故的田中将军提出严厉的指控,指控其向天皇呈递了一份包含征服世界梦想的奏折。在提出这一指控时,我认为他已准备好证明这一点。我完全无法设想,理事会成员国因为对一个人或一个国家提出的某些指控而判定其有罪。我们必须遵守我们在得到证实之前无罪的规则。我想,在对已故的田中将军提出严厉指控并指出其真实性不存在任何疑问时,中国代表已准备好向理事会提交证据来证明这一点。因此,我将把这些话记录在案。

我要讲的下一点是,如此反复地指控日本违反《国联盟约》《非战公约》和包括《九国公约》在内的其他条约,以及甚至违反国联通过的决议。我们已在意见书和我的陈述中充分讨论了我们的立场。因此,我只想说日本政府采取的立场是他们从未违反任何这些条约。如果在以后的讨论阶段中需要我们进一步阐明我们的观点,我们已做好准备。

我要讲的下一点是中国的混乱及其责任。中国代表似乎将此主要归咎于日本的阻挠和干涉,其主要论点是建立一个庞大、统一的中国给日本带来的恐惧。我在西方人中经常听到这种说法,中国的情况和中国人民的基本特征对他们而言非常神秘,难以理解。我们日本人,特别是近年来,从来没有对强大、团结的中国感到任何担忧。相反,日本比任何国家都欢迎中国迅速恢复和平与秩序,欢迎一个统一、和平的中国。我们一直在尽最大努力协助中国恢复和平与秩序。熟悉远东事务的人肯定都知道,自明治这个伟大而令人敬爱的天皇统治以来,日本的政策就是竭尽全力维护和维持整个东亚的和平与秩序。我们在任何时候都丝毫没有偏离该政策。然而,我们必须承认,我们的中国朋友不会简单地理解这一点。当然,我们和任何欧洲或美国人一样,我从未声称日本人是完美的,或者他们不会犯错误,有时甚至会犯罪。然而,到目前为止,在人力所能及的范围内,日本一直在竭尽全力维持远东地区的和平与秩序,也就是执行日本自明治时代以来的伟大政策。

主张很容易提出,但在一个人提出主张之前,特别是如果他处在一个负责任的立场,那么他应该三思而后行,他必须确保能够提供大量证据来证明自己的主张。如果可以的话,我不想说任何贬损中国特色的话,但无论会令一些中国朋友多么反感,我都要坦率和坦诚地讲,一些中国人经常在不知道或不想知道事实的情况下,轻率地对其他人提出非常不负责任的指控。一些中国人经常这么做,目的是有意利用人类特有的心理,那就是在反复听到某一陈述后,人们就会开始相信该陈述是真的。不仅听者开始相信它,如果编造故事的人坚持反复地讲,他自己也会开始相信它是真的。这是一种特有的人类心理,我们的一些中国朋友非常热衷于利用它。

当这些指控在国际联盟理事会这样庄严的机构中提出时,我们希望提供事实和证据来证明它们。而且就我们而言,请允许我再次重申,日本没有违反我们认为应该遵守的任何现有条约。中国代表指出,我们应对该国的混乱负责。我再次声明我们不能承担责任,应该负责的人正是提出这些指控的中国人。

中国代表明确提到日本在某个时候阻挠中国的事实。但是,我想请问中国代表:谁拯救了目前存在的中华民国?当我们政府联系美国政府时,美国政府拒绝采取任何行动来拯救中华民国。尽管面对美国政府的意见,我们还是努力拯救中华民国。如果我没记错的话,在充满野心的最高统治者袁世凯垮台后,是我在中国的老朋友之一王正廷感谢日本人在北京拯救了中华民国。我认为这一陈述足以表明日本确实值得中国人民感谢,他们真正打心底维护了现在的中华民国政权。如果他们希望看到中华民国继续存在,那么他们有充分的理由至少对日本拯救中华民国表示赞赏和感谢。

众所周知,伟大的中华民国领袖孙中山先生在遇到生命危险时经常在日本寻求庇护。在南京设立的临时政府即将垮台时,他的日本朋友在没有要求任何回报的情况下给了他 300 万美元,正是这 300 万美元挽救了该政府。蒋介石将军自己也知道这一点。

关于中国的混乱问题,请允许我简要说明一些事实,这些事实在一定程度上构成了中日关系的背景。

众所周知，清朝那位伟大但狡猾且不讲道德的政治家兼外交官李鸿章签署了《马关条约》，郑重地将满洲的南半部分割让给了日本。而与此同时，他还邀请了俄国、德国和法国进行著名的三重干预，联合对日本进行抗议，建议其放弃在中日战争中获得的合法成果。我们遵守了所谓的建议，该建议的明确依据是日本获得满洲南半部分将扰乱远东地区的和平。仅在第二年，三大国之一的俄国就与中国缔结了臭名昭著的秘密条约。俄国没有在条约中透露自己的真实意图。我认为是当时中国驻华盛顿公使伍廷芳先生，在美国代表的强迫下公布了所谓的秘密条约要点。然而，在俄国政府后来公布该条约时，以及在马慕瑞（MacMurray）的中国对外条约和协议汇编中，我们才知道存在一处非常显著的疏忽。尽管是一个针对日本的侵略同盟条约，但一些中国朋友总是试图称之为防御同盟，对此条约另做解释。我不知道是否有一个签订条约的联盟自称为侵略同盟。我们必须根据前因后果、签订该协议时的相关情况以及签订后的情况来判断协议的性质。正如我所说的，我们后来才了解到，根据该协议，俄国可以快速侵入满洲并驻扎下来，并开始建造通往大连港的大规模铁路线。俄国甚至试图越过鸭绿江，矛头直指日本的心脏。除了战斗，我们别无选择，虽然我们主要是为生存而战，但我们也从俄国那里回收了中国政府割让给俄国的满洲领土，并将它们归还给了中国。当我们牺牲了数十万日本人的生命并承担了 20 亿日元的债务时，难道不值得获得一声感谢吗？当然，与上一次欧洲战争所花费的金额相比，这是一笔非常小的数额。但是在当时，对于像日本这样的贫穷国家来说，这是一笔惊人的负担。这笔债务现在还未还清，日本人民仍遭受着在满洲与俄国作战所欠下债务的压迫。这是为了什么？为了从俄国手中夺回满洲并归还给中国。我们没有听到任何感谢的话。您必须明白这些事情的本质。这就是历史，要理解今天的日本人在满洲问题上对中国的看法，必须站在历史的角度。如果没有深入了解这个问题的历史，您就无法了解它的真相，也没有国家能够完全理解日本人民的感受和情感。

正如我刚才指出的，这个秘密协议最终在华盛顿会议上曝光。日本在那以后做了什么？我们什么也没做。不仅如此，我们甚至没有在官方场合提到过它——我们对整个事件保持沉默，没有日本人试图重新审理此案。我认为，如果我们想重新审理整个案件，即使在今天，我们在法律上仍有权这样做。我们有权询问中国准备如何修正它。坦率地讲,如果我们了解日俄战争结束时的世界氛围,如果我们知道这个秘密同盟条约存在,如果我们知道是中国带领俄国进入满洲对抗日本,我认为我国政府会要求割让整个满洲,那么现在就没有满洲问题需要讨论了。我们没有得到感谢,没有收到来自中国的感激之情。我们受到的对待就好像日本人在满洲毫无权利,我们被单纯地视为侵略者。众所周知,张作霖与国民政府联手,尽力想将日本人赶出满洲。我认为,任何处于此情况下的国家都会像日本一样做,也许比日本行动得更快。我们不确定未来的中国是否会出现另一个李鸿章,并缔结一项危及日本生存的秘密同盟条约。

我还想对中国代表提交的书面文件中的另一段话发表一些意见。其中表示:

"一个国家政治组织的完善程度的另一个合理指标在于,其与其他国家在合作维护国际文书尊严上的忠诚度和有效性。这种合作是国际生活的新秩序和世界的和平运转不可或缺的条件。按照这个衡量标准,人们不禁要问,日本作为一个国家,其组织有多完善?"

显然,我们尊敬的中国代表发表了一条原则性声明,但是,在提到一个国家政治组织的完善程度的另一个合理指标在于忠诚度和有效性时,他的脑海里想到的是自己的国家。在这一点上,我想请理事会判断中国目前政治组织的完善程度。我几乎不需要重复我们已在陈述和意见中阐述的观点。

然后是中国代表的无理评论,他说人们不禁要问日本作为一个国家,其组织有多完善。对于这句话正不正确,我也完全留给理事会来判断。

最后,我想就中国代表向国联提交的书面文件中的最后一段发表一些意见。在该段中,中国代表说①:

"现在是国联迅速有效地采取行动的时候了。继续犹豫不仅会给满洲的三千万中国人带来更多的杀戮和痛苦,而且可能会无可挽回地动摇对这个伟大和平机构的效力的普遍信心。"

关于这一表述,我国政府认为,在就目前提交国联理事会的远东最复杂和严重的问题采取任何仓促和草率的步骤之前,需要仔细地进行审议和反思。我们向理事会保证,进一步的犹豫不会给三千万中国人民带来更多的杀戮和

---

① 参见第 6 次会议的记录,第 21 页。

痛苦。事实上,正如理事会所知,尽管满洲仍然没有完全恢复秩序,但与正在遭受内战和土匪劫掠的 4 亿中国人相比,满洲三千万人中的绝大部分都享受着更多的福利和幸福。如果中国代表有不同的看法,他可以通过事实来证明。

在这方面,让我谈谈一段简短的经历。当我 26 岁前往满洲时,我看到满洲的民众(中国人)衣衫褴褛,食不果腹——我指的是大多数劳动者和普通人。这个国家很落后,而且很明显,当时长江流域的老百姓比满洲的人民富裕得多。他们穿得更好,吃得更好,更开心。当我几年前前往长江地区时,我曾与杨持提将军进行过两次长时间的谈话,持续了六个半小时,主要涉及一些保密内容,我对当时长江流域的普遍情况感到震惊。我看到人们衣衫褴褛、食不果腹、条件恶劣。在我离开该地区返回东京的途中,在经过满洲的一些地方时,我注意到了人口条件的巨大反差。我可以看到这里的中国农民和普通民众穿着更好,吃得更好,生活条件更好。在这 20 年内,情况发生了逆转。这是为什么以及如何发生的? 在这一点上我几乎不需要详细阐述,理事会自己知道原因。

在结束之前,我想说,当中国的请求中包含我刚才念到的表述"……可能会无可挽回地动摇对这个伟大和平机构的效力的普遍信心"时,我不禁感觉这一和平机构面临着一种隐藏的威胁。我向大家保证,我们的中国代表所设想的情况不会在远东地区造成任何后果。

主席先生,感谢您允许我就中国代表的陈述发表这些详细的意见,我想重申一下,对于其他方面,我不太愿意在理事会发表任何评论。如有必要,我将保留提出进一步意见的权利。

顾维钧先生:由于时间已经很晚了,而且日本代表提出了太多观点,我认为针对这些观点发表意见可能会花很长时间,所以我想请求在另一次会议上提交更全面的意见。我们听到了日本代表非常全面且非常详细的陈述,但我想挑选其中的两三点,只需寥寥几句就可以回答。首先,他否认存在我前一天向您解释的大陆政策,他试图给您留下日本是一个和平国家的印象——没有其他国家比今日的日本更加和平及更热爱和平。他甚至声明日本放弃的权利比其获取的更多。我想提醒您回想一下我昨天的发言,只需回想几个地方的名字——琉球群岛、台湾岛、朝鲜和现在的满洲,他没有告诉您它们被谁控制着。

然后日本代表竭尽全力向您解释这个所谓的田中奏折是一份伪造的文

件,他借此机会向您描述了田中将军的行程,甚至用一个迷人少女的简介来吸引您的注意,向您介绍了她的年龄等详细信息。但他没有同时告诉您这份奏折真正更重要的部分,不管它是否是伪造的文件:奏折中描述的占领满洲和蒙古的必要措施,以及获得华北和东亚的统治权,过去几十年来一直是日本的实际政策。相反,日本代表否认该奏折发起并制定了所谓的"田中积极政策"。我想引用调查团报告书第 41 页中的话:"这项积极政策以军事力量为基础。"同一页还提到"田中内阁的积极政策更加强调将满洲与中国其他地方区别开来的必要性"。所有这些都是了解满洲目前的地位的关键,也是了解日本持续且蓄意尝试将满洲与中国分离的关键。该报告书继续说:

"该声明直言不讳地表明'如果骚乱蔓延到满蒙地区,那么它的积极性就得到了明确表达。因此,和平与秩序受到破坏,进而威胁到我们在这些地区的特殊地位和权利'(这也是该奏折中的原话),日本将'加以防卫,无论威胁来自哪里',这清楚地表明了它的积极特征。"

调查团补充评论说:

"田中政策明确宣称日本将亲自承担起保护满洲的'和平与秩序'的任务——与以前仅限保护那里的日本利益的政策形成鲜明对比。"

在 1927—1928 年中国统一之际,田中将军还派兵对常胜的国民党军队的行进加以牵制。管见所及,行动比争论更有说服力,事实胜于雄辩。

我想再次提醒,如果这份文件是伪造的,那它一定是日本人伪造的,没有一个中国人能够如此周密地构思和概述现代日本所遵循的政策的每一个细节。您应该明白,中国有理由相信这份文件是真实的。回想自 1905 年以来,在过去的 27 年里,日本提出了一条匪夷所思的主张,中国有一项条约权利允许日本阻止他国在满洲建设一条与南满铁路平行的铁路。甚至在今年 1 月份,自东京发出的一份半官方的快件声称有一个包含 16 条的"秘密议定书",中国对此进行了否认。但是存在这样的议定书吗? 中国一直否认存在这样一份议定书,但据我所知,日本在多年前甚至通知欧洲和美国政府,反对在满洲执行经中国批准并得到美国、英国和其他欧洲金融家支持的铁路建设项目,理由是中国存在这样的条约约定。但请让我引述调查团的话:

"……我们现在能够表明,所谓的中国全权代表在 1905 年 11 月至 12 月的北京会议上关于所谓'平行铁路'的承诺,并未包含在任何正式条约中,所涉及的所谓承诺可以在 1905 年 12 月 4 日的北京会议第十一天的会议记录中找到。日本和中国顾问已对我们一致表明，除北京会议记录中的这一内容外，不存在其他包含这些所谓承诺的文件。"

这只是一个问题，请允许我补充另一个问题。回想 1915 年，犹如晴天霹雳，日本向中国提出了"二十一条"，当欧洲和美国政府得知存在"二十一条"并正式询问日本时，日本否认了这份报告的真实性，并称这是中国官员的恶意捏造。当它再次被要求确认时，尽管这些政府手中已有"二十一条"的文本，但日本仍然矢口否认，并且确信中国一定会保守秘密，中国已被威胁如果泄漏这些要求，将面临可怕的后果。但是，当驻美国和欧洲各国首都的日本外交大使面对"二十一条"的官方文本复印件时，他们是如何回答的？首先，他们回答必须发电报到东京进行询问；然后在两三天后，他们回答确实存在"二十一条"，但只有前十一条是要求，而第五条在本质上只是愿望，它们不是要求。有过这样的经历，您会明白为什么中国不能不为这个奏折的内容感到不安，无论该文件是否真实，正如我所说，我的观点是，日本过去在否认其某些行为的真实性方面所做的事情，今天可能会再做一次。

日本代表还试图让我相信另一个观点——即抵制实际上是变相的战争，他补充说这比真正的战争更糟糕，比满洲的情况更糟糕。如果确实如此，那么我们宁愿日本抵制中国货物，而不是强行将满洲与中国其他地区分开。但我们认为，抵制是一种和平的防御手段。

我们还听到了对中国所谓的排外主义的冗长描述，松冈先生试图描绘目前在中国学校接受教育的 1 500 万年轻人的崛起将带来的恐怖和可怕后果。我昨天解释说，中国没有真正的排外情绪。今天我不会再回答这个问题，因为记录有案可查，大家都可以查看。

关于日本代表呼吁国际联盟理事会寻求抵制问题的解决方案，我认为在日军撤出满洲和远东地区的和平威胁消除后，国际联盟有足够的时间进行讨论。

松冈先生还提到了中俄在 1896 年签订的《卡西尼条约》的问题。这是在中日战争——朝鲜之战——的第二天签订的一项条约，正如我昨天解释的，陆奥男爵坚持在他希望的时刻发动这场战争。可以回忆一下他对日本驻汉城大臣的指示，告诉他现在是时候采取果断行动了，并断然命令他（引用他自己的话说）"利用任何借口发起积极行动"。这场战争的结果是导致了《卡西尼条约》的签订，因为中国希望将朝鲜从日本手中解救出来，并防止日本进一步侵占满洲。日本代表抱怨三个欧洲大国的干预。我们认为，这是一种非常合理的行为，如果满洲继续得到这三个欧洲大国的集体支持，我们今天就不应该存在满洲问题，因为满洲仍然是中国领土的一部分。

日本代表试图通过一次申诉给理事会成员留下深刻印象，那就是正如他所说的，日本真诚地希望帮助中国人民，日本真诚地希望看到中国统一。但让我们想想，帮助中国统一的计划是什么——上海的军事行动，轰炸未受保护的城镇，以及武装占领中国的部分领土（正如我昨天所说，面积相当于德国和法国的总和）。甚至现在，日本军队仍在打击反对"新政权"的中国爱国者。如果这是帮助中国人民和帮助中国统一的方式，那么日本代表就会明白为什么我们不欢迎它。我们不能通过诱拐家庭成员来让家庭变得团结，不能通过将中国最富有的三个省份与中央政府分开来帮助中国。换句话说，日本代表试图向您呈现的景象与实际情况不符。我不会讨论事实问题，因为您面前已有调查团的报告书。但是我们面对的问题中还有其他更重要的方面，由于现在时间已经很晚了，我将在理事会的另一次会议上就这些方面发表意见。

松冈先生：主席先生，请允许我提醒中国代表，他保留了对我的发言进一步发表意见的权利。我要求他不要争论奏折问题，但是因为他已发表声明表示其真实性不存在任何疑问，所以我要求他通过证据证明这一点。我提出这个要求是为了让他在下次会议上特别考虑到我的要求，并对此做出回应。

（应主席邀请，调查团团长李顿勋爵来到理事会议席前。）

会议主席：理事会成员现在已经听取了日本和中国代表分别在星期一和今天下午的发言。调查团的成员们欣然接受我们的邀请来到日内瓦，听取了这些发言，我相信理事会成员非常想知道，这些意见和发言是否会导致调查团认为应对其报告书中表达的观点进行任何修改或补充。如果大家同意，我建议邀请调查团开会审议这个问题，并在方便的时候尽快给予答复。理事会成员是否同意？

松冈先生：我们对主席的提议没有异议，但我们希望澄清，虽然调查团成员可以自由发表个人意见，但任何特定成员的意见都不应解释为代表调查团本身的意见。应该澄清，调查团提出的是代表整个团体的意见，而不是任何特定成员的意见。

还有一点，据我们了解，调查团的任务在向国联理事会提交报告书时就已经结束。因此，根据授权调查范围的清楚解释，就我国政府或我本人提出的意见或揭露的信息而发表观点，超出了调查团的权限范围。

会议主席：关于日本代表提出的第一点，该意见当然是调查团的整体意见。关于第二点，我认为在被理事会正式解职之前，调查团仍然存在，理事会可能希望从整个调查团获得的任何意见都应该提供给理事会。

松冈先生：主席可能误解了我的意思。调查团报告书第138页有以下陈述："我们的工作已经完成。"我们同意这段话，调查团的工作在撰写报告书时已经完成，因此我们认为调查团无权对报告书撰写后发生的情况发表任何评论或意见。这是我们的印象，如果理事会在这一点上有不同看法，我希望提出反对和保留意见。

会议主席：我的观点是调查团的工作在被理事会正式解职后才算完成。我想过去的惯例是，在成立这样的调查团时，调查团主席会出席理事会会议，并回答理事会成员可能向他提出的问题，以对报告书进行解释。

顾维钧先生：我代表中国政府，赞成主席提出的建议，邀请调查团按照自己的意愿发表意见。我认为在这里做出了长时间的详细陈述后，特别是考虑到日本代表发表的声明有意与报告书中的事实陈述相悖时，应为由这些著名和杰出成员组成的调查团提供表达自己意见的机会，只有这样才算公平。

主席先生，我是否可以认为，在我有机会对日本代表今天所作发言发表评论后，调查团将会发表评论和意见？

松冈先生：我想表明，我完全理解中国代表所表达的观点，但为了避免任何误解，我想澄清一点。根据我们的观点，调查团的工作在报告书完成时已经完成，调查团的职权范围不包括在报告书完成后发表观点，或者讨论报告书完成后做出的陈述或意见。我们必须遵守一些规则，如果我的解释不正确，我可以收回所说的话，但我对此深表怀疑。

会议主席：我想澄清一下我的提议。我并不是说调查团应该在其报告书中添加任何内容或进行修改。我的建议是，他们应该开会考虑根据其所听到的意见，他们是否希望对报告书进行增补或修改，并告知我们这一事实。

松冈先生：这正是我们反对的。很遗憾，我不得不明确表示对此观点怀有疑问，因此我希望保留进一步研究的权利。

李顿勋爵：主席先生，我想代表我的同事，感谢您给我们提供机会说明日本和中国代表所发表的意见是否会导致我们对报告书中的意见进行任何修改。很明显，我在此争端上可能表达的任何意见肯定是整个调查团的意见，在我有机会与同事开会讨论之前,我无法回复您的邀请。我们将在明天开会并讨论您向我们发出的邀请。

关于日本代表提出的问题,调查团自其成员返回各自国家以来没有举行过会议,也没有代表调查团表达过任何意见或采取过任何行动。我对邀请的理解并不是我们应该被要求对已经提出的意见发表评论;我对邀请的理解是我们应该告诉理事会成员,针对我们的报告所发表的意见,是否会导致我们对报告书做出任何解释、修改或调整。如果我理解得没错,那么这是我要向同事们提出的唯一一点,这是机会出现时我将发言的唯一一点。

会议主席:我认为,在日本代表持保留意见的情况下,理事会同意这一邀请。

该提案获得通过。

(李顿勋爵离场)

资料来源:FO 371/16183,第 118—123 页

(杨越 译 陈志刚 校)

第 8 次会议(先公开举行,再秘密举行)

举行日期:1932 年 11 月 24 日(星期四)下午 3:30

会议主席:德·瓦勒拉先生

参会人员:理事会成员国所有代表及秘书长。

3164. 中国政府的申诉:根据理事会 1931 年 12 月 10 日通过的决议设立的调查团的报告书(续)。

顾维钧先生:在昨天下午的理事会会议上,我答应今天就日本代表的发言继续发表我的意见,但我想首先说明,我不打算对他提出的许多问题——在我看来无关紧要的问题——进行详细回应。这些问题可以并将在书面陈述中得到充分回答,该书面陈述将提交给国联秘书处,分发给理事会和国联成员,以便节省宝贵的时间。

我们都知道律师在为一个坏人的案件辩护时的做法,那就是将注意力转移到无关紧要的事件上。我谨向您保证,我无意迁就日本代表而采用他的战术,他的战术包括详细阐述各个附属问题和回避主要问题。但是,在我开始评论这些主要问题之前,我想——事实上,我觉得有必要——回答一两个问题,

因为日本代表特别要求我回答这些问题。在两天前我在理事会发言时，我提到了一个名为田中奏折的文件，他要求我提供证据来证明该文件的真实性。在我看来，在这份日本文件是否存在的问题上，只有能够访问东京帝国档案的人才能提供证据。然而，在我看来，这个问题的最好证明就是满洲今日的整体局势。此外，如果它是伪造的文件，正如我昨天所说的，它一定是由日本人伪造的。我很高兴地告诉您，虽然日本代表松冈先生昨天暗讽了我的国家，但他实际上在这一点上赞同我的看法，因为他在 1931 年 7 月出版的题为《满洲和蒙古的运动》的书中，第 35 至 36 页说道：

"据说这个田中奏折的原件是由居住在北京的某国国民伪造的，甚至还有一些可靠的证据。然而在我看来[松冈先生继续写道]，它可能是某个日本人伪造后高价卖给中国人的，购买它的人认为它是真实的。"

我想，要回答这个问题，用日本代表的话来回答他自己的暗讽就是最好的方式。他提到中国政府 1930 年保证不会鼓励传播该奏折，这是中国方面完全出于友好目的而做出的保证。中国想不到，在这份日本代表认为虚假的奏折中如此全面地概述的政策，正是过去几年日本一直遵循的政策，也是今天其在满洲仍然遵循的政策。此外，我昨天在发言中强调，田中将军的"积极侵略政策"是存在的，而且日本一直积极奉行这一"积极政策"。它的实质内容至关重要，因为它是如此的真实。形式问题无关紧要。

但是，简单来讲，关于这一点，我只有一句话要补充。由于日本代表非常重视田中奏折的真实性问题，我对理事会成员的唯一建议是，从现在开始，你们所有人都有机会阅读这份文件，完全了解它的内容，并能够将日本今天的实际政策与这份奏折所倡导政策的所有细节进行比较，然后自己判断这份文件的真正意义。

我想提及的另一点是 1896 年的中俄秘密条约，这是日本代表用很长篇幅批评的另一个话题。该条约是为了提防日本在因中日战争而获得对朝鲜的控制后进一步侵占满洲。

日本代表强烈批评中国与俄国缔结这一秘密条约的行为，但我完全不信他真的认为中国方面的这种行为如他的话让我们相信的那样令人反感，因为我相信他作为自己国家的代表，比我们任何人都更了解在过去 30 年里，日本已经缔结了比我们所知的更多的秘密条约和联盟。仅与俄国，它就在 1907 年制定了一项秘密条约（几乎是在日俄战争的第二天），并在 1910、1912 和 1916

年相继签订了更多秘密条约，所有这些条约都是为了与俄国一起瓜分中国领土，因此全部违背了中国的利益。如果他自己的国家不那么擅长签订秘密条约和缔结联盟，那么他在这一点上的批评可能更有说服力。

针对日本代表昨天发言中的另一段话，我还想讲几句。他抓住机会描述了长江流域人民的状况，并将其与今天所谓"满洲国"的人民的条件进行了对比。他告诉您，"满洲国"的大多数人现在都享受着前所未有的幸福，他们的福利也得到了改善。

请允许我阅读我们最近收到的电报中的段落。昨天收到的这份电报讲了9月16日早上在抚顺（辽宁省）附近的平顶山发生的一个事件，内容如下：

"事件发生于9月16日早晨，3名义勇军士兵来到该地［平顶山］询问路线。获知此事后，日本当局带领200名配备机关枪的日本士兵，召集3个村庄的村长回答问题，因为这些村庄的居民都被怀疑窝藏或协助义勇军。然后，3个村庄的所有居民都被命令前往（平顶山）山顶接受检查。他们被命令坐下，机关枪瞄准了他们的背部。他们中的一些人自然受到了恐吓，在努力站起来时被日军用机关枪扫射，造成700多人死亡，60至70人重伤，约130人轻伤。三个村庄被烧毁——千金堡、栗家沟和平顶山。"

让我描述一下11月9日和10日发生的一件最新的事件：

"11月9日，六架日本战机对腰库勒和李家地房子村庄进行轰炸，第二天，在八架飞机、四架野战炮和两支重炮的支援下，1 000名日本士兵对他们进行了攻击。被杀害的中国人超过了100。"

在接受日本代表关于"满洲国"人今天享受着幸福的言论之前，恳请您考虑这些事实。

现在请允许我陈述我认为是主要问题的内容。我必须提出一些重要问题。1931年9月18日的事件是日本方面的自卫行为吗？答案是，否。所谓的"满洲国"是真正的中国独立运动的结果，是满洲人民自由意志的表达吗？答案是，否。日本是否像一再向理事会的承诺那样撤回了部队？答案是，否。为了防止局势进一步恶化，日本是否停止了军事行动，不再采取主动行动？回复是，否。争端能否通过和平方式解决？回答是，能。

在我看来，这些是在审议整个争端的过程中应该给予最大重视的重要问题。

换句话说，在我们的一个案件中，一个国家非常重视传统的扩张与侵略政策，拥有完善的现代战争机器，并制定了对邻国领土的军事占领计划。它侵入了这个邻国的领土，而且尽管它一再被提醒注意其作为国际联盟成员和伟大和平条约签署国所许下的庄严承诺，但仍在继续执行这项计划。尽管其授权代表一再向理事会做出承诺，但它仍在进一步加剧局势的恶化。它甚至人为地创造了所谓的"满洲国"，并违反《九国公约》中对尊重中国的主权、独立和领土完整的明确承诺，与"满洲国"缔结了一项盟约。

日本代表否认了这些事实，或者反驳了这些事实的意图。我并不是说我比他更有权利，应该优先考虑我的事实陈述，在这一点上我们无须争议。我们面前有一份事实陈述，这份报告书为我们提供了满洲已存在且仍将存在的局势的真实情景。这是一份尽责而全面的陈述，是调查团经过数月的艰苦工作和个人调查，经过认真讨论和起草报告后才完成的。如果我们在这里讨论调查团的调查结果，那不仅意味着调查团的工作是徒劳的，而且将让我们无法共同努力为这一非常重要的世界性问题找到解决办法。

对于事实问题，我就讲这么多。现在请允许我讲讲法律问题。在这方面，我承认，目前日本代表提出了我们应该承认的权威机构的问题。他说：

"经常有人问，'为什么我们不把满洲问题提交给国际联盟'？简单来讲，答案是，第一，日本的民族情绪不允许外界干涉满洲问题。我们一直采取这种态度。第二，如果我们把此问题提交给国联，由于国联程序总是会发生延迟，包括朝鲜血统在内的日本臣民在满洲的地位会受到严重损害，满洲有超过一百万日本人，包括具有朝鲜血统的人。第三，日本人和西方人的心态存在差异。在情况变得严峻之前，西方人就会开始争论，而日本人可能长时间抱着找到解决方案的希望。第四，当爆发点意外发生时，事件就会按照其自然的进程发生。"

这些是他向理事会明确提出的理由。如果他的言论有任何意图，那就是：民族情感是国际关系中对与错的唯一评判者；在情况变严峻之前，日本不能遵循西方的争辩方法，因为用日本代表的话说，"日本人可能长时间抱着找到解决方案的希望"。我们想问这个希望是什么。我们现在才明白，这个希望就是中国面临历史上最严重的自然灾害之一——长江流域的洪灾发生之时，就是中央政府将资源和精力都用在镇压各省的"共产主义动乱"之时。这是日本希望的时刻。也正是在这一时刻，世界陷入经济萧条，中国对外努力解决债务、赔款和安全问题，对内努力解决失业、预算平衡和社会动荡问题。这是日本希望的时刻,而这一刻于 1931 年 9 月到来。

让我们问问日本希望的解决方案是什么。解决方案是这样的:日本可以自行处理此事,而不必担心世界其他国家面临多大的困难。从袭击奉天、吉林、长春、安东和营口开始,该解决方案的基础就是精确执行军事占领整个满洲,将其与中国其他地区强行分离的计划。这就是日本所理解的事件"会按照其自然的进程发生"的方式。此外,在提到调查团关于在满洲维持现行政权同样不令人满意的陈述时,日本代表表示:"我们不能考虑这样的方案。"这些是日本代表所讲的话。对国际联盟和全世界来讲,这段陈述的最终基调只能从法律角度来解释。这段陈述无异于表明,无论挑战正义还是不正义,有国联还是没有国联,和平还是不和平,日本只考虑自己的利益。中国和其他国家的权利和利益,以及全世界的和平与公共福祉,是日本毫不关心的事;或者说,它们至少必须服从日本的利益。

我想问一下这种态度是否与当今世界的情感和愿望一致和相容。第一次世界大战是徒劳的吗? 这场可怕的苦难所造成的牺牲毫无意义吗? 国联盟约是否如日本希望的那样,应该被视为一纸空文? 日本全权代表在《非战公约》上的签名是否可以解释为仅是日本当时的一种迁就和友好的姿态?《九国公约》规定签署国有义务尊重中国的主权、独立和领土及行政完整性,这难道只是为了收集签名吗? 日本所接受的理事会和全体大会决议的重要性比不上辩论会议上的会议记录? 如果这些决议更重要,如果我们要让国际联盟的权威免受严重侵犯,如果我们要继续坚持以各国合作促进和平为基础的新国际生活体系,如果我们真的要在不危及安全的情况下解除武装,如果我们要以和平方式解决国际争端,而不是以武力进行仲裁,从而使人类避免几个世纪以来的可怕的生命牺牲和财产损失重演,如果我们要实现(哪怕是缓慢地实现)人类以正义和法律为基础而建立永久和平的希望,那么,我谦卑地说,我们不能对日本的这一挑战置之不理。

会议主席:在日本代表发言之前,我想指出,迄今为止的先例是,当理事会收到这样一份报告书时,双方都有两次发表意见的机会。因此,除了非常简短的评论外,这将是您最后一次有机会发表长篇演讲。

松冈先生:主席先生,我承认我对这一程序不是很熟悉,但我非常感谢您给我机会再发表一些评论。

我昨天建议中国代表应该提供证据,证实其对一位日本政治家非常严厉的指控。在我看来，当一个处于负责任立场的人做出这样的指控时，他应该准备好提供证据来证明该指控。但是，中国代表没有提供证据，没有承认他拥有证据，请让我讲讲我的一本书。这本书是用日文写的，但根据我的记忆，我认为他正确地引用了我在其中所说的话。由此，我得出的结论是，他同意该书中关于该文件是伪造的说法。不过，我想澄清一下，对于我之前提到的田中奏折，我并没有指控任何人伪造，而只是表明它是伪造的文件。我没有说它是由任何中国人伪造的，在我的书中——中国代表引用了其中的一段——我说我拥有证明它是捏造的信息。根据我的记忆，我没有在书中给出这个地方的名字。在写这本书时，我已掌握了一些信息，我依据这些信息断定该文件是由北平的一位武官在中国人的默许下捏造的。尽管我被告知这些信息来源可靠，但我简直不敢相信，并且认为接受这类信息时必须非常谨慎。这些信息的大意是，该文件是由一些不负责任的日本人编造的。所有国家都有这样的人伪造这种文件并出售它们。

为了更清楚地表明我的观点，请允许我提及以下事件。几年前，我们坐在东京讨论和平协会会议的议题时，我们没有得出任何结论，出席会议的日本人也没有制订任何计划。后来，我从一个非常可靠的来源了解到——直到今天，我也毫不怀疑这是真的——某个日本人起草了一份包含秘密信息的报告，据称其中包含东京会议的日本参与者的一份行动计划。那份文件被中国人以 5 万美元的价格买去。这是事实，而且就我而言，我相信这是真的。所有国家都经常有流氓无赖干这种事情，但关键在于，为什么一个国家在理事会议席上的负责任代表，在他无法证明且没有任何支持证据的情况下，会提出这种严重的指控？这是我想表达的看法，但我不需要进一步阐述，我所发表的评论就足够了。

中国代表在另一天声称，中国政府或南京国民政府没有完全指挥中国针对我们的抵制运动，我在陈述和后来的发言中断然反驳了中国代表的言论，我感觉只有我提供了相关的证据才公平。他同时承认政府在某种程度上参与并鼓励了这场运动，我已要求理事会认真留意此言论。

但是，由于我与他的一条陈述相矛盾，我觉得我有义务提供一些证据。我们已掌握了部分证据。我们面前有一份文件，阐述了南京国民政府行政院的一份包含秘密指示的文件。如您所见，这些是中文版本，您可以在调查团报告书补编第 230 页找到该文件的翻译版本，所以我不会念出来。其中包含有关中国抵制日本货物和日本侨民的秘密指示,以及一般商业抵制的秘密指示。我们拥有的第二份文件题为"交通部港务局局长指示,第9号",是发给天津的东海轮船公司的。由于该公司写的是中文名称,所以他们把这家日本轮船公司误认为中国公司,并将这些秘密指示发给了这家日本公司。这就是我们得到这些秘密指令的方式。该文件的内容载于调查团报告书补编第232页,因此我不需要重复阅读,谨请理事会查阅我提到的翻译版本。

第三部分是北平国民党关于抵制的指示,日本顾问在1932年8月31日的第112号记录中向调查团提供了翻译版本。还向调查团提供了这份原始文件的照片。

我指出的这些证据与中方代表的明确说法相矛盾。

针对中国代表今天下午发表的言论,我只想说,虽然指控我回避主要问题,揪住无关问题不放,但他本人也在非常谨慎地回避问题。他以这种方式吸引我的注意。当我转向右边时,他走到我的左边,然后说"您在回避",当我左转来寻找他时,他又转过右边,然后说:"你转错方向了,您不应该转向。"在我看来,他似乎不愿正视我,而指责我回避重点或引入无足轻重的问题。我的意见已足够说明这一点。

然后对于田中奏折——我不会再提田中奏折。

至于中国的秘密同盟,我的理解是,中国代表表示这个同盟的目的是阻止日本侵占中国领土。关于这一点,我会向理事会介绍相关历史,并请各位成员自行判断这个现在著名的秘密同盟条约哪个版本是正确的。

然后,关于他提到的电报信息——我完全不知情,而且我没有谈论不知情的事情的习惯。因此,我谨表明,如果我发现有必要查明此案件的事实,我会去查明,并且可以及时以书面形式提出。

然后,中国代表告诉我们,主要问题是:(1)日本在满洲采取的军事行动属于自卫吗?(2)独立运动如日本政府声称的那样是真实、自发、独立的运动吗?(3)日本是否履行了撤军的承诺?(4)日本承诺不会加剧局势恶化,日本是否这样做了?(5)是否存在解决这个问题的和平方式?

对于第1和第2个问题,日本的回答是"是",但中国代表的回答是"否"。对于第3和第4个问题——日本没有履行诺言——中国的回答是"否"。对于第5个问题,我确实无法清楚理解他说的话,但我的理解是他认为存在和平手段,并且应该采用这种手段,并且他求助于国际联盟正是出于此目的。至少这是我对其发言的理解。

在这些问题上,我们已经充分阐述了我们的观点,所以我觉得在此场合不需要详细阐述。但是,如果我认为有必要,我会在其他某个阶段详细阐述。

在结束我对中国代表发言的评论之前,我想说日本一直是国际联盟最忠实的支持者之一。我们自己的行动和事实已证明了这一点。中国在这方面做了什么?只有当中国对日本或其他国家有话要说,并且当她看到利用这种和平机制的机会时,她才会来到国联抱怨并尽力歪曲事实。我愿重申,日本一直是国际联盟的忠实支持者,而且只要日本认为国际联盟没有完全威胁日本的存在,没有违背日本维护远东地区和平与秩序的伟大政策,它仍将是国际联盟的忠实支持者。

最后,针对中方代表发言中的一些要点,我想以书面形式提交我的意见。

顾维钧先生:我只想说,针对日本代表提出的某些似乎要求回答的问题,我将在另一场合以书面或口头形式回复。

会议主席:我想今晚已不能继续讨论,但我希望明天能够继续讨论该报告书。我不希望,而且我确信所有理事会成员都不希望,拒绝两国代表利用合理的机会就这一重要问题提出必要的观点和发表必要的言论。与此同时,我们必须取得一些进展,因此我希望我们能够在明天下午进一步审议该报告书。

松冈先生:我想问一下,对于我昨天持有的保留意见,主席先生有何打算?

会议主席:日本代表提到的问题是,理事会询问调查团在听到这些意见和陈述后,是否会考虑对其报告书进行任何修改。

我的观点非常明确,在派出调查团(比如这个特定的调查团)时,调查团团长应出席理事会会议,回答理事会成员可能针对所提交的报告书而提出的任何问题。我认为在这个场合,我们应该采取同样的方式。

松冈先生:如果提出和回答的问题仅限于报告书内容——也就是说,仅限于现场调查的范围,我可能会接受此建议。我想明确这一点。

会议主席:我昨晚提出的建议是,调查团应开会审议两国代表所发表的意见和陈述,决定是否希望对报告书的任何部分进行任何更改。因此,他们的会议仅涉及提交的报告书,不涉及其他内容。

松冈先生:我反对的正是这个建议。我认为调查团现在已经不复存在。如果理事会要求,调查团成员可以在这里发表意见,解释报告书中的一些事项,以及与他们的现场调查有关的事项。我们在谈论职权范围时,已非常清楚地阐明这一点。如果允许理事会和调查团质疑和回答中国或满洲问题，并且在此过程中脱离报告书范围，脱离调查团在现场调查时了解的事项，而提及过去几天在理事会发表的意见、陈述和发言，那么我可能不得不对每位调查团成员进行查问——我会尽量清楚地查问。一旦开始就报告书以外的事项进行查问，就不能拒绝日本代表就与调查团报告书和所产生附件相关的所有陈述和意见进行查问的权利。这可能需要一周甚至一个月。理事会是否为此做好了准备？如果是这样，根据做出的保留意见，我可以同意；但是我希望避免这种持续一星期或一个月的查问，而且正是因为此，我昨天才反对这个提议。

会议主席：日本代表似乎存在一些误解。调查团要解决的唯一问题是，在听取了日本和中国代表的意见之后，他们是否仍然坚持自己的报告书，或者他们是否希望进行任何修改。当然，他们不会专门谈及这些意见，也不会试图回答提出的任何反对意见。

松冈先生：我认为我没有误解主席的意思，相反，我担心主席没能理解。让我们假设一下，针对主席先生提出的且过去几天一直在讨论的某个问题，调查团成员（无论是集体还是个人）发表了一些意见。假设我们对他们发表的言论持反对态度。我们自然会开始质疑，询问调查团或调查团成员为什么得出这一结论。这将引起一系列漫长的查问。我认为，理事会不会拒绝日本代表提问的权利，直到日本政府得到满意的答案。

让我们再次假设，尽管他们最近几天听取了双方的论述和论据，但调查团成员（无论是集体还是个人）都回答说，他们没有理由改变或修改报告书。我自然不得不问为什么，这个简单的为什么很容易引起一系列漫长的查问，这可能持续一个月。

会议主席：在我看来，在制定调查团代表出席理事会会议的惯例时，日本代表所反对的程序必然会发生。很明显，理事会的所有成员或主席可能已经询问过坐在议席上的调查团团长，会议中发表的评论是否会让调查团希望对该报告书进行任何修改。如果可以对代表调查团的团长提出该问题，那么肯定可以对整个调查团提出该问题。

松冈先生：虽然我不想担任本次理事会会议的主席，但请允许我坦率地说，我认为可以针对完全在报告书范围内的事项对调查团成员提问——例如，对一些材料的重新审查。我不反对这么做。但我并不认为，仅仅由于理事会已要求调查团成员出席会议，就必须询问这些成员对过去几天的讨论的意见。

问题应该严格局限于报告本身。

请允许我再强调一点，我们认为调查团在提交报告书的那一刻就已经不存在了，我已经提出过此观点，报告书本身也是这么说的。当我们同意邀请调查团成员出席理事会会议时，我们的代表自然认为——并且正确地认为——他们自己并不关心理事会的审议或议事程序。我们认为，理事会成员可以询问调查团个别成员的意见，并要求对报告书和附件中的某些事项和段落做出解释。

会议主席：关于调查团是否存在的问题，我昨天已经说过，我认为在被理事会正式解职之前，调查团一直存在。

松冈先生：我对主席先生的解释不以为然，但除此之外，如果调查团确实存在，这肯定不能解释为它有权对理事会内正在进行的审议发表意见。换句话说，为了清楚说明我的观点，我想采用极端的表达方式，即不能认为调查团具有作为法官并发表意见的权限和权力。

会议主席：但是，理事会肯定希望得到调查团的最后确认，理事会肯定有权询问调查团，他们在听取这些意见和陈述后是否希望对报告书执行任何修改。在撰写这份报告书时，调查团对这些意见使其留意到的某些事实并不知情。

在这一点上，我想听听理事会其他成员的看法。

贝内斯（Benes）先生：我完全同意主席关于程序的陈述。我在这些问题上有一些经验，我可以说，每当理事会设立调查团来进行现场调查时，他们在撰写报告书后都会参加理事会会议，并根据主席或理事会成员的要求解释某些观点或回答问题。我认为在某种意义上讲，只有这样的程序才对双方都是公平的。一些解释必须公开进行。这完全符合我们的传统精神，实际上也符合《国联盟约》的精神。

第二，提出调查团是否仍然存在的问题，只是因为误解。报告书说调查团的工作已经完成，但这并不意味着调查团不需要出席理事会会议，并继续行使职能，直至理事会解除其权力。

第三，也是最后一点，我认为只有理事会的成员才有权表达政治性质的意见，这同样符合传统。调查团表达会影响我们的决定的政治观点，这是不可接受的。另一方面，主席和理事会成员完全有权要求就调查团报告书中的特定段落或有关具体事实的细节进行解释。我现在就可以表态，我暂时没有问题要问;但在这个案件中,我们都拥有提问权。

　　会议主席:理事会的其他成员是否希望就此问题发表意见?

　　松冈先生:为了清楚准确,请允许我引用去年 12 月 10 日关于成立这个五人调查团的原始决议中的话。决议中说:

　　"……决定任命一个由五名成员组成的调查团执行现场调查,并向理事会报告……"

　　我的观点基于这段话,这是调查团的部分职权范围,而且在我看来,在这样的案件中,应该非常严格而不是宽松地解释职权范围。

　　马达里亚加先生:我完全同意捷克斯洛伐克代表的立场。我认为日本代表在这方面缺乏经验。尽管他——和我们大家一样——希望不要拖延讨论,但他认为如果我们向调查团询问意见,就可能拖延讨论。顺便提一下,他向我们宣读了关于设立调查团的决议中的段落,根据该内容,调查团被要求进行现场调查并向理事会报告。我同意日本代表的意见,那就是必须严格遵循我们的工作所依据的文件的精神。但我自己也阅读了有关段落,我没有发现理事会被禁止询问调查团对调查问题的意见。现场调查已经完成,调查团也已经"报告"。但没有条款规定调查团仅提交一份报告书。相关的证据是事实上已经提交了一份初步报告书,但是如果调查团希望或理事会希望,调查团完全可以起草另一份报告书。在有关国家代表向理事会发表意见之后,调查团还有权提出它希望对其报告书进行的修改。理事会也有权向调查团询问现场调查的情况,因为虽然报告书非常全面,但可能有理事会成员希望获得更多信息。我们不会要求调查团进行额外的调查,而会让其听从理事会安排,以便向后者提供所有可能需要的信息。

　　我认为没有必要继续讨论调查团是否仍然存在的问题。调查团由理事会设立,随后成为全体大会的信息来源,在全体大会提出这个问题之前,理事会当然不希望解散它。因此,毫无疑问,调查团仍然存在,如果理事会忽视了这一必不可少的宝贵信息来源,它将会背离一直遵循的审慎政策。因此,我认为这个问题非常清楚。我们不应该由于认为讨论可能延长一个月的论点而踌躇不前。这个问题已经调查了一年,我认为没有人会反对理事会再花一个月来处理它。

　　秘书长:一般来说,国联设立的所有调查团都会被要求来到日内瓦,并一直听从理事会安排,我还没发现例外情况。

根据第十一条提交给理事会的希腊—保加利亚争端就属于这种情况。调查团团长贺拉斯·朗博尔德(Horace Bumbold)先生于 1925 年 12 月出席了理事会会议。理事会成员可能感兴趣的是,该调查团的职权范围的最后一段如下:

"调查团有权在现场和有关两国政府的所在地进行调查,两国政府承诺向调查团提供一切援助,提供所有设施并采取必要措施使其能够完成任务。"

在该案件中,当理事会审议该报告书时,作为报告员的奥斯汀·张伯伦先生提议"首先应询问保加利亚和希腊代表是否有任何意见",理事会接受了该提议。然后,他建议"应邀请调查团团长表明其是否有任何内容要补充"。

还有另一个与摩苏尔问题有关的案件,众所周知,调查团就土耳其和伊拉克之间临时分界线的情况提交了一份报告书。调查团团长莱顿格(Laidoner)将军出席了理事会会议,可以随时向理事会提出任何进一步的意见。

我认为这两个最重要的调查团的有关程序足以说明所采取的方针。如果理事会希望,我可以列出更多例子。

约翰·西蒙先生:当主席邀请成员发表意见时,我犹豫了,因为理事会的其他一些成员对我们的惯例更有经验。

我想,大家肯定都还记得捷克斯洛伐克代表和西班牙代表的意见,当然,他们都知道理事会多年来的惯例。在我看来,秘书长所引用的先例非常明确地说明了所确立的惯例,因此,尽管我自己仅了解理事会过去一年的工作,但我也有责任同意此惯例。

我会进一步实际观察。毕竟,我们都知道,在本周的大部分时间里,组成调查团的五位杰出的绅士都在这里。他们被安排坐在这里,而且一直坐在一起。他们为什么在这里?他们得到这些尊贵的席位并不是因为他们对观众或听众感兴趣。他们必须到这里来,并且通过国际联盟邀请到这里来,以便达到一些有用的目的。如果不是像现在建议的那样,为我们提供帮助,我想不到他们来到这里还有什么有用的目的。

松冈先生:关于这个问题,我实在不愿说得太多,但我们的观点似乎还没有得到清楚的理解。由于我目前对秘书长提到的两个先例不太了解,因此我保留针对其发表进一步评论的权利,但我想说的是,根据秘书长的描述,这些先例没有最终证明主席的观点是正确的,反而加强并支持了我们的论点。对于调查团成员就理事会成员希望澄清的一些段落做出解释,或者向报告书添加任何内容,我们并不反对,但我们一直反对的是原则问题,而不是程序问题,那就是调查团成员不能承担理事会的审议工作，而且不能在考虑了这里的审议情况后提供或发表意见。现在，如果要提出意见，必须由理事会提出，而不是任何其他机构。我们对调查团成员解释某些段落或添加某些内容没有任何异议。主席先生的说法涉及这里已经进行了几天的审议以及我们提出的意见。这是我们反对的地方，不是程序问题，而是原则问题。因此，我建议，为了清楚起见，主席先生最好允许我们以书面形式尽可能清楚地说明我们的观点。

会议主席：我认为真正难以掌控的是提问的形式。在我看来，当调查团团长坐在我们面前时，这将很容易掌控。您满意了吗？

松冈先生：满意。

会议主席：我想理事会很乐意看到您的书面意见。我自己也很高兴看到，而且我相信理事会其他成员也希望看到。与此同时，我认为已没有人反对调查团开会考虑是否要对其报告书进行增减。

资料来源：FO 371/16183，第 123—127 页

（杨越　译　陈志刚　校）

第 9 次会议（先公开举行，再秘密举行）

举行日期：1932 年 11 月 25 日（星期五）下午 3∶30

————————

会议主席：德·瓦勒拉先生

参会人员：理事会成员国所有代表及秘书长。

3169. 中国政府的申诉：根据理事会 1931 年 12 月 10 日通过决议设立的调查团的报告书（续）。

会议主席：我收到了日本代表的信函，我想应该向理事会宣读一下，内容如下：

日内瓦，1932 年 11 月 25 日

根据昨天的理事会会议上达成的谅解，谨附上日本代表团关于以下方面的意见声明：根据 1931 年 12 月 10 日的理事会决议成立的调查团的工作，以及在理事会本届会议上被邀请到日内瓦的成员的权限。

签名：松冈洋右
日本驻理事会代表

（1）根据 1931 年 12 月 10 日的理事会决议成立的调查团的工作已在向理事会提交报告书时终止。

（2）日本代表团不反对现在日内瓦的上述调查团成员，应理事会要求，单独或集体向理事会提供有关其报告书内容的解释。日本代表团也不反对上述调查团成员在认为必要时对其报告书进行增减。但是，应该理解的是，只应对报告书中不清楚和明确的段落进行解释，而且任何增减都应完全基于对报告书本身或调查团在调查过程中从现场获得的材料的重新审查或重新考虑。

（3）但是，日本代表团不能承认上述调查团的成员有能力或有权对以下内容发表评论或表达意见：日本政府向理事会提交的意见，或者自星期一举行会议以来日本代表在理事会发表的言论，或者理事会的其他审议意见。

（4）如果主席提出的"询问调查团在听到这些意见和陈述后，是否会考虑对其报告书进行任何修改"的原始提议被接受，则理事会上的日本代表自然或可能会根据其认为在理事会为其国家辩护的必要性，被迫就调查团成员提出的任何意见部分进行查问。如果开始这一查问过程，则此过程可能需要相当长时间才会结束。这正是日本代表团最迫切希望避免的意外情况。正是出于这个原因，日本代表冒昧地对理事会主席最初通过的提议形式提出了反对意见。

会议主席：日本代表的来信内容已充分传达。

（调查团团长李顿勋爵来到理事会议席前）

会议主席：在我询问理事会成员是否要向调查团团长李顿爵士提出任何问题之前，请问调查团本身是否希望在其报告书中添加任何内容？

李顿勋爵：主席和各位先生们，我的同事们请我代表他们，对主席先生，以及日本和中国代表在提及我们的工作时给予的宽容和赞赏表示感谢。如果最终证明我们的报告书有助于国际联盟讨论这个非常复杂和困难的问题，我们应该对可能卷入的任何麻烦都感到心满意足了，但除此之外，我们不想对报告书中的内容进行任何补充。

会议主席：理事会成员已听到了调查团团长的答复。是否有成员希望向调查团提出有关该报告书的问题？或者，是否有理事会成员希望讨论该报告书，提出任何意见？

贝内斯先生：我此刻不想就中日问题的实质或李顿报告书发表意见。当这个问题被列入议程时，我保留了在理事会解释对此问题看法的权利。但是，根据过去几天的讨论以及我咨询过的一些同事的意见,我认为最简单的程序——主席可能也会向我们建议此程序——是把整个问题提交全体大会,全体大会根据《国联盟约》第十六条召开,而且有权处理整个问题。因此,为了避免在全体大会中重复相同的论点,我现在不会就该问题的实质内容发言,但保留在全体大会中这样做的权利。

会议主席:理事会其他成员是否愿意发言?

由于中国和日本代表都对李顿报告书的主题发表了意见,现在的问题是,在根据 3 月 11 日全体大会决议中的要求,将此问题提交全体大会特别会议之前,理事会是否应该继续等待。根据《国联盟约》第十五条第九款,理事会已通过 2 月 19 日的决议中将这一争端提交全体大会。全体大会已接手整个争端,因此现在由全体大会直接负责寻求解决方案。

我在 9 月 24 日向理事会发表的声明中已指出,根据《国联盟约》的另一条,将这一争端提交全体大会,并不会削弱理事会自由决定对其所要求提供的报告书进行讨论的内在权利。但是我认为,理事会成员在听取各方意见后决定不做一般性讨论,也完全符合理事会 2 月 19 日的决议(理事会已通过该决议将该争端提交给全体大会)。如果根据重要的实际考量,有必要举行一般性讨论,那么理事会欢迎这样的讨论,但在我看来,实际考量指明了相反的方向。我确信,大家都希望全体大会特别会议能够尽早恢复审议。理事会成员也是全体大会的成员,将有机会充分参与全体大会的讨论,进而能够以实际负责解决该争端的机构成员身份发表意见。我本身就有要对调查团的报告书发表的意见,我相信理事会其他成员也有。

立刻将此争端提交全体大会,不会剥夺我们提出这些意见的机会。实际上,基于我所表明的理由,我认为与这里的会议相比,我们各自的意见更适合且能更及时地在全体大会的会议上表达。

我想补充一点,在听取中国和日本代表发言时,我相信理事会所有成员都与我一样,主要希望在他们的发言中找到一些信息,让我们有理由、有信心为这场持续太久的冲突找到满意且迅速的解决方案。恐怕到目前为止,我们很少听到让我们充满信心和期望的信息。

日本政府在其意见中没有接受调查团建议的解决原则,而消极地表示"仅仅恢复以前的状态不是解决办法"。中国代表团表示希望保留在以后就解决条件发表意见的权利,并且目前仅仅批准了调查团建议的十项解决原则中的第三项原则——"任何解决方案都应符合《国联盟约》《非战公约》和《九国公约》的规定"。

在这种情况下，我认为双方目前似乎没有就报告书中提出的建议达成任何协议，理事会没有协议可以作为基础，提出可能实际帮助全体大会确定解决方针的意见或建议（这是该机构的责任）。

作为理事会主席，我认为必须怀有以下希望：我们过去几天听到的中日两国代表所提出的意见并不代表各自政府的最终态度，可能公正且永久解决这一悲惨争端的解决方案不会被驳回。

我感觉我现在不仅是在代表理事会发言，而且是代表外部世界的公众舆论发言。正是由于战后公众舆论的反感，我们才有了这个国联，才有了这个国联为和平解决争端（比如现在摆在我们面前的争端）所提供的机制。如果在这样的争端中，尤其是在涉及中国和日本两个重要国联成员的争端中，这种机制没有得到充分利用，或者机制的运作由于一个当事国缺乏必要的合作而受到阻碍，这将是对公众舆论不可容忍的蔑视。

因此，我代表理事会，最诚恳地呼吁双方，既然他们已经向理事会提出了各自的观点，那就把注意力转向这个问题的积极方面，仔细认真地考虑他们如何准备协助国联寻找解决方案。

松冈先生：如果中国代表想在我面前发言，我会让他优先发言。

顾维钧先生：我更愿意稍后发表意见。

松冈先生：首先，我代表日本代表团对理事会主席表示感谢，感谢他为解决我们面临的问题所做出的认真和诚挚的努力，我们非常感激他的付出和干练的指导。

现在关于摆在理事会面前的问题，我深信理事会必须亲自审议这个问题。理事会拥有调查团的报告书，该报告书向理事会提出了一些解决问题的建议。这些仅仅是建议。

根据日本的观点，理事会本身必须亲自研究这个问题并寻求调解手段。调查团提出的建议当然不能轻易被认可，我甚至怀疑它是否有权提出建议或得出结论。我相信它没有此权利。

日本政府向理事会提交了关于该报告书的意见书，并就其不同意的几个方面表达了意见。

中国政府一再表示愿意接受国联最终可能采纳的任何建议。但事实上，她迄今为止没有采取任何措施来推动理事会的工作,一直在不停地申诉和批评。而且,正如主席所指出的,中国政府对报告书的态度并不明确,并且只批准了第三项原则(即任何解决方案都应符合《国联盟约》《非战公约》和《九国公约》的规定)。中国代表所代表的政府没有遵守这些条约的条款,或者不能完全履行条约规定的义务。

日本政府在去年 10 月、11 月和 12 月的理事会会议上表示,希望在他们制定的五项基本原则的基础上与中国政府直接谈判。通过此方式,日本政府认为它提供了可能为整个争端达成满意的解决方案的最具建设性的措施。我们现在发现,这一提议已在调查团报告书的精神中得到确认,该报告书建议双方直接谈判。但不幸的是,在那时(去年秋天),理事会没有实行日本的提案。与此同时,由于未能采纳我们的建议,满洲不断发生事件,这些事件遵循自然规律而发展——导致一种无法改变的局势。

现在,主席提议将整个主题提交全体大会,我认为全体大会的讨论将会根据第十五条进行。关于该提议,我现在只能表达我的个人意见,因为我必须向我国政府请求针对这一主张的指示。当然,在得知我国政府的决定后,我将立即告知主席。

我相信,如果全体大会根据第十五条处理此问题,大会的首要职责是竭尽全力通过调解达成解决方案。如果我寻求调解的想法是正确的,我认为根据第十一条还是第十五条第三款审议该问题没有任何区别。

我还认为,对于争议双方都不能赞同的问题,不可能有令人满意的解决办法。对于满洲这样一个重要的问题,很难想象任何一方会被迫接受和解。人们无法想象国际联盟会无视任何一方的意愿,或者不取得任何一方的完全同意。我不能接受这种安排,这是很自然的。从这个意义上说,日本政府去年春天就第十五条提出了保留意见。

毋庸置疑,在全世界建立和平是在场所有国家的愿望。这正是国际联盟的崇高目标。日本对和平的渴望丝毫不落后于这些国家。但我们寻求的和平不是纸上的和平,而是基于现实的和平。自去年以来日本采取的所有措施都是由这样的信念所促成的。日本相信,确保在远东地区建立持久和平的唯一途径是,始终如一地奉行促使日本正式承认新"满洲国"的政策。要实现所有人对和平的崇高希望,这是唯一和最可靠的方式。

主席先生,我保留在仔细阅读您的声明后,在以后的场合就其发表意见的权利。

会议主席：如果我理解得没错，日本代表希望有时间就此事与其政府进行磋商。我想问他认为需要多长时间。

松冈先生：虽然我不能承诺任何明确的时间限制，但我相信我们可以在明天或最迟在星期一得到答复。

顾维钧先生：首先，我赞同主席先生已经提出的建议，即将调查团报告书和各方的发言一并提交给全体大会。中国政府完全赞同，明确解决整个争端的问题现在属于全体大会的职权范围。全体大会特别会议已正式接手整个争端。

关于我过去几天所做的发言，主席先生表示我没有表达中国政府对报告书最后两章的看法。我可以说，无论如何，关于报告书中提到的十项原则，第三项是我们完全赞同的原则，但我们保留了在以后就其他原则发表意见的特权。我采取这种态度有着多方面的原因。第一，由于为此问题寻求解决方案的任务属于全体大会的职权范围，特别是当我知道理事会成员更愿意在全体大会上表达自己的观点时，我也希望将中国政府的观点保留到该场合。

第二，这是一个更有力的理由——由于日本代表的态度，我不能表达我国政府的观点。如您所讲，我们期待日本代表在第一份声明中透露一些迹象，表明它有意尊重建立国际联盟所依据的和平基本原则和国际义务，但在听完他的声明后，我无法找到任何和解的线索或迹象。因此，如果我继续就报告书的其余部分发表中国政府的观点，我认为没有任何用处。刚才，我认为不仅我自己，而且理事会的其他成员都被一种希望所鼓舞。然而，这种希望太短暂了，它很快就破灭了。当时，当他给予我在他之前发言的特权时，日本代表在过去十五个月来第一次做出了让步。

我没有接受，不是因为我没有理解他的和解精神，而是希望这是一个开端，希望如果我对他的让步与和解精神给予回报，他可能会在第二步向我们披露，日本政府已准备接受调查团报告书第九章中的第三项原则（至少作为基本原则）——任何解决方案都应符合《国联盟约》《非战公约》和《九国公约》的规定。我本想日本代表肯定会接受这一原则，因为日本和中国都签署了所有这些条约，日本和中国都是国际联盟的成员。但我必须承认，让我感到失望的是，作为对这一让步的回报，我没有看到他带来进一步的希望。事实上，我可以说，他采取了相反的方向，因为他没有带来可能在日本和中国之间找到共同基础的迹象,而是继续对中国政府发表一些我认为不合时宜的话,因为大家都非常清楚,中国一直严格遵守并坚持这些国际条约的规定,我不止一次地提到过它们。

但是,他确实给我们带来了一个迹象。他说,日本已经承认了"满洲国",任何和平都必须以"现实"为基础。他非常强调这个词。但我们是否应该单独处理现实问题,摒弃法律和正义以及世界和平的共同利益?这个机构是否只承认现实,不希望维护它所依据的和平、法律和正义原则?这正是中国一直反对的思路——根据既成事实,根据已有的现实来解决争端的思路。

我们肯定会接受以我们大家都接受的原则为基础的任何解决方案,我们会接受以完全符合国际条约原则的现实为基础的解决方案。但是,日本代表所提出的只有在承认"满洲国"的基础上才能解决的建议,是中国完全无法接受的。

有人在讨论调查团提出建议的能力。但是,我不需要这样做,我可以把这个问题留给调查团本身或理事会成员,以及理事会的议事程序,因为许多代表从这个机构成立开始就在这里,在这个问题上比我自己更有经验。

主席先生,在结束发言时,我再次表示同意您的提议,即调查团报告书连同所发表的发言和意见应尽快转交给全体大会特别会议。

松冈先生:衷心感谢中国代表的赞赏,他是我在中国的老朋友之一,我谨保留对他的发言发表评论的权利。但是,我只想说几句话。这位来自中国的有学问的代表正在给我们讲解"现实"一词的含义。我想澄清一下"现实"一词的含义。我用的"现实"这个词儿包括所有现实——当然包括国际联盟——所有条约,以及世界上存在的一切。

会议主席:理事会成员已听取了日本代表的请求,即应留出时间让其与日本政府沟通,并接收关于将报告书及其他文件和意见发给全体大会的提议的所有指示。理事会是否同意该请求?

由于没有人反对,日本代表能否告诉我们明天下午是否可以获得指示?

松冈先生:我会尽我所能,但正如我所说,我现在不能承诺任何明确的时限。

会议主席:最好明确一下,并在星期一11点举行会议。我们希望在星期一11点召开理事会会议时,能够继续讨论。

松冈先生:请您理解,这对日本来讲不是一个轻松的问题,是一个非常严重的问题,我自然不能代表我的政府做出承诺。因此我现在不能确定任何明确的时限,但我肯定会设法尽快得到我国政府的答复。

会议主席:如果理事会成员同意,我们将把此问题明确地安排在星期一11点。

············

资料来源:FO 371/16183,第 127—129 页

(杨越 译 陈志刚 校)

第 10 次会议(先公开举行,再秘密举行)

举行日期:1932 年 11 月 28 日(星期一)11:00

————————————

会议主席:德·瓦勒拉先生

参会人员:理事会成员国所有代表及秘书长。

3173. 中国政府的申诉:根据理事会 1931 年 12 月 10 日通过决议设立的调查团的报告书。

会议主席宣读日本驻理事会代表的以下信函:

日内瓦,1932 年 11 月 27 日

关于您在 11 月 25 日向理事会提出的将中日问题移交给全体大会特别会议的声明中包含的主张,我今天上午已收到来自东京的指示。根据指示,我谨通知您,针对《国联盟约》第十五条,我国政府已不止一次提出保留意见,我们将继续持保留意见,因此我必须放弃对此事项的表决。我可以补充一点,我在上次理事会会议上就这个问题表达的观点已得到我国政府的确认。

签名:松冈洋右

日本驻国联理事会代表

会议主席:如果对这封信的内容没有意见,我们可以将其载入会议记录中。

如果没有理事会的同事希望就报告书本身发表意见,我将认为我们的讨论已结束,我提出的将报告书和会议记录转交给全体大会的提议已获得通过。

会议主席:还有一件事,那就是感谢调查团团长和所有成员应理事会的邀请来到日内瓦,并继续向我们提供宝贵的协助。如果经过成员提议,全体大会

希望从调查团获取报告书的更多信息或解释,全体大会随时可以通过特别决议召回调查团。我再次代表理事会对调查团团长及所有同事的出色工作表示感谢。

松冈先生:如您所知,我们一直认为调查团已不复存在,因此,从这个观点上讲,我必须持保留意见。

会议主席:保留意见将在会议记录中注明。

资料来源:FO 371/16183,第 130 页

(杨越　译　陈志刚　校)

85. 英国驻东京大使林德利致西蒙(1932 年 12 月 10 日)

No. 663(43/43/32)

英国大使馆,东京

1932 年 12 月 10 日

先生:

继我于 11 月 25 日发送的第 631 号电报和 12 月 9 日发送的第 410 号电报,谨随函附上(日本)当地媒体报道的关于日内瓦会议的主要文章的摘要。

2. 可以看到,正如以前关于这个问题的文章所预示的那样,普遍令人感到遗憾的是,国际联盟理事会最终决定将此事提交大会处理,从而在日本媒体看来,是在推卸责任。同样,任何关于调解争端的建议普遍遭到反对,理由是拖延毫无用处,只会使局势变得更困难。另一方面,没有迹象表明日本会正视任何对自己不利的解决办法,也没有迹象表明日本准备放弃承认"满洲国"的立场。日本不愿离开国联,但如果后者拒绝面对事实,局势可能迫使日本这样做。

3. 补充一下,总的来说,媒体的语气比预期的要温和得多,大家对大国特别是法国和英国采取的和解态度表示满意。另一方面,各小国因其不负责任的发言和明显的希望只进行理论上的考虑而不考虑事实真相的行为而受到严厉批评。

4. 关于官方的意见和意图,我觉得没有理由对外务省进行任何直接询问,外相或副外相也没有自愿向我提供任何信息,我在上周就其他问题见过他们。阵容强大的日本代表团在日内瓦出席会议,与先生您保持密切联系,我认为这可以确保您充分了解日本的态度,所以我担心我的询问可能弊大于利。此外,自 8 月 30 日我写下第 448 号急件以来,这里的基本情况没有变化,日本政府一如既往的决心以"满洲国"的独立存在为政策基础,不承认任何关于满洲问题的外来干涉。还记得,币原男爵从一开始就坚持后一观点。尽管如此,还是希望您能了解一下外务省对您于 12 月 8 日在日内瓦发表的重要声明的看法。昨天,我邀请了一位最值得信赖且消息灵通的《泰晤士报》记者来大使馆。拜亚斯先生(Mr. Byas)告诉我,他不久前见到了外务省新闻处处长白鸟先生(Mr. Shiratori),并从他那儿得知,政府尚未决定采取什么路线。他们不愿将这一问题提交十九国委员会,他们仍然认为该委员会不具备处理这个问题的能力。他们也不希望美国和苏联成员加入该委员会。但他们还没有决定如何处理这个提议。可以确定的是,他们正在为某种解决方案而努力,这将使整个问题悬而未决一两年(参照我昨天第 411 号电报)。

5. 自李顿报告书发表以来,我在与日本朋友和官员的私下交谈中,一直这样认为,尽管我没有任何内部信息,但我不认为国际联盟除了将李顿报告书作为事件真相接受外还有其他可能的做法。无论如何,在一定程度上,对日本行动的谴责是不可避免的。众所周知,英国政府奉行国际联盟的政策,不应寄希望于任何偏离该政策的行为。我想,最好强调这两点,防止日本人沉迷于幻想,只有在幻想破灭时,有关各方才会发现幻想只会令人尴尬。

签名:林德利

资料来源:FO 262/1802,第 157—160 页

(黎纹丹 译 陈志刚 校)

(日本)当地媒体关于日内瓦会议的主要文章的摘要

《东京朝日新闻》(11 月 29 日)提到应该将中日争端提交包括苏联在内的《九国公约》签署国会议处理。从国际联盟的角度来看,该提案是一种挽回面子的手段,颇具吸引力,但日本定会反对。如果有任何违反条约的行为或需要修订条约,签署国可能进行会晤。但是没有违反条约的行为,也几乎没有言论

提及修改条约的必要性。在某些方面,尤其是美国,认为日本的行为违反了条约的规定,但没有任何证据证明这种指控,而且完全没有理由说明为何要将争端提交签署国。

《朝日新闻》(12月1日)报道,通过将中日争端提交国际联盟大会,理事会已经推卸其责任,从而揭示了理事会的无能。这归因于这样一个事实,即当国际联盟成立时,期望控制理事会的大国数量比最初的九个多五个。因此,理事会不再是国联的中心机构,其权力已移交给大会。在此,小国也占主导地位,任何达成的决定都必然基于错误的现实感或理论考虑。

该报纸接着谈到应该成立一个调解委员会,并指出,仅仅是讨论这一建议就已表明,大会的态度对日本是不利的,因为这样一个理事会大概会努力达成基于不承认"满洲国"的解决方案。大国认为小国有机会在大会上讨论这个问题之后,就能够影响这一意见,这种想法是没有用的。他们在理事会的行为已经表明了他们的无能。如果有必要,日本将退出国联。日本并不想这样做,其行为完全取决于国联,大会是局势的关键。

《报知新闻》(12月2日)讨论了国际联盟大会寻求解决中日争端的各种途径,但也指出,任何受到大国关注的计划都无法影响解决方案。希望国联的行为不会迫使日本退出。日本的目标是维护远东和平,就这一目标而言,日本的政策完全符合国联的精神。仅仅就实现这一目标的最佳手段而言,存在意见分歧,国联最好在做出最后决定之前等待"满洲国"的事态发展。

《时事新报》(12月6日)遗憾地表示,仅仅花了四天时间讨论李顿报告书,国际联盟理事会竟然就把这一事件提交大会,从而自动地忽视它的职责。它赞成日本代表出席会议,但须服从上次理事会会议做出的保留内容,同时也指出,由于小国将有机会发表意见,因此可能进行非常激烈的辩论。然而,这是纠正国联愚蠢的黄金机会,日本理应保持冷静,允许大会进行充分讨论。日本不能同意任何不承认"满洲国"独立的解决办法,因为国联达成的任何解决办法都是日本所不能接受的,只是强加给日本在六个月内不诉诸战争的义务,日本不赞成任何实质性的解决办法。因此,如果国联希望避免与日本发生冲突,其唯一途径就是注意"满洲国"的活动;同时,日本必须向世界表明其态度的正义性。

《朝日新闻》(12月6日)表示,希望大会不要重蹈去年春天的覆辙,当时是要求大会审议上海事件。它必须面对事实,只有这样,它才能成功地解决国际争端。该媒体想知道,大国和国联是否能够成功度过即将经历的考验。

《中外商业新闻》(12 月 6 日)将任命一个调解委员会的提议描述为仅仅用于拖延的措施。它指出,据说英国和法国的态度变得对日本更加有利,但这是否足以促使大会改变他们的态度仍值得怀疑。拖延对于解决争端毫无用处。快速的解决方案对远东和平至关重要,希望大会建议中日直接进行谈判以解决问题。

《日日新闻》(12 月 8 日)和《读卖新闻》(于同日)严厉批评小国的态度,这些小国的代表在大会第一天的辩论中发表的讲话就证明了其态度。前者指责他们不负责任的发言,并坚持认为大会通过的任何不承认"满洲国"存在的决议都无助于达成解决方案。后者指出了试图通过学术讨论得出解决方案的危险性。

《朝日新闻》(12 月 9 日)提到了关于任命调解委员会的提案,该委员会由十九国委员会和中国、日本组成,甚至可能包括美国和苏联。然而,该媒体指出,至关重要的是,这样一个委员会不应试图强行解决日本问题,而只应努力促进中日双方之间的直接谈判。该媒体接着讨论了 12 月 8 日提交大会的两项决议,一项是由捷克斯洛伐克、西班牙、瑞典和爱尔兰自由邦提出的,另一项是由瑞士和捷克斯洛伐克提出的。它指出,日本两者都无法接受:不接受前者是因为它否定了日本的行为是出于自卫的论点,并拒绝承认"满洲国",因此完全无视了现有情况;不接受后者是因为它呼吁十九国委员会起草解决计划并提交大会,以此给日本带来压力。

资料来源:FO 262/1802,第 161—165 页

(黎纹丹　译　陈志刚　校)

86. 英国全国和平委员会指导秘书致英国首相（1932 年 12 月 17 日）

<table>
<tr>
<td>
档案编号：F 8836/1/10
来自：英国全国和平委员会指导秘书（致英国首相）
编号：无
发报日期：1932 年 12 月 17 日
存档日期：1932 年 12 月 18 日
主题：中国
</td>
<td>
中日纷争
附上执行委员会通过的决议案全文，表达了希望英国政府支持整个李顿报告书的建议，强调了否认"满洲国"政权的必要性，并建议公开举行十九国委员会。
</td>
</tr>
</table>

A/208

1932 年 12 月 17 日

尊敬的麦克唐纳（MacDonal）先生：

英国全国和平委员会执行委员会在周四的会议中进一步审议了中日争端问题，并通过了所附的决议。我被要求将其传达给您供您考虑。同时，我已向在日内瓦的英国代表团发送了一份副本。

我还附上了一份全面的决议案，内容涉及急需解决的四个国际问题。

签名：□……□

资料来源：FO 371/16185，第 122 页

（朱心怡 译 陈志刚 校）

附件

中日争端

在 1932 年 12 月 15 日，由全国和平委员会执行委员会通过的决议案。

全国和平委员会：

外交大臣强调"必须遵循公约的原则"，而且根据李顿报告书，很明显日本已经违反了这些原则。

敦促英国政府支持整个报告书，包括其建议性的解决方案，以期望为双方带来和平与正义。

敦促英国政府，尤其是根据 1932 年 3 月 11 日的大会决议，在任何情况下都不应承认"满洲国"政权。

它要求十九国委员会的会议应公开举行。

资料来源：FO 371/16185，第 123 页

（朱心怡　译　陈志刚　校）

87. 英国驻日内瓦领事帕特森致英国外交部（1932 年 12 月 19 日）

档案编号：F 8695/1/10 来自：帕特森领事（日内瓦） 编号：469（R） 发报日期：1932 年 12 月 19 日 存档日期：1932 年 12 月 19 日 主题：中国	**中日争端** 　　从贾德干先生处传来的消息称，松平先生现已提供了解决议案的替代文本以及理由说明，唯一有重要补充的是决议案的第 4 段，尽管松平先生已被告知该文本可能无法获得十九国委员会认可。该电报记录了其与法国起草委员会代表的交谈内容，总结了起草委员会于 12 月 18 日的会议情况，同时概述了日方的主要困难，并建议删除最后一段理由声明，建议指示林德利先生敦促日本政府尽可能地与我们会面，如果林德利先生也建议删除的话，请求当局就本电报的内容与日本代表团开展谈话。

随函附上第 462 号和第 463 号日内瓦电报的复印件,其中分别载有决议草案和理由陈述草案,以及日本想要进行的修订。

根据我的判断,贾德干似乎不可避免会发表意见,但在这里很难判断全体大会其他成员的感受,从而形成最终看法。弗朗西斯·林德利先生强烈敦促(F 8687)采用不同的方针,即调解委员会退出,交由中国和日本单独进行谈判。毫无疑问,贾德干先生认为必须保留调解的权利,我认为弗朗西斯·林德利先生的建议(与日本在这一点上的观点相同)几乎不可能实现。无论如何,我们现在似乎很难取得进展,因为我们为了缓和其他国家的过度反日态度,采取了一条导致中国误解和怨恨的路线。但是,在外交大臣缺席的情况下,几乎不可能授权贾德干先生与日本代表团沟通(这是他在上一段所寻求的),因此,在同时与韦尔斯利先生和艾登先生协商后,已通过电话告知他我们不能这么做。

起草委员会今天下午将举行会议,十九国委员会明天可能举行会议。如果尚未达成协议,并且任何一方都未给予完全且最终的否决,建议全体大会主席和秘书长继续谈判,并在 1 月 15 日的下一次会议上向十九国委员会汇报。如果是这样,全体大会在该日期之后才会举行会议。

至于今天和明天会议的结果,我们只能拭目以待。如果未被任何一方完全否决,并且谈判因此而继续进行,我认为延迟决定并不完全是不利的。

如果不能更密切地了解日内瓦各国的感受,就很难信心十足地对日本人提出的各种反对意见作出评论。在各项建议中,似乎最重要的是将其他各方排除在中日间的谈判之外。只要国联保留在谈判破裂时介入并调解的权利,这项建议似乎也有很多可取之处。毫无疑问,如果外部各方持续且积极地参与到谈判中,我们将面临巨大的困难。但是,全体大会大概不能重走回头路,当我们在纠正似乎对日本摇摆的太历害的天平方面已经走得太远时,我们很难采取主动措施。

签名:奥德

1932 年 12 月 19 日

资料来源:FO 371/16185,第 1—2 页

(朱心怡 译 陈志刚 校)

来自瑞士

译电　英国领事(日内瓦)

1932 年 12 月 15 日

发报时间:1932 年 12 月 16 日 10:35

收报时间:1932 年 12 月 16 日 10:30

No. 462. L. N. (R)

参考我的电报,No. 461

决议草案 1

国联大会

根据《国联盟约》第十五条的规定,国联大会的首要任务是努力解决中日争端,因此,目前尚未要求其起草报告来说明争议事实和有关的建议。

1. 考虑到 1932 年 3 月 11 日提出的决议案,其中规定了国际联盟关于解决争端的态度原则。

2. 确认在这种解决办法中,必须尊重《国联盟约》和《九国公约》的条约条款。

3. 决定设立一个委员会,其职责是与各方一道进行谈判,并基于调查团报告书的第九章所述原则协商解决,同时应考虑报告书中第十章所提出的建议。

4. 指定国联委员会成员代表组成十九国特别委员会。

5. 认为以下情况可取,即美国和苏联应同意参加协商,并委托上述委员会邀请美国政府和苏联政府参加这些协商。

6. 授权其可采取必要的措施以成功完成使命。

7. 要求委员会在 1933 年 3 月 1 日之前报告进展情况。

8. 委员会有权根据 1932 年 7 月 1 日大会决议中提到的时限与双方达成协议;如果双方未能在该时限内达成一致,委员会将陈述其报告并同时向大会提交有关该议题的提案。

9. 大会必须继续召开,主席可在其认为必要时尽快召开会议。

10. 决议草案 2。

11. 大会感谢了根据理事会 1931 年 12 月 10 日的决议成立的调查团,其为国际联盟提供了宝贵的协助,并认为这份报告书将会成为认真负责、公正工作的一个典范。

资料来源：FO 371/16185，第 3—4 页

（朱心怡　译　陈志刚　校）

来自瑞典

解密　英国领事（日内瓦）
1932 年 12 月 18 日
发报时间：1932 年 12 月 19 日 12：15
收报时间：1932 年 12 月 19 日 09：30
No. 469. L. N. （R）

急电：

以下内容来自贾德干。

1. 松平先生今天早上来拜访了我，并给了我另一份刚从东京发来的解决方案及其原因声明。

2. 这些内容几乎与日本代表团在此前提出的相吻合（参见我的电报第464 号），因此，日方的政策似乎是在得到东京批准的情况下制定的。

3. 唯一有重要补充的是，日本政府希望将决议案的第四段修改为"除此之外，成立一个委员会，其职责是努力为实现双方开放谈判铺平道路"。

4. 就这一修改能否得到十九国委员会的认可，我表达了自己的疑虑。然后，松平先生和我一起讨论了其他一些问题，我的说法与我与佐藤先生所讲的内容大致相同。他认为其政府将不会对所有问题都给予同等重视。最主要困难还是在于最后一段理由陈述。

5. 我的法国同事今天下午告诉我，他从巴黎得到消息称，日本大使今天早上访问了贝特洛先生，并抱怨说只有起草委员会中的法国成员在昨天的会议上坚持说最后一段理由陈述应该保留下来。这是非常不正确的。很明显，十九国委员会将会坚持将该段的内容纳入其中，而法国成员只是提出了一个让日方更易接受的替代决议草案而已。我的法国同事同样告诉我说，他今天早上见到了佐藤先生，并从他那得知，日本政府可能不会坚持保留决议第四段中的措辞，但不包括原则七和八，其条件是可以保留关于"现实情况"的说法。

6. 当人们意识到，现在从东京传来的指示可能仅仅是对日本代表团在此发表的建议的肯定，起草委员会在今天下午再次举行了会议。鉴于主席和秘

书长已经向代表团提出了一些明确的替代建议,代表团很有可能会将其传达给东京政府,因此,决定再等待一两天看看东京是否会在各个方面有所妥协。

7. 起草委员会将于明天下午举行会议,而十九国委员会则可能在周二召开会议。如果到时仍旧没有达成任何协议,而且除非在任何一方调解都完全失败、全面否定的情况下,那么将会建议十九国委员会授权主席和秘书长继续进行谈判,并在1月15日的下一届会议上向委员会做出报告。在那种情况下,国联大会只能在该日期之后才能召开。会议的延期将是令人遗憾的,但似乎必须尽一切努力使调解得以进行。而且在这个时候,简单地承认调解失败可能会招致危险。

8. 在我看来,来自日本方面的主要困难是:

(1) 上文第三段引用的说法可以解释为单独让中日双方进行谈判。但这似乎是不可接受的,因此我们应试图在原则上承认其他大国的调解权利。

(2) 排除原则七和八似乎也是不可接受的。如果我们可以就他们的"现实情况"方面列出一些说法,日本人可能会放弃这一点。

(3) 拒绝将美国和苏联与调解联系起来。在这一点上,我认为坚持很有必要。

(4) 关于最后一段陈述的理由,委员会将很难轻易放弃这一点。而且委员会提出了以下看法:"在向大会提交争端议题之后,其中一方承认了'满洲政权'的存在,其他国联成员则无法根据3月11日通过的决议案接受这一声明。但很明显,事实上,不能让任何一方承认'满洲国'的存在,因为这会损害最终争端的解决。"这个替代方案可能会在声明的最后被删除,并被插入一个较前的段落中,将其放在前面对日本人来说就不会那么难以接受了。如果您同意,可以指示英国驻东京大使敦促日本政府在遇到上述困难时尽可能与我们会面。我认为私下告知日本代表团来自英国政府的意见也可能会有用。如果我认为可行的话,您会授权我就上述内容发言吗?如果可以的话,请您在明天即星期一通过电话与我联系。

请转发给东京和南京。

资料来源:FO 371/16185,第5—8页

(朱心怡 译 陈志刚 校)

88. 英国驻国际联盟代表致英国外交部(1932 年 12 月 19 日)

	满洲
档案编号:F 8764/1/10 来自:英国代表致国际联盟 编号:385 发报日期:1932 年 12 月 19 日 存档日期:1932 年 12 月 21 日 主题:中国	普拉特先生于 12 月 17 日会见了松平先生,并在备忘录中记录下了其主要谈话内容。松平先生要求普拉特先生解释,尽管日本已经给出了反对的答复,但苏联仍被邀请参加调解工作这一事实。普拉特先生向他阐明了目前的形势,松平先生似乎对普拉特先生的解释表示满意。松平然后提到了调解委员会成员的构成问题。

　　松平先生今天下午来拜访了我,就在决议起草委员会会议召开之前。他说,佐藤先生已经向贾德干先生解释了日本代表团对决议草案等的看法,而他(松平先生)则希望就另外一件事情来拜访我。他提到,外交大臣曾敦促他说,日本政府应该同意向苏联发出调解邀请,因为如果日本在国联发出邀请后再提出反对意见,那就太尴尬了。尽管之前日本政府已经给出了反对的答复,但是对苏联的调解邀请还是被纳入了决议草案中。他想知道这是怎么发生的。我回答说,我只能告诉他我个人能想象出的解释是什么。日本政府给出的答复(参见东京电报 No.414)并未明确拒绝,他们只是感到"很难根据预期表示同意"。这似乎意味着他们在没看到具体的邀请字眼之前不会明确说明"是"或"不是"。在这种情况下,决议草案中包括对苏联的调解邀请显得十分自然,特别是因为该决议案要在大会召开之前以草案的形式向日本代表团展示。

　　松平似乎对此解释感到满意,但紧接着提到了另一个问题。外交大臣告诉他,他正在为一个小型调解委员会工作,而且这其中有美国和苏联的参与,松平先生就这一情况向日本政府做了汇报。但是,在决议草案中,这个调解委员会是一个由二十一人组成的大团体。是他错误地向他的政府做了报告,还是外交大臣改变了主意？我回答说他的报告非常正确。我们仍然赞成一个小型的调解人数规模，并希望通过任命大型委员会中的小组委员会来实现这一结果。

最后，松平先生表示，鉴于日方政府的指示，中日谈判不应受到外界干涉。他希望在决议草案中明确表示中日之间的谈判是中国和日本之间的谈判，而委员会中其他成员扮演的角色只是调解人，不是真正的谈判者。

日内瓦，1932 年 12 月 17 日

签名：普拉特

资料来源：FO 371/16185，第 91—92 页

（朱心怡　译　陈志刚　校）

89. 英国外交部纪要(1932 年 12 月 21 日)

档案编号：F 8797/1/10 来自：外交部纪要，普拉特先生 编号：无 发报日期：1932 年 12 月 21 日 存档日期：1932 年 12 月 22 日 主题：中国	<u>日本政府对于调解努力的刁难态度</u> 　　松冈和国联秘书长 12 月 20 日谈话纪要。

满洲

依据贾德干先生的第 474 号电报，星期二下午(12 月 20 日)松冈先生和德拉蒙德先生有一段长时间的会谈。他说已收到意料之中来自日方政府的指示，日本政府拒绝在任何一点上让步，甚至拒绝日本代表团在日内瓦提出的妥协建议。松冈先生遗憾地承认，这意味着所有调解努力的最终结束，他甚至提议将立即离开日内瓦，到日后再返回日内瓦。德拉蒙德先生劝阻他放弃这样的想法。

德拉蒙德先生也意识到调解肯定失败了，但他认为，如果各大国在这方面

充分发挥他们的影响力,那么日本政府可能会采取更合理的态度。

预计十九国委员会在周二上午会议上通过的决定不会有任何变化。也就是说,与日本代表团的对话名义上将持续到 1 月 16 日,即委员会确定的下次会议日期,并且在该日期之前对话不会发生明确的破裂。

在看到德拉蒙德先生后,我在星期二下午起草了一封电报,但是今天到达外交部后发现这封电报尚未收到。

签名:普拉特

1932 年 12 月 21 日

资料来源:FO 371/16185,第 109 页

(朱心怡　译　陈志刚　校)

90. 国际联盟秘书长德拉蒙德致英国外交部远东司副司长普拉特(1932 年 12 月 21 日)

档案编号:F 8816/1/10 来自:德拉蒙德先生致普拉特先生 编号:个人且绝密 发报日期:1932 年 12 月 21 日 存档日期:1932 年 12 月 23 日 主题:中国	**日本对于调解努力的态度** 　　今天早上见过了杉村先生,但是他却没有给我看日本政府发出的最新指示的副本。但我推测,新的指示与之前的指示总体上并没有太大的差别。这其中,他们似乎做出些许妥协,唯一一点就是他们愿意接受这十项原则作为调解的基础。考虑到暂时没有太多可以做的事情,我们必须给日本政府一段短暂的时间来思量他们的态度,但是恐怕不会有根本改变的希望。松平先生补充说,东京大使通过这种渠道说的任何事情都无比重要。附件是与松平先生的谈话记录。

私人信件

1932 年 12 月 21 日

普拉特先生：

我今天早上会见了杉村先生，但是他却没有给我看日本政府发出的最新指示的副本。但我推测，新的指示与之前的指示总体上并没有太大的差别。这其中，他们似乎做出些许妥协，唯一一点就是他们愿意接受这十项原则作为调解的基础。但如果他们同意这一点，则会附上一份声明，表明他们认为原则七和八目前不适用，因为这些原则没有考虑到现实情况。

因此，考虑到暂时没有太多可以做的事情，我们必须给日本政府一段短暂的时间来思量他们的态度，并看看在之后他们的态度是否会变得合理一点。但在我看来，恐怕不应抱有太大的希望。

但是，杉村先生又告诉我说，英国大使在东京所说的话最为重要。因此，如果外交部认为可以通过向日本政府施压促使其转变态度，从而带来比较好的结果，这一切也是有可能的。

签名：德拉蒙德

资料来源：FO 371/16185，第 111 页

（朱心怡　译　陈志刚　校）

非常机密

谈话记录

松冈先生今天晚上来拜访了我，我们就当前的局势特别是日本的政策方面进行了一次长时间的谈话。

首先，他提到说，从东京的日本政府那里得到的指示并不希望他们能够就最初建议的基本要点与十九国委员会讨论。尽管日本代表团提出了一些替代性建议，但东京政府仍旧坚持最初的想法。因此，他更加担心现在没有什么工作可做，他打算离开日内瓦，只想到 1 月 13 日或 14 日再回来。

我告诉他，这真是一个令人遗憾的消息，我仍然希望东京政府重新考虑自身立场。但是，无论如何，我都真诚地相信，在 1 月 7 日前，日内瓦将会出现一位认真负责的代表团成员。在此之前，我已清楚地和杉村先生进行过对话，如

果只是为了让中日调解对话得以继续进行,十九国委员会就宣布休会延期,这将会带来不好的舆论影响,比如说在日内瓦的日本代表无能,不能进行这些调解工作并向日本政府提交建议等。

然后,松冈先生向我进一步解释了日本政府的政策。他说,他和东京政府都认为,过去阻碍中国与日本关系交好的绊脚石是满洲问题。因此,他们希望在中日争端里首先解决满洲问题,这不是一个新鲜的想法。事实上,在蒋介石计划建立南京国民政府的那段时期,他曾敦促日本人占领满洲。因此,现在,当国民政府成立之后,他能够承认这样的一个既成事实,"满洲国"政府已经建立起来,它的延续将对蒋介石的预期目标至关重要。"满洲国"政府属于中国的内政,它的主要支持者是那些仍然坚持传统帝制的人;但是,它并没有倾向于完全对日本屈服。在十年之内,可以肯定的是,"满洲国"政府的亲日倾向远大于亲中倾向,但如果后者在此之间证明了它的统一能力,最终满洲可能会以某种形式重新回归中国。然而,松冈先生担心的是现在中国并不是处于缓慢统一中,而是在不断解体中。这里提到的解体,他进一步解释说指许多省份宣布脱离原政府统治,并建立自己的政府。这样的情况在之前也有发生,虽然最终又重新确立了一种统一的形式。他认为如果国联站在某一方的话,可以发现,中国和日本将在六个月内基于"满洲国"的延续统治进行谈判。他重申说日本不希望占有任何不属于自己的领土。实际上,认为日本人可能会吞并满洲领土的想法是愚蠢的。日本曾经与朝鲜有过纷争,但是,在某种程度上,在二十或三十年内,朝鲜将会再次独立。与此同时,日本又忌惮共产党在远东地区的活动,他们不敢将满洲和朝鲜的目不识丁的居民暴露在这种危险之中。

我告诉他,当然这是一个只有日本可以决定的政策问题,但我个人无法相信中国会轻易地在丧失东三省领土的问题上做出退让。

松冈先生坚持认为我在这个观点上是错误的,因为如果这些省份拥有良好的行政管理和发达的经济贸易,普通的中国人将会非常满意。只有学生和极端民族主义者不这么认为,因为他们从没有停止从满洲驱逐日本的计划,他们还希望重新征服朝鲜乃至台湾。此外,松冈先生曾与几位重要的中国人物接触过,他们表示对中国目前的状况感到厌恶,希望就所有悬而未决的问题与日本进行直接谈判。

我告诉松冈先生说,如果日本政策所依据的观点是合理的,那当然更好,但我并不认为这项政策可能是合理的。而且很明显,国联在发生的事情之后不可能站在某一边。坦率地说,我不相信他的观点毫无疑义地体现了中国人的主张。

松冈先生总结了他的论点并重申日本政府的观点:最终希望日本、中国和"满洲国"形成友好的联盟关系,以确保远东地区的永久和平。这也是他认为日本永远不会同意接受任何质疑延续"满洲国"的建议的一个原因。

签名:德拉蒙德

1932 年 12 月 23 日

资料来源:FO 371/16185,第 113—115 页

(朱心怡 译 陈志刚 校)

91. 英国外交部纪要(1932 年 12 月 26 日)

	中日纷争
档案编号:F 8873/1/10 来自:外交部纪要(贾德干先生) 编号:无 发报日期:1932 年 12 月 26 日 存档日期:1932 年 12 月 29 日 主题:中国	这份纪要有助于理解 12 月 20 日日内瓦的情况,纪要概述了十九国委员会在尽力通过调解以达成和解方面采取的态度,概括了日本对美国和苏联参加十九国委员会的反对,建议凭借此种方式和其他的反对意见可以被克服,表达了应该不遗余力地让日本同意调解的观点,目前应该私下里接触日本,因为尚有让他们接受调解的可能。

我写了以下的备忘录,但并没有详细叙述自 12 月 20 日即十九国委员会上次会议以来围绕满洲问题所发生的一切事情。在那一天,日本人已经对十九国委员会起草的议案进行了初步研究,他们提出了一些与会议建议相反的意见,并将其发送至东京政府。而十九国委员会仍在等待东京方面对此的看法。

　　之后,我收到约翰·普拉特先生从日内瓦发来的一封电报,说秘书长收到了日本的答复,但其内容让人十分不满意。

　　除非会议时间提前,否则十九国委员会将会于 1 月 16 日再次举行会议。与此同时,主席和秘书长将继续与各方进行谈判。

　　十九国委员会已经意识到,根据《国联盟约》第十五条,大会的首要责任是寻找如何将该条的第三段内容适用于调解,并努力通过调解干预获得解决办法。

　　日本当然希望与中国直接谈判,但也不会直接拒绝其他大国的某些调解。他们对十九国委员会起草的议案的主要反对意见是:第一,议案建议在谈判中将美国和苏联牵扯进来;第二,建议将李顿调查团报告书的第九章中所述原则作为谈判的基础;第三,在"原因陈述"部分,包含了从报告书(李顿调查团报告书自身)所获得的结论,即维持和承认"满洲国"的统治不能解决调解难题。

　　最后这个困难也许可以通过调整句子结构、重新措辞来解决——普拉特先生制作了一个巧妙的草案,日本人应该会接受它,并且其他人也不会反对。

　　秘书长告诉我,他认为第一个困难可以通过指示十九国委员会任命一个小型的特别委员会担任调解员来解决,并且应该邀请本委员会的成员来担任这些职务,而不是那些对调解特别感兴趣的联盟成员。由此,日本代表可能会认为这是可以接受的(在这个问题上,调解政策的制定似乎是源于在日内瓦的日本代表团)。

　　如果日本人坚持他们的观点,第二个困难是不可克服的——因为我们不能抛弃最重要的李顿调查团报告书。但是我想知道,如果他们在很清楚主要大国在这一点上不可能让步的情况下,他们是否会继续坚持下去?

　　留给我们的时间可能很短,而且——如果不能按时完成——我想知道那是否意味着可以请求林德利先生简短有礼地表明态度,并恳求英国政府,至少不让他们的名字出现在否认李顿调查团报告书原则的决议案上。如果我们能让其他主要大国做出类似的陈述,那就更好了。

　　也许这对日本政府不会造成任何影响,但这是一次小小的尝试,即坚定而又礼貌地告诉他们我们的态度,这值得尝试。

　　不遗余力地让日本人同意调解似乎是至关重要的。那么替代方案是什么呢? 如果到 1 月 16 日我们仍旧没有成功地促使其同意调解,大会将立即着手处理《国联盟约》第十五条中第四款内容中的问题——一个更加艰巨的问题。

在那种情况下——除非我们抛弃李顿调查团——我们将不得不对日本做出判决，并就如何解决问题提出建议。至少，我还没有想出如何摆脱当前这种困境。但也请不要纠缠于将来才会发生的事情。

恕我知识浅薄，虽然我不能提出切实的依据，但我相信日本也不希望退出国联，而且我怀疑他们其实不介意在其他国家的主持下与中国谈判，只要他们没有被束缚得太紧。毕竟，李顿调查团报告书第九章的基本原则并没有把日本约束得太多，而且据我的记忆（尽管我手上没有副本文件），其最终的原则使得所有其他原则都将依赖于建立一个稳定的中国政府！

在我看来，接下来的日子里我们将被迫坦率地和日本进行谈判，并且现在私下这样做可能会更好，同时还有可能让他们同意和解——这是唯一可能实现最终调解的方法。通过警告他们，如果将来涉及《国联盟约》中第四款内容，我们的态度肯定不会像现在这么友善，这可能是唯一一个合理的办法。

以上这些就是我目前能够想到的所有，但是由于我出席了十九国委员会会议，并且由于反思使我深刻意识到，在接下来的三周内，落实一切可能促进调解的工作将十分重要而且令人钦佩。同时，我认为我有责任将上述内容以文字方式呈报。

签名：贾德干

资料来源：FO 371/16185，第 155—157 页

（朱心怡　译　　陈志刚　校）

92. 英国驻奉天总领事伊斯特致英国驻华代办英格拉姆
（1932 年 12 月 26 日）

档案编号：F 8874/1/10 电报来源：伊斯特总领事（奉天） 编号：174 发报日期：1932 年 12 月 1 日 存档日期：1932 年 12 月 29 日 主题：中国	"满洲国"民众对李顿报告书的结论表示愤慨 　　请参照 11 月 12 日来自奉天的第 18 号电报（F 8504/1/10）。将来自奉天的第 177 号电报副本转发给北平（同样也发送到东京、南京、哈尔滨和大连），并附上来自"满洲国"第 20 号电报的副本，其中包括致国际联盟秘书长的声明，以及委员会主席对来自私人和公共组织的三千多封信件的概述，这些信件说明了"满洲国"民众一致地对李顿报告书中的结论表示愤慨。

副本(包含 1 个附件)

伊斯特总领事致英格拉姆先生

奉天

1932 年 12 月 1 日

第 177 号

（副本发给外交部、东京、外交使团、哈尔滨和大连）

先生：

　　请参考我在 1932 年 11 月 12 日发送的第 172 号保密文件，以及 11 月 18 日由英国驻哈尔滨总领事发送的第 104 号保密文件，我谨随函附上一份信件副本。这份副本源自 11 月 26 日位于新京的外交部长向国联理事会主席和国联秘书长发送的信件，其中主要表达了"满洲国"民众对国联调查团会得出的结论一致愤慨。

2. 该文件的副本于 11 月 30 日下午作为新京宣化司发布的公告派发给我。

3. 我将这封邮件的副本转发给外交部、英国驻东京大使馆、南京的外交使团、英国驻哈尔滨和大连的领事官员。

签名：伊斯特

资料来源：FO 371/16185，第 159 页

（朱心怡　译　陈志刚　校）

宣化司

"外交部"

新京,满洲

第 20 号公告

1932 年 11 月 28 日

"外交部长"致国联理事会主席埃蒙·德·瓦勒拉先生阁下

和国际联盟秘书长埃里克·德拉蒙德先生

1932 年 11 月 26 日发送

阁下：

谨告知各位阁下，"满洲国"的各个公共和私人组织以及广大民众的代表，都向该政府各部门投递了一些信件。他们以书信形式发表了声明和意见，目的是要求纠正在李顿调查团报告书中关于中国的某些部分所载的错误主张和言论，同时请求将这些文件转发给阁下，以便仔细斟酌。

到目前为止，"满洲国"政府各部门收到的此类上诉和意见的总数已超过三千份。通过大致分类，这些信件主要有以下的来源：

1. 来自各省或地区的居民代表——约占 40%。

2. 来自农业、商业、工业和其他贸易组织——约占 30%。

3. 来自宗教和教育机构——约占 20%。

4. 来自蒙古人、朝鲜人、白俄和其他种族群体的组织——约占 10%。

从地理角度上来看，上述来源代表了该国的所有省、市和地区，可以客观地认为这几乎是全体民众的意愿和愿望。

　　我认为,有些声明和意见是直接发给阁下您的,也许您现在已经收到了,同时该政府所收到的这些信件也正通过邮寄的方式发送给您。但是,鉴于国际联盟理事会目前正在审议涉及该国的事项,我觉得有责任代表这些民众向阁下立即转达这一重要事实。而仔细阅读这些信件可以发现,这其中所强调和涉及的主题和事项涵盖了广泛的领域,但其内容可以集中体现如下:

　　1. "满洲国"自成立以来得到了广大民众的充分和热烈的支持。各行政部门正在稳步地改善和发展,所以人们对拥有一个非常光明的未来充满自信和希望。

　　2. 张作霖父子的暴政延续了二十年,这其中穿插着各种各样的资产掠夺、垄断和封锁自然资源以及文化破坏。这些军国主义者进一步鼓噪内战,加剧外交纷争,最终导致远东地区的和平遭受破坏。作为军阀中最为凶悍的一派,人们强烈地反对他们的暴政。

　　3. 自"新政权"("满洲国")成立以来,前任政权中存在的腐败现象被彻底消灭。法律得到严格执行,行政管理工作也以公正有效的方式进行,而这些条件使得我们的官员和人民能够各司其职,安居乐业。

　　4. 现任政府已将军费开支降至最低(约为旧政权支出总额的三分之一),同时向公众公开财政状况,强制促进其财政预算的平衡,并重新调整了之前在市场上流通但不可转换的纸币。因此,在这样和平的情况下,民众现在能够继续他们的日常工作,并对"新政府"及其未来充满信心。

　　5. 境内的和平与秩序逐渐恢复正常。虽然在部分地区仍有报道称因前军阀的煽动而造成的轻微骚乱,但可以肯定的是这些骚乱在不久的将来就会平息。

　　6. 在李顿报告书中,关于"满洲国"这些部分的论述乃是基于偏见所得,这其中充满了难以调和的矛盾和谬误。因此,人们绝对不会同意报告中所表达的观点,其中的建议不仅没有建立和平,反而会破坏和平,而且这不能解决任何问题,反而使其变得更为复杂,增加了疑惑甚至制造出混乱。同样地,"满洲国"民众坚决反对任何将导致现状发生变化或阻碍"满洲国"未来独立和进步的计划。我们真诚地希望理事会所有成员和代表团都能够对当前局势提出新的观点,进一步深化对满洲现状的看法,从而有助于维护这一地区的整体和平。

　　7. 种种迹象表明,在进入"满洲国"之前,李顿调查团在北平和中国其他地方已经先入为主地制订了一个解决满洲问题的计划。而且在满洲,调查团没有采取任何积极的手段来查明民众的真实愿望或情况,而是相信一千多封来源可疑的信件。他们基于这些信件得出大胆而草率的结论,并将此作为确定民众意愿的依据,这令"满洲国"的所有民众都深感愤慨。

签名:谢介石

资料来源:FO 371/16185,第 160—163 页

(朱心怡　译　陈志刚　校)

93. 英国驻国际联盟代表致英国外交部(1932 年 12 月 27 日)

档案编号:F 124/33/10 来自:国际联盟 编号:C. 859 M. 401 发报日期:1932 年 12 月 27 日 存档日期:1933 年 1 月 5 日 主题:中国	**中日争端** 　　传达来自中国代表团的信函,其中包括中国对日本代表团 11 月 28 日的备忘录的评论,以及对日本代表在 12 月 6 日和 8 日的全体大会特别会议上的发言的评论。

来自中国政府的申诉

来自中国代表团的信函

由秘书长传达

应中国代表团要求,秘书长谨向理事会和国联成员传达 12 月 26 日的以下信函。

日内瓦,1932 年 12 月 26 日

致秘书长:

针对日本代表团 1932 年 11 月 28 日提交的针对中国代表在 1932 年 11

月 21 日理事会中的陈述所撰写的备忘录①,以及日本代表 12 月 6 日和 8 日在全体大会特别会议上的两次发言,谨将我们的意见发送给您,并请您将其分发给理事会的代表以及国联的其他成员。我想补充一点,中国代表团将根据形势的变化,就随附意见中未涉及的上述日本备忘录和发言中的其他要点保留发表进一步意见的权利。

签名:顾维钧

资料来源:FO 371/17074,第 2 页

(杨越　译　陈志刚　校)

中国对日本代表团 11 月 28 日备忘录的评论以及对日本代表在 12 月 6 日和 8 日全体大会特别会议上发言的评论

目　录

第一部分

---

① 参阅文件 C. 806. M. 374. 1932. Ⅶ。

13. 日本人的特殊心态

第二部分

14. 日本对朝鲜战争的责任

15. 1896 年《中俄协定》

16. 美国 1905 年建议将满洲归还给中国

17. 美国政府现在奉行同样的政策

18. 1931 年的高纪毅-木村(Kao-Kimura)谈话

19. 日本没有在满洲或上海驻扎军队的条约权利

20. 锦州事件的日本版本同样没有根据

21. 日本占领满洲的盐税部门、海关等

22. 在满洲捏造"民众的意志"

第三部分

23. 日本的恐怖主义:压制言论自由

24. 中国的未来:松冈的预测只是源于其思想的愿望

第四部分

25. 日本无视国际义务

26. 日本对国联的不信任

27. 日本假装的恐惧

28. 日本虚构的苏联危险

29. 中国在镇压"共匪"作乱方面取得的进展

30. 日本看到了与苏联达成谅解的前景

31. 日本"恃强凌弱"的政策

32. 国联原则不容损害

33. 世界和平的利益至上

中国对日本代表团 11 月 28 日备忘录的评论
以及对日本代表在 12 月 6 日和 8 日
全体大会特别会议上发言的评论

第一部分

1. 总体评论

针对日方 11 月 28 日的备忘录中对中方 11 月 21 日向理事会所发表声明的一些指控，以及日本代表团 12 月 6 日和 8 日在全体大会特别会议上所发表声明中的一些指控，中方已分别在 12 月 3 日发给秘书长（文档编号 A.155. 1932 Ⅶ）的信函和中国代表团在特别大会 12 月 9 日下午的会议中给予了反驳。但是，为了准确和充分理解，日方备忘录和声明中还有其他一些错误陈述和主张，这些错误不应在不经评论或回应的情况下通过。

2. 日本制造骚乱的努力：后藤男爵的宣传册

后藤男爵的宣传册《日本国民和军队在满蒙地区的活动》生动地描述了日本政府多次企图在中国制造骚乱，进而阻止中国统一。11 月 21 日，中国代表在理事会发言时引用了这本宣传册，而我们所评论的日本备忘录试图回避这个问题，解释说后藤伯爵编写它"是为了国内政治目的"，而且"他当时没有执政"。但众所周知，该宣传册的作者是通过亲自到满洲进行现场调查并研究日本政府的官方档案来查明的这些事实。值得注意的是，日本代表团并未否认该宣传册中列出的事实。日方反驳的依据是，中方代表没有补充说"在民国初年听到一名日本大佐纵容满洲的复辟运动的消息后，日本政府采取措施制止了这一活动"。但促使日本政府停止活动的因素是什么？后藤男爵在他的宣传册中给出了完整的答复：

"由于帝国政府和土肥大佐不太熟悉满洲的真实情况，并且由于他们与日本浪人（以扰乱中国和平为职业的日本人）的联系并不特别密切，日本当局在满洲煽动起事的努力最终彻底失败。不过，他们 1916 年春在大连成功动员了两千多名帝制支持者，并将他们组织成一支名为'勤王军'的军队。不过，尽管日本花了很多钱，但并非所有土匪或苦力都忠于它。"

3. 未就田中奏折的传播做出保证

关于田中奏折,中国代表团言之已详,这里需要指出的一点是,日本代表团声称中国前外交部长王正廷博士保证会阻止其传播。即使做出了阻止一个文件传播的承诺,也未必意味着接受日本人对其真实性的否认,何况根本没有做出这样的承诺。在 11 月 25 日接受"中央"通讯社记者采访时,王博士断然否认了这件事,该报道随后也已在欧洲发表。

4. 1927 年没有要求日本军队驻留济南

据日本文件称,1927 年,在日军从山东省会济南撤出时,日本政府"接到蒋将军政府请求,让我们的(日本)军队留下,直到政府为该省的安全做好准备"。我们没有提出这样的要求。

5. 建议不要宣誓效忠中央政府

同样值得注意的是,日本代表团还承认,1928 年总领事林权助男爵和佐藤少将敦促张学良将军不要宣誓效忠南京中央政府,但却把这种极端恶劣并欲图阻止中国政治统一的企图说成是"这一建议是按照'少帅'的意思提出的",这完全是毫无根据和令人震惊的断言。在回答中国代表团的电报询问时,"少帅"表示:"如果日本人真的如此关心我的意愿,为什么他们在其他问题上完全反对我呢?日本干预的事实在那个时候被中外政界广为人知,并且有证明文件可以提供进一步的证据。如果我不想悬挂新的国旗,我为什么还要迫不及待地按自己的意愿挂了上去?"

6. 中国没有"排外政策"

除了指责中国未遵守条约(这已被证明是没有根据的),日本代表团还指责国民政府"公开和一贯地奉行'排外政策'"。该政策过去没有,现在也没有,这已在中国代表团的各种声明和信函中充分解释。

7. 中国海关部门的外国人

作为例证,我们可以指出,1932 年 6 月 1 日中国海关部门总共有 8 832 名工作人员,其中有 924 名外国人,199 人是日本人。最后一个数字包括满洲各港口的日本雇员,他们几乎都加入了"满洲国"的海关部门,违背了海关部门的忠诚传统。除了因为不服从命令而被解雇的大连专员福本(Fukumoto)先生,海关部门没有一名日本人被解雇。仅次于监察长的首席秘书目前是日本人。对于中国没有任何排外政策,已找不到比这更明确的证据了。

8. 日方的证据证明中国遵守了条约

然而,日方的同一份文件中提出了异议:

"引用在中国政府机构的外国人数量来证明中国没有排外情绪,这是一种误导。中国政府机构接受这些外国人的存在只是因为他们必须这么做。这种情况得到容忍,只有因为政府签订的各项条约和契约中规定要雇佣外国人。"

上面引述的声明不但没有证明存在所谓的排外情绪,反而表明日本对中国"未遵守条约"的指控被其自己的证据所反驳。而且即使在日本侵略中国东三省的困难条件下,中国也遵守了自己的条约和契约义务。就目前中日两国的关系而言,同时鉴于中国海关部门有大量不忠诚的日本雇员,并且加入伪满洲国为之服务,毫无疑问,中国完全有理由从这些机构中开除那些剩余的日本职员。

9. 中国机构公平对待外国人

日方备忘录进一步指控"在盐税部门和几个铁路管理局中,外国人通常都会被驱逐出去"。与其他许多指控一样,这一指控并不属实。出于经济或效率原因,或者考虑到公共利益,这些机构对人员进行了一些审慎的调整和替换,适当考虑了被替换的人员,但远没有产生"灾难性后果",而且这些机构的绩效大大改善。让我们以盐税部门为例。1928 年 9 月 26 日,国民政府发布指示,将盐务稽核所整合到财政部中。与此同时,它规定应在全国恢复盐务稽核所工作,但收入无法上缴给中央政府的,应将收入中足以支付贷款业务分摊份额的第一期费用的固定比例上缴国库。

对全国不同的盐税收取单位采用了一项配额计划,缴纳以盐税收入为担保的借款业务中的分摊份额,引用财政部长宋子文在 1932 年 8 月发布的《中国财政发展报告》中的话:"到 1929 年 9 月,该计划已被证明非常成功,使财政部不仅能够宣布每年拨出偿还一年债务的款项,而且实施了清理拖欠的计划。截至 1930 年年底,英法两国及克利斯浦借款所欠下的利息已全部付清,并且已开始支付拖欠的本金。为偿付湖广贷款而拖欠的盐捐款已于 1931 年还清。"

10. 抵制问题

关于抵制日货的问题,中国政府的意见已在中国驻理事会代表的声明和中国代表团发给国联的信函中解释。这里不建议再进行讨论。如果按照日本代表团的说法,抵制真的是"变相的战争",那么如何正确地描述日本军队通过野战炮兵、轰炸机、机关枪入侵满洲,随后屠杀中国男人、女人和孩子,以及对中国财产进行无情的破坏? 简言之,目前抵制日货的最初起因是,1930 年 7 月,在日本警察当局的纵容下对中国在朝鲜侨民的屠杀,导致 142 名中国人死亡,546 人受伤,91 人失踪,并造成超过 4 000 000 日元的财产损失。从 1931 年九一八事件开始,日本对满洲的入侵使得抵货运动进一步加强。

事实上,过去对日本货物的每次抵制都是不情愿而采取的行动,是对日本军事侵略、侵占或挑衅的报复行为。在过去 30 年中的 9 次抵制日货运动中,日本代表团指出其中有 4 次不能被视为对日本军事措施的报复,显然是在暗示其他 5 次可以如此认为。在这 4 个案例中,1908 年的抵制是由日本要求满足与二辰丸事故有关无理要求的最后通牒引起的。日本在就重建安奉铁路进行谈判过程中的类似挑衅引起了 1909 年的抵制。1919 年和 1923 年的事件分别是对以下事件的自发抗议和报复:日本以消除德国影响为借口对山东进行军事占领后,拒绝撤出山东,以及日本坚持执行以目前众所周知的"二十一条"要求为基础的 1915 年协议。

11. 引述的英国就辛诺维夫信件发出的照会毫无关联

引述英国政府就所谓辛诺维夫信件向苏联驻伦敦代表提交的照会中的长篇内容,似乎与抵制问题毫无关系。除了无法将中国国民政府与莫斯科苏维埃政府之组织类比这一事实外,鉴于日本入侵满洲、上海和天津的性质和程度,不仅中国公民个人,而且各种公共机构或组织都有充分的理由支持和强化作为合法防御手段的抵制活动。

12. 日本在上海的侵略

对于日方备忘录中提及的 1932 年 1 月至 3 月的上海事件,在中国顾问的总备忘录(1 号文件)以及另一份有关"中国政府在上海事件爆发时做出的决定"的备忘录(20 号文件)中都进行了描述和讨论,两份文件均已提交给调查团。在其中可以清楚地看到,1 月 28 日晚,日本武装部队在机枪的支援下,首先袭击了中国警察,然后袭击了中国正规部队,但他们都只是严守防御而已。因此,日本军队遭到攻击的说法是歪曲事实。

此外,外国陆海军当局有通过登陆海军陆战队以保护所谓上海公共租界防区的共同部署,但对未参加讨论、对有关安排毫不知情的中国政府没有约束力。日本"防区"的情况更是如此,因为它包括了由中国控制和管辖的部分领土。无论外国海军和陆军指挥官有何安排,它都不可能授权且实际上也没有授权日本人入侵公共租界以外的中国领土或袭击驻扎在附近的中国军队。

　　根据国际联盟任命的领事委员会等公正机构的权威报告，这次上海事件造成超过 24 000 中国人死亡，价值 15 亿美元的财产遭到破坏，给这座城市和它的人民带来了无尽的苦难，这完全是日本人有预谋地在中国人民心中制造恐惧，并削弱他们对满洲局势的反抗。

　　13. 日本人的特殊心态

　　在这方面，值得注意的是，没有什么比日本代表团的愿望更能说明日本人的特殊心态。日方在其备忘录中提及由于日本袭击上海而牺牲的中国人时，"提醒理事会注意死在中国士兵手中的中国人（中国平民）多得多"。目前尚不清楚这两件事之间有何关联。日本代表团将它们联系在一起让人无法理解，除非他们认为中国的民众骚乱，常常由日本人煽动，而这种骚乱使日本有权通过武装入侵给他们带来更多痛苦。中国人民遭受的这种骚乱，在中国的政治转型期间是不可避免的。这种态度违背人类良知，不需要任何论证来支持它。

第二部分

　　14. 日本对朝鲜战争的责任

　　由于日本代表用不少篇幅谈论了 1894—1895 年的中日朝鲜战争，有必要再次提醒注意当时的日本外相陆奥男爵的回忆录。这本书最初仅打算私下传阅。由于公众批评他因疏忽而未能提前阻止俄国、法国和德国在战争结束时的联合干预，所以作者编写了这本书来为自己的政策辩护。书中全面详细地介绍了日本对中国的阴险图谋，以及外相事先制定并随后逐步推行的不择手段的步骤，这些步骤是为了对中国强制发动战争，从而实现日本在亚洲大陆上的扩张和征服政策的下一个阶段。这是一位主要策划者对远东地区这部影响深远的戏剧的情节叙述。全体大会上的日本代表不会忘记陆奥男爵为促成既定战争而说的那句话："利用任何借口实施积极行动。"这句话是他向当时正着手派遣海军陆战队前往朝鲜的日本公使建议时所说。

　　15. 1896 年《中俄协定》

　　日方备忘录中再次提及 1896 年的中俄协定，其中补充道："如果我们政府在 1905 年日俄战争结束时就知道这个条约，随后与中国和解，那么可以有把握地说，我们不会把满洲问题留到今天来解决。"事实是，由于俄国 1900—1903 年期间公然违反条款，中国一直认为俄国已撕毁该协议，而且日本政府在 1904 年即将向俄国宣战时也清楚地知道，中国希望与日本一道保卫自己的领土。日本阻止了中国加入对俄战争,因为日本驻北京的公使根据东京的指示表示,"经过深思熟虑的调查后,日本政府认为有必要建议中国保持绝对中立"。反对中国参战的原因是"考虑到国际秩序和总体利益",这样可以"将战争限制在日本和俄国之间,避免大规模冲突"。换句话说,日本不希望俄国的欧洲盟友有借口在战争中加入俄国一边反对日本。

16. 美国 1905 年建议将满洲归还给中国

日本文件中的评论称"为了让满洲回到清朝的主权统治之下,当时的日本比任何其他国家,甚至比中国自己都付出了更多努力"。值得注意的是,为了不弱化日本参加这次战争的重要性,早在 1905 年 4 月,西奥多·罗斯福(Theodore Roosevelt)总统在答复日本通过"友好斡旋"实现与俄国和平谈判的要求时,就表示希望日本遵守满洲的门户开放原则,并将该地区归还给中国。对此事件,日本已表示同意。1905 年 6 月,针对满洲领土开始谈判的《朴茨茅斯和平条约》就是在此基础上缔结的。因此,对于谁为了将满洲归还给中国付出了更多努力,可能是一个有争议的问题,尤其是考虑到日本代表团在备忘录中明确暗示日本会毫不犹豫地保留这片领土。

17. 美国政府现在奉行同样的政策

另一方面,美国政府在 1932 年 1 月 7 日发给中国和日本的照会中宣布,美国政府不能承认任何事实上情势的合法性,也不拟承认中日政府或其代理人间所订的有损于美国或其在华侨民的条约权利,包括关于中华民国的主权、独立或领土及行政完整,或关于通称为门户开放政策的对华国际政策在内的任何条约或协定。与日本形成鲜明对比的是,美国与三十年前一样,对满洲问题采取同样的政策。

18. 1931 年的高纪毅-木村谈话

日方备忘录还提到了 1931 年关于满洲各种铁路问题的高纪毅-木村谈话,作为日本努力"实现和平解决问题"的例证,并抱怨中国人"拖延"。然而,事实是这样的:1931 年 1 月 23 日,张学良元帅从木村先生那里收到了当天的一份备忘录,表达了讨论悬而未决的满洲铁路问题并就此达成解决方案的可取性和必要性。2 月 5 日,东北交通委员会主席高纪毅先生被任命进行谈判。在 3 月 6 日的一次非正式会议上,决定双方应提名专门人才作为专家。4 天后,6 位中国专家获得提名。在此期间,木村先生已返回日本,并告知高先生其无法立即前往奉天。直到 5 月 7 日,满铁才向中国当局告知提名的 6 位日本专家。然而，6月份，铁路公司的总裁职位发生了变化。内田伯爵7月中旬就任新总裁后，进行了大量人事变动。作为6位日本专家之一，经常就铁路问题与中国当局联系的入江氏（Irie）先生也退休了，他的空缺从未填补。在这些情况下，正在进行的非正式谈判一直处于停止状态，直至九一八事变发生后骤然关闭。

从这段简短的叙述可以看出，日本对中国拖延的指控显然是没有根据的。如果谈判延迟，那是因为日本代表团和满铁的人员一再发生变化，而且在很大程度上也是由于日本方面缺乏诚意，推迟提名他们的专家和填补空缺。

19. 日本没有在满洲或上海驻扎军队的条约权利

在12月8日全体大会特别会议上的发言中，日本代表在谈到日本侵略中国领土时说："条约规定我们（日本）可以在上海驻军，后来我们派遣了陆军。对于满洲，我在另一天也已指出，我们的军队依据一项保护日本臣民生命和财产的条约而驻扎在那里。"这是严重的失实陈述。中国一直反对日本声称拥有在南满铁路区驻扎军队的条约权利，并且如果曾经有过这种权利的任何影子，那也已在1917年失效，郭泰祺先生已在12月8日的全体大会发言中清楚说明了这一点。这远非"被邀请进屋"，哪怕是在1931年9月18日的事件发生之前，日本军队的存在就已构成一种入侵行为。至于上海，这是日本发言人首次声称根据"条约"有权向中国这个伟大的大都市派遣军队。必须着重强调的是，没有任何现行有效条约授权或可以解释为授权在上海驻扎外国军队。

20. 锦州事件的日本版本同样没有根据

同样毫无根据的是，日本文件中声明1931年10月8日派出了11架日本飞机侦察锦州的中国军队，这些飞机遭到机关枪射击，它们因此向射击的中国军营投掷炸弹进行报复。仔细阅读李顿报告书第72页中对这起爆炸事件的公正说明，就可以确定事实上中国军队没有攻击也没有还击。报告书中还指出，"事实上，军营根本没被炸到，大量炸弹落到了城镇各处，甚至是医院和大学建筑"。

此外，中国军队去年10月撤退到锦州，是日军占领奉天和其他地方的必然结果。由于中国军队被迫从这些地方撤离，他们驻扎在锦州是很自然的。锦州是辽宁省政府的临时驻地，仅仅因为日本政府一心要摧毁"中华民国政府在南满洲的最后一个行政机构"，日本当局就向锦州派遣了一队轰炸机来进行恐怖袭击，对这座城市造成了巨大破坏。声称南满铁路以东的中国军队是"对其安全的威胁"仅仅是一个借口。驻扎在锦州的中国军队不能被视为威胁，他们是被日本军队驱赶到那里的。此外，如果这个论点得到支持，那么合乎逻辑的结论是，每个国家都有理由以另一个国家的毗邻领土中存在军队为由而侵入该地区——这种状态在目前的国际社会秩序中显然是不可接受的。

21. 日本占领满洲的盐税部门、海关等

在日方备忘录中，其辩称"满洲国政府"对盐税部门、海关、邮局等的占领是"'满洲国'建立后的一个自然结果，是完全在该政府管辖范围内的行为"。除了调查团报告中明确指出的所谓"满洲国"是日本人为创造出来的事实，还应进一步指出，上述占领行为实际上均是在日本文武当局的煽动和支持下发生的。有关日本占领中国政府在满洲的公用设施并没收他们的税收、财产和档案的情况，以及日本为实现其目的而使用的逮捕、监禁、恐吓和胁迫方法的详细描述，请查阅中国顾问提供给调查团的备忘录（文件编号23、25、27和28）。

22. 在满洲捏造"民众的意志"

所谓"满洲国"的构想、宣传和创造完全归因于日方文武当局的活动，调查团已在其报告中清楚明确地确定了这一点。日本代表在12月6日的全体大会特别会议上重申，该运动是"在满洲的中国领导者发起的"，这违背了已确立的事实，不需要进一步驳斥。

但是，这里应该提到日本代表团通过秘书长传达给国联成员的一些电报复印件，其声称这些电报"是满洲的各个公共机构希望发给国联的"，意图表明"满洲国自成立以来得到了绝大多数人民的充分和热心支持"。让我们回想一下，中国代表团此前曾提醒国联，日本在满洲的情报员会捏造欺骗性的声明来表明"全体民众的意志和愿望"都支持"满洲国"，这些声明很快会传到日内瓦。因此，在11月19日经由秘书长向全体大会传达的信函中，中国代表团转发了来自北满洲的苏炳文将军的电报，内容如下：

"由于国际联盟调查团报告书宣称，所谓的'满洲国'绝不是民众意志和愿望的表达，满洲的日本当局已以小矶国昭（Koiso）的名义派出一名情报员前往黑龙江省，目的是迫使当地的中国机构签署支持'满洲国'的宣誓书。这一行动是在所谓的省长帮助下完成的。吉林和辽宁省（奉天）的非法机构正在采取同样的欺诈手段，而且通过强制手段获得的文件将被送往日内瓦，用虚构的事实来欺骗国联。"

在来自苏将军和张将军的另一封电报(也已发给国联)中,写道:

"最近日本人强迫民众宣誓效忠傀儡政府,并指示不同地区的行政官员制定支持所谓'满洲国'的欺骗性公开请愿书。我们请求您向国联揭露这些事实。"

事实上,早在9月22日,黑龙江省的马占山将军就向中国政府报告,当地的日本军事当局已发布命令,要求从(1932年)8月1日起,该省的行政官员和公安局局长将前往不同的村庄,强迫民众在一些宣示效忠"满洲现政权"的文件上签字,并发表讲话来解释日本与"满洲国"合作的优势。

这就是传到国际联盟的满洲人民支持"满洲国"的"自发"和"自由"意志的获取过程!

第三部分

23. 日本的恐怖主义:压制言论自由

日本代表12月8日在全体大会上的发言中,否认了日本军事领导人为了扩张领土而提前设想和准备入侵满洲,并宣称:"各阶层的民众和各种各样的意见都放下分歧,支持那些采取了应有行动的军官。"他补充道:"整个国家没人持不同意见。"事实是,恐怖的统治已经开始并由在东京的军阀把持。无论是过去还是现在,所有与他们的"铁血"政策背道而驰的言论都受到了无情的压制,表达这些意见的人面临着被流放或死亡的危险。我们记得,在过去几个月中发生了四次耸人听闻的暗杀,导致两位首相和两大政党领导人以及一位著名的金融巨头被杀害。

日本军国主义横行霸道,不仅是对远东和平的真正威胁,也是对世界和平的真正威胁。

24. 中国的未来:松冈的预测只是源于其思想的愿望

松冈先生在全体大会上的发言中声称"用了毕生精力研究中国问题"并"对中国有一定的了解"。他进一步说:"我敢预测,未来10年,或许甚至20年,也可能在我们的有生之年内,中国肯定不会统一,也没有能力建立中央政府(作为一个东方人,我对此感到非常遗憾)。"

日本代表在中国很有名。值得指出的是,他"用毕生精力研究中国问题"不是为了更好地了解中国及其合法愿望,而是为了进一步实行日本传统的侵略和扩张政策,他就是这项政策中的重要主角。在他的作品《动荡的东亚大局》（第 10 到 11 页）中，他用了最有力的言辞来赞扬田中将军对满洲和蒙古的积极政策，并将其称为"我国自小村寿太郎（Komura）侯爵以来的传统政策"。

他完全赞同该政策，并向他的同胞建议："只要有机会，我们就必须一步步前进，提高我国在满洲和蒙古的地位。无论在任何情况下，我们都必须前进，直到我们确立了至高无上的地位。"在另一本名为《动乱之满蒙》的书中（第 5页及以后），他说："只要我们谈到满洲和蒙古的问题，就不能将它与朝鲜、俄国的三个沿海省份和西伯利亚的问题分开。"

他如此有信心地预测中国的未来，不能归因于他所认为的中国的情况确实令人悲观，因为来自其他国家的公正的观察者们持有完全不同的观点。事实证明，他的愿望来源于他的思想。在中国顾问向调查团提交的关于"日本阻止中国统一的阴谋诡计"的备忘录（第 12 号文件）中，描述了日本军事独裁者及其崇拜者们在促进中国分裂的邪恶任务中扮演的阴险角色。通过政治阴谋、财政支持、武器弹药供应或军事干预，军部和东京参谋本部的日本情报员一直从事着在中国制造混乱或煽动政治冲突的工作，以让日本自诩为远东地区的和平守护者的地位变得可信，并为它以牺牲中国为代价来实施有预谋的领土扩张计划提供借口。对于日本情报员的这些活动以及日本政策的所有影响，松冈先生非常熟悉，他自己在推动日本传统侵略和扩张政策上的努力，绝不仅限于日本国内的沙文主义文学倡导者或者海外利益无畏辩护者所发挥的作用。

第四部分

25. 日本无视国际义务

日方备忘录反驳了中国忠诚遵守条约的事实，并声称"中国未遵守条约是目前争议的根源，也是中国现在与日本以外的国家所处困难局面的根源"。鉴于日本继续无视《国联盟约》《非战公约》《九国公约》，以及 1931 年 9 月 30 日和 12 月 10 日的理事会决议，对中国的指控明显是毫无根据的，这几乎不需要进一步评论。满洲的现状源于日本蓄意实施其传统的亚洲大陆扩张和征服政策，无视其国际义务。这已经成为国联的一个难题，因为日本拒绝执行其撤军和避免局势恶化的承诺。日本不仅创造了"满洲国"作为其领土征服阴谋的幌子，还违背全世界的民意承认了"满洲国"。在 1932 年 9 月 24 日的会议上，理事会主席已明确表明了对日本最近违反国际条约的看法，主席表示：

"在讨论调查团报告书之前,甚至在该报告书公布之前,日本不仅承认了'满洲国',还通过与所谓的'满洲国政府'签订条约,采取了不能不被认为妨碍解决争端的行动,我对此表示很遗憾,可以肯定理事会的大部分成员也有同感。"

26. 日本对国联的不信任

日本在满洲局势上故意违反《国联盟约》,不打算遵守盟约条款,这在日本代表在 1932 年 12 月 6 日的全体大会特别会议上的声明中可以清楚地看到。他们自称"日本是国际联盟的忠实支持者",但几乎同时宣布了日本政府没有寻求国联保护的原因是"鉴于国联目前的结构和管辖范围,不能指望该机构立即提供有效的保护"。针对全体大会提出解决方案的意愿,他在指出国联无论在主观意愿还是方式方法上,本就应该有所牺牲后,又厚颜无耻地问:"是否有国联成员国愿意和其他成员国一起参加这样的任务?"

27. 日本假装的恐惧

12 月 8 日在全体大会上的大部分发言中,日本代表都试图召唤出战争的幽灵,以期引起对其国家铁拳政策的同情。他说,"今天的日本面临着严重的危险"。当他说出这些令人震惊的话时,他的想法似乎并不十分清楚。但是,当他发表以下言论时,已足够表明他的想法。

"太平洋强国美国没有加入国联,苏联没有加入国联。我们家门口还有中国,这个幅员辽阔的国家正处于这些可怕的境地。请你发挥一点想象力,如果你是日本人,你会怎么做?"

关于美国在太平洋的外交政策,人们已经非常清楚它的真正精神和目的,因此没有必要在这里探究它的性质,没有人对它在未来的可能发展感到惊慌。中国的局势不会对远东构成威胁。如果这些局势之所以有时看起来"可怕",日本负有主要责任,因为日本在亚洲大陆采取领土扩张政策并反对中国政治统一。

28. 日本虚构的苏联危险

日本代表宣称"目前中国内地的苏维埃主义"对远东地区是一种危险,并问道:"为什么这种运动没有更迅速地蔓延?"他宣称:

"答案是因为有日本。至少苏联尊重日本。如果日本的'抗争'被国际联盟或任何其他机构或大国驳回,可以肯定苏维埃势力会立刻蔓延到长江口。"

日本妄称担忧的是苏联,是可能在中国蔓延的苏维埃主义。因为他在一段发言中声称:

"总之,日本今天在整个东方面临着可怕的局面,并且在单枪匹马拯救远东。我们正面临着苏联仍处在国际联盟之外的局面。"

下面的段落中也泄露了同样的想法:

"我们正在努力解决自己国家生死攸关的严重问题。我们也在努力解决恢复远东和平与秩序的重大问题。常识已经表明,日本人了解远东的局势,知道自己在做什么,也知道他们在远东的对手是谁。日本的历史甚至得到了我的一些同行的称赞。"

从这些言论中,可以自然地推断出,日本真正担心的是苏维埃主义的蔓延。然而事实并非如此,日本只是以此作为方便的借口。当日本决定执行对满洲的军事占领计划时,日本选择在中国将大部分军事和财政资源用于镇压长江流域的"激进共产主义"时作为发动侵略的最佳时机,这一事实可以充分证明。

29. 中国在镇压"共匪"作乱方面取得的进展

但是,尽管在中国实际处理"共匪"作乱的过程中,日本不断制造障碍和困难,但我们仍取得了相当大的进展。蒋介石将军被委以镇压湖北中东部、河南南部和安徽西部的共产主义分子的重任,在他最近向政府提交的报告中,详细介绍了他在前 4 个月指挥的成功战役。得益于政治和军事措施的有效和同时并举,上述地区现已恢复正常状态。

30. 日本看到了与苏联达成谅解的前景

日本代表发言的其他部分也已证明,日本对苏联的可能意图假装的恐惧连他自己都不信。他向全体大会表达了一种明显的满足感,表明"苏联了解满洲问题"。他补充说:"但是,得益于苏联,我们不仅不担心这场(战争),还很有希望实现谅解与和平。"他甚至通过设问的方式含蓄地提到了日俄同盟,询问:"不仅如此,如果我们与苏联达成明确协议,我们将对可能发生的事置身事外,结果会怎样?"

31. 日本"恃强凌弱"的政策

很明显,日本代表希望通过"恃强凌弱"的政策给全体大会留下一种印象。他的声明令全世界如此震惊,以至于日本意识到自己违反了自己的庄严承诺,但用通俗的话讲,日本抱着"逃脱惩罚"的侥幸心理。

这种渴望在他提出一个问题时表露无遗:"如果不允许《国联盟约》具有弹性或灵活性,那么就不能根据《国联盟约》来评判日本,你们自己难道没有这种常识吗?"

32. 国联原则不容损害

但是,为了有效地为和平利益服务,建立国联所基于的原则必须具有普遍适用性。《国联盟约》是这个世界组织的章程,应该得到统一的解释。无论情况多么复杂,这一伟大和平工具的基本原则都不得受到损害。没有任何问题可以特殊到可以成为一个有根据的特例,任何特定问题的复杂性或难度只是程度问题。除非国联的基本章程可以作为正义与和平的堡垒,否则在这种新的国际秩序中,任何国家都不可能得到真正的安全,十年来我们为此付出了惨痛的代价,也小心地呵护着这个章程。

33. 世界和平的利益至上

日本代表说"全世界都在不断变化",这是事实。但他问道:"国联难道没有认识到东方局势在不断变化,并明智地调整其观点和行动?"鉴于国联原则的神圣性,唯一可能的答案是,寻求所有的改变和调整时不得违反这个国际和平约章,无论在形式还是实质上,都应完全符合,世界和平的利益是至高无上的。

资料来源:FO 371/17074,第 2—17 页

(杨越 译 陈志刚 校)

94. 英国驻华代办英格拉姆致英国外交大臣西蒙(1932 年 12 月 28 日)

档案编号:F 900/33/10 发报人:英格拉姆先生,北平 编号:1711 发报日期:1932 年 12 月 28 日 存档日期:1933 年 2 月 9 日 主题:中国	<u>中日争端;中国对日内瓦进程的反应</u> 提交一份有关中国对日内瓦讨论的反应以及所采取相关步骤的全面报告。附上摘自中国报纸的内容,包括针对外交大臣 12 月 7 日在日内瓦的演讲和国际联盟进程的评论文章。

第 1 号文件

英格拉姆先生致约翰·西蒙先生(于 1933 年 2 月 9 日收到)

NO. 1711

北平,1932 年 12 月 28 日

先生:

我很荣幸地向您报告中国对在日内瓦就中日争端问题进行的讨论的反应,以及我随后采取的相关步骤。

2. 我于 11 月 19 日抵达南京,以便如果您希望与中国政府进行任何沟通,或者后者希望我就即将举行的讨论向您传达任何信息,我有充裕的时间进行处理。我们记得,国联理事会于 11 月 21 日举行了会议,并在顾博士与松冈先生进行了口头辩论后,于 11 月 25 日决定将整个事件提交给全体大会特别会议,现在正在等待日本政府的意见,松冈先生承诺会尽快获得该意见。就在此刻,宋子文博士以行政院代理院长身份,召集我和美国、法国、德国及意大利同行会见他和外交部长。他告诉我们,日本正在日内瓦传播中国正在与日本就满洲问题进行直接谈判的消息,他要求我们通知各自的政府,虽然中国仍与日本存在外交关系,而且自然已准备好倾听日本通过这种媒介对中国传达的任何信息,但日本的报道没有任何事实。中国已将满洲争端提交给国联,并希望且期待在那里找到解决方案。否则,日内瓦的审议工作将变成纸上谈兵。他补充说,中国非常赞同由十九国委员会处理该问题。宋博士坚持认为,如果未能在日内瓦找到解决方案,前景将是黑暗的。他看不到如何避免满洲目前不宣而战的状态在其他地方演变为直接冲突,就像上海一样。如果日内瓦调解失败,他和外交部长都看不到中国会从与日本的直接谈判中获得任何收获,因为那时后者就不会受到任何节制。虽然中国没有希望派遣大部队前往满洲,但日本由于其经济困难和政府受到军事集团的控制,将会在其他地区采取直接行动,从而引发远东地区的进一步冲突,对中国及其他国家造成伤害。最后,如果国联找不到任何快速解决方案,将会削弱这个机构的影响力,使其在处理其他世界问题时举步维艰。我已在 11 月 25 日发给日内瓦的第 122 号电报(派驻期系列)中向您传达了此消息。

3. 最后,中日争端被提交到全体大会,全体大会于 12 月 6 日开始举行会议,12 月 7 日,在康诺利先生、贝内斯博士、马达里亚加先生等发言后,您在全体大会上发表了演讲。路透社相当详细地报道了这些发言，而且总的来说它们似乎是对中国有利的。因此，当看到中国政府和媒体对您的发言做出的解释时，我有点惊讶。正如我在 12 月 10 日的第 123 号电报(派驻期系列)中报告的，外交部长 9 日晚上召见了我，表示中国政府对您的讲话基调表示失望。他已致电日内瓦索要全文，并承认他只是根据路透社的版本来判断的。如果这个版本是正确的，那么没有一句话谴责日本是《国联盟约》及其他条约的破坏者，而似乎对中国过去在抵制、排外和管理不善等问题上的挑衅态度施加了压力。罗博士表示，中国并没有对国联抱太大期望，但也希望向英国寻求一些道义上的同情。他害怕这种同情的缺乏会在中国引起误解，他最不希望的就是两国之间存在误解。我回答说，尽管我也没有您演讲的全文，但我对它的解释完全不同。您期待从国联获得一些收获，而且是在向前看而不是向后看。如果要让满洲局势出现任何缓解，只有忍住不发表与日本对抗的言论。如果我们一开始就惹怒了日本，那么我们就无法对它施加任何影响来诱导其保持更合理的态度，但这并不意味着宽恕违反《国联盟约》的行为。然后我向他宣读了您发给外交部的第 439 号电报的内容，我发现还没有充分地向他汇报该内容。我补充说，如果我们要在提出调解政策方面发挥任何作用，那么我们必须坚持做双方的朋友并严格公正。其他人都在日内瓦质疑日本的做法，而您只是引用了李顿报告书来表明日本受到的挑衅，因为这件事具有两面性，任何一面离开另一面都是不完整的。只有通过在表面上采取严格公正的态度，我们才能帮助中国解决上海事件，也只有通过类似的方法才能帮助中国和国联。罗博士喋喋不休地谈论中国渴望获得道义上的同情和以某种形式谴责日本的行为。有一次他甚至说，只有英国政府通过宣布一个裁定以反对日本才能证明他们对中国的同情，英国才可以在中国得到她想要的东西或做她喜欢的事情。我告诉罗博士，这些不是影响英国在此问题上的政策的考虑因素。我们不是为了从这场远东危机中获得个人利益，而是为了以双方朋友的身份和和平利益而促成和平的解决方案。

4. 罗博士和我遇到的其他政府官员所表现出的深深的沮丧让我深感震惊，因此我在第 124 号电报(派驻期系列)中提出，如果允许我非常保密地告知罗文干博士和宋子文博士，您在对"满洲国"的不承认上同戴维斯先生所讲的话(您已在发给外交部的第 441 号电报中报告)，一定会大大地鼓舞他们。事实上，我与罗博士的谈话并非毫无结果，因为我后来了解到，在接见我之后，他立即参加了外交事务委员会的会议，并最终决定不会像最初计划的那样在此公开批驳您的演讲。

5. 罗博士告诉我，他非常害怕媒体对您演讲的反应。事实上，看到来自中国各地的新闻评论后，我发现它们全都是谴责性的。您被指控引述了李顿报告书所有有利于日本的观点，省略了所有有利于中国的观点，没人试图去理解调解的基本精神，或者从大局和与过去的关系中权衡这一演讲。全国各地都在表达英国可能暗地里与其拥有巨大商业利益的中国进行不明智的对抗。另一方面，一些小国家"明确和毫不含糊"的态度受到了过度的赞扬。后面已附上来自中国媒体的典型社论的译文。① 12 月 11 日，一位匿名的政府"高级官员"向媒体发表声明，表达了中国政府对贝内斯博士、马达里亚加先生、波利蒂斯（Politis）先生和莫塔（Motta）先生等人的态度很满意。他继续表示："但是很遗憾，一些不和谐的声音值得注意。英国代表处理当前危机的方式给我们的人民留下了痛苦的印象，加拿大代表的一些不负责任的言论让这种感觉变得更加强烈。当约翰·西蒙先生建议'不应从理论上处理'这个问题、'不应忽视实际情况'以及国联首先应寻求'一个实用的解决办法'时，他的意思是什么？他的意思是支持日本的非法行为，宽恕日本的侵略政策吗？"

6. 我在 12 月 13 日晚上再次会见了外交部长，在长谈的过程中，我再次尝试消除他对您的态度存在偏袒的想法，以及认为加拿大代表在全体大会上的言论受到了英国政府启发的想法。罗博士完全没有理解主权的地位，并认为因为爱尔兰被称为"自由邦"，它就能比加拿大更自由地表达自己的想法！我很难从他的头脑里消除这个观念。在回答他关于我们对承认"满洲国"态度的具体询问时，我提到了 3 月 11 日的决议的序言，并借此机会提醒他，我们与国联的其他成员都受到约束。我不打算向您介绍这次长谈的进一步细节，但是我最终成功地让他意识到，如果中国军队和中国官方继续看似故意地误解国联机制，误解对中国的支持者通过调解促进解决的努力，那么无论是在中国还是在日内瓦都无助于解决问题。我最后询问，如果您能通过我向他发送一条私人消息，表明您坚定地维护条约的神圣性并澄清您对承认"满洲国"的态度，对他处理对英国态度的批评是否有所帮助。他表示有帮助。因此，我 12 月 13 日发的第 125 号电报（派驻期系列）中包含了这一建议。

---

① 未付印。

7. 我在第二天收到了您的答复(包含在第 17 和 18 号电报中)。我于 15 日上午拜访了罗博士,向他宣读了这两封电报。他似乎明显地松了一口气,因为他发现英国的态度并不像日内瓦的记者和新闻报道推测的那样让他感到充满敌意。他让我向您保证,他在发表上文第三段所述的言论时没有阅读过您的演讲全文,并承诺不仅要与同事一起,还要与公众一起努力消除以前的错误观念。关于后者,我完全不确定他能付出多大努力,但就前者而言,我更充满希望,因为我自己在过去几天里会见过他的很多同事,并且使用我在 12 月 9 日与罗博士谈话时使用的论据来努力向他们解释了具体情况。我发现,真正的麻烦在于中国人普遍不了解《国联盟约》第十五条的机制,而往往过分重视虚假信息。在罗博士的要求下,我随后给他写了一封信(不是为了发布,而是为了向他的同事提供信息),其中包含您的两封电报的相关摘录内容,特别是您的第 17 号电报第三段中的信息[这封信的复印件已在 12 月 16 日的第 166 号电报(派驻期系列)中发送给您]。我还把这封信的复印件寄给了宋子文博士和《字林西报》编辑霍华德(Howard)先生。我已授权他们酌情使用其中的信息,但不要透露消息来源。这些努力的结果是,12 月 16 日的中国媒体报道中包含了一段内容,大意为:

"当人们注意到约翰·西蒙先生演讲中的亲日偏见时,激起了英国社会极大的兴趣。据可靠报道,英国当局已通过直接或间接途径向中国政府指出,该演讲的主要目的是促进和解,无意支持任何一方。英国当局表示,英国是国联的忠实成员,并且已充分准备维护《国联盟约》的威望,希望中方不会因为这次演讲而产生误解。"

罗博士告诉我,他已安排在全国各地的报纸上发布这条消息。《字林西报》在 12 月 18 日的报纸上发表了我提供给霍华德先生的演讲摘录,帮助消除了误解。

8. 结果总体上令人满意。上海的《申报》表示,英国外交大臣及时做出的解释,无疑将消除他的演讲在所有和平爱好者和权利与正义拥护者心中所产生的不幸担忧。然后,它详细讨论了国联理事会全体大会和十九国委员会取得的令人失望的结果,并指出英国的态度对世界和平和联盟的效力产生了重要影响。它希望英国政府在做出口头保证后,采取支持《国联盟约》和世界和平的实际行动,并呼吁英国政府带头促进国联对日本采取有效和强有力的反对行动。最后,它表示,虽然中国会继续——因为它认为自己有权这么做——呼吁国联及其成员国实现中国争端的公正解决,但它并没有幻想可以依靠国联或任何其他国家来解决满洲危机。这篇文章只是几十篇文章中的代表之一。

9. 与此同时,通过恢复与俄国的外交关系(已单独报告)和举行国民党中央执行委员会第三次全体会议(相关报告将在后面附上),已在国联活动的主流讨论中引起分歧。财政和工业部部长孙科、上海市市长吴铁城等向全体会议提出了一项被广泛宣传的决议。在宣布中国依赖联盟、英国、法国和美国援助无望后,该决议提出:(a) 中国军队应集中在热河、察哈尔和河北,奉命抵抗"敌军",而且如果有机会,进军满洲以收复"失地";(b) 国民党和政府应向满洲军队和义勇军提供一切可能的援助;(c) 国民党和政府应鼓励并指挥全国强烈抵制"敌国商品",理由是如果日本可以公开侵入中国领土,中国没有理由不采取这种温和的抵抗形式。我尽快会见了外交部长,并请他高度重视这项决议的条款。我表示,我注意到过去几天中国媒体一直在努力表明,由于中国错误地把自己的信念寄托在国际联盟和"帝国主义"列强身上,中国应欢迎与苏联建立邦交,中国现在应该依靠自己的努力和资源。我认为,支持者们对该决议的广泛宣传(即使没有通过)以及新闻界采取的路线,只会加剧局势恶化,使中国的朋友们尽力依据李顿报告书组建调解委员会的任务变得更加困难。在我看来,政府对抵制的公开支持是最不明智的,是在开历史的倒车,特别是在刚刚开始摆脱不当的外部影响的司法行政领域。罗博士表示他对该决议一无所知,因为他不是中央执行委员会的成员,但我表示我已经从孙科那里证实了它的真实性(孙博士告诉我的美国同行,这个决议是真实的,但是他对于该决议获得的宣传感到非常遗憾),尽管该决议的基本想法和新闻宣传可能对刺激中国人民的自力更生精神是必要的,但在我看来,就日内瓦和国际形势而言,它们在一个最不合适的时刻被表达出来。罗博士最后表示,他认为任何涉及政府支持抵制的决议都不会通过。

10. 然后,我向罗博士提到了当前有关中国考虑完全改变外交政策和退出联盟的传言。罗博士表示,对于后者,实施该行动的时机肯定还没有到来,但是他自己也无法指出哪些情况可能导致这一步发生。中国仍在向国联寻求正义,而就苏联而言,恢复关系只会给中国增加一个朋友。至于在日内瓦取得的进展,罗博士提请我注意上海和满洲在调解问题上的区别。在满洲,没有第三方参与,这与上海不同;在上海,中国一直有能力提供足够的抵抗力,而满洲没有足够的抵抗能力。原则在满洲比在上海重要得多,而且两地的根本目标也不同。因此,他没有信心在一个案件中寻求与另一个案件相似的结果。但是,如果中国无法获得正义,那么受伤害的就只有国联,因为中国在满洲的情况不会比现在更糟。

11. 上面详细记录的面谈发生在 12 月 18 日晚上,显然在新的一年到来之前,日内瓦不会发生需要我亲自去南京处理的事,所以我第二天就去了北平。我获得的印象是,中国政府成员在心里意识到他们暂时已失去对满洲的控制,他们正在为满洲最终回归中国主权建立希望。因为他们深信,日本国内的政治、社会和经济发展迟早会让日本放弃对所占领领土的控制,并一定程度上按照李顿报告书所主张的方针来谈判解决的办法。与此同时,他们都真正希望国联对日本的行为进行强烈谴责。只要中国仍然认为有机会从国联或苏联获得援助或支持——无论是道义还是其他方面,我就必须承认,在我看来,直接谈判似乎有些遥远,因为中国人对邻国的行为和动机极不信任。另一方面,我觉得他们认识到欧洲过度专注于自己的经济萧条和裁军问题,无法或不愿意积极干预远东地区。至于美国,他们非常感谢美国国务院在捍卫《凯洛格—白里安公约》和华盛顿《九国公约》方面采取的道义立场,但他们开始有些不耐烦地怀疑,这是否会产生任何具体结果。通过这一切,我似乎看到了些许更光明的前景,那就是既然其他国家不会为他们火中取栗,他们就必须越来越多地依靠自己和自己的资源。这并不意味着他们开始认为可以在没有外国的情况下做到,或者他们可以不必要地忽视或对抗外国。大多数负责任的中国人仍然认为,外国资本和建议对他们国家的未来发展至关重要。然而,逆境似乎在缓慢地激起一种值得称赞的反应,让他们更深刻地认识到团结和自力更生的必要性。

签名:英格拉姆

资料来源:FO 371/17076,第 78—80 页

(杨越 译 陈志刚 校)

复印件

《新闻报》（上海）摘录
约翰·西蒙先生的演讲

在联盟全体大会开幕之前，日本宣称所有大国都支持日本，英国已意识到必须对日本妥协，以及只有小国才会反对日本。起初我们拒绝相信这一点，但约翰·西蒙先生在大会上的演讲让我们对这些大国的态度产生了怀疑。

从他的演讲来看，约翰先生似乎认为满洲问题不是一个国家入侵他国领土的简单问题。他的意思是9月18日之后对满洲的军事占领不是侵犯中国领土？

必须尊重中国领土完整的不可侵犯，满洲没有什么特别之处可以证明约翰·西蒙先生所说的"在世界其他地方找不到类似的情况"。李顿报告书承认日本是侵略国，但约翰先生试图减轻日本的责任。约翰先生是否忘了英国是国际联盟的推动者之一，英国已宣誓维护《国联盟约》，英国政府最近刚向议会宣布它将支持李顿报告书？英国外交大臣也宣称不应忽视现实，但是如何看待违反《国联盟约》？这种言论至少不应该由联盟成员提出！

约翰·西蒙先生还宣称，目前的冲突是由去年9月前满洲的普遍局势造成的。这种言论简直太荒谬了。中国人在朝鲜遭到屠杀，中国人在万宝山遭到屠杀，都发生在去年9月之前。所有这些事实都表明了日本的侵略图谋，表明责任应由日本而不是中国来承担。

英国外交大臣还表示，要将满洲恢复原状，只会让这一麻烦再次发生。他的意思是说，因为害怕再次被抢劫，所以不应该将偷来的东西物归原主吗？世界上最重要的外交官之一约翰·西蒙先生发表这样的言论，简直太荒谬了。

我们觉得约翰先生对中国的情况并不完全了解，但英国在远东地区拥有如此大的商业利益时与中国敌对是不明智的。

资料来源：FO 371/17076，第94—95 页

（杨越　译　陈志刚　校）

关于西蒙的演讲——天津《大公报》

中国人民遗憾地听到了英国驻国联全体大会代表兼英国外交大臣约翰·西蒙先生12月7日在日内瓦发表的讲话。我们深深地感受到约翰先生是亲日派，他重申了李顿报告书中对中国不利的观点，而故意忽略了同一份文件中

对中国有利的观点。他提到将满洲恢复原状是不可取的，但他没有提到维护一个伪政权是犯法的，这两点都已在李顿报告书中提出。李顿报告书确实"不是片面的"，但我们遗憾地获悉，英国代表的正式表达被怀疑是严重片面的。这真是出乎我们的预料！

过去 80 年来，中英一直保持着友好关系。虽然在著名的"五卅运动"期间意外遇到了一些麻烦，但这是因为一名中国劳工被杀，他的名字叫顾正红。然而在此之后，伦敦的政治家们立即聪明地改变了对这个远东国家的态度。

我们清楚地记得，当时的首相 1924 年 11 月 10 日在下议院发表的言论，大意是英国对中国的新政策是为了满足中国人民的合法和合理要求。迈尔斯·兰普森先生来到北京时，也在一份备忘录中不失时机地代表其国家表达了善意。自迈尔斯先生成为驻华公使以来，两国之间的友谊一直在增加，如果英国希望在这个地区的贸易繁荣发展，英国必须严肃对待四亿人的民意。

我们想问约翰·西蒙先生一些非常重要的问题。他表示："在未来尽可能地捍卫《国联盟约》并采用国联的方法。"我们当然完全同意这一点。但是，他为什么不呼应最新的观念，表明日本在占领中国领土和建立伪政权方面犯下的罪行。我们也认同他的说法"我们必须关注现实……"，我们承认关注现实是英国人民的优点之一。然而，目前的冲突中最突出的"现实"是违反三项条约，为什么英国外交大臣对此只字不提？他在宣称国联必须得到捍卫的同时，是否一直在无视这一点？我们不奢望英国帮助我们，我们只要求英国维护正义。任何与全体中国人民的意愿相冲突的解决方案都是绝对不可能实现的。英国政治家和英国人民请将眼光放长远一些。

资料来源：FO 371/17076，第 96—98 页

（杨越　译　陈志刚　校）

《民报》（上海）

国际联盟的未来

经过几天的会议后，国联全体大会特别会议将中日问题提交给了十九国委员会。在全体大会会议上几乎没有取得任何实质性成果。这表明了国联的软弱和大国的胆小。

李顿报告书公布后，满洲事件的真实情况已变得非常清楚，国联全体大会完全没有必要进一步论证责任问题。全体大会本应该做的是起草一项决议，

而不是发表空洞的言论。既然李顿报告书明确指出日本超越了自卫的限度，全体大会就应该立即采取行动，按照《国联盟约》实施制裁。但是，大会没有讨论制裁问题，甚至四个小国提出的决议也没有得到多数国家的支持。现在问题已提交给十九国委员会。连全体大会都未能做出任何实质性决定，我们怎能指望委员会的讨论取得成功？这只是国联推迟决定的另一个花招。

日本军国主义处于逐步扩张的状态，并且没有人知道它何时才会停止。如果日本这次在国联中获胜，那么在不久的将来，日本将采取威胁世界和平的行动。

目前华北的局势提供了日本开始实施第二步侵略计划的实例。日本人现在正试图袭击山海关和热河，他们还计划将爱新觉罗·溥仪扶上王位。这些阴谋是日本大陆政策的延续，它们还表明了日本对世界的蔑视。现在，中国人民只能自救。国联不再可靠，远东的和平正受到威胁。国际条约不再具有约束力，毕竟最重要的是军事实力！中国唯一的机会就是为自己的事业而战，而不是谈论国际条约或《国联盟约》。

资料来源：FO 371/17076，第 99—101 页

（杨越　译　陈志刚　校）

《益世报》，天津，12 月 9 日

我们对日内瓦会议的印象

根据收到的国联全体大会最新会议的报道，我们得到的一种奇怪印象是世界仍然不够文明，不够发达。一个国家越说自己文明，它似乎就越不文明。

在日内瓦会议上发表的演讲提供了一个很好的例子。在会议上，最文明的国家似乎没有采取维护正义的明确立场。英国和法国是世界上两个具有领导力且最先进的国家，但他们对满洲的情况没有任何明确的立场。采取公正立场的国家是爱尔兰、西班牙、挪威和瑞典等小国。英国和法国都像是在中国的那些老朽，向他们提出任何恳求时，他们会假装研究这些诉求，最后他们裁定双方都应负有责任并驳回此案。在日内瓦会议上，在所有小国都表达了他们的意见之前，这两个国家什么都没说。然后，他们态度不明，模棱两可。英国代表首先承认李顿报告书，然后指责中国进行反日抵制运动，最后建议中日直接谈判。

当然，中日直接谈判不是不可能。但如何看待日本违反盟约和其他国际

条约呢？如果国联要为其未来的存在寻找理由，就应该对日本因违反《国联盟约》和其他和平条约而给予警告，而不是在中日争端中扮演调解人的角色。

我们认为世界不够文明，因为世界上仍有两种不同的国家，即强国和弱国。弱国不断担心被更强大的国家吞并或征服，大国拒绝伸张正义，因为他们担心自己的言论可能会束缚他们未来的侵略行为。这种情况清楚地表明，世界并不像一百年前那样先进，因为世界仍处于军事实力的支配之下，根本无正义可言。

资料来源：FO 371/17076，第 102—103 页

（杨越　译　陈志刚　校）

95. 国际联盟秘书长德拉蒙德致英国驻国联代表贾德干（1933 年 1 月 9 日）

	中日争端
来自：埃里克·德拉蒙德先生 收报人：贾德干先生 发报日期：1933 年 1 月 9 日①	附上李顿调查团随行行政管理专家德·凯特·安吉利诺（De Kat Angelino）博士的照会，以及沃尔特斯的附信。

备忘录

德·凯特博士的方案让我印象深刻的第一点是，它与上海俱乐部酒吧政客中的极端顽固分子经常提出的方案之间有着很强的相似之处。在约翰·奥特威·珀西·布兰德（John Otway Percy Bland）先生最近出版的书《中国的遗憾》的最后一章中，对这些方案进行了最新且最精妙的阐述。为了便于比较，我附上了布兰德先生的建议摘要。当然，如果不是因为很多中

---

① 译者按：原文无收报日期。

国人认为这是列强想要实行的政策,它们将不值一提。许多中国人还怀疑,国联只是秘密执行西方列强帝国主义阴谋的工具,而西方列强希望对中国加以操纵。当一个有着德·凯特博士这样的权威和职位的人提出国联操纵方案时,这些怀疑可能变得更加强烈。国联过去几年向中国提供的技术援助具有非常大的价值,如果可以得到推广和发展,这似乎最有希望让中国从混乱逐步变得有序,劝阻中国再次向莫斯科寻求帮助和灵感。因此,在我读到了沃尔特斯先生的照会和埃里克·德拉蒙德先生的附信后,我承认有些沮丧,他们都赞同德·凯特博士的观点。如果中国人开始相信这些是国联在中国活动的背后目的,那么每个国联专家都会像1927年的鲍罗廷(Borodin)一样被派往国外。

抵达日内瓦后,我拜访了沃尔特斯先生并讨论这个问题,让我惊讶的是他立刻告诉我们不要认为秘书处同意德·凯特博士的观点,或许这份备忘录送出得有点匆忙。事实上,拉杰曼(Rajchmann)博士强烈反对备忘录中的每个观点,拉杰曼博士比任何人都更了解中国和国联在中国的活动。秘书处没有考虑提出任何此类方案,中国人也从未听说过德·凯特博士的备忘录。除此之外,没有什么可说的,但有点难以理解一些精明的人——无疑包括国联秘书处——会以如此愚蠢和不负责任的方式行事。

签名:普拉特

1933年1月21日

资料来源:FO 371/17074,第61—62页

(杨越　译　陈志刚　校)

约翰·奥特威·珀西·布兰德的重建中国方案

——摘自《中国的遗憾》的最后一章

在监督指导期间,友好的大国必须制定和实施措施,首先是恢复法律和秩序,然后是国家的商业和信贷。中国最需要的是十年不间断的和平与稳定,除非得到外部的物质援助,否则中国将无法实现此目的……中国作为独立国家和国际贸易市场的未来,取决于各个大国(尤其是美国、英国和日本)是否有能力为了中国人民的利益而采取无私合作的政策……中国要摆脱目前的沉重负

担,唯一途径是《九国公约》或《凯洛格—白里安公约》的签署国自行或与南京政府代表一起商议实施补救措施……友好国家为镇压军事暴政和保护贸易而制定的任何措施,都将得到该国所有底层民众的感激和难以言表的支持——事实上包括每个阶层,除了军阀、职业政治家和比较躁动的学生。

整个文明世界的舆论无疑是对中国人民友好的。对华盛顿《九国公约》和其他条约所表达的政治愿望的同情,代表了广泛而真诚的善意,代表了看到他们摆脱目前的困难和危险的普遍愿望。

友好大国的具有政治才干的政治家应该共同努力表达这种善意,而不应由国际托管来恢复秩序和稳定。布兰德先生认为"提出明确的目标并派出合适的人来执行之",中国人将接受这一不可避免的事实,民族意识将"很快被证明是高雅思想的虚幻之物",年轻一代的傲慢态度将迅速消失。

"任何有效干预方案的第一步都应该是对中国铁路治安进行系统的规划……各个大国应该宣布,华中特别是长江地区的铁路是所有武装运动的'禁区'",铁路应由可靠的外国会计师和总工程师进行财政管理。"铁路警察将是由欧洲军官领导的中国军队,他们根据类似于海关的制度,对中国当局负责并由中国当局支付薪水。"如果军阀因此被拒绝使用铁路,内战将不可能发生。布兰德认为,不满的军阀很容易被击败或收买。对于更强大的军阀,"毫无疑问,明智的做法是主要依靠空军,同时占领更容易进入的军火库,并阻止所有海上武器进口,切断所有军需用品供应"。然后,布兰德将通过永久占领大亚湾来打击海盗,用笔一挥就将他们解散,并通过"微妙的谈判"(这似乎是布兰德对贿赂的委婉说法)来改变中国所有共产党人的信仰。在这种情况下,大国可能最好避免通过国际联合部队进行干预,并继续实行商定的具体和临时命令制度,从而在国联(经美国同意)的一般支持下,按照预先安排的中央财政方案,将恢复每一个主要铁路区的工作交由这个或那个大国负责。

资料来源:FO 371/17074,第 62—64 页

(杨越　译　陈志刚　校)

德拉蒙德先生致贾德干先生

日内瓦,1933 年 1 月 9 日

亲爱的亚力克:

谨附上来自德·凯特·安吉利诺博士非常有趣的照会,他是李顿调查团

的随行行政管理专家兼荷属东印度群岛的官员,李顿勋爵非常重视他的工作,因此特别要求安吉利诺博士在理事会的时候审议他的报告。

我非常看好这份照会,它可能在某个时刻成为我们所有困难的实际解决方案。但是,唉! 我担心它来得太晚了,沃尔特斯的附信(我也已附上)中表明了此看法,而且我对此也表示赞同。

签名:德拉蒙德

资料来源:FO 371/17074,第 65 页

(杨越　译＼陈志刚　校)

贾德干先生致德拉蒙德先生

秘书长:

这份照会与我两个月前的照会基本上没有区别,但这份照会更完整,而且其来源更具权威性。德·凯特博士早点提出该计划就好了。

他说在理论上,日本人可能接受这样的计划,我认为他太乐观了。我确信他们现在不会接受它,而且即使他们接受了,我还怀疑目前的任何中国政府是否可能在重建计划上接受日本的援助。但是我认为,从国联成员的角度看,这些困难并不影响该计划的基本优点。我感到遗憾的是,目前重建工作在某种程度上淡出了人们的视野,被与满洲问题完全分开。这两者基本上是相互联系的,但我认为,它们之间的联系并不是日本人声称的那样。我知道,这种分离得以维持,主要是源于中国人自己的感情。在我看来,他们甘愿让自己被日本人愚弄,日本人对重建问题的态度在很大程度上取决于其避免西方大国真正努力协助中国重建的愿望。

签名:贾德干

1933 年 9 月 1 日

资料来源:FO 371/17074,第 66 页

(杨越　译　陈志刚　校)

复印件

严格保密

一、日本政府对迄今为止进行的和解尝试感到非常失望,这显然是因为这

些尝试需要集中在日本自 1931 年 9 月 18 日以来在满洲采取的军事和政治行动上。因为,虽然正是这一行动使中日争端引起了国联的正式注意,但是根据日本的观点,争端本身应该完全在伴随中国政治和社会转型而发生的持续的国际摩擦和国内动荡的背景下分析。日本人认为满洲问题源于中国各地存在的令人不满的条件,而且由于他们认为改善中国的条件是不可能的,所以他们坚持满洲问题的解决包括把满洲从中国永久分割出去。因此,要让日本人改变这种态度,唯一的方法是让他们相信中国存在改善和重建的可能性。

事实上,日本的观点认为,像 1926—1927 年的中英争端、1929 年的中苏争端以及中国与外国之间持续的紧张局势一样,中日争端从根本上讲是中国"革命外交"的结果。而革命外交源于以下二者之间存在的不幸差距:中国的民族主义者废除所谓的不平等条约和收回失去的主权的愿望,以及国家建立一个能够实现和平与重建,从而赢得外国信任的政府的能力。

考虑到中国幅员辽阔,缺乏足够的交通设施,而且中国已经失去了作为其几千年政治和文化统一的焦点的皇朝,几乎不用说,中国无法通过自己的力量独立完成艰巨的任务。外部援助是必要的,如果在义和团起义之前或民国成立之后提供此类援助,中国的内战可能永远不会发生,并且和平繁荣的中国的购买力有可能避免或者至少减轻当前的世界经济危机。另一方面,如果再次推迟国际支持,民族主义者的愿望与国家能力之间的差距将持续存在,目前局势中固有的所有国内和国际弊端将更加严重。在这种情况下,肯定无法避免与中国的战争。

总而言之,现在尽管只是中国问题的一个重要方面,但满洲问题已引起国联注意且比以往更加重视中国的局势,现在是时候考虑中国的重建是否已成为需要国联帮助解决的最重要的远东问题了。我只举一个例子,这样的帮助有可能在短时间内以相对温和的手段结束中国的内战,从而大大减少"共产主义的危险",此外还能使条约签署国能够在随后的重建过程中满足民族主义者的愿望。

二、日本在中国特别是满洲遇到的困难,可与在中国拥有特殊权利或重要利益的其他大国划分为同一类别。日本决定用武力解决满洲问题。但是,根据日本的观点,日本此后的行动和不妥协的态度,主要归因于其对中国建立稳定的政府,并愿意尊重条约,保护外国人的生命与利益的能力感到绝望。进行的和解尝试将满洲重新融入中国放在第一位,而将中国的统一、和平和重建放在第二位或最后一位,因此,不太可能满足日本必须考虑现实的坚定要求。如果仍要进行调解,必须通过一个具体的计划,将中国在国联支持下的重建与将满洲重新并入中国领土结合起来,作为一个计划中必须同时执行且相互补充的部分。换句话说,满洲重新并入中国成为中国重建的一部分,解决满洲问题成为解决中国问题的一部分。

要解决满洲问题,这一重建计划必须区分开,立即重申中国对满洲的主权,与逐步恢复中国在该领土上实际行使权力。由于重建计划将覆盖整个中国,包括满洲和热河,所以需要从一开始就重申中国对满洲的主权。因此,这将满足中国关于不承认"满洲国"和重申对失去的领土的主权的主要要求。因此,它将坚持国联的原则,以及根据最新的史汀生学说解释《非战公约》的原则。

因此,它将具有李顿报告书第九章中规定的十项原则所体现的计划优势。根据日本人的观点,如果以更加明确的方式在中国和满洲采取同时且相互依赖的行动,而不是如李顿报告书中所述的那样,将会在依据报告中第十项原则而采取的行动与依据之前的原则而采取的行动之间建立更明确的因果联系。因此,作为日本反对该解决方案的主要方面,这些原则建议中存在的一个明显分歧将得到弥合。

重申一下该计划的主要思想,就满洲事件而言,中国的重建以及将满洲的实际权力移交给中国必须相互依存且同时进行,而中国对满洲主权的重申将立即进行。立即移交实际权力是不可能的,而且中国方面并没有真正希望这么做。延迟移交似乎具有非常特殊的性质,但鉴于中国普遍存在的特殊情况,这种移交方式是完全有效的。然而,该计划以中国拥有满洲主权的原则为起点,而且其特点是在不久的将来越来越大程度上把权力实际移交给中国。对于中国而言,该计划的另一个优势是,没有对最终给予满洲的地位进行预先裁定。如果中国的重建取得了合理成功,则没有任何理由表明应按李顿报告书中的建议为满洲赋予非常高的权力。在那种情况下,满洲各省可以像中国的所有普通省份一样进行管理。一旦在原则上保证了对满洲的主权,这一点可能会给中国政府带来很大影响,因为满洲的地位对中国来说是一个非常严重的问题,它可能成为一个先例。然而,可以预料到,中国同意这一计划的主要原因体现在:有望从包括日本在内的所有大国立即收回对满洲的主权,以及可能在国际援助下使该国免受彻底灭亡的威胁。

三、就日本而言,该计划承认中国的和平与重建跟中国在满洲的实际权力的重新确立具有相互依存性,这将会解决日本主要的反对方面。日本声称已在帮助满洲人民摆脱军国主义专制,并在道义上有义务阻止恢复早期的压迫统治。根据该计划,实际权力将根据中国的重建进程来归还给中国,以便日本能够合作。这个温和的计划没有预先规定将"满洲国"变成中国的普通省份或自治领土的时间或程序,这将使日本能够在国联的支持下与中国合作,在"满洲国"获得荣誉。根据该计划,"满洲国"已进行或考虑的大多数改革都可以保留并继续进行,但在这方面,未来的行动将有所不同,它将代表对中国不可分割的一部分进行重建,而不是"满洲国"。这样一项计划对日本国民的感情伤害将是最小的,而且目前为了使日本舆论能够接受这一项和解计划,这是最重要的。在接受与国联合作执行中国(包括满洲)的重建计划时,日本将委婉地在原则上承认中国对满洲的主权。她会委婉地同意根据中国重建计划的执行情况,协助逐步转变目前的"满洲国"政权,不能再对日本提出更多的要求。因此,这一协议将得到日本的大力促进,因为鉴于重建计划的范围和性质,将不再需要对其过去的行为做出有罪声明、对其罪行进行判决以及对不承认"满洲国"做出正式决议。

但是,如果日本仍拒绝合作,国联显然会用尽一切努力。日本将会失去迄今为止认同其对所建议解决方案的一些合理反对意见的人的同情。然后,国联采取的行动将在世界上得到毫无保留的道义支持。不用说,这将是一个很大的优势。

四、重建计划旨在实现中国的和平、统一和重建。它必须使国民政府实际成为各省和地区所有军事和民政当局效忠的中央权力机构。从理论上讲,该计划应涵盖中国的现状所涉及的所有方面和非常复杂的问题。但是,在实际中不需要如此精细的计划。只要中国的重建有了正确的开端,许多问题就会迎刃而解。在这方面,必须指出,缺乏交通系统是中央政府的权威难以得到更偏远省份尊重的最重要原因。其他国家,特别是殖民领地的经验也证明,建立适当的交通系统是解决国家重建问题的关键。

在指导协助中国扩大和改善交通系统的主要工作上,国联采取了正确的方法。要制订一项名副其实的重建计划,无疑需要在这方面做更多工作。例如,此计划必须包含现有铁路的修复和一些额外干线的建设。但是,中国交通系统中一个更重要的部分必须由普通道路来实现,中国目前几乎完全没有这种道路。在这方面,为中国提供合适的道路系统的途径已准备就绪。中国拥有巨大的劳动力储备，在农忙季节结束后，这些劳动力几乎无所事事。作为殖民地的一些经济落后地区的惯常做法，通过劳动税完全或部分取代货币税，在几年内将成为让低成本的路网覆盖全中国的适当手段，这个路网将让整个国家完全开放，同时充当现有铁路和尚未建成的新干线的支线。这种交通的延伸将改变该国的面貌。目前，中国大部分地区的国内生产和商业几乎都局限在自给自足的村庄或街道的狭小范围内，经济将实现跨越式增长，中国的对外贸易也将实现跨越式增长。此外，如上所述，只有完善交通系统，才能实现中国的统一，中央政府的权威才能得到普遍尊重。但是，必须建立有效的劳动税体制，才能在道路建设上避免专断、困难、浪费和方向错误。由于国联在这方面已经拥有宝贵的经验，因此可以相信其能够提供足够的指导并逐步改善系统化的道路建设工作。

还应考虑在国联主持和各国政府的担保下发放国际贷款，以改善因内战而严重损坏的现有铁路，以及建立一些额外的干线。贷款协议必须规定，由国联控制和监督贷款的开支，以及由经过国联任命的可靠官员培训和指挥的铁路和公路特种警卫队来充分保护交通系统。中国海关、邮政和盐税机构的设立已经表明，少数人可以通过这种方式进行有效的管理，北京使馆卫队提供了另一个例子。因此，铁路和重要的高速公路将成为真正的国家交通系统，并立刻被置于独立的当地军事指挥官管辖之外。在中国最重要的省份，而且逐渐在所有省份，内战将被消除。

中央政府将同时获得大多数或所有省级政府的明确控制权，并可建立真正的国家公务员制度。预计多年后，遣散各省的军队将成为可能。在中国西北部省份人口稀少的地区、中国突厥斯坦和满洲，士兵可以转业从事农业劳动。随着内战的消失，中国的进步将得到完全实现，财富将迅速积累，重建工作很快就可以交给中国自己来完成。困难在于将中国引向正确的轨道，一旦走上正轨，她很快就能自力更生。

五、从前面的意见中可以明显看出，国联帮助中国建立一个广泛、高效、真正的全国交通系统的计划，将比初看起来更有助于中国的全面重建。事实上，它的有益影响在中国最偏远的地方也会感受到，而且在中国国民生活的每个领域中会非常明显。同样显而易见的是，实现这一目标不需要巨额贷款。除了财政援助，更需要国联的组织、控制和监督。不过，前者在执行重建计划的初始阶段也有必要提供，同时可以考虑将一些利息特别高的贷款兑换为现金。

此外,从心理学的角度讲,经济援助是必要的,这种明确而具体的行动将使中国相信其他国家在其危难时刻有意真诚地支持它,还可以向它证明对国联和国际合作充满信心的有益结果。需要采取一些具体行动来消除日本和中国对重建只是一句空话的怀疑,国际贷款就是这样一种行为。此外,它还可以避免中国的知识分子在绝望中转向共产主义联盟作为拯救国家的最后手段。

中国可以使用的财政款项必须主要用于购买债权国的各个产业提供的材料。因此,它们将在一定程度上帮助这些产业。为建设中国的交通系统而提供财政援助,一个更重要的优势是恢复中国严重破坏的铁路,同时在国联控制的警卫队的保护下,这些铁路将立即恢复其盈利能力。长期逾期的铁路贷款的利息和本金可以立刻恢复支付,目前似乎无法挽回的巨额投资可能收回成本。进而,中国的信贷将逐步恢复,有可能在不求助于特别担保的情况下,再次获得额外的贷款。经过多年的国内和平和建设努力,中国的购买力可能成为世界上所有工业国家的最重要推动力。

中国重建的这些和其他成果很容易想象得到,没有必要阐述。上述言论是为了说明为什么必须立即提供国联援助以及以何种形式提供。重建计划的出发点在于,除了对解决中日争端的可能的重要性,对于世界和平也是绝对必要的。

六、如果日本同意合作执行这样一个涵盖全中国(包括满洲)的计划,那么争端将在原则上得到解决,因为它意味着日本重申中国对满洲的主权。中国接受该计划,将意味着中国的抵制和满洲的游击战结束。在这种情况下,日军可以撤回南满铁路区,由国联控制的铁路和公路警卫队将在满洲的其他所有地区接替他们的位置。因为是在南满铁路区外,所以此类外国警卫队或其他部队(无论是否为日本人)将充当代表中国的国际组织,而不是代表"满洲国"。从此方面和其他方面讲,满洲将逐步转变为中国的省份。综上所述,计划中的中国统一与满洲重新并入中国的相互依存关系,将最有力地刺激中国领导人维持和平并积极与国联合作。

上述计划仅给出了大纲,但已足以判断它是否有助于促进调解,是否有助于在十九国委员会 1933 年 1 月 16 日再次举行会议之前找到某种妥协方法。按照最感兴趣国家的政治家的观点,如果能够通过这种方式找到中日争端的解决方案,可能需要确定对中国提供国际援助是否可行。另一方面,可以联系日本代表团,向其传达将满洲问题作为整个中国问题一部分的解决方案。如果日本在原则上可以接受这样的解决方案,那么可以最后联系中国代表团。

签名:安吉利诺

1933 年 1 月 2 日

资料来源:FO 371/17074,第 66A—77 页

（杨越 译 陈志刚 校）

第 1 号文件

西蒙先生致林德利先生(东京)

No. 41

外交部,1933 年 1 月 13 日

先生:

日本大使今天打电话给我,询问我们在日内瓦下周恢复举行的中日讨论上可能采取的态度。他表示,日本反对美国和苏联可以各自派一位成员加入调解委员会的建议,日本政府认为最好仅包含国联成员。具体来讲,考虑到莫斯科与南京外交关系的最新发展,日本会对纳入俄国成员表示不满。我表示,我已在发言中提出了这一建议,而且该建议已纳入决议草案。我认为不应将纳入这些代表视为必要条件,但我想知道,日本的立场是否是原则上接受设立调解委员会,但同时主张它应该由国联成员组成。松平先生回答说日本还有其他反对意见,他给了我一份文件,其中列出了拟议决议的段落和日本要求的重大修改。其中最重要的修改是,不应由委员会执行调解任务,应让日本和中国直接进行谈判。我表示,在我看来,如果调解方法要有效地执行,不可能事先准确地规定如何执行,而且我认为最重要的是,日本应该宣布自己真诚地愿意接受并配合一个调解方案(比如它被敦促接受的方案)。日本坚持进行一系列修改以使其符合自己的观点是没有用的,因为还必须与中国就最终决议形式达成一致。

我抓住机会向松平先生复述了我在日内瓦说过的话(见我 12 月 8 日发送的第 37 号电报),我表示如果调解失败,我们别无选择,只能在日内瓦采取国联忠实成员国义不容辞的态度,我还向他复述了您最近在我的请求下对内田伯爵做出的表示(您 1 月 4 日发来的第 2 号电报)。

关于日本对拟议决议的详细批评,我指出海曼斯先生和埃里克·德拉蒙

德先生现在正在与各方沟通,在我星期一到达日内瓦并了解他们的努力结果之前,我只能说这么多。

签名:约翰·西蒙

资料来源:FO 371/17074,第 86 页

(杨越 译 陈志刚 校)

96. 国际联盟秘书长德拉蒙德致英国驻国际联盟代表贾德干(1933 年 1 月 9 日)

档案编号:F 426/33/10	中日争端
来自:埃里克·德拉蒙德先生致贾德干先生	附上埃里克·德拉蒙德先生与颜博士 1933 年 1 月 7 日的对话记录,并讨论 1 月 9 日与杉村先生的交谈中提出的观点。
编号:无	
发报日期:1933 年 1 月 9 日	
存档日期:1933 年 1 月 18 日	
主题:中国	

日内瓦,1933 年 1 月 9 日

亲爱的亚力克:

非常感谢您给我发来电报,介绍林德利与日本外相的谈话。杉村也听到东京采取的行动,但两段叙述并不完全一致。

根据日本的说法,牛田(Ushida)没有承诺进一步考虑,只是表示必须坚持电报中提到的两项原则。但是,如果设立了调解委员会,那么这一差异可能不是最重要的,我想直接谈判的问题也不是最重要的。在我看来,所有成员都具有同等权力的调解委员会与协助双方达成协议的调解委员会没什么区别,因为在第一种情况下,除非双方都同意,否则不可能进行调解。

我今天对杉村表示,在我看来,如果想要和解,日本政府必须接受四点:

(1) 将李顿报告书第九章规定的十项原则作为调解的基础。

（2）同样将 3 月 11 日的决议作为基础。

（3）邀请美国和苏联参加为调解而成立的任何小型委员会。

（4）承认李顿报告书前八章所述事实具有权威性。

如果日本同意这四点,我认为十九国委员会可能满足他们对其他方面的看法,当然我不能承诺这一点。无论如何,我请他安排在未来三四天内给出关于该决议和意见的明确答复。1 月 13 日,海曼斯将来到这里,十九国将于 1 月 16 日举行会议。如果日本在 1 月 16 日前没有给予任何答复,我认为十九国将不得不要求松冈向他们解释他的观点。否则,我们没有任何官方程序可以继续讨论。

不幸的是,中国方面也可能遇到很大困难,您将从中国政府对该决议和意见的官方评论中,以及我与颜博士的一次对话(我附上了一份复印件)中看到。总而言之,我担心事情看起来不太乐观。

签名:德拉蒙德

资料来源:FO 371/17074,第 104—105 页

（杨越　译　陈志刚　校）

面谈记录:

颜博士今天早上拜访了我,询问我目前对该争端的立场。

我告诉他,正如他所知,我们已经收到中国关于修改决议草案和意见的建议,但我认为在日本政府对文件的态度明朗之前,没有必要与他讨论这个问题。目前,日本政府完全不接受这两份文件中规定的调解基础,如果他们决定不接受,我认为十九国委员会必须告知全体大会,他们认为和解失败了,并要求进一步授权起草第十五条第四段提到的报告。另一方面,日本政府似乎非常重视一件事,我认为这或多或少属于正式表态。据我所知,他们可能准备接受调解委员会,而且这个调解委员会应该参与由中日两国代表直接进行的谈判。我个人认为这一程序与所有成员享有平等地位的委员会的程序没多大差别,毕竟调解得到的所有最终解决办法只有在双方同意的情况下才能生效。我问颜博士,假设日本政府准备接受李顿报告书第九章规定的原则作为调解的基础,中国政府是否会在直接谈判时反对这一点。

颜博士非常谨慎,没有给我任何明确的答复,尽管我向他强调了这一情况。但是他表示,除非日本政府准备声明他们不会将维持"满洲国"状态作为

必要条件，否则他认为没有任何和解的希望。

我表示他的要求显然太多了。我认为，报告书第九章的所有十项原则都应给予同等重视。日本强烈反对其中一些原则，而中国政府仅同意其中一项，并声称除非这一项得到保证，否则不能参与调解程序，这是不公平的。

然而，颜博士没有给出任何直接答复，并表示他必须知道日本政府对决议和意见的最终答复，然后才能表达任何意见。

1933 年 1 月 7 日

资料来源：FO 371/17074，第 106 页

（杨越　译　陈志刚　校）

97. 英国外交部纪要（1933 年 1 月 12 日）

档案编号：F 392/33/10 来自：外交部纪要，普拉特先生 编号：无 发报日期：1933 年 1 月 12 日 存档日期：1933 年 1 月 17 日 主题：中国	中日争端，国际联盟政策和驱逐日本的可能要求 　　讨论全体大会特别会议的可能行动过程，不赞成将日本驱逐出国联。

中日争议，国联政策和驱逐日本的可能要求

当十九国委员会 1 月 16 日在日内瓦举行会议时，必须就全体大会根据《国联盟约》第十五条第四款采取的行动提出建议。该条款要求"提交一份包含争端的事实陈述和被视为公正和恰当的建议的报告"。国联秘书处目前正在编写该报告草案，该草案可能主要包括李顿报告书的摘要。但是，全体大会编写一份新的特别报告似乎并不可取。这样的报告会引起很多讨论和批评，任何一方的拥护者都会将其与李顿报告书进行细致的比较，以发现不公平的遗漏或补充。更好的计划似乎是采用李顿报告书，因为这是公众期待和希望国联做的事情。因此，我们可以努力说服十九国委员会放弃起草单独报告的

想法,而起草一份通过李顿报告书的决议,并在决议中规定争端的任何解决方案都应遵循该报告书中的建议。该决议必须简要叙述自收到李顿报告书以来的行动程序,并解释实现调解的努力为何失败。可能适合在这里表明全体大会希望在"满洲国"问题和承认问题上发表的观点。该决议还将对中国的排外和抵制,以及日本对《国联盟约》和其他义务的违反做出判决。最大的困难和主要问题将出现在决议的这一部分。

国联的部分成员国,比如新西兰、澳大利亚、波兰,可能希望避免表达任何可能冒犯日本的观点,而另一部分成员国,比如斯堪的纳维亚,可能希望走向将日本驱逐出国联的极端。驱逐日本似乎是最不明智的举动,日本是一个约有 7 000 万人口的刚强民族,具有非凡的能量和活力。即使日本在满洲的冒险最终失败——正如大多数当局所期望的那样——它也绝不会因此而遭受毁灭。她仍然是一流国家,仍是远东的主导力量。日本与中国的永久反目,以及它将给广大人民带来的所有痛苦,是我们无法预料的。我们更应该期待,在满洲冒险失败后,目前不可能实现的中日和解变得可能。如果由于采取任何行动而加剧目前的局势,并让欧洲无法在未来的某一刻促进或参与解决,将造成灾难性的后果。如果日本被驱逐出国联,侮辱和丢脸的感觉将持续几代人。尽管当时的一些狂热分子可能会对这样的决定表示欢迎,但不久之后,国联就会因为其鲁莽行为而导致在公众心目中的地位下降。如果日本退出国联,双方都会保留尊严,并且它在不久的将来回归——或者它进行友好合作——的可能性也不会磨灭。

我们只有表明我们准备对它的行动进行有尊严但相当明确的谴责,才能有效地阻止驱逐日本的要求。当然,我们会冒着对抗日本的风险,但以这种方式和这种程度对抗日本(即通过维护国际义务的神圣性),可能不会对我们物质利益造成非常大的损害。而如果不这么做(至少在目前),作为我们在中国的地位的真正基础,我们的道德声望将被破坏,对我们物质利益的最终损害将大得多。此外,除非我们采取大胆而简单的谴责日本的方针,否则我们将面临削弱国联和疏远美国的严重风险。最后还有一种危险,那就是一些国家希望安抚日本,一些国家希望驱逐日本,全体大会的会议最终可能陷入僵局。这似乎是我们应该采取中间路线的另一个原因,通过此路线,最终可以说服所有人团结起来。

资料来源:FO 371/17074,第 100—102 页

(杨越 译 陈志刚 校)

98. 美国驻英代办阿瑟顿致英国外交部(1933 年 1 月 13 日)

档案编号:F 429/33/10 来自:美国大使馆(已分发) 编号:个人且保密 发报日期:1933 年 1 月 13 日 存档日期:1933 年 1 月 18 日 主题:中国	<u>包括山海关和热河问题的中日争端;</u> <u>美国的态度</u> 　美国国务卿和阿瑟顿(Atherton)先生于 1 月 13 日 14:30 进行的电话交谈的记录,史汀生先生表示美国的观点完全没变;诺曼·戴维斯先生在 12 月 16 日的信中所作的陈述得到了他的充分认可;根据李顿调查团的调查结果,合乎逻辑且正常的做法是采用不承认的判决,表示希望与约翰·西蒙先生就山海关和热河的事态发展保持联系,并要求提供有关英国官员所做调解尝试的信息。

美国国务卿与美国大使馆的阿瑟顿于
1933 年 1 月 13 日 14:30 进行的电话交谈内容概要

我打电话给您,是为了请您和约翰·西蒙先生谈谈。我建议您在会谈时提及约翰·西蒙先生与诺曼·戴维斯先生的往来信件,以及您在 12 月底与罗伯特·范斯塔特先生的谈话(您给我发了一份这次谈话的备忘录)。如果您能对约翰先生明确表达以下几点,我将不胜感激:

1. 关于国联的十九国委员会会议。首先,美国的观点完全没变,我提到这一点是因为,由于我们的沉默,显然有人有预谋地妄图表明我们改变了。事实并非如此,我们认为没有必要不断重复自己的观点,因为我们从一开始就清楚地表明了我们的立场。这一立场基于我们去年 1 月 7 日的照会、博拉(Borah)先生的信件、我在 8 月份的演讲,以及李顿报告书,它们看起来都证实了我们采取的立场。

2. 没有理由预测今后会发生改变。我现在不是公开表态,我告诉您是为了让您知道。我有权告诉您,您可以非常机密地告诉那些感兴趣的人。我们在这项政策上是始终如一的。

3. 向约翰先生明确表示,我赞赏他在给戴维斯的信中所阐述的通过调解达成解决办法的内容,但我认为他可能同意我的看法,那就是目前为止这一努力已经失败,是时候讨论局势的其他阶段了。我看不出他还可能做出哪些政策调整。我自己的立场没变。当然,如果约翰先生能告诉我他可能做出的立场调整,我会很高兴,但同时我希望他知道,戴维斯在12月15日给约翰先生的信中所做的陈述已得到我的充分认可。这是我自己在这件事上的感觉,我希望您向他解释一下,以便让他知道。他应该还记得我在一年前对国联在满洲问题上采取的行动表示赞同,并且应国联的要求,我帮助选择了李顿调查团的美国成员。该调查团的调查结果是得到了一致通过的,我认为它们对这个问题至关重要。我个人看待这些调查结果,就像律师看待律师的调查结果一样,我认为国联对它们有着同样的看法。这就是法庭审理调查结果的过程。他们将国联当作法庭,向其引述李顿调查团(它编写了一份一致通过的报告书)的调查结果,遵循的逻辑和正常的过程是采纳不承认"满洲国"的判决。我从一位律师的角度来看这份报告书,我认为它也一定会影响约翰先生的观点。我想知道他对十九国委员会面临的情况的看法。我想强调,我自己并没有因为各种各样的威胁而感到不安,比如日本处于歇斯底里的状态,以及任何事情都可能发生,我知道这种政策多年来一直是日本的外交政策。这似乎是一种有效的政策,我估计目前的局势是日本在尝试重复这一外交政策。

现在讲第二点,即山海关和热河问题。对于此问题,我很高兴能联系约翰先生并了解他的观点。我没有采取任何行动,主要是因为我认为我们的政策已经非常清楚,但我再重复一遍,我已准备与约翰先生商讨这个问题,而且我很高兴能够了解他的观点。

史汀生先生当时询问约翰先生计划何时去日内瓦。阿瑟顿先生回答说,他到下周某个时候才知道。阿瑟顿先生接着表示,他最近向外交部咨询获知,除了弗朗西斯·林德利先生访问外交部并指出英国在山海关及其附近拥有财产之外,他们没有从东京方面得到任何事件报告。对于英国官员尝试调停,以期将山海关的局势限制在本地解决,史汀生先生询问外交部是否有相关信息。阿瑟顿先生仅提供了报刊上刊登的信息。

资料来源:FO 371/17074,第112—115页

(杨越　译　陈志刚　校)

1933 年 1 月 14 日

亲爱的大使:

当您昨天向我传达史汀生先生的来信时,我答应在明天早上前往日内瓦之前给您回复。

关于满洲局势,我得到的信息是,国联为寻求调解的基础所做的努力可能会失败。我对付出的努力完全不觉得遗憾,因为不仅《国联盟约》第十五条要求将此作为第一步,而且已付出努力的事实让国联可能在以后发表的声明更具有权威性。我相信,主席海曼斯先生和埃里克·德拉蒙德先生仍在讨论在双方之间找到和解基础的可能性,当我星期一到达日内瓦时,我会了解更多相关信息,但在我看来,我很遗憾地完全同意史汀生先生的观点,即这一努力可能被认为未达成协议。因此,我们将进入下一阶段。

我坚决认为,应立即采取下一步措施。让时间不必要地浪费掉对各方都不利。在我看来,目前的情况已清楚表明下一步该怎么做。当然,这一步将由国联执行,我不想以个人名义预言国联将要做什么。但在这个问题上,我们国家无疑将以国联的忠实成员身份采取行动,正如我在昨天的谈话中告诉您的,我认为在这之前,国联除了采纳李顿报告书别无他法。在日内瓦的发言中,我已经提请注意该文件独有的权威性,它不仅得到一致通过,而且是精心挑选的五国代表的成果。这五位杰出的人员亲临现场,在收集了大量宝贵的信息并听取了各方的陈述后得出了结论。当我表示在我看来国联应该采纳李顿报告书时,我的意思是他们不应该只宣布接受第一至八章,而应该按照第九和第十章规定的方针来推荐解决方式。

让我非常高兴的是,我确实发现他们严格遵循了这些方针,史汀生先生自己也表示认可。我确实看不出我们有什么不同。当然,这些及其后续事项的表达方式是秘书处和国联成员必须讨论和决定的问题,但我已表明解决该问题的原则应该快速制定出来。

史汀生先生的声明让我很感兴趣,他表示就美国的政策而言,"没有理由预测今后会发生改变",我记得阿瑟顿先生昨天向我解释了这一点,我认为这是在暗示罗斯福先生与所表达的观点有关。我们的政策也是一样。我们无意偏离我们过去的声明或我在上面所说的话中表明的路线。

至于山海关最近发生的事件,史汀生先生将会注意到我们的观点,即各个大国为将问题限制在本土解决而进行调停暂时是行不通的。我们驻东京的大使认为,调停会阻碍而不是促进这一目标的实现,事实上双方似乎很可能通过协议来将这一事件限制在本土解决。如果不能轻易达成协议,可能是因为存在重大问题——热河的控制和中国军队的北移——我们很难脱离国联这个整体,以调解人的身份解决该问题。如有必要,全体大会或其委员会无疑会审议调解问题。史汀生先生所指的英国官员在秦皇岛的地方行动,是为了方便中日指挥官举行会晤,在该港口的一艘英国帆船上提供了一个中立场所。该行动是在当地执行的,没有英国政府的指示,我们也无意参与实际调解。

关于热河,我们的立场是,"满洲国"最初的公告包含该省,该省的地方长官属于"满洲国"一派,但他的忠诚一直令人怀疑。似乎可以肯定的是,日本人打算在自认为合适的时刻(可能不是现在)将其纳入"满洲国",但我仍不确定国联是否会认为这类行动不仅仅是日本将满洲变为一个新国家的行动的一部分。入侵长城以南的中国显然属于不同的性质,但目前似乎没有真正的理由认为日本人会考虑这样做,他们在山海关的行动似乎更倾向于阻止最近北上的中国军队进入热河。对于如果日本进入热河或长城以南,国联应该采取哪些步骤的问题,我感觉很难提前讨论。

最后,感谢史汀生先生告诉我他在这些问题上的看法和态度。我已经尽力提供了我对先前局势的看法,而且已准备好随着局势的发展而继续与他联系。

签名:约翰·西蒙

资料来源:FO 371/17074,第 116—120 页

(杨越　译　陈志刚　校)

99. 英国驻国际联盟代表致英国外交部(1933 年 1 月 18 日)

档案编号:F 479/33/10 来自:英国驻国际联盟代表 编号:2 发报日期:1933 年 1 月 18 日 存档日期:1933 年 1 月 20 日 主题:中国	<u>中日争端;约翰·西蒙先生与松冈先生的谈话</u> 约翰·西蒙先生 1 月 17 日的备忘录记录了与松冈先生的谈话,后者在其中表示日本反对将美国和苏联代表纳入调解委员会,并且排除美国符合国联的利益。约翰·西蒙先生表达的观点是,日本在这一点上犯了一个错误,并询问日本政府是否接受该方案的所有其他方面。松冈先生表示其他修改不太重要,接着热情地赞扬了埃里克·德拉蒙德先生的工作,约翰·西蒙先生表示这些恭维的话已被曲解。

第 1 号文件

西蒙先生致范斯塔特先生(1 月 20 日收到)

No. 2

英国驻国际联盟代表谨表敬意并转发与松冈先生针对中日问题的对话记录

日内瓦,1933 年 1 月 18 日

· ·

1 号附件

备忘录

松冈先生今天下午通知我,经过日本政府审议的新调解方案现已转交给日内瓦。日本反对十九国委员会提出的将美国和苏联代表纳入调解委员会的建议。他告诉我,埃里克·德拉蒙德先生表达的观点是,可以接受排除苏联成员,但可能坚持纳入美国成员。松冈先生向我提供了不应该纳入美国成员的一系列理由,辩称根据第十五条的方案,纳入国联成员以外的成员属于越权行为,而且基于其他理由,排除美国符合国联的利益以及日本的反对是合理的。我告诉松冈先生,我认为日本在这一点上犯了一个错误。我询问提交给日本政府的方案是否接受所有其他方面,因为如果接受的话,国联可能更愿意同意排除美国成员。松冈先生表示方案中的其他修改建议不太重要,但我指出,中国是否会接受日本的方案还有待观察,如果他们不接受,就无法找到调解的基础。松冈先生热情赞扬了埃里克·德拉蒙德先生为协助找到可接受的方案而做出的努力,但我提醒他这些恭维的话已被曲解,而且秘书长已被指责处置不公,以牺牲一方为代价来帮助另一方。埃里克先生所做的一切都是为了向整个国联履行他的职责,我希望不要说任何可能被误解为盲目支持的话。松冈先生主动透露他个人不反对将美国成员纳入委员会,而且他已为此致电日本政府,但日本政府具有不同的看法,他当然会积极支持政府。

松冈先生已经会见海曼斯先生,我敦促他也会见法国和意大利代表,以便其他人了解他提供给我的信息。

签名:约翰·西蒙
日内瓦,1933 年 1 月 17 日

资料来源:FO 371/17074,第 131 页
(杨越 译 陈志刚 校)

100. 英国驻国际联盟代表致英国外交部(1933 年 1 月 18 日)

档案编号:F 483/33/10	中日争端
来自:英国驻国际联盟代表 编号:3 发报日期:1933 年 1 月 18 日 存档日期:1933 年 1 月 21 日 主题:中国	约翰·西蒙先生记录 1 月 17 日与郭泰祺先生谈话的备忘录,后者对秘书长站在日本一边的谣言表示担忧。外交大臣建议他不要相信这些报道,接着讨论了调解努力失败后要采

	取的程序。郭泰祺先生补充了一些对冲突的未来发展的有趣猜测,包括观察到中国人开始认识到国际联盟对他们无能为力,将来他们会最顽强地抵抗日本的计划。他补充说,他认为由于经济负担和中国的被迫抵抗,日本的计划最终将会失败。

第 1 号文件

西蒙先生致范斯塔特先生(1 月 20 日收到)

No. 3

英国驻国际联盟代表谨表敬意并转发与郭泰祺针对中日问题的对话记录

日内瓦,1933 年 1 月 18 日

....

1 号附件

备忘录

郭泰祺先生今天下午拜访了我,并谈论了中日争端的各个方面。他对日内瓦媒体以及一些日内瓦记者提供的英国报纸中的一些言论表示担忧,这些言论宣称埃里克·德拉蒙德先生一直致力于提出符合日本利益的新方案。我建议他不要相信暗示秘书长偏袒一方的报道,因为我自己没有收到任何相关信息。我完全相信这不是真的。我自己对新方案的内容一无所知,但我知道东京正在审议该方案,可能明天就会看到相关新闻,尽一切努力找到调解的基础是非常重要的,因此我强烈敦促他应该给予同情之考虑。如果调解失败,那么国联将有义务按照第十五条第四款采取行动,提出一些报告和建议。我表示,我从未隐瞒自己的观点,那就是在这种情况下,考虑到李顿报告书的一致性和它所依据的资料,它拥有无可比拟的权威性,我推测国联将会采纳该报告书,以及它的事实调查结果和建议。这不是一个片面的文件,而且我承认它包含的内容并不完全让每一方都满意,但没有理由怀疑它的一般公正性。

郭泰祺先生对中日冲突的未来发展提出了一些有趣的猜测。他表示,中国意识到无论是美国还是国联中的大国都不会用武力进行干预,他的同胞们尽管信任国际联盟,但他们越来越认识到国际联盟对他们无能为力。最终,他们将越来越坚定地依靠自己,并尽其所能对日本进行最顽强的抵抗。他宣称,日本的作战计划包括在华北建立一个缓冲国,将中国其他地区与满洲分开,然后满洲就会完全被日本帝国合并。但他并不相信这些不切实际的计划最终会成功。实际上,他相信日本帝国主义将会贪功致败。确实,日本的和平元素已被军方同化或受到军方威胁,但从长远来看,日本行动的财政负担和中国人民持续的被迫抵抗将让侵略者不堪重负,日本在这片大陆建立帝国的图谋将会失败。他认为,日本最终可能连朝鲜也会失去。虽然这些是郭泰祺先生表达的信念,但他同意这样的结果只会缓慢产生,同时他还认为中国方面会产生越来越大的阻力和怨恨。

签名:约翰·西蒙

日内瓦,1933 年 1 月 17 日

资料来源:FO 371/17074,第 136 页

(杨越　译　陈志刚　校)

101. 戴维斯致英国外交大臣西蒙(1933 年 1 月 18 日)

档案编号:F 586/33/10 来自:戴维斯先生致约翰·西蒙先生 编号:无 发报日期:1933 年 1 月 18 日 存档日期:1933 年 1 月 25 日 主题:中国	**中日争端** 国际联盟威尔士理事会执行委员会在紧急会议中一致提出决议,认为趁现在为时不晚,必须采取行动,挽回国联的声誉以维护英国政府荣誉,并阻止威胁国联的危害滋生。

中日争端

鉴于:

(1) 英国是《国联盟约》的签署国,同时也是国际联盟成员国。

(2)《国联盟约》对国际联盟成员国的主要要求为阻止战争发生。

（3）自 1931 年 9 月起，战争便开始在远东地区间歇性爆发，并仍在持续。

（4）在日本提议、中国许可的情况下，国际联盟任命李顿调查团调查并报告中日纠纷背景及一般形势。

（5）李顿调查团于 1932 年 10 月 1 日提交报告，无可置疑地确定了日本的侵略行为。

（6）尽管日本有进一步的侵略行为，在列强领导下的国际联盟却未能履行责任，没有根据李顿报告书谴责侵略者并采取有效措施恢复和平。

（7）国际联盟理事会的主要成员国没有采取任何行动阻止本国境内军火公司出口武器等军需品。

国际联盟威尔士理事会执行委员会曾力劝英国政府趁为时不晚采取行动，挽回国际联盟的声誉，以维护英国政府自身声誉，并阻止威胁国际联盟和破坏文明世界安全的危害发生。

秉持达到这一目的的理念，委员会要求作为《国联盟约》签署国和国际联盟主要成员国的英国政府立即在国际联盟大会上通过以下决议：

（1）执行李顿报告书的全部内容。

（2）国际联盟成员国应该禁止对日出口武器等军需品。

（3）如果日本坚决拒绝接受李顿报告书，国际联盟成员国应当断绝与日本的外交、财政以及经济联系。

资料来源：FO 371/17075，第 8—9 页

（黎纹丹　译　陈志刚　校）

1933 年 1 月 23 日

亲爱的戴维斯：

非常感谢您 1 月 18 日的来信，我已仔细阅读随信附上的在国联威尔士理事会执行委员会的一次会议上通过的决议。

请您放心，正如我在议会中所说的，我非常肯定，英国政府将以确保《国联盟约》得到维护的重要性为指导方针，在中日争端中发挥忠诚的国联成员国应具有的作用。

签名：约翰·西蒙

资料来源：FO 371/17075，第 10 页

（黎纹丹　译　陈志刚　校）

亲爱的戴维斯：

出于我们的老交情，我必须在正式致谢的同时，对您发送私人信件表示衷心感谢。我不能讨论它，但我们确实没有理由认为我们在抵制或逃避李顿报告书，没有人比我更坚定地支持它。

签名：约翰·西蒙

资料来源：FO 371/17075，第 11—12 页

（黎纹丹　译　陈志刚　校）

102. 英国驻日内瓦领事帕特森致英国外交部（1933 年 1 月 18 日）

档案编号：F 428/33/10 来自：帕特森领事（日内瓦） 编号：3 L. N. 发报日期：1933 年 1 月 18 日 存档日期：1933 年 1 月 18 日 主题：中国	**中日争端** 　　来自外交大臣的消息表明，他知道日本正在向十九国委员会提出一个新方案作为拟组建调解委员会的基础，该方案要求委员会将只由国联成员国组成，因此排除苏联和美国代表，预计十九国委员会将需要公布包含建议的事实报告，并列出十九国委员会现在应采取的行动。 　　（转发给华盛顿和北平，副本转发给东京）

来自瑞士

译电 英国领事(日内瓦)

1933 年 1 月 18 日

发报日期:1933 年 1 月 18 日 13:20

收报日期:1933 年 1 月 18 日 13:15

No. 3 L. N.

以下信息来自外交大臣。

我知道日本正在向十九国委员会提出一个新方案,作为拟组建调解委员会的基础。松冈先生告诉我,它建议该委员会应该只由国联成员组成,因此应该排除苏联和美国代表。如果方案的所有其他方面都得到满足,似乎国联很难将纳入非国联成员作为前提条件。我没有看到也没有参与新方案的制定,如果中国可以接受该方案,我会感到很惊讶。如要建立调解的基础,也必须获得中国的同意。

因此,我预计十九国委员会将被迫得出不可能通过调解解决争端的结论,在这种情况下,它必须立刻根据第十五条第四款的规定,公布一份包含建议的事实报告书。我坚持我在 1 月 16 日的十九国委员会会议上明确表达的观点:不加修改地采纳李顿报告书及其在第九和第十章中提出的建议才是正确的做法。迄今为止,我们的目标一直是提供充分的调解机会,但是如果不能实现这第一个目标,就不能逃避责任,国联不可能搁置这样一份通过国联行动而产生的、代表包括美国在内五国代表一致意见的权威文件。日本不能指望我们做出让步。

我反对试图改进该报告书,因为该报告书远非一份片面的文件。驻伦敦的中国公使今天告诉我,中方充分认识到,无论是美国还是国联成员国,都无法通过积极行动落实李顿报告书中的建议。我已告知史汀生先生,我们打算支持李顿报告书。

发往外交部的 3 号文件,转发给华盛顿和北平,附件转发给东京。

资料来源:FO 371/17074,第 109—110 页

(杨越 译 陈志刚 校)

103. 英国驻东京大使林德利致英国外交大臣西蒙（1933 年 1 月 18 日）

档案编号：F 570/33/10	中日争端；日本政府对日内瓦的行动程序采取的态度
来自：弗朗西斯·林德利先生（东京）	详细报告为促使日本政府在日内瓦采取温和态度而执行的行动。
编号：676.（69/43/32）	（已发往北平）
发报日期：1932 年 12 月 22 日	
存档日期：1933 年 1 月 25 日	
主题：中国	

第 1 号文件

林德利先生致西蒙先生（1933 年 1 月 25 日收到）

No. 676

东京，1932 年 12 月 22 日

先生：

虽然我急于利用我所拥有的微小影响力，促使日本政府在日内瓦采取温和的态度，但我感觉在国际联盟处理中日争端的初期就在外务省举行任何官方对话是不明智的。我认为，由于我不知道您与日本代表团交流的内容，所以我所采取的任何干预都可能让局势变得更加复杂，而不是帮助获得令人满意的解决方案。因此，我在本月 9 日的第 410 和 411 号电报中已经汇报，我采取的行动仅限于努力从新闻界和可靠的外国报纸记者那里了解这里对国联行动程序的反应。我可以肯定，日本政府不欢迎将这一争端提交十九国委员会，理由仍然是《国联盟约》第十五条不应适用于它。日本政府也不赞成调解委员会增添一名美国人和一名苏联人的提议。

2. 在收到您本月 10 日发来的第 39 号电报后，我直接联系了外相，并立即请求与他面谈，他在 12 日上午与我进行了面谈。我发现内田伯爵像往常一样亲切，并且他非常热诚地谈到您在日内瓦处理这一复杂问题时所采取的友好和有益的态度。然后我向他念了您的电报中描述的您在 12 月 10 日与松平先生谈话的段落,但没有提到您相信日本代表团赞成向美国和苏联发出邀请。我向伯爵指出,如果没有根据第十五条第三款开展调解,则下一个程序必然是根据该条第四款审议该争端。从日本的角度讲,这是在朝不好的方向发展,尽一切努力阻止这一更严重阶段到来完全符合日本政府的利益。我还谈到您自己和其他人为达成调解方案而做出的努力,这些努力最终证明非常符合日本的利益。我相信他能够认识到日本人的真正利益所在,并尽一切努力让您轻松完成任务。

3. 内田伯爵再次对您的行动表示赞赏,并表示在日本政府给出明确答复之前需要澄清两点。第一点涉及对拟组建的调解委员会的看法。我能否告诉他,这是国联设立的机构,属于国联机制的一部分,或者被认为是一个外部机构? 第二点涉及如果美国和苏联成员被纳入委员会中,这些成员的状态和要发挥的作用。他已经向日内瓦发电报寻求这两方面的进一步信息,并会在收到这些信息后立即给我一个明确的答复。在我离开之前,内田伯爵补充说,这个问题是最敏感的问题之一,因为正如日本一再表明的那样,日本已经承认"满洲国"独立,在这一点上不能接受任何妥协。

4. 第二天早上,朝日报社在街上散发了一份号外传单,其中包含一封表面看来是从日内瓦传来的电报,大意是我前一天"威胁"外相,如果日本政府拒绝当时在日内瓦提出的解决方案,将会诉诸第十五条第四款来解决。我应该解释一下,自 1931 年 9 月 18 日满洲爆发战争以来,各种报纸不断散发耸人听闻的传单,包含常常夸大或完全不实的报道。由于这份传单,大使馆从报纸记者和其他关心报道真相的人那里收到了大量电话询问,中国公使馆秘书也匆匆赶来询问究竟发生了什么。对于所有的询问,我们都回答说,我昨天与外相就一般性话题进行了最友好的谈话,认为任何一方受到了任何威胁都是无稽之谈。鉴于朝日报社传单所引起的关注,我还是要求副外相接见我,以便我可以向他提出抗议并敦促他发表辟谣声明。在我 13 日下午抵达外务省时,副外相告诉我,内田伯爵想见我,我立刻向伯爵提到了传单的问题,他桌上有一份复印件。他显然被这篇报道逗乐了,而不是生气,并承诺外务省应该会妥善解决此事。这件事后来得到了圆满的解决。他随后讲到我们前一天的谈话,并告诉我,尽管他尚未从日内瓦收到新的解释,但内阁已于当天上午决定发送一份临时答复,他给了我该书面答复的复印件。我已在本月 13 日的第 414 号电报中发送了该文本,这里有必要重复一下,由于事实上美国和苏联不是国联成员,不会承担成员国的责任,因此它对邀请美国和苏联政府代表参加拟组建委员会工作的建议表示严重怀疑。该答复继续提到,日本对十九国委员会的态度已众所周知,这种态度让日本政府很难同意美国和苏联参与——特别是由于委员会的性质和权力,以及美国和苏联与《国联盟约》的关系都具有明确的界定。虽然外相强调了这一答复不是最后答复,但由于没有获得他所要求的解释,所以很容易看出日本政府无论如何都不会接受该建议。

5. 在此期间,我正好收到了您在本月 13 日从日内瓦发来的第 40 号电报,其中介绍了当晚与松冈先生的谈话。我携带了这封电报的复印件,并要求内田伯爵阅读。他阅读后询问我,拟组建的小型委员会是否必须从十九国委员会中挑选,还是可以包括苏联和美国成员以及其他不属于十九国委员会的国家代表。对此,我回答说,我只收到了您的电报中提供的信息。

6. 12 月 18 日,我收到了您发来的第 153、154 和 155 号电报,其中载有建议全体大会通过的决议草案和该决议附带的理由陈述草案。在仔细阅读这些内容后,我认为日本政府肯定会反对国联认为必须包括的某些段落,而且我感觉日本驻日内瓦代表团可能无意中给您留下了一种印象,那就是日本政府比实际更倾向于作出让步。这没有什么令人惊讶的,因为在周围人的影响下,代表团往往倾向于发表更令人鼓舞但不合理的言论。简言之,我确信第三段规定的调解建议肯定会失败,而且现在是时候再次面对可能发展的局势的现实了。正是在这种情况下,我在本月 18 日向您发送了我的第 416 号电报,我在其中回忆起自 1931 年 9 月 18 日以来,日本从未动摇过不允许任何外来势力严重干涉其满洲政策的决心。面对这一令人不快的事实,我曾表示相信国联最明智的做法是通过一项决议,批准李顿报告书前八章作为公平公正的事实陈述,并建议各方进行直接谈判来达成和解。我非常谨慎地提出这一建议,并且知道它可能无法实施。我在解释中补充说,在我看来,这有利于向日本传达国联方面的反对意见,日本的行动理应受到反对,而且尽管会一定程度上损害国联的声望,但有利于使国联摆脱一种必然导致僵局或实施制裁的局面,制裁肯定会引发战争。这是自国联接手该问题以来就存在的困境,而且国联迟早要面对。在这方面,值得一提的是,李顿调查团非常能干的秘书长哈斯先生私下对我表示,他坚信日本、中国和国联在满洲问题上的三方争端完全无法通过调解解决,他早在夏天就预见到僵局是不可避免的。我怀着极大的敬意指出,我的建议是处理这一僵局的最令人满意的方法。

　　7. 今天上午,我收到了您 12 月 21 日发来的第 164 号电报,您在其中对上一段提出的建议所受到的强烈反对进行了解释。非常感谢您的解释,我非常清楚只有用尽了所有调解机会,才应该考虑下一步行动。我只能热切地希望这些努力将取得成功。

签名:弗朗西斯·林德利

资料来源:FO 371/17074,第 244—245 页

(杨越　译　陈志刚　校)

104. 英国驻日内瓦领事帕特森致英国外交部(1933 年 1 月 19 日)

档案编号:F 444/33/10 来自:帕特森领事(日内瓦) 编号:5 L. N. (R) 发报日期:1933 年 1 月 19 日 存档日期:1933 年 1 月 19 日 主题:中国	**中日争端** 　　来自贾德干先生的消息表明十九国委员会于 1 月 18 日举行非公开会议并审议了日本的反对草案,对决议草案和理由陈述进行了重大修改,概述了爱尔兰自由邦代表采取的态度,指出最后决定主席应该向日本代表团确认他们是否会撤回对决议草案的其他修改,并补充说得到有利结果的希望渺茫。但重要的是,如果调解失败,应该明确原因在于无法确立调解的基础。

来自瑞士

译电　英国领事（日内瓦）

1932 年 12 月 15 日

发报时间：1932 年 12 月 16 日 11：10

收报时间：1932 年 12 月 16 日 12：15

No. 463．L. N.

·······················

我的第 461 号电报

理由陈述

全体大会在 12 月 9 日的决议中要求特别委员会：

1. 研究调查团的报告书和各方意见以及全体大会中以任何形式表达的观点和建议。

2. 根据 1932 年 2 月 19 日的理事会决议提出提案，以期解决会上提出的争议。

3. 尽早将这些提案提交全体大会。

委员会认为调查团报告书的前八章是对主要事实的客观公正且完整的陈述，如果不得不在全体大会上陈述事件情况和对整体局势的看法，将会在这八章中找到这些陈述所必需的所有内容。

发表此陈述的时机还未到。根据《国联盟约》第十五条第三款，全体大会必须首先努力通过调解解决争端，如果这一努力取得成功，则应发表陈述来提供其认为适当的事实。如果努力失败，则根据同一条第四段的规定，其有责任陈述争议事实并提出有关建议。

只要继续根据第十五条第三款做出努力，《国联盟约》规定的各种紧急情况给全体大会带来的责任意识就会要求其主张一种特定的保留意见。因此，委员会在今天提交全体大会的决议草案中只限于提出调解建议。

根据全体大会 3 月 11 日的决议，特别委员会应努力准备与各方协商解决争端。另一方面，美国和苏联应与各方代表合作，共同做出努力，因此建议应邀请这两国政府参加谈判。

为避免误解并明确指出，现阶段所设想的与非国联成员国的合作仅限于通过谈判达成和解，特别委员会建议其应被视为一个负责为此目的执行谈判的新委员会,并应被授权以此身份邀请美国和苏联政府参加会议。

谈判委员会将拥有履行其使命所需的一切权力。

具体来讲,它可以咨询专家。如果它认为合适,可将其部分权力委托给一个或多个小组委员会,或者委托给一个或多个明确合格的人。

谈判委员会成员将以 1932 年 3 月 11 日全体大会决议第一和第二部分作为法律问题上的准则,以调查团报告书前八章的调查结果作为事实方面的准则。关于需要考虑的解决方案,他们将根据调查团报告书第九章所述原则为基础,并参考该报告书第十章提出的建议来寻求解决方案。

在这方面,十九国委员会认为,在此争议所处的特殊情况下,仅恢复到 1931 年 9 月之前的状态不足以保证持久解决,而且不能将维持并承认满洲现政权视为解决办法。

资料来源:FO 371/17074,第 125—127 页

(杨越　译　陈志刚　校)

来自瑞士

译电　英国领事(日内瓦)

1933 年 1 月 18 日

发报日期:1933 年 1 月 19 日 02:00

收到日期:1933 年 1 月 19 日 09:30

No. 5. L. N.(R)

以下信息来自贾德干先生:

十九国委员会在今天下午的非公开会议上审议了日本的反对草案。

决议草案中的主要变化包括:

(1)省略提及《国联盟约》《非战公约》和《九国公约》的段落。

(2)声明李顿报告书第九章中的原则是"有用的基础",全体大会必须确定"可在多大程度上运用上述原则"。

(3)任命十九国委员会的小型小组委员会来帮助双方达成解决方案。

理由陈述中的主要变化包括:

(1)删除最后一段。

(2)在倒数第二段的"事实"后插入"考虑各方的意见"。在发给主席的一封附信中,日本代表团表示,日本政府认为不将美国纳入调解委员会是关键的

一点。

2. 爱尔兰代表指出,委员会认为日本代表团做出的其他修改比邀请美国更重要,而且大家普遍认为,不能由于委员会希望强迫各方接受非国联成员作为国联调解委员会的成员,而导致调解最终失败。关于理由陈述的最后一段,秘书长解释说,日本肯定也认为这是一个关键点,但外交大臣指出没有必要获得各方对理由陈述的同意。全体大会主席可以将其作为对各方没有约束力的十九国委员会声明提出,如果有关方愿意,可以明确表示对其持保留态度。但是,它对所有其他没有明确反对的成员具有约束力。

3. 最后商定,主席应该向日本代表团查明,如果他们就自己宣布至关重要的问题进行了会晤,他们是否准备撤回对该决议草案的其他修改,并根据上一段中的建议来处理理由陈述。

获得有利结果的希望渺茫,但重要的是,如果调解破裂,应该明确,原因在于已经发现不可能为调解奠定基础,而不仅仅是由于调解委员会的组成。

由外交部转发第 13 号电报给东京,转发第 26 号电报给北平。

资料来源:FO 371/17074,第 128—129 页

(杨越 译 陈志刚 校)

105. 英国外交部远东司副司长普拉特致英国外交部远东司司长奥德(1933 年 1 月 19 日)

	中日争端
档案编号:F 588/33/10	
来自:普拉特先生(日内瓦)致奥德先生	为约翰·西蒙先生准备的关于
编号:无	"争端事实"的备忘录。
发报日期:1933 年 1 月 19 日	
存档日期:1933 年 1 月 25 日	
主题:中国	

中日冲突——关于"争端事实"的备忘录

根据《国联盟约》第十五条第四款,大会职责包括:制定并发表一份包含

"争端事实"的报告并另外提出"公正合理"的建议。如果只听从相互冲突的任意一方的言论,显然无法得到任何程度上关于争端的确凿事实。因此,理事会于 1931 年 12 月 10 日通过了包含以下条款的决议:

理事会:

……

(3) 邀请中日双方持续告知理事会事态的发展情况;

(4) 邀请委员会的其他成员向理事会提供各方从当地代表处收到的任何信息;

(5) 公正执行以上决议。

鉴于本案的特殊情况,希望为两国政府最终以及根本解决两国之间的问题做出贡献。

决定任命一个五人调查团去当地调查,"就地研究任何情形影响国际关系而有扰乱中日两国和平或和平所维系之谅解之虞者",向理事会提出报告。

任命李顿调查团后,事件后续如下:

自 1 月 20 日起,中日双方在上海发生的严重冲突,导致最后逐渐演变成双方之间的武力冲突。最终,中国代表于 1 月 29 日与理事会联系,告知理事会目前冲突已经发展到了极有可能致使两国立即决裂的地步,并恳求理事会执行《国联盟约》中除第十一条外的第十条和第十五条的内容。

1 月 30 日,在上海成立了一个调查委员会,由在上海设有代表的理事会成员(当事各方除外)组成,该委员会不时向理事会通报了有关上海局势的报告。

2 月 18 日,中国政府要求将根据《国联盟约》第十、十一和十五条提交给理事会的有关中日争端的内容提交给大会。2 月 19 日,理事会通过了一项决议,按照《国联盟约》第十五条第九款向大会提交有关中日争端的内容。决议中还提到,为了获取必要信息以了解争端,已经采取的措施仍可继续实行。

3 月 11 日,大会通过了以下决议:

"考虑到中国政府的请求主题为中日纠纷,涉及……"

"决定成立一个由十九个成员国组成的委员会。"

4 月 30 日,大会采取进一步措施通过了一项决议,鉴于在上海缔结的停战协议,要求在上海租界有特殊利益的列强继续向国联提供与上海相关的信息。值得注意的是,鉴于李顿调查团在远东的出现,1931 年秋天为了获得满

洲信息所做的安排已经停滞并且不再恢复运行。在收到李顿报告书以前,大
会推迟了一切关于争端的进一步打算。这份报告书于 1932 年 9 月 4 日在北
平签署。显然,依据《国联盟约》第十五条第四款大会报告的目的,到 1932 年
9 月 4 日为止的"争端的事实"都载于李顿报告书中。这些"事实"没有受到任
何一方意见的左右,所以大会要做的就是全体通过李顿报告书。至于从 1932
年 9 月 4 日至今的事件,大会也同样处于困难局面,因为大会是在此之前接收
的李顿报告书,也就是说,大会只有关于双方冲突的陈述,不能对这些事实发
表任何意见。对于最近发生在山海关的冲突,更是如此。鉴于有些证据不存
在冲突,大会的法则就不能应用于其相关的事件,例如:1932 年 9 月 15 日,日
本正式承认"满洲国"。

　　总之,这样看来,大会似乎不应做出自己独立的报告书,而只需通过一项
决议采取李顿报告书的相关事实,这些事实即日本对于"满洲国"的承认和根
据《国联盟约》第十五条第三款进行的调解工作的失败等。

资料来源:FO 371/17075,第 16—18 页

（黎纹丹　译　陈志刚　校）

106. 英国驻国际联盟代表致英国外交部(1933 年 1 月 20 日)

档案编号:F 524/33/10	中日争端
来自:英国驻国际联盟代表 编号:4 发报日期:1933 年 1 月 20 日 存档日期:1933 年 1 月 24 日 主题:中国	来自埃里克·德拉蒙德先生的备忘录记录了在日本反对非成员国参与调解工作时,其与松冈先生和海曼斯先生的谈话,讨论了日本对原始决议和理由陈述的修改内容。

谈话记录

松冈先生今晚拜访了我和海曼斯先生。

海曼斯先生告诉他,十九国委员会举行了一次长时间的会议,讨论了日本的提案。他们从日本的信件中了解到,日本政府非常重视邀请非国联成员国代表加入为寻求解决争端而组建的委员会的问题。十九国委员会倾向于考虑日本的立场;但如果他们这样做,作为交换,他们会要求日本政府接受原始决议和理由陈述的决议,并删除任何可能提及邀请美国和苏联政府的内容。

松冈先生表示非常感谢海曼斯先生所说的话。当然,他会召开代表团会议并通过电报告知日本政府。但坦率地讲,他认为即使按照建议进行了修改,说服日本政府接受对非成员国的邀请也比接受原始内容更容易。

我向大使表示,不仅在对非成员国的邀请上,而且在调解的基础上,新内容都严重背离了原始内容。将李顿报告书第九章中的原则作为"基础"还是"有用基础",存在很大差别,决议中也没有提及这三项条约。

大使承认情况确实如此。

海曼斯先生随后询问,日本人的困难是来自这个决议,还是来自动机陈述。如果他记得没错,日本政府对该陈述的最后一段提出了强烈的反对。委员会考虑了这一点,认为可以同意双方在全体大会上就理由陈述做出他们认为适当的保留意见。这无疑将大大有利于日本政府的立场。

松冈先生再次重申,他将立即举行代表团会议并通过电报通知日本政府,但他本人并不认为政府会接受现在提出的建议。

签名:埃里克·德拉蒙德

1933 年 1 月 18 日

资料来源:FO 371/17074,第 204—205 页

(杨越　译　陈志刚　校)

107. 英国驻华代办英格拉姆致英国外交部（1933 年 1 月 21 日）

档案编号：F 490/33/10 来自：英格拉姆先生从南京经由北平转发 编号：3（R） 发报日期：1933 年 1 月 21 日 存档日期：1933 年 1 月 21 日 主题：中国	**中国退出国际联盟的可能性** 　　转发来自南京的发给英国驻华公使的第 6 号电报，外交部长表示，中国正在严肃考虑在得不到满意结果的情况下退出国际联盟的问题。

来自中国

译电　英格拉姆先生（南京，经由北平转发）

1933 年 1 月 21 日

发报时间：1933 年 1 月 21 日 10：45

收报时间：1933 年 1 月 21 日 09：30

No. 3.（R）

以下是 1 月 18 日发给英国外交大臣的第 6 号电报。正文开始：

国民政府外交部长昨晚告诉我，中国政府正在严肃考虑在日内瓦得不到满意结果的情况下退出国际联盟的问题。

他还警告我，预计中国新闻界将对昨日路透社电报中报道的国内保守派文章的态度反响强烈。

资料来源：FO 371/17074，第 144 页

（杨越　译　陈志刚　校）

108. 吉尔伯特·默里致英国外交大臣西蒙(1933 年 1 月 21 日)

档案编号:F 881/33/10 来自:吉尔伯特·默里教授 (Gilbert Murray)致约翰·西蒙 先生 编号:无 发报日期:1933 年 1 月 21 日和 26 日 存档日期:1933 年 2 月 8 日 主题:中国	**中日争端** 　　第一封信报告了为宣传英国政府 正在推行的政策而采取的行动,并讨 论了造成日本代表团在日内瓦采取的 态度的原因。 　　第二封信总结了与《曼彻斯特卫 报》编辑就该报采取的态度而进行的 交流,并概述了国际联盟执行委员会 对该争端的看法。

副本

机密

牛津野猪山

1933 年 1 月 21 日

亲爱的西蒙:

　　感谢您的来信。在弗里特韦尔(Fritwell)与您交谈后,有许多人写信给我,当然我也联系了国际联盟执行委员会,我向他们解释说我有理由知道您的政策是支持李顿报告书,如果日本人没有对调解给予答复,您一定会继续运用第十五条第四款,并敦促十九国委员会发布一份报告,无论两方如何争论,我告诉他们这是肯定会发生的。不幸的是,我没有与《曼彻斯特卫报》取得联系,我本应该联系上他们的。事实上我不了解现任编辑。但是,我会写信给年轻的维诺格拉多夫(Vinogradoff)(他现在是该报社的职员),并尝试告知他事实情况。我相信,向您发送决议并敦促您支持李顿报告书的人只是想增援您,而不是批评您。

　　在我看来情况是这样的,国联一开始就存在极大的弱点,这主要是由于白里安生病了。白里安是天生的领导者,每个人都期望他来领导,但他病入膏肓,无法进行领导。因此,日本军国主义者一直在观察国联能承受多大的压力,您可能非常匆忙地接手后就遇到了一开始就被严重破坏的局面。显然,与去年9月相比,现在对日本采取强硬立场的后果更为严重。

在我看来,有一点很重要。我向塞西尔和奥斯汀提到这一点时,我发现他们都同意我的看法。如果在未经日本同意的情况下,发布该报告书将导致日本与国联决裂,一些国家很可能背着其他国家与日本或"满洲国"密谋,牟取自己的利益。您认为能让这些国家一致同意,任何国家都不能在不告知所有其他国家或秘书长的情况下,与日本、中国或"满洲国"进行谈判吗?我认为这样将形成一条统一战线,而且本身会对日本施加强大的道德压力。

还有一点,大概您已注意到,巴兹尔(Basil)已经前往东法夫支持一位自由贸易主义候选人,他肯定会攻击您。当然,我现在也是自由贸易主义者,但我希望您不会认为他是由我或国联派来的。我在报纸上看到该新闻之前,对这件事毫不知情,而且按照我们在国际联盟的一般程序,他必须辞去自己的职务,尽管他有资格在加内特(Garnett)酌情决定后再获得连任。我不希望您猜疑国联或者我是两面派。

签名:吉尔伯特·默里

资料来源:FO 371/17076,第42—43页

(杨越 译 陈志刚 校)

附:

至于《曼彻斯特卫报》,我认为他们记者的政策是,无论身处何处都会表达不满。他们的巴黎记者总是反法,他们的柏林记者目前非常反德。根据这种类比,他们的国联记者会反对国联,或者至少反对国联理事会。

资料来源:FO371/17076,第43页

(杨越 译 陈志刚 校)

副本

机密

牛津野猪山

1933 年 1 月 26 日

亲爱的西蒙：

我给《曼彻斯特卫报》编辑克罗泽(Crozier)写了一封长信，并且收到了很长且很合理的回复。当然，他没有改变自己的总体观点，但他解释说，他印刷摘自中国报纸的内容是为了发出警告，如果冷落中国人的意见，我们所招致的危险不亚于反对日本。

我想您可能很想知道，我们执行委员会的意见是如何形成的。首先，我们很不愿意采取任何行动来损害您的立场，或削弱您处理这场危机的能力。我们还有另外两种强烈的感情——反对任何可能促成战争的政策，以及反对任何可能使英国失去支持的孤立行动。

另一方面，我们的国际法委员会明确指出日本违反了《国联盟约》第十条，而且每个人都认为，国联发布只有日本拒绝遵守的报告书一定具有影响力。

我们特意避免制定可能不成熟的决议，但我认为执行委员会将会一致赞成采取三个步骤：

(1)国联所有成员，加上美国，如果可能的话还有苏联，一致同意任何国家都不得在不通知全体国家的情况下，背着其他国家与日本、"满洲国"或中国进行谈判(当然，这包括继续不承认"满洲国")。

(2)不得继续向日本提供战争物资(这一点得到了高度赞同)。

(3)各国政府不得向日本提供贷款或融资机制，但应该多大程度地禁止私人公司贷款可能存在意见分歧。

我写这封信只是出于我自己的意愿，意在向您表明，更保守的成员的思想正在发生哪些转变。不用说，如果您觉得您能采取更进一步的行动，您可以期望得到我们的热情支持。当然，有一方赞成立即正式执行第十六条。事实上，我认为这在很大程度上属于左派的政策。

签名：吉尔伯特·默里

资料来源：FO 371/17076，第 44—45 页

(杨越 译 陈志刚 校)

私人信件

1933 年 2 月 1 日

亲爱的默里:

我今天早上收到了您 1 月 26 日发出的信件,这是从日内瓦转发过来的。我发现在我们昨天的谈话中,您可能自然地认为我已经看过这封信,但是,由于它昨晚刚通过外交部邮袋送到伦敦,所以您应该会明白为什么我没有提到它。非常感谢您写信给克罗泽,并提出您的信中包含的观点。

我认为我们昨天的谈话既有趣又很有用——肯定对我很有用。我会进一步处理这个武器问题,这个问题无论是在政治方面还是在技术方面都是最棘手的,但我会尽力处理好它。

签名:约翰·西蒙

资料来源:FO 371/17076,第 46 页

(杨越　译　陈志刚　校)

109. 英国驻日内瓦领事帕特森致英国外交部(1933 年 1 月 22 日)

档案编号:F 496/33/10	中日争端
来自:帕特森领事(日内瓦)	来自艾登先生的消息表明十九国委员会于 1 月 22 日举行了非公开会晤,并获悉日本政府已拒绝委员会 1 月 18 日提出的建议,并批准了日内瓦 8 号电报中提到的代表团建议。这些建议随后经过审议,发现并不令人满意。因此,委员会决定根据第十五条第四款起草报告并发表声明。秘书处编写的报告草案将非常保密地分发给委员会成员,并在周一上午的会议上进行讨论。在委员会起草其报告和建议之前,不会召集全体大会。
编号:9 L. N. (R)	
发报日期:1933 年 1 月 22 日	
存档日期:1933 年 1 月 23 日	
主题:中国	

来自瑞士

译电　英国领事(日内瓦)

1933 年 1 月 21 日

发报时间:1933 年 1 月 22 日 13:10

收报时间:1933 年 1 月 22 日 14:40

No. 9. L. N.（R）

以下消息来自艾登先生。

十九国委员会今天举行非公开会议,并获悉日本政府已拒绝委员会于 1 月 18 日提出的建议,而批准了在我的第 8 号电报中提到的其代表团的建议。十九国委员会随后对这些建议(已邮寄其复印件)进行了审议,发现并不令人满意。因此,委员会决定根据第十五条第四款起草报告并发表声明,我将在随后的电报中发送其内容。

秘书处编写的报告书草案将于今晚非常保密地分发给委员会成员,并在周一上午的会议上进行讨论。

委员会认为,如果没有首先看到秘书处的草案,他们无法决定通过李顿报告书是否比起草新报告书更可取。在委员会起草报告书和建议——或许不会早于 2 月的第一周——之前,不会召开全体大会。

外交部转发给东京和北平。

资料来源:FO 371/17074,第 153 页

(杨越　译　陈志刚　校)

110. 英国驻日内瓦领事帕特森致英国外交部(1933 年 1 月 23 日)

	中日争端
档案编号:F 523/33/10 来自:帕特森领事(日内瓦) 编号:13 和 14 发报日期:1933 年 1 月 23 日 存档日期:1933 年 1 月 24 日 主题:中国	来自艾登先生的消息表明,十九国委员会于 1 月 23 日举行了会议,讨论根据第十五条第四款编写的报告,以作为秘书处编写草案报告书的基础草案,概述了该报告草案的内容,并补充说已任命由九名成员组成的小组委员会来研究全体大会报告书应采取的形式,但还没有确定小组委员会或十九国委员会举行会议的时间。

来自瑞士

译电　英国领事(日内瓦)

1933 年 1 月 23 日

发报时间:1933 年 1 月 23 日 19:40

收到时间:1933 年 1 月 23 日 20:45

No. 13 和 14

(转发内容开始)

以下是来自艾登先生的消息。

十九国委员会今天上午举行非公开会议,讨论根据第十五条第四款编写的报告,以作为秘书处编写报告书草案的基础。在简短的序言之后,该报告书的第(1)部分详细列出在日内瓦采取的行动,其中涉及长期以来与之有关的历史关联部分实际上是对李顿报告书段落的改写,第(2)部分得出结论,这在很大程度上也是对李顿报告书的改写。我敦促委员会不要试图重新起草李顿报告书。该报告开头应陈述大会从中得出的事实和结论,采纳李顿报告书前八章作为自己的报告,然后应该像第(1)部分一样详细说明在日内瓦采取的程序,但删除历史关联部分,第(2)部分可以取消,报告可以在描述调解失败后直接提出建议。反对重新起草李顿报告书的论点获得了法国代表的一定支持,但委员会的意见似乎普遍赞成此观点,即鉴于全体大会报告书的重要性,该报告书应亲自陈述事实,而不只是提及另一份文件。秘书长还认为,如果没有历史联系部分,第(1)部分将很难理解,而且李顿报告书的结论不够明确,因此全体大会必须陈述自己的结论。我倾向于承认后一个论点,但继续要求最大限度减少第(1)部分中的历史联系部分。获得很大支持的秘书处提案修改意见是,可以编写两份报告书,一份是关于谈判失败的报告书,其中涉及在日内瓦采取的所有行动,另一份报告书仅陈述事实结论和建议。(转发内容结束)

秘书长私下通知我,如果全体大会报告书重申李顿报告书中提供的事实和其中得出的结论,随后立即提出建议,他认为大会有可能避免起草自己的结论,从而可能避免必须对一方或双方做出判决。而根据我提出的计划,要求做出判决的可能性更大。委员会尚未讨论建议,因此我很难估计是否真的可以避免判决。然而,似乎只有两种选择,继续敦促不改写李顿报告书,或者屈服于对全体大会报告书应陈述事实和结论的要求,以期避免对任何一方进行判决。

(转发内容开始)

已任命由九名成员组成的小组委员会来研究全体大会报告书应采取的形式,但还没有确定小组委员会或十九国委员会举行会议的时间。

请转发给北平和东京。(转发内容结束)

备注。

外交部已分别通过第 36 和 37 号电报转发给北平,通过第 21 和 22 号电报转发给东京。

资料来源:FO 371/17074,第 200—201 页

(杨越 译 陈志刚 校)

111. 英国驻日内瓦领事帕特森致英国外交部(1933 年 1 月 23 日)

档案编号:F 517/33/10 来自:帕特森领事(日内瓦) 编号:14 L. N. 发报日期:1933 年 1 月 23 日 存档日期:1933 年 1 月 24 日 主题:中国	**中日争端** 　　提供来自日内瓦的第 13 号电报中提到的内容。秘书长已秘密表示,如果全体大会报告书重申李顿报告书中给出的事实和其中得出的结论,并立即提出建议,他认为全体大会有可能避免起草自己的结论,起草自己的结论可能必须对一方或双方进行判决。然而,似乎只有两种选择,继续敦促不改写李顿报告书,或者屈服于全体大会报告书应陈述事实和结论的要求,以期避免对任何一方进行判决。

来自瑞士

译电　英国领事(日内瓦)

1933 年 1 月 23 日

发报时间:1933 年 1 月 23 日 19:40

收报时间:1933 年 1 月 23 日 20:45

No. 14. L. N.

以下是我的前一封电报中提到的内容。

秘书长秘密地告诉我,如果全体大会报告书重申李顿报告书中提供的事实和其中得出的结论,随后立即提出建议,他认为全体大会有可能避免起草自己的结论,从而可能避免必须对一方或双方做出判决。而根据我提出的计划,要求做出判决的可能性更大。委员会尚未讨论建议,因此我很难估计是否真的可以避免判决。然而,似乎只有两种选择,继续敦促不改写李顿报告书,或者屈服于对全体大会报告书应陈述事实和结论的要求,以期避免对任何一方进行判决。

资料来源:FO371/17074,第 197 页

(杨越　译　陈志刚　校)

112. 英国驻华代办英格拉姆致英国外交部(1933 年 1 月 25 日)

	中日争端
档案编号:F 606/33/10 来自:英格拉姆先生,南京 编号:8(R) 发报日期:1933 年 1 月 25 日 存档日期:1933 年 1 月 26 日 主题:中国	重复第十一号电报的内容给英国驻华公使,并记录其与外交部副部长的谈话。在谈话期间,后者表示,由于之前努力进行的调解工作显然已经失败,中国政府担忧英国政府对于中国和国际联盟面对的严峻形势没有清晰的理解。接着,外交部副部长概述了相关事实,根据第四款要求的报告,中国政府的诉求将纳入其中,并且强调如果要避免再一次陷入僵局,就必须满足中方的观点。

发自中国

英格拉姆(南京)

1933 年 1 月 25 日

发报时间:(无线电报)1933 年 1 月 25 日

收报时间:1933 年 1 月 26 日 09:30

No. 8(R)

发送给英国驻华公使的第十一号电报。

国民政府外交部副部长邀我今早会面。由于之前努力进行的调解工作显然已经失败,中国政府担忧英国政府对于中国和国际联盟面对的严峻形势没有清晰的理解。根据《国联盟约》,既然形势已从第十五条第三款发展到了第四款所述情况,中国政府认为没有必要再考虑日本的敏感性。第四款首先要求提供一份包含中日争端事实的报告,在这一点上,中国要求对日本的侵略行为以及日本建立"满洲国"傀儡政权的手段进行谴责。其次,中国还要求提供公正合理的关于争端事实的建议,只有恢复中国在东三省的主权才能满足中国的诉求,并且确认了3月11日的大会决议序文中最后一段关于不承认任何局势的内容等,这违背了《国联盟约》或者《非战公约》。

2. 中国政府希望该报告书能够获得一致通过。若是这样,如果希望中国遵守其提议,并执行第十五条第六款规定的程序,上述内容是确保中国遵守提议的唯一条件。

中国政府最为焦虑的是英国政府本该从一开始就明确他们的态度。满足中国诉求的报告和提议如果不能得到保障,那么只会陷入更大的僵局,这对国联损害巨大。对于此次事件,中国需要重新评估形势。中国的公众舆论将会一致认为依靠国联是无益的,而且中国很可能会退出国联。

转发给外交部、北平以及东京。

资料来源:FO 371/17075,第 22—23 页

（黎纹丹　译　陈志刚　校）

113. 英国外交部政务次官艾登致英国外交大臣西蒙（1933 年 2 月 1 日）

档案编号：F 992/33/10 来自：艾登先生（在日内瓦）致外交大臣 编号：无 发报日期：1933 年 2 月 1 日 存档日期：1933 年 2 月 13 日 主题：中国	**中日争端；英国政府的政策** 转发约翰·普拉特先生 2 月 1 日的备忘录复印件，其中讨论了英国政府的政策并分析了日内瓦谈判的现状。艾登先生在随附的会议记录中认为，英国政府对承认"满洲国"的态度将成为国际联盟、中国和美国评价英国政策的试金石。

外交大臣：

　　谨附上约翰·普拉特先生的备忘录，其中公正且清晰地分析了我们现在在这里遇到的情况。我觉得您在根据我们的第 39 号电报做出决定之前，应该了解这份资料。

　　我越来越相信，我们对承认"满洲国"的态度将成为国际联盟、中国和美国评价我国政策的试金石。因此我认为，我们现在的正确做法是，在必要时带头发表宣言，赞成无条件地拒绝承认"满洲国"。一份有保留的声明不会安抚日本，反而会进一步疏远中国。对于中国，我们可能应该相信，这些小国虽然现在感到害怕，但我们的阻挠将给它们留下极其鲜明的印象。

签名：安东尼·艾登

1933 年 2 月 1 日

资料来源：FO 371/17076，第 219 页

（杨越　译　陈志刚　校）

中日争端

关于英国政策的照会

1. 根据《国联盟约》第十五条第四款起草报告书的工作，已经达到可能对局势进行评估并可能就重要政策问题做出决定的阶段。现在该报告书已经成形，显然全体大会即使不考虑仍有待起草的第四部分的建议，也必须处理争端的所有突出事实，并就每个问题做出裁决。关于日本是否违反《国联盟约》的主要问题，公众都希望全体大会以简单明确的语言发表声明，任何逃避这一责任的行为都将严重损害国联的威信。直到最近，人们仍可以合理地预期，一些小国将迫切要求明确宣布日本违反第十二条，而在远东地区具有重大责任的大国本就应该谨慎行事。因此，我们惊讶地发现，尽管捷克斯洛伐克、西班牙、瑞典和瑞士等小国家的代表强烈要求，但起草委员会更愿意采用一种不明确表明日本违反第十二条的表达形式，而让读者自己得出这一推论。捷克斯洛伐克代表贝内斯博士表示，对于全体大会是否可以"明确地"宣布日本违反《国联盟约》在司法上存在疑问，但很难说这是否真的是引起这种谨慎态度的考虑因素。

2. 对宣布日本违反第十二条的真正反对意见是（如果确实反对）这样的声明可能不会导致制裁，而导致各个大国宣布尽管出现了适用于第十六条的情况，但他们并不打算实施制裁。关于这一考虑因素，首先，通过宣布各个大国无意实施制裁，一劳永逸地消除疑虑，这也许并不是一件坏事，因为除了其他考虑因素外，日本军方再也不能表明自己是在抵抗西方大国的欺凌。其次，我们可能无论如何都无法逃避制裁问题，因为即使有了目前起草的报告书，中国也能够将此问题强加给国联。

3. 假设上一段中得出的结论是合理的，即全体大会最好明确地宣布日本违反了《国联盟约》，那么我们应该采取何种做法？在十九国委员会中，将会有一两个国家赞成这种声明，但除非我们在这方面给予有力的领导，否则大多数人可能更喜欢本草案中较为谨慎的措辞。全体大会上可能发生同样的事情。因此，我们面前的选择似乎是，要么默默地站在多数人一边，持谨慎态度，要么公开提倡更大胆的政策。如果我们采用后一种做法，我们的方针就是明确表示日本违反了《国联盟约》第十条和第十二条，而且我们不承认"满洲国"。我们也会谴责中国的排外主义和抵制，即使是 1931 年 9 月 18 日后发生的抵制，我们也会拒绝宽恕。除了第二款所述的考虑因素之外,这种做法的危险还在于,我们可能会冒犯日本和中国。比起用直白语言所表达的判决,日本可能对外交辞令表达的判决更加不满,而排除制裁可能对日本舆论产生影响可能完全是好的。中国唯一真正重视的是宣布不承认,如果我们带头提倡这一意见,我们一定会获得中国的感激。最后,似乎只有这种大胆的做法才有望恢复国联在世界舆论中的地位,而且通过公开提倡这种做法,我们自己的处境应该会是光明的,而不是危险的。

签名:普拉特

1933 年 2 月 1 日

资料来源:FO 371/17076,第 220—222 页

（杨越 译 陈志刚 校）

114. 英国外交部纪要（1933 年 2 月 3 日）

档案编号:F 942/33/10	中日争端
来自:外交部纪要（菲茨莫里斯）（Fitzmaurice） 编号:无 发报日期:1933 年 2 月 3 日 存档日期:1933 年 2 月 10 日 主题:中国	讨论日本在满洲的行动是否违反《国联盟约》的问题的会议记录。这个问题必须从两个方面进行处理:(1) 1931 年 9 月开始的武装行动是否违反《国联盟约》;(2) 建立"满洲国",特别是与该国签署条约是否构成对《国联盟约》的违反。会议记录的末尾表达的观点是,中国人仍可能将日本最初的行动视为战争行为。

关于日本在满洲的行动是否违反《国联盟约》的问题

上述问题必须从两个方面考虑。

第一个问题是,1931 年 9 月 18 日开始且随后继续开展的武装行动是否

违反《国联盟约》。第二个问题是，建立独立的"满洲国"，特别是与该国签署条约（日本在条约中承诺帮助其防御外来入侵）是否构成对《国联盟约》的违反。

首先考虑后一个问题。我认为，其他文件，尤其是贝克特先生的会议记录中已经判定，日本建立"满洲国"并与之签署上述条约（从而承诺帮助"满洲国"防御中国）的行动违反了《九国公约》。在我看来，很明显，出于与《九国公约》情况完全相同的理由，有关行动也违反了《国联盟约》第十条，这一条的措辞与《九国公约》中的相关条款非常相似。根据第十条，日本作为联盟成员，承诺"尊重所有其他成员国的领土完整"。李顿报告书调查发现，"满洲国"的建立不是一种自发行为，我认为日本策划、承认并承诺帮助它防御中国的行为明显违反了《国联盟约》第十条。在我看来，在整个案件中，就法律问题而言，这是迄今为止所能提出的反驳日本的最有力依据，如果希望在即将提交的报告书中插入日本违反《国联盟约》的任何内容，我认为在法律上找不到比这更好或更健全的理由了。这一理由应与贝克特先生编写的与《九国公约》相关的会议记录一起考虑。

我现在谈谈从 1931 年 9 月 18 日开始的行动问题。李顿报告书调查发现，尽管满洲的一些当地日本官员可能认为他们是在行使自卫权，但日本的行动实际上并不是合法的自卫措施。既然这样，那它们是什么？显然，它们肯定要么是明确的侵略行为，要么是对中国人已对其造成的伤害（违反铁路条约等）的自行补救措施。

如果根据第一种可能性，有可能确定这些措施是侵略行为，我认为它们明显违反了《国联盟约》第十条。唯一可能的问题是对满洲的袭击是否是对中国领土完整的侵犯，因为它可能会竭力主张满洲不是中国的一部分。然而，我认为很明显，初步看来满洲是中国的一部分，如果他们提出这个论点，那么日本就有责任最终证明满洲不是中国的一部分。我认为他们无法证明。

但是，我认为坚持 1931 年 9 月日本的行动是一种明确的侵略行为是不可能的。正如李顿报告书中所述，它不是自卫行动，但是，考虑到李顿报告书中关于日本受到中国挑衅的其他调查结果，也不可能认为日本的行动完全是侵略性的。因此，也存在第二种可能性（已在上面提到），那就是对中国人已对其造成的伤害的自行补救措施。由此产生的问题是，从这个角度来看，它们是否违反了《国联盟约》。从这个角度来看，我认为很明显它们并没有违反第十条，唯一可能违反的其他条款是第十二条。

　　第十二条首先指出,如果争端可能导致关系破裂,该事项将提交仲裁或司法解决,或者由理事会进行调查。就此而言,应该注意到日本实际上并没有拒绝让理事会审议这个问题。该争端确实是中国提交到理事会的,但日本并没有拒绝。然而,这只是在 1931 年 9 月事件发生之后,日本人真正的罪行是在没有提交仲裁的情况下采取自救措施,以及日本以前违反铁路协定的行为,等等。似乎相当清楚的是,在采取这些行动时,日本人并没有始终如一地遵守第十二条。然而,由于 1923 年的科孚岛事件,这一立场并不完全确定。在该案件中,意大利人为了报复希腊人对他们造成的所谓伤害,开始炮轰科孚岛。该问题被提交给理事会并最终得到解决,但理事会随后向法学家委员会提出了几个问题。其中一个问题是,国联成员通过纠正所谓的错误行为而采取未达到战争程度的强制措施,在多大程度上符合《国联盟约》第十二至十五条。法学家委员会给出了毫无帮助的回答,大意是根据具体情况,该行动可能符合也可能不符合第十二至十五条,这个问题应由理事会决定。1924 年 3 月,理事会接受了这一意见。因此在本案中,国联似乎可以通过其适当的委员会来决定,在所有情况下,日本的行动虽然不属于战争,但实际上也不符合第十二条。我个人认为这样的结论是合理的,为实现第十二条的目的(*其清楚地表明诉诸和平的解决方法*),不可能从政治上区分行动属于实际诉诸战争,还是不属于战争但涉及大规模使用武力和吞并领土的措施。

　　还应该说明的是,由于科孚岛事件,以下原则似乎已经确立:如果一个国家选择通过未达到战争程度的强制措施来纠正其遭受的错误对待,而不是根据第十二条将此事提交和平解决,那么另一国可以宣布将这些强制措施视为构成战争行为。因此,第一个国家(*即采取强制措施的国家*)被认为已诉诸战争并违反第十二条。换句话说,情况似乎是这样的,尽管一个国家可以采取强制措施,忽视第十二条规定的和平解决办法,而不实际违反第十二条(*除非理事会裁定已违反*),但只要另一国选择将该强制措施视为战争,第一个国家就可能面临违反第十二条的风险。因此,似乎中国有权利声明其将 1931 年 9 月的行动和后续行动视为诉诸战争,从而认为日本违反了第十二条(*倘若在此期间,理事会或全体大会未发现其违反该条款*)。在这方面,也许有人会说,中国经过了很长时间才采取这一步,日本有必要采取一些新的强制性行动。但是,从技术上讲,我更倾向于认为中国人仍然可以将日本原来的行为当作战争行为。他们很可能会说,如果不是因为他们希望通过国联来纠正,他们会立即把这些行为视为战争。因此，他们提出了要求，想看看是否能获得这种纠正。由于没有得到这种纠正，他们现在恢复了原来的立场，将日本的行为视为战争行为。

签名：菲茨莫里斯

资料来源：FO 371/17076，第 139—141 页

（杨越　译　陈志刚　校）

115. 英国国会议员朗西曼致英国外交大臣西蒙（1933 年 2 月 6 日）

档案编号：F 1207/33/10 来自：沃尔特·朗西曼（Walter Runciman)先生致约翰·西蒙先生 编号：无 发报日期：1933 年 2 月 6 日 存档日期：1933 年 2 月 23 日 主题：中国	英国政府在日内瓦的态度及其对中英关系的损害 　　附上来自艾尔弗雷德霍尔特公司的理查德·霍尔特的信件原件，转发来自施怀雅（Swire）先生的电报复印件，其中暗示英国偏袒日本的印象正在损害中英之间的友好关系，中英关系的未来正未可知。

备忘录

我们已收到施怀雅先生 2 月 2 日从太古公司发来的电报（请见 F 787），在对他的答复中，维克托·韦尔斯利先生表示，认为我们偏袒日本的说法是错误的。自国联全体大会 2 月 24 日召开会议以来，包括中国人在内的所有人都应该清楚，我们支持李顿报告书。

我不确定外交大臣是否仍希望回复霍尔特先生的信。该信件在 2 月 23 日才在登记处收到，现在回复也许有点晚了。

签名：□……□

1933 年 2 月 27 日

资料来源:FO 371/17077,第 235 页

(杨越 译 陈志刚 校)

亲爱的约翰:

我已经收到了附件中来自霍尔特的信函,并且由于霍尔特公司和太古公司在中国和日本如此重要,所以我认为应该将他们的信函转发给你。

签名:沃尔特·朗西曼

资料来源:FO 371/17077,第 236 页

(杨越 译 陈志刚 校)

亲爱的沃尔特:

鉴于您特别关注英国贸易是否成功,我谨寄上我公司在中国和伦敦的代理人发来的一封信的复印件,信中谈论了政府在中日争端上的政策。

我相信您会明白,最重要的是,我们不应该在满洲争端中对中国表现得不友好,从而破坏我们与中国的贸易前景。

我不希望国际联盟冒着与日本开战的风险排挤日本,我也曾公开这么说过,但我确实认为我们的政府应该非常明确地表明支持李顿报告书。

如果你想接见施怀雅(您或许在我家里或我们的某个游艇上见过他),可以立即请他前来,或者如果您想接见我,并且在下周一午饭前传话到阿尔比马尔俱乐部,我可以在下周一下午拜访您——我正前往伦敦参加塞缪尔(Samuel)的自由午餐和艾伦代尔(Allendale)的聚会。

签名:霍尔特

资料来源:FO 371/17077,第 237 页

(杨越 译 陈志刚 校)

上海太古公司发往伦敦太古公司的电报

1933 年 2 月 2 日

最近,英国偏袒日本和阻碍国联行动的印象正在损害中英之间的友好关系,例如有一个广为流传的报道宣称西蒙反对采纳任何不承认"满洲国"的国联决议,而且据信有人还拥有日本和英国之间的秘密协议的证据。西蒙能被说服进行有力的反驳吗?南京已在流传反英抵制,未来许多年内的中英关系

(包括我们自己)危如累卵。

资料来源:FO 371/17077,第 238 页

(杨越　译　陈志刚　校)

亲爱的霍尔特:

沃尔特·朗西曼刚把您在 4 日发出的信寄给我,并随函附上了上海太古公司发给伦敦太古公司的电报复印件。我从您的信中得知,施怀雅先生也给您写了封信,但没有随信附上。不过,我没有更多资料可以处理这件事。

我相信您会明白,您写的并不是"政府在中日争端中的政策",而是中国驻日内瓦代表团不厌其烦地对我们政策的虚假宣传。几天前,我不得不严厉地责问中国公使(他也是这个代表团的成员),因为我获悉他曾亲自告诉路透社这些事情,这自然会困扰您在东方的代表。主要的谎言有 4 个:

(1) 我们与日本达成协议,用西藏的自行决定权换取日本在满洲的自行决定权。

(2) 当我们帮助日本人离开上海时,我们承诺不会干涉满洲的日本人。

(3) 我们在日内瓦一直欺负希望采取不同立场的小国。

(4) 英国政府反对通过李顿报告书,反对不承认"满洲国"。

所有这些说法都是捏造的,事实上,中国公使向我承认,他知道这些不是真的。我们最近一两天一直在与路透社一起努力纠正这些误解,但是,您将会意识到,这只是中国传播虚假故事的手段之一,其目的是激起远东英国商人的抗议。

更加棘手的是,英国有一两家报社急于证明总体上国民政府,特别是外交部长不值得支持,因此他们收集了这种垃圾信息。此外,他们在发表会证明这些垃圾信息不属实的事实上非常谨慎。

我还可以向您保证,在这个具体问题上,您说:"我们政府应该非常清楚地表明支持李顿报告书。"您显然不知道我长期以来一直在清楚地表明这一点,事实上外交部不久前发表了一个确切的声明,表示如果调解失败(不幸的是确实失败了),英国政府宣布(我已经在日内瓦公开宣布)将支持国联采纳李顿报告书。补充说一下,我上面提到的一份报纸在复制外交部声明时删除了这句话。我想,您和施怀雅先生知道我们的真正政策后就会如释重负,我希望施怀雅先生能够帮助我们让更容易轻信的中国人了解我们的政策。

英国外交部

1933 年 2 月 7 日

资料来源：FO 371/17077，第 239—242 页

（杨越　译　陈志刚　校）

116. 英国驻日内瓦领事帕特森致英国外交部（1933 年 2 月 8 日）

档案编号：F 927/33/10 来自：帕特森领事，日内瓦 编号：19 号，留存 发报日期：1933 年 2 月 8 日 存档日期：1933 年 2 月 10 日 主题：中国	中日争端；艾登先生与顾维钧先生 2 月 8 日的谈话 　　来自艾登先生的消息记录了其在 2 月 8 日与顾维钧先生的谈话，其间，后者对发生的转折事件表示忧虑，并担心英国代表团会同意日本对"理由陈述"的第 9 段的保留意见。艾登先生提供了他想要的保证，并抓住机会对在中国流传的错误印象表示遗憾，强调英国政府非常支持李顿报告书和《国联盟约》。

来自瑞士

来自英国领事的电报（未加密）

日内瓦

发报时间：1933 年 2 月 8 日

收报时间：1933 年 2 月 10 日

No. 19

以下信息来自艾登先生。

顾维钧先生今天下午要求见我，并对他认为的十九国委员会上发生的转

折事件表示忧虑。他被告知委员会已向日本提出提议,其中包括对理由陈述持保留意见的权利。他害怕我们会同意日本对理由陈述第9段的保留意见,这会让实际上进行真正的调解变得不可能。他也很着急,因为他明白委员会最近向日本提出了新的建议。我向他保证,事实并非如此,委员会对日本的提议没有任何改变,而且很明显,如果日本接受这一提议,那么委员会就必须询问中国对此提议的看法。他再次强调,他希望中国在请求调解时,不会被要求接受被证明不切实际的原则。我抓住机会对我从迈尔斯·兰普森先生那里收到的报道表示遗憾,这些报道传达了英国代表在十九国委员会所扮演角色的错误印象,我强调英国政府对报道的关切是既要表明李顿调查团的调查结果,又要维护《国联盟约》。顾先生表示,他很高兴获得这样的保证,他获得的最新消息是,中国的担忧有所减轻。

资料来源:FO 371/17076,第 129—130 页

(杨越 译 陈志刚 校)

117. 英国驻日内瓦领事帕特森致英国外交部(1933 年 2 月 9 日)

档案编号:F 928/33/10 来自:帕特森领事,日内瓦 编号:81 L. N.(R) 发报日期:1933 年 2 月 9 日 存档日期:1933 年 2 月 10 日 主题:中国	中日争端;2月9日的十九国委员会会议 　　来自艾登先生的消息总结了2月9日的十九国委员会会议,该会议审议了日本的新提案。委员会决定,秘书长应致函日本代表团,要求引用第七项原则的原始表述并要求明确答复是否接受李顿报告书的十项原则。日本政府意识到,日本已承认的"满洲国"的继续存在无助于解决当前的争端。

来自瑞士

译电　英国领事(日内瓦)

1933 年 2 月 9 日

发报时间:1933 年 2 月 9 日 23:45

收报时间:1933 年 2 月 10 日 09:30

No. 81. L. N. (R)

以下信息来自艾登先生。

十九国委员会今天上午举行了非公开会议,审议以 12 月 15 日草案修正案形式提出的新的日本提案。修正案内容已包含在我 2 月 8 日发出的第 41 号电报中。委员会同意这些提案是日本政府此前所持态度的一种进步。但鉴于自李顿报告书签署以来日本已承认"满洲国"这一事实,委员会一致认为,决议第四段和理由陈述第八段末尾的"通过调解"等词,以及理由陈述第九段末尾的短语"可能从目前的局势演变而来",可能掩盖日本代表团在声明"进入实际谈判阶段时第七项原则并不完全适用于这种情况"时的意图。

2. 委员会一致认为,只要在中国对满洲的主权这个基本的问题上模糊不清,就没有任何真正的调解基础。我支持这种观点,并进一步指出中国担忧日本对理由陈述第九段的保留意见可能产生的影响似乎有一定的道理,我建议我们应该明确地确定日本人自己的提议是否已经放弃了保留意见的想法。

3. 人们还对日本即将袭击热河表示严重关切,许多成员认为远东地区即将或正在发生严重的军事行动,而国联还在日内瓦忙于讨论调解内容,这是不可能完成的。

4. 委员会决定,秘书长应致函日本代表团,引用第七项原则的原始表述并要求明确答复是否接受李顿报告书的十项原则。日本政府意识到,日本已承认独立的"满洲国"的继续存在无助于解决目前的争端,因此调解委员会将会达成一项谅解,即这种解决方案将被排除在外。委员会还决定,主席应口头通知日本代表团,除非放弃对热河的袭击,否则调解无法继续进行。

5. 起草委员会将于今天 17:30 举行会议。

转发给东京和北平。

已由外交部通过第 48 号电报转发给东京,通过第 63 号电报转发给北平。

资料来源:FO 371/17076,第 132—133 页

(杨越　译　陈志刚　校)

118. 英国驻日内瓦领事帕特森致英国外交部（1933 年 2 月 11 日）

档案编号：F 972/33/10 来自：帕特森领事（日内瓦） 编号：21 号留存 L. N. 发报日期：1933 年 2 月 11 日 存档日期：1933 年 2 月 13 日 主题：中国	中日争端——艾登先生与斋藤先生 2 月 11 日的谈话 　　来自艾登先生的消息。斋藤先生表示担心日本对十九国委员会信函的答复肯定会令人不快，并抱怨委员会将日本最难接受的两项原则分开，而不考虑第十项原则，第十项原则是接受其他原则的条件。艾登先生明确表示这不是委员会的意图，并对日本政府没有接受经过两次修改的 12 月决议表示遗憾。斋藤先生表示，如果调解最终破裂，日本有必要退出国联。

来自瑞士

来自英国领事的电报（未加密）

日内瓦

发报时间：1933 年 2 月 11 日

收报时间：1933 年 2 月 12 日

No. 21. SAVING. L. N.

（通过邮袋）

以下信息来自艾登先生。

斋藤先生今晚代表松冈先生拜访了我，他表示担心日本对十九国委员会信函的答复肯定会令人不快。日本代表团还未被政府授权发送该答复，但他毫不怀疑他们将会获得授权。他似乎在抱怨委员会将日本最难接受的两项原则分开,而不考虑第十项原则,第十项原则是接受其他原则的条件。

我向他明确表示,这不是委员会的意图,委员会只希望得到日本毫无保留地真正接受所有十项原则的保证。

我对日本政府没有接受委员会的建议表示遗憾,他们本应接受经过两次修改的 12 月决议,我询问是否有希望获得此结果。斋藤先生没有给我任何相信这会实现的信心。

他说,他担心如果调解最终破裂,日本政府有必要在公众舆论的压力下离开国联。我说这对国联来说是一个巨大的损失,会给我们留下最大的遗憾。

资料来源:FO 371/17076,第 160 页

(杨越　译　陈志刚　校)

119. 英国驻华公使兰普森致英国外交部(1933 年 2 月 13 日)

档案编号:F 1004/33/10 来自:迈尔斯·兰普森先生,北平 编号:104 发报日期:1933 年 2 月 13 日 存档日期:1933 年 2 月 14 日 主题:中国	<u>财政部部长宋子文先生到访北平,商谈目前紧张的中日关系</u> 　　财政部长于 2 月 11 日乘飞机抵达北平。他告诉英国公使,他拜访的目的是为张学良声援。他表示,很明显,只要(1)"满洲国"保持独立,(2)日本军队留在铁路区,就几乎没有任何"调解"的前景。宋子文先生明确表示,中国人会抵抗对热河的任何攻击,并且似乎急于了解国际联盟根据第十六条进行制裁的前景。迈尔斯·兰普森先生感到非常沮丧。 　　(已转发给使团和东京)

来自中国

译电　兰普森先生(北平)

1933 年 2 月 13 日

发报时间:1933 年 2 月 13 日(通过无线电)

收报时间:1933 年 2 月 13 日 17:30

No. 104

财政部部长于 2 月 11 日乘飞机抵达北平。他告诉我,他拜访的目的是在道德和财政上声援张学良。

2. 很明显,只要(1)"满洲国"保持独立,(2)日本军队不从铁路区撤出,就几乎没有任何"调解"的前景。财政部部长明确表示,如果日本袭击热河,中国军队将奉命抵抗。他似乎非常肯定日本人会在三月初进攻开鲁,然后再从锦州向西进攻。

3. 他显然很想知道国联根据第十六条实施制裁的前景。尽管没有人能对即将发生的事情做出判断,但我确实感到很沮丧。

他说日本试图诱使中国将山海关视为孤立事件,中国已经明确表示这只是整个问题的一部分,必须从全局上审视。

已于 2 月 13 日通过 104 号电报发给外交部,并转发给外交使团和东京。

资料来源:FO 371/17076,第 224 页

(杨越　译　陈志刚　校)

中国代表团新闻处第 54 号公告

1933 年 2 月 10 日

日内瓦

日本开始进攻热河省开鲁县

中国代表团获悉,日本于 2 月 8 日在热河北部的开鲁一带发动了大规模进攻。在炮兵和机枪部队的掩护下,日方步兵集中攻击李峰廷将军指挥下的中国防御部队右翼。战斗仍在进行。

* * * *

承德商会主席兼教育协会主席致埃里克·德拉蒙德先生的电报

承德商会主席兼教育协会主席于 2 月 10 日向国际联盟秘书长埃里克·

德拉蒙德先生发送了以下电报:

"几个月来,生活在热河未设防地带的手无寸铁的人们遭到了日军残忍的空袭,特别是开鲁、下洼和朝阳,日军毫无人性,迄今已导致 900 名平民死亡,包括许多男人、女人和小孩,还造成了不可估量的物质损失。在满洲犯下的这种残暴野蛮行径是为了恐吓和强迫我们加入'满洲国',我们永远不会屈服。我们代表热河 500 万中国人,呼吁国联阻止这种肆意破坏。"

* * * *

中国代表团发言人否认了东京报道中的一项指控,即外交部长罗文干博士宣布美国向中国发放了大笔贷款,以维持长期的抗日运动。该报道完全是胡编乱造。

资料来源:FO 371/17076,第 225 页

(杨越 译 陈志刚 校)

中国代表团新闻处第 55 号公告

1933 年 2 月 11 日

日内瓦

日军在热河继续推进

刚从朝鲜收到的电报证实了中国代表团 1 月 31 日向国际联盟秘书处传达的报告(第 45 号公告),该报告表明,自 1 月 30 日以来,约 3 万名日本士兵乘火车从朝鲜半岛南端的釜山向北前往中国的东三省(满洲),准备袭击中国的热河省。

该电报表明,搭载这批新的日本侵略军的 24 辆列车中的最后一列,已于 2 月 6 日离开了朝鲜边境,越过了中日边界。

这 24 列火车包括:

220 车厢士兵;

288 车厢补给、武器弹药和马匹;

50 车厢大炮和机关枪;

确认人数约为 3 万人。

* * * *

日本空军在满洲集结

满洲的日本空军已经增至 1 000 多架飞机。根据可靠的报告,这次前所

未有的集结无疑是迄今为止远东地区规模最大的，目的在于袭击和恐吓热河各个城市的中国平民以及攻击中国军队。热河省的边境城市已经遭到了大量破坏，大约1 000名平民（大部分是妇女和儿童）被日军空袭投下的炸弹炸死。

过去几周，日军在满洲的实力大大增强。除了第6、8、10和14师团外，还有：

第7师团的1个混编旅，第9师团的1个联队，第1和第4骑兵旅团，2队重型火炮，1队重型坦克，2队轻型坦克。

日本政府和个人的所有工厂都在日夜工作，生产武器弹药，以预防大国可能对武器出口实施禁运。

* * * *

奉天附近的中国人请求国联帮助摆脱日本压迫

沈阳（奉天）附近的中国人向国际联盟理事会写了一封信，描述了日本占领军对中国农民和其他平民采取的难以容忍的残忍手段。信中说，他们已准备通过武力驱逐日本侵略者，并战斗至死。然而，由于缺乏武器和弹药，他们完全无能为力。在过去的一年半时间里，那里的中国农民在日本人的刺刀下忍受着人间地狱般的生活，他们希望国联采取有效的行动，把他们从难以形容的痛苦中解救出来。

* * * *

热河省省长汤玉麟报告日本在1月31日至2月6日期间的行动

热河，1月31日上午，两架日本飞机在热河省中部的赤峰县上空侦察，然后朝东南方向飞去。

2月2日上午9点，两架飞机飞越靠近热河省东南边境的朝阳县。

2月2日上午9点，一辆日本装甲列车抵达朝阳县，没有开火，随后离开。

同一天上午10点，一辆日本装甲列车开至凌南，用机关枪对中国防线扫射，但被击退。

也是在同一天，一辆日本装甲列车试图开进北票，但被击退。

2月3日，一架日本飞机再次飞越朝阳县。

在1月26日的开鲁战斗中，1名军官、1名日本炮兵军官、3名日本机枪手和33名日本士兵被击毙，10名日本士兵受重伤，4架飞机被击落。

2月6日从开鲁发来的电报显示，一支包括30辆货车的日本军队正从通辽向北移动。该报告进一步指出，驻扎在余粮堡的日军有袭击八仙洞的迹象。

资料来源：FO 371/17076，第226—228页

（杨越　译　陈志刚　校）

120. 肯纳德致英国外交部(1933 年 2 月 13 日)

档案编号:F 1017/33/10 来自:肯纳德(Kennard)先生(伯尔尼) 编号:25(66/1/33) 发报日期:1933 年 2 月 10 日 存档日期:1933 年 2 月 14 日 主题:中国	中日争端 转发伯尔尼报纸《联邦报》2 月 10 日刊登的头条新闻的复印件,其中讨论了英国媒体的态度,暗示真正的问题是太平洋上的权力斗争,不赞成英国政府在日内瓦对欧洲小国参与主要讨论的态度,赞扬了法国提供的建立国际警察部队的计划。

《联邦报》(伯尔尼)1933 年 2 月 10 日刊登的头条新闻

大国与小国

一些小国要求国际联盟在远东冲突上应采取明确的方针,英国新闻界对这些意见的反对值得观察,我们不理解这种愤慨的原因。国际联盟不会宣战,哪怕是经济战争。为什么不会?因为理事会无法达成必要的一致意见。但是,如果能达成这样的一致意见,请英国新闻界批评本国政府的政治家,而不是嘲笑那些没有舰队也毫不恐惧的小国的勇气。

这个问题在日内瓦将以"事实不清"告终,而远东的清算将通过武力和炮火进行。英国不会为了支援黄种人对抗黄种人而宣战,也许甚至不一定会提及与日本的古老友谊和联盟(这种友谊已经为美国所取代)。小国和大国都知道,事实上,主导这一局势的将不是国际联盟的协定,而是太平洋地区一直存在的权力斗争。但是,小国应该要求国际联盟自身保持明确和坦率。李顿报告书所指出的路线是不能偏离的,希望遵循这条路线的国家不必感到害怕。那些担心自己船只的国家,至少应该有勇气坦率地为国际联盟的决策不力承担责任,而不是侮辱小国。对于英国的问题,我们再补充一点,由于英语国家在条约上的偏袒,害怕自己在未来受到束缚,特别是由于一个国际超级大国的不喜欢,让国际联盟处于进退两难的境地。尽管慢吞吞地进行着调解工作,但只要战争实际爆发,哪怕是世界上最美好的意愿也无法避免这种处境。建立更伟大的和平联盟的唯一方法,仍然是将执法武器交给一个更完善的机构。公众舆论、世界的觉悟和宣传都做得很好,但是新的正义要发挥作用,必须拥有执法武器。小国或许比一些大国更清楚这一点。因此,我们不必为被嘲笑"大放厥词"而脸红,因为在大放厥词方面,道德说教是英语国家在世界会议上的专长。小国欢迎他们担任教堂的唱诗班,但他们对这一角色的热情已有所减弱。

　　当然,法国提出建立适当武装的国际警察部队的计划是唯一自然的计划,因此是确保更好地维护和平的唯一可能手段(结合条约修订的便利)。一段时间以来,技术、交通和经济一直沿着这些路线发展,现在政治也必须遵循这些路线。只有大国之间的猜忌会阻止它实现。对我们来说,与没有舰队的小国对超级大国的恐惧相比,他们对新闻界的勇气更令人印象深刻。

资料来源:FO 371/17077,第 19—21 页

(杨越　译　陈志刚　校)

121. 英国驻日内瓦领事帕特森致英国外交部(1933 年 2 月 15 日)

档案编号:F 1033/33/10 来自:帕特森领事,日内瓦 编号:96. L. N.(R) 发报日期:1933 年 2 月 15 日 存档日期:1933 年 2 月 15 日 主题:中国	中日争端;十九国委员会 2 月 15 日举行的非公开会议 　　来自艾登先生的消息。日本的答复重申了对"满洲国"的承认和独立是远东和平唯一保证的论点。委员会完成了对整个报告书草案的审议,报告书草案未经重大修改且获得通过。报告书第四部分的建议内容。谈判委员会的组成细节。委员会将于 2 月 17 日分发报告书,并通知 2 月 21 日召开全体大会。

来自瑞士

译电　英国领事(日内瓦)

1933 年 2 月 14 日

发报时间:1933 年 2 月 15 日 01:50

收到时间:1933 年 2 月 15 日 09:50

No. 96. L. N. (R)

以下信息来自艾登先生。

我的第 91 号电报。

十九国委员会今天举行了非公开会议。主席宣读了日方对我的第 81 号电报第四段提到的信函的回复,回复中重申了日本的论点,即"满洲国"的承认和独立是远东和平的唯一保证。委员会批准的答复是,日本 2 月 8 日的提案没有提供可接受的调解基础。

2. 委员会随后完成了对整个报告书草案的审议,报告书草案未经重大修改并获得了通过。第四部分在概述和强调解决争端应遵循的原则之后,接着提出了建议。这些建议包括:(a)日本军队应撤出满洲;(b)应在满洲建立一个在中国主权管辖下的自治政权;(c)双方应解决争端中的其他问题;(d)对实施(a)(b)和(c)的谈判应接受全体大会组建的委员会协助。报告书然后陈述了一些成员国不承认"满洲国"的意图,最后指示秘书长将报告书的复印件分发给签署了《九国公约》的非国联成员国,要求他们采取与国联一致的行动和态度。

3. 上一段中提到的谈判委员会由《九国公约》签署国及十九国委员会中具有参与愿意的成员组成,美国和苏联也将分别被邀请提名一名成员。

4. 报告书将于 2 月 17 日打印并分发,并通知 2 月 21 日召开全体大会,这份报告书的全文也将在周五从国联电台向所有希望接收的政府广播。全体大会将注意到调解已失败,并将休会至 2 月 24 日,以便各成员国有时间研究该报告书。会议议程有望在 2 月 25 日结束。

转发给东京和北平。

资料来源:FO 371/17077,第 44—45 页

(杨越　译　陈志刚　校)

122. 英国驻日内瓦领事帕特森致英国外交部(1933 年 2 月 16 日)

档案编号:F 1075/33/10 来自:帕特森领事,日内瓦 编号:102 L. N.(通过电话) 发报日期:1933 年 2 月 16 日 存档日期:1933 年 2 月 17 日 主题:中国	**中日争端** 　普拉特先生发给奥德先生的消息,其中包含国际联盟秘书长发给英国代表的信。信中详细说明了拟设立委员会来协助双方就争端的各个问题进行谈判;该委员会将由国联成员国、《九国公约》签署国以及十九国委员会中未签署上述条约的国家组成,询问英国政府是否准备提名成员,并要求在 2 月 17 日前答复。来自普拉特先生的消息还记录了他与秘书长的谈话,并建议在发出答复之前同各个自治领进行协商。

来自英国领事的电报(未加密)

日内瓦

收报时间:1933 年 2 月 16 日

No. 102. L. N.(通过电话)

即时转录。

以下信息由约翰·普拉特先生发给奥德先生。

以下是秘书长发给英国代表的信函。

日内瓦,1933 年 2 月 15 日

先生:

　　如您所知,如果《国联盟约》第十五条第三款规定的行动程序失败,十九国委员会已根据同一条第四款撰写了一份报告,以便呈递全体大会。

该报告书中包含的一条建议是,应设立一个委员会来协助双方就它们之间争端的各个问题进行谈判。十九国委员会决定,在秘书长告知双方已接受全体大会提出的建议后,如果国联成员国、《九国公约》签署国以及十九国委员会中未签署上述条约的国家愿意,应立即邀请这些国家提名加入谈判委员会的代表。

我很荣幸地询问贵国政府是否已准备好最终的提名。如果您能以十九国委员会成员和《九国公约》的最早签署国的双重身份回复这封信,而且不迟于2月17日(星期五)回复,我将不胜感激,因为只有在确定了准备提名的政府名单之后,才能完成该报告书的最终印刷。

签名:埃里克·德拉蒙德

资料来源:FO 371/17077,第 78—79 页

(杨越 译 陈志刚 校)

我今天上午同秘书长讨论了这个问题,他指出报告书中没有提到《九国公约》。十九国委员会决定,提名谈判委员会成员的邀请函应发送给十九国委员会和《九国公约》的签署国,但秘书长确信,他们不打算将英国和英国的自治领都纳入谈判委员会。由于加拿大和(或)澳大利亚代表在去年12月的全体大会辩论期间的态度,特别是加拿大代表的发言,很可能有人强烈反对将他们包括在内。秘书长因此没有向自治领(除了加入十九国委员会的爱尔兰自由邦)发出邀请,但是如果有人提出邀请他们的问题,他不得不要求十九国委员会进行裁决,这可能引发非常尴尬的讨论。

秘书长完全知道我们只能提名英国的一名代表,但是鉴于上述困难,他将推迟几天再在报告书中填写提名谈判委员会成员的政府名称。

在这种情况下,最好的办法似乎是,在您向自治领解释了该问题,并得到他们不愿加入谈判委员会的保证之后,再回复秘书长的邀请。

资料来源:FO 371/17077,第 79—80 页

(杨越 译 陈志刚 校)

123. 英国驻东京大使林德利致英国外交部(1933 年 2 月 16 日)

档案编号:F 1077/33/10 来自:弗朗西斯·林德利(东京) 编号:42 和 43 发报日期:1933 年 2 月 16 日 存档日期:1933 年 2 月 17 日 主题:中国	日本对日内瓦中日谈判现状的反应 　　虽然外务省每天都会收到数百封敦促日本退出国际联盟的电报,但负责任的日本媒体一直敦促日本保持耐心,并指出退出的不利之处。证券交易所的股价大跌,很明显,与西方大国的关系越接近破裂,公众就对前景越不看好。宫内大臣刚刚辞职,这对最近失去支持的军方来说是个挫折。文中讨论了军方失去支持可能造成的影响。 　　(已转发给北平)

来自日本

译电　弗朗西斯·林德利先生(东京)

1933 年 2 月 16 日

发报时间:1933 年 2 月 16 日 19:45

收报时间:1933 年 2 月 16 日 14:45

No. 42 和 43

　　我的第 40 号电报。虽然日本外务省每天都会收到数百封敦促其退出国联的爱国电报,但负责任的日本媒体一直敦促日本保持耐心,并指出退出国联的不利之处。东京证交所昨日股价大跌,很明显,与西方大国的关系越接近破裂,日本公众对前景越不看好。

　　宫内大臣(见我的第 514 号电报)刚刚辞职,由汤浅仓平(Asa)博士接替,后者与首相和牧野伯爵有着相同的个性。根据我们的判断,这对最近失去支持的军方来说是个挫折。

我倾向于认为，在不久的将来，军方的行动可能会放慢。他们已经输掉了第一张牌，接下来的两张牌将关系到退出国际联盟和在议会选举后组建新政府。如果他们输掉了第二张牌，我很想看看他们是否会默默地接受输掉第三张牌。

军方失去支持是相信已放弃制裁的直接后果。

已由外交部通过第 42、43 号电报转发给北平。

资料来源：FO 371/17077，第 82 页

（杨越　译　陈志刚　校）

124. 英国驻东京大使林德利致英国外交部（1933 年 2 月 17 日）

<table>
<tr>
<td>

档案编号：F 1084/33/10

来自：弗朗西斯・林德利先生（东京）

编号：44（机密）

发报日期：1933 年 2 月 17 日

存档日期：1933 年 2 月 17 日

主题：中国

</td>
<td>

(1) 日本对日内瓦局势变化的担忧

(2) 日本人对热河问题的态度

武官表示，参谋本部非常关注日内瓦的态度导致的日本立场转变，参谋官认为很难避免各个国家的制裁，如果实施制裁，日本必须开采"满洲国"和中国的资源。知道武藤将军也很关注。记录了与副外相讨论热河问题时的谈话。特别会议已宣布于 2 月 17 日举行。

（转发给北平）

</td>
</tr>
</table>

来自日本

译电　弗朗西斯·林德利(东京)

1933 年 2 月 17 日

发报时间：1933 年 2 月 17 日 13:45

收报时间：1933 年 2 月 17 日 09:00

No. 44

(机密)

武官昨日发现，参谋本部非常关注日内瓦态度导致的日本立场转变。参谋官坦率地讨论了第十六条，认为很难避免各个国家的制裁，如果实施制裁，日本必须开采"满洲国"和中国的资源。他不赞成日本退出国联，除非迫不得已。

我的一位日本朋友与武藤将军保持着联系，他昨天告诉我，武藤将军对此也非常关注。

我与副外相共进了晚餐，并郑重呼吁不要攻击热河。像以前一样，我指出日本人在热河没有特殊权利，这个省与东三省完全没有关系，进攻将是对中国正规军的进攻，必将使局势变得极其复杂。如果日本不干涉这个省，中国人不可能攻击具有很好的自卫能力的日本人。武藤将军是一个睿智的人，如果他同意我的观点，我毫不奇怪。

副外相比我之前看到的更关心这一局势，但他表示，他担心已经来不及保卫"满洲国"的那部分领土了。我对此予以否认，在随后的长谈中，我得到的印象是副外相急于避免这次攻击。

今天宣布召开内阁特别会议和高级官员之间的会议，日本当局似乎终于认识到我向他们警告过的危险，我已在第 358 号电报第六段中报告了这一危险。

寄往外交部，转发给北平。

资料来源：FO 371/17077，第 84 页

(杨越　译　陈志刚　校)

125. 英国驻东京大使林德利致英国外交部(1933 年 2 月 22 日)

档案编号:F 1170/33/10
来自:弗朗西斯·林德利先生(东京)
编号:49(R)
发报日期:1933 年 2 月 22 日
存档日期:1933 年 2 月 22 日
主题:中国
	中日争端;日本退出国际联盟的情况
	  提及第 47 号东京电报 F 1121/33/10。日本副外相指出,日本代表已接到指示,如果不加改动就通过决议,他们将投票反对并离开日内瓦,退出国际联盟估计会获得通过并得到天皇批准。
	  (转发给北平)

来自日本

译电 弗朗西斯·林德利先生(东京)

1933 年 2 月 22 日

发报时间:1933 年 2 月 22 日 15:20

收报时间:1933 年 2 月 22 日 09:30

No. 49.(R)

我的第 47 号电报。

日本副外相今天通知我,已向日本代表发出指示,如果不加改动就通过决议,将要求他们投票反对并离开日内瓦,退出国际联盟估计会获得通过并得到天皇批准。

寄往外交部,转发给北平。

资料来源:FO 371/17077,第 215 页

(杨越 译 陈志刚 校)

126. 英国驻国际联盟代表致国际联盟(1933年2月22日)

档案编号:F 1221/33/10 来自:英国驻国际联盟代表致国联 编号:64 发报日期:1933年2月22日 存档日期:1933年2月24日 主题:中国	<u>中日争端;日本对十九国委员会向全</u> <u>体大会提交的报告书草案的意见</u> 　随函附上本文件的复印件,秘书 处也已应日本代表团的要求将本文件 的复印件递交给媒体和特别大会 成员。

No. 64

英国代表团,美岸酒店

日内瓦,1933年2月22日

先生:

　　谨随函附上一份题为"日本代表团对十九国委员会提交全体大会的报告书草案的意见"的文件复印件。松冈先生在昨日的全体大会上把这份文件交给我,并说这是日本为调解做出的最后努力。我在回复中告诉他,我会非常仔细地研究这份文件。

　　2. 这些"意见"包括对日本在满洲的行动的辩解(采用的是我们现在所熟悉的理由),对报告书草案及其建议的批评,并对国联在做出决定之前三思的呼吁。这些绝不能被视为为和解做出的努力。

　　3. 这些"意见"的复印件也已提供给媒体,并由秘书处应日本代表团要求分发给了全体大会特别会议成员。

资料来源:FO 371/17077,第246页

(杨越　译　陈志刚　校)

日本代表团对十九国委员会提交全体大会的报告书草案的意见

　　一、日本代表团深感遗憾地发现,他们无法同意十九国委员会今天提交全

体大会的报告书草案，日本不能认为报告书中的一些内容是事实陈述，报告书的大量内容来自调查团报告书。日本政府已经对调查团的这份报告书发表了意见。因此，他们认为，再就事实进行辩论是没有用的。

二、目前的中日争端主要是由于中国缺乏权威和有效的中央政府。在过去的21年里，君主制被推翻，军事领导人开始争夺权力，中国缺乏这样的政府且情况越来越糟。

正是中国的状况、排外（特别是排日）、国民党和政府的活动、中国官方和半官方煽动者在满洲的持续和反复挑衅行为（满洲对日本的安全和存在至关重要），造成了导致不幸的九一八事变的事态。日本政府无意也不希望看到满洲从名义上脱离中国主权，如果国际联盟充分且详细地了解了这些事实，它可能就不会在危机的初期匆忙采取行动、采取谴责的态度以及突然召集西方舆论来反对日本，造成不幸的后果。这种态度至少应该对后来发生的事情负一定的责任。

三、自该事变以来发生的事件使满洲领导人有机会建立独立的国家。日本在1932年9月15日（承认"满洲国"之日）之前所采取的军事行动，是中国国情所必需的自卫行动。日本自该日期以来采取的行动是以两国在该日期签署的议定书为基础的。日本代表团一再指出，不能考虑废除这项条约。日本之所以采取这种态度，是因为它相信这是巩固和平与安全的唯一途径，不仅是"满洲国"地区，也包括整个远东地区。日方始终希望，假以时日，中方将能够在此基础上同"满洲国"和日本达成妥协，这对中方也有好处。

四、日本在"满洲国"的政策是通过协助维护该国的秩序来维持其不受外来侵略的安全性，从而保障日本的权益，这反过来又将有助于维护整个远东的和平。如果日本接受报告书草案，将在东亚造成不确定性，甚至可能造成混乱。

日本毫无疑问地相信各项条约的神圣性，包括《国联盟约》《非战公约》和《九国公约》。然而，这些条约只规定了一般性原则，在实际应用中，必须适当考虑我们需要面对的现实局势。这应该是国联的态度。在当前的中日争端案件中，日本相信，考虑到中国存在的异常情况，除非以与现实一致的方式运用这些条约的原则，否则不可能实现争端的根本和最终解决。在争取远东和平与福祉的努力中，日本不得不将这些条约与实现这一目标所必需的行动相协调。

"满洲国"作为一个独立的国家,自建立以来一直在稳步发展。以前,勤劳节俭的满族、蒙古族和汉族的大量劳动收益被剥脱;现在,他们摆脱了暴政的摧残,已经开始从他们的劳动中获益。在前所未有的民事政府管理下,这些人在金融、铁路管理、工商等领域取得了长足的进步。几乎所有敌对分子都已被镇压,其中大部分是由张学良的残余军队组成的,只有热河省仍存在有组织的反抗活动。

六、热河存在土匪和张学良的残余部队。最近,在国联在中日争端中表现出的态度的鼓励下,并且看到了日内瓦局势的进展之后,少帅已将他的部队集结在该省的边界内。在这方面,必须指出,土匪和由张学良指挥的部队长期游荡在热河的东部边界,威胁着"满洲国"的心脏地带。中国正通过这种方式在国联面前示威。热河省是"满洲国"的一部分,日本受到与该国签订的保证其安全的条约约束,不能在这一局势中继续无所作为。如果张学良把他的军队撤回到长城之内,就没有必要采取军事行动。全体大会通过这份报告书草案,将很可能导致张元帅拒绝撤军的态度更加强硬,从而使局势恶化,这正是日本急于避免的(已于 2 月 20 日向国联发送了信函,详细说明了这一局势)。

七、(a) 报告书草案虽然强调《国联盟约》各项原则的重要性,但并未提出解决争端的有效计划。该草案建议,解决办法应以调查团制定的原则为基础。然而,调查团指出,如果没有强大的中央政府,它提出的十项原则中有九项是无法实现的。没有这样的政府存在,而且根据中国的历史并考虑到中国的实际情况,无法看到出现这样的政府的前景,日本不能无限期地等待如此遥远和不确定的最终结果。

(b) 报告书草案说"满洲的主权属于中国",这不是日本人的观点。主权属于满洲,现在属于"满洲国"。鉴于历史权利,鉴于大多数人的特征,鉴于中国除清朝皇帝以后从未拥有或统治过满洲的事实,鉴于在张氏独裁下的恶政,人民有权宣布独立,还有谁比清朝前皇帝更适合、更有理由成为他们的统治者?

(c) 报告书草案建议日本军队撤出。在 1931 年 9 月 30 日和 12 月 10 日的理事会决议中,日本确实同意撤到铁路区内。但是,日本同意撤军的条件是必须保证日本人的生命和财产安全。在这方面,大家肯定还记得,在通过 1931 年 12 月 10 日的决议时,日本发表了一份声明,表示日本的接受不会"阻止日本军队采取必要的行动来打击满洲各地猖獗的土匪和非法分子活动,从而为日本人的生命和财产提供直接保护。无可否认，这种行动具有特殊性，这是满洲目前的特殊情况所需要的"。据推测，报告书草案打算在日本军队撤离后，整个"满洲国"的安全将由当地宪兵队维持。如此广阔的一片领土由宪兵队来保障安全，这在世界历史上没有先例，这个主张非常荒谬，不能付诸实践。如果日本军队撤离，这个国家很快就会被土匪和张学良的军队占领，造成无政府状态和混乱。国联是否准备为通过该报告书后出现这种情况承担责任？

（d）报告书草案建议设立一个委员会，以协助解决争端。其中建议该委员会包括苏联和美国的代表。根据章程，日本反对将非成员国代表纳入拟组建的调解委员会，日本只有对报告书草案所设想的委员会保持同样的态度才合乎逻辑。

（e）最后，报告书草案断言，维持并承认满洲的现政权无法解决该问题，并建议国联成员国和其他国家在法律或事实上不承认当前的政权。国联做出这样的判决，并在承认或不承认另一个国家的问题上对成员国和非成员国施加影响或约束（哪怕只是道义上的）属于越权行为。无论如何，这将是一场冒险，肯定无助于和平或"满洲国"三千万人的幸福和安宁，它还可能给国家之间的良好谅解和友好关系造成阻碍，让和平失去依靠。

八、总的来说，报告书草案鼓励中国拒绝和平提议，回避和解。这是不幸的，其后果可能给远东各国人民的福祉带来危险。我们担心采纳这份报告将会产生与国联正在谋求实现的目标相反的结果，它很可能加剧局势的恶化，危及局势，并可能产生严重后果。

九、日本有责任维护远东的和平与秩序。没有任何其他国家或国家组织愿意承担这一责任，日本愿鼓励和协助"满洲国"健康稳定发展。与此同时，日本打算怀着最大的善意和克制与中国打交道，日本的目标是与其必须永远相邻而居的伟大邻国实现持久和平。

目前东亚地区正面临着前所未有且令人震惊的局势。任何友好的国家或国家组织，只要了解日本的真正意图，并愿意同日本携手履行重建东亚地区和平与秩序的伟大任务，日本都愿意与其合作。

十、最后，日本代表团希望提请国联成员国认真注意他们提议采取的行动的严重性。报告书一开始就表示"这场冲突中涉及的问题并不简单"，"它们非常复杂"，"只有深入了解所有事实和它们的历史背景，才有权对它们表达明确的意见"，日本代表团完全同意这种说法。请问全体大会的各国代表，他们是否确信自己深入了解所有事实和历史背景,有资格认真对这份报告进行表决?

报告书草案基本以李顿报告书为基础,但应当注意,李顿调查团仅在满洲停留了六周,在中国停留了十五周,其中大部分时间留在北平。在这种情况下,我们觉得有资格认为,虽然李顿报告书具有许多令人钦佩的品质,但它并不是一份可以认为包含案件所有事实的文件,也不是一份可以单独依据其做出最后判决的文件。

日本代表团呼吁大会在做出决定之前三思。

日内瓦,星期二
1933 年 2 月 21 日

资料来源:FO 371/17077,第 247—255 页

(杨越　译　陈志刚　校)

127. 日本驻伦敦大使馆加藤致英国远东司司长奥德 (1933 年 2 月 27 日)

	中日争端
档案编号:F 1389/33/10	根据《国联盟约》第十五条第五款的三份日本政府的声明。
来自:加藤(Kato)先生(日本大使馆)致奥德	
编号:无	
发报日期:1933 年 2 月 27 日	
存档日期:1933 年 3 月 1 日	
主题:中国	

根据《国联盟约》第十五条第五款日本政府做出声明

第一部分
日本与国际联盟之间的合作

自国联成立之初,日本就对其发展和成功寄予厚望。日本的历届政府与

国联有着近14年的诚挚合作,日本的政治家们不遗余力地扩大她的影响力并提高她的威望。日本可以自豪地回首过去,她的代表们积极参与国联的工作。作为理事会的最初常任理事国之一,她充分利用合作机会,她把国联看作造福人类的最有力的工具,为了这个在全世界建立和平的伟大试验,她渴望国联成员充分了解远东局势,并以实际方式而不是理论和原则来处理它。根据《国联盟约》第十一条,1931年9月,中国将争端提交国际联盟理事会审议。尽管在此情况下,日本不得不采取自卫行动,反抗中国的侵略,但日本从一开始就不遗余力地向国联解释这一不幸事件背后的事实。同时,她一直在等待决议的通过,在9月30日理事会通过决议之前,她尽最大努力使局势不再恶化。日本还经常向国联通报有关局势发展的信息,以便国联能够了解远东的实际情况。但不幸的是,由于张学良的不断活动,满洲在和平与秩序的问题上没有得到改善,中国人民和日本人民的感情则更加紧张。结果,在当时的情况下,日本军队不可能撤出铁路区。十月份理事会再次开会时,日本认识到缓和两国人民激进的民族感情的重要性,这也是为了确保日本国民生命和财产安全使日本军队可能撤离的首要条件。日本深信,为此目的,有关双方必须为直接谈判铺平道路,以便恢复两国之间的正常关系。日本努力向理事会主席和某些成员解释这一观点,但开始直接谈判的提议未被接受。此外,理事会还制订了一项计划,邀请非国联成员国美国代表作为观察员参加审议。对于这一提议,日本提出异议,认为非国联成员国参加理事会的程序有悖其章程,但理事会其他成员坚持认为这仅仅是程序问题,并邀请美国观察员出席理事会。日本仍然坚信,这是一个关系国联章程的问题,并且大多数人的行为都明显违反了《国联盟约》。显然,如果国联的大多数正式成员都认为这样一个重要的实质性问题仅仅是一个程序问题,他们的行为就有悖于《国联盟约》。然而,由于日本强烈希望维护国联的事业,她继续参加理事会的活动。国联其他成员与日本所持意见不一致,是由于国联缺乏对远东局势的了解。日本为了协助国联维持其合法的影响力和有效性,在1931年11月召开的理事会会议上提议,国联应向中国派遣调查团,以便其成员能够充分了解中国的实际情况。理事会于12月10日的决议上通过了这项建议。

由李顿率领的调查团于1932年3月经由日本到达中国,4月进入"满洲国"。日本向调查团提供一切便利,以协助其调查。建立新的"满洲国"后,中国顾问在进入"满洲国"领土的问题上特别困难,因此,日本与"满洲国"进行了斡旋，以克服这一困难，使调查团能够进行工作。调查团的报告于 1932 年 10 月 2 日公布。由于调查团调查的时间很短，报告书声称要想真实地反映中国的实际情况，还有许多工作要做。据此，日本于去年 11 月 18 日向国联提交了对李顿报告书的意见书，为该报告提供准确的材料，以便对有关问题做出公正的结论。

理事会从 1932 年 11 月 21 日开始审议李顿报告书，大会从 12 月 6 日开始审议。由大会任命、未经日本同意的十九国委员会于 12 月 15 日起草了一份决议和原因声明，说明在调解中应履行的义务和遵循的程序，这一框架的提出依据《国联盟约》第十五条第三款。日本提议从决议草案中删除有关非国联成员国参加的段落，并提议修改与拟议和解委员会权限部分，以及完全删除原因声明，最后一段中特别指出要删除维持和承认满洲目前政权不能作为解决办法的段落。同时，考虑到《国联盟约》第十五条第三款中规定，和解方式是解决争端的最后手段，日本努力寻找一些折中办法，使她能够继续与国联合作。

正如报告书第二和第十三部分所言，国联授权理事会主席和秘书长与中日代表团进行会谈。日本代表团与秘书长的会谈从 1933 年 1 月上旬开始，通过这些会谈，拟了一份草案作为参考，并在理事会主席知情的前提下提交日本政府批准。随后，日本政府把对该草案的修正案送交十九国委员会，日本代表团知道，该草案不能作为进一步谈判的基础。虽然他们完全相信理事会主席与秘书长，理事会主席与秘书长被授权同时与两个代表团进行谈判，并且他们完全知晓这些谈话，但是他们对目前的草案并无任何反对意见，这让日本政府大为惊讶。

虽然委员会最终同意从决议草案中删除有关非成员国参与调解委员会工作的部分，却建议日本政府接受 12 月 15 日决议和原因声明的其他部分，并且就日本曾经反对的决议和原因声明的最后一段做出保留意见。正如在当前声明中所指出的，最后一段中的行动超出了国联的权限，而且对整个问题持有偏见，与日本政府对成立"满洲国"所采取的政策完全相悖。此外，国联的这种态度绝不符合十九国委员会以及日本政府所倡导的和解思想。由于这些原因，日本认为不可能接受委员会的建议。

如果日本代表团拒绝委员会在这方面的提议，委员会将按照第十五条第四款的规定启动起草报告书的程序。然而，日本政府没有放弃调解的希望，为了实现这一目标他们拼尽全力，同意撤回他们在 12 月 15 日提出的各种修正案，他们同意接受李顿报告书第九章的原则和结论作为调解的基础。关于李顿报告书，就其适用范围而言，是为了"协调已发生的事件"，这个短语几乎是该报告书的字面引用语。此外，他们同意保留主席声明的最后一段（前称原因声明），条件是修改其措辞，使其看起来不构成一种偏见，也不会与日本政府对成立"满洲国"所采取的政策相悖。

十九国委员会认为这项最终提议同样不能接受。因此，委员会拒绝了日本的所有提议，并得出结论，根据第三款进行调解是不可能的。委员会立即根据《国联盟约》第十五条第四款着手起草报告书。因此，编写的报告书草案于2月21日提交大会，尽管日本方面投了反对票，但大会还是于2月24日通过了该报告书草案。

第二部分
报告书草案中关于争端主要特征的错误观点
报告书草案第二部分阐述了什么是"争端的主要特点"

非常遗憾的是，报告书草案的这一部分基本上以调查团的报告书为依据。正如该报告书草案中所说，"这场冲突所涉及的问题并不像人们通常认为的那样简单。相反，它们极其复杂，只有对所有事实及其历史背景深入了解的人，才有资格对它们发表明确的意见"。要知道，调查团在满洲只待了六个星期，在中国待了十五个星期，其中大多数时间是在北平，他们的行程只包括中国非常有限的地区——一些开放的口岸，在那里不可能彻底研究清楚中国的实际情况。在这种情况下，他们不可能有"对所有事实及其历史背景的深入了解"。

因此，这份报告书草案并不像它所展现的那样完整和公正。根据李顿报告书起草的大会报告书，本不应该有这些少许的错误，现在有这些错误是很自然的。如果十九国委员会适当考虑日本政府于1932年11月18日向理事会提交的意见，这些错误也许就可以避免了。无论如何，必须说，尽管李顿报告书可圈可点，值得称赞，但不能看作一个囊括了所有事实和历史背景的文件，也不能单独作为最后裁决的依据。大会报告书中的错误很多，接下来只引用最具有代表性的部分：

（1）报告书草案看上去似乎坚持第三部分子虚乌有的推论，认为今天的中国作为一个单一的有组织的国家，和欧洲或美洲的任何国家一样。这种推论恰巧只是一个简明扼要的形式，它体现了列强对恢复中国有序统一的慷慨愿望。这些年，日本一直在朝这个方向努力，她准备在处理一般事务时继续采用同样的方式。但是，当满洲对日本变得至关重要时，她被迫重新考虑这种推论，问自己什么是真正的事实，谁才是真正的统治者。对中国几乎没有利益的国际联盟成员国可以毫不费力地完全肯定这种推论。但是，日本处于完全不同的经济战略地位，不得不对这种推论进行审视和限定，并根据实际情况指导其走向。

日本政府认为，1916年袁世凯去世后，中华帝国垮台，标志着中国所有联合政府的解体，也就同时宣告了中国此前在满洲统治的结束（日本政府的意见书，第15页）。

事实上，除了中国本身能够控制的有限区域之外，包括南京政府在内的任何政府对中国都没有形成统治。这就是为什么日本政府在他们的意见书中坚持满洲不是中国本身的一部分，也不一定是中国不可分割的一部分。然后人们会问，正如它此前一直被询问的一样——为什么日本在满洲事件开始时又提及南京政府？

为什么日本于1915年与北京政府谈判？为什么她于1922年宣布满洲是中国的一部分？答案是日本直到最后一刻都坚持上述推论，认为满洲是中国不可分割的一部分。如果日本愿意，她有很多绝好的机会可以将满洲与中国分离，因为中国的混乱会提供这种机会。但是当混乱威胁到日本在整个满洲的地位时，她必须采取措施来保护她巨大的利益和重要的权利。

在这一点上，应当看到日本并不会开创这样的一个先例，仅仅因为邻国软弱无力或内部四分五裂，就藐视邻国的存在。毋庸置疑，只要一个国家的政府真正统治这个地区，其领土的任何部分都听命于此，那么这个国家就继续存在并且神圣不可侵犯。中国的特殊情况并不在于其四分五裂分散了共同的政府的精力，他们的独特之处在于，现在存在的任何当局都不曾成为中国人公认的政府，因此，没有权力统治整个国家。

国际联盟不应忘记，事实凌驾于形式之上，一个国家必须拥有一个单一的而不是换来换去的政府。

（2）报告书草案承认九一八事变后中国对日本施加的抵制属于报复范围内的行为，对每一个对中国感兴趣的国家来说，未来会麻烦重重。所有大国都会在某种条件下在中国采取军事行动，并为了明确的目的在中国领土上保留武装力量。如果每次列强为保护其权力和利益而采取的任何暴力行动都会被报复性抵制,则军事力量必然会无限制地扩充下去。

中日两国在 1931 年 9 月 30 日和 12 月 10 日通过的决议中同意采取必要措施防止局势恶化。日本政府希望国联注意到中国显然未采取适当措施,才导致了令人遗憾的上海事件。此外,在抵制学校排外教育的任何讨论中,都不能忽视"革命外交政策"(南京政府承认),因为这三者密不可分。

(3)报告书草案引用并采纳了李顿报告书中关于中日争端仲裁解决的可行性参考。但仲裁的前提是一个正常组织的国家,在其领土内政府至上,并能够执行裁决。综上所述,多年来,中国一直没有处于这样一种状态,不管怎样,仲裁可行性的提出对于满洲至关重要。与谁一起进行仲裁? 和国联都没有听说过的张学良? 或者和他一直反对的(如调查团的报告书所示)南京政府? 日本的切身利益受到威胁,因此不能也不可能向中国这样的国家诉诸仲裁。

(4)报告书草案再次引用并采纳了调查团拒绝承认 9 月 18 日晚日本采取的军事行动是一次自卫行动,但并不排除事发现场的日本军官可能认为这是自卫行动的说法。这只是不加以批判就轻而易举接受调查团意见的另一个例子,完全无视日本政府意见中所强调的矛盾。此案的定论与当时日本军官的判断正好相反,国联或任何其他第三方根据什么做出的裁决? 自卫权是国家在某些特定情况下可以适当行使的不可剥夺的权利之一,而行使该权利的时机和程度问题只能由有关国家决定。在这方面,日本政府在其意见书中提到了法国和美国在缔结巴黎《非战公约》时所做的保留,这种保留却被国联大会默默忽略。

该报告书草案指出,从整体来看,也就是说从整个冲突期间日军行动的进展来看,日本的军事行动不能被视为自卫行动。该论断不承认当时局势的紧张,夸大了日本所面临的兵力威胁以及这些兵力可能会采取行动的不确定性。最重要的是,它没有考虑到日本在满洲的重要权益,这些权益不仅限于租借地和铁路,而且涉及整个区域的采矿和林业、领事保护和领事裁判权、居住和贸易权。当这些权益受到威胁时,其保护的措施将会遍及整个满洲,但是日本的军事行动从来没有超出自卫的必要范围。

为了使它不通过,日本政府借此机会明确否认报告书草案中得出的结论,即 1931 年 9 月 18 日以来中国对事态的发展负有责任,毫无疑问,从那以后,中国抵制日本让自己陷入了报复行动之中。即使日本的军事行动不构成合法的自卫,这种说法显然也没有许可中国人无限制的自由,让他们选择加入不受限制的暴力和错误的抵制行动中。如果像日本争辩的那样，为了自卫的需要，急需采取军事行动，情况就更糟了。怎么能对合法行为进行报复？对自卫行为的正确回答是谈判和解释，而不是报复，报复通常会导致战争。如果美国在卡罗来纳州一案中采取报复行动，那么一定会与英国之间有一场战争。对此，必须指出，9月30日的决议可能使任何一方局势恶化，中国采取行动使情况变得更糟糕，而日本却独自为不幸的事态发展负责，这似乎很奇怪。

在报告书草案的第三部分中可以找到最矛盾的陈述，其内容如下：

"采取自卫措施一国并不能因此不遵守《国联盟约》第十二条的规定。"

正如日本政府已经注意到的，引用韦伯斯特的定义，自卫权是在"紧急情况下使用的，别无选择也没有半点考虑的急需使用"。在这种情况下遵守《国联盟约》第十二条，该条规定自卫权可在仲裁员的裁决或司法裁决或国联理事会的报告书公布后三个月内行使，这本身就是在否认自卫权。

（5）报告书草案说"满洲国"的独立宣言不是自发的。由于该声明没有基于随后进行的新调查，因此很容易得出结论，该报告书草案再次采纳了之后的报告书中第六章所载的调查团的错误结论，日本政府的意见书充分揭露了这一结论的毫无根据。大会重申调查团的这一调查结果，事实上坚决否认日本的意见，这一定给公正的观察员留下了非同一般的印象。有两个因素可能在一定程度上可以对此做出解释。首先，在张氏专制统治时期，使满洲远离一切中国事务的运动都是秘密进行的，在外界没有引起任何反响，因此报告书作者可能对这些运动的存在持怀疑态度。其次，他们似乎被误导了，完全相信传说中的日本所谓"大陆政策"，认为日本寻求政治解决满洲问题的计划是其执行该政策的一步。无须重申，日本的"大陆政策"纯属中国无中生有，日本不会觊觎世界任何地方的领土。所有这些尽管可能解释了为什么全体大会拒绝接受日本的坚决否认，但很难让人信服。

事实很简单，正如人们经常解释的那样，在张学良统治时期存在的所有管理机构都消失了，自然而然地就出现了地方组织，日本军队有责任与他们合作，维持秩序。这一步十分恰当且很有必要，也是大势所趋，这就是日本军队存在的全部意义，这是日本文武官员活动的唯一目的。不幸的是，调查团以及随后的全体大会盲目地相信满洲从未发生过独立运动的假设，不得不将满洲实际宣布独立归咎于日本文武官员的活动——并没有任何确凿的证据。

关于满洲人民对"新政权"怀有敌意的说法，除了调查团收到的1500封来源可疑的信件之外，再也没有其他有效的证据。日本政府希望指出，自建国以来不到一年的时间内，"满洲国"在恢复法律和秩序方面取得了显著的稳健进展，无论是国内还是国外，并没有听到关于其办事办公的批评或抱怨。

不管大会对新的"满洲国"持何种态度，她都稳步向前迈进。从张学良的暴政枷锁中解脱出来，包括满、蒙、汉在内的当地 30 万居民，都依靠自己的劳动，收获颇丰，这些在过去是不被承认的。在全国大部分地区，匪患活动得到镇压。这些敌对分子主要是张学良部队的残余部队，并且得到他们前任军阀无微不至的援助，阻碍了这片区域的和平。然而，由于日本和"满洲军队"的共同努力，在辽宁省、吉林省和黑龙江省清除了他们的残余势力，重新确立了生命和财产安全。只有在热河省，还残留着有组织的反对派。

在金融领域，"满洲国"探索出了中国历史上闻所未闻的创举。虽然国家还处于起步阶段，但是已经启动了健全的预算制度，并且正在以最令人满意的方式实施。中央银行的成立，同世界先进国家一样，为稳定国家财政，促进国家经济和工业发展作出了很大贡献。在铁路管理、商业和工业领域，也都取得了同样的进步，而且她拥有丰富的资源，沿着这条路线，假以时日，"满洲国"定会实现巨大的进步，届时无论是当地民众，或是海外人士都会受益于此。

如果这个国家的人民怀有敌意，甚至闷闷不乐地顺从，那么这一切都是不可能的。因此，遗憾的是，大会应参照日本提交的意见，而不是接受调查团没有任何事实依据的假设。

（6）报告书草案详述了中国重建需要国际合作，并提到提供技术援助是这种国际合作的一种形式。显然，任何肤浅的、不充分的方式都无法完成中国的重建。只有通过一些强有力的国际干预，才能实现这一目标，而这种干预将立即被证明不符合《九国公约》中关于中国行政完整和政治独立性的规定。另一证据表明，对于中国来说，适当考虑《九国公约》和《国联盟约》的条件变化，允许充分的弹性是必要的。

第三部分
建议中不切实际的部分

（1）日本认识到，解决国际争端的基本原则通常以《国联盟约》和巴黎《非战公约》为基础。但是，中国情况特殊，不符合常规，在应用这些原则时必须灵活一些。

（2）关于报告书草案第四部分第二节 1A 中所载的撤军建议,应当注意到,日本军队在铁路区外驻留是符合法律原则的,从一开始就完全是出于合法自卫的纯粹需要,绝对没有贬损国际争端公认的解决原则。还应进一步指出的是,根据《日"满"议定书》,日本军队对维护"满洲国"和平与秩序负有责任。的确,在 1931 年 9 月 30 日和 12 月 10 日的决议中,日本承诺在保证其侨民生命和财产安全的前提下,将军队撤至铁路区内,但所附条件,即保证生命和财产的安全,从未得到满足。由于"满洲国"的独立以及去年 9 月 15 日签署的议定书中所呈现的协议和结论,现在这项承诺本身变得不适用。如果日本军队根据报告书中的建议将军队撤至铁路区内,将不可避免地在撤离地区造成动荡和混乱局面。那些对远东事务几乎没有直接利益的国联成员坚持认为,维护抽象的规则比维护世界这一地区的和平更重要。但日本对维护满洲的和平与秩序极为关心,不能容忍该地区再次陷入混乱,不能指望李顿报告书提出的宪兵制度会消除人们对这一方面的顾虑。在历史上也没有宪兵来保障如此广阔领土安全的先例。这个提议是荒谬的,如果日军撤退,这个国家就会很快被土匪和张学良的军队占领,导致无政府的混乱状态。

（3）报告书草案第四部分第二节指出,满洲的主权属于中国。值得注意的是,自 1916 年以来,中国从未管辖满洲,归根结底,目前的难题是由于假设认为中国的主权是扩展并延伸到那个地区的。不必说,实施这种虚构的推论将永远无法确保日本的权益,也无法维护远东的和平。由于报告书拒绝恢复旧政权,认为它只是在重复混乱和摩擦,因此与此相关的做法都必然遭到同样的拒绝。日本也绝不可能承认任何与"满洲国"存在不相符的政策,也绝不可能违背《日"满"议定书》的规定。

（4）报告书草案第四部分第一节引用的李顿报告书中提出的十项原则,除上述意见外,日本政府认为从去年 11 月向国联提交的意见书中援引下列段落就足够:

"在日本和'满洲国'签订的议定书中,这些原则中的某些项已经得到具体应用,日本政府并无异议。但是,从任何角度来看,以这些原则的前九条,特别是四到九条原则为基础,只要中国的无政府状态持续,就显然不可能解决争端,找到令人满意的解决办法。正如原则十所坚持的,'没有强有力的中央政府',这九项原则是不能应用于实际的。"

（5）报告书草案中的第六部分第二节,大会深思熟虑后决定设立一个委员会,协助双方按照报告书草案规定的方式展开谈判。然而,这和日本不允许任何第三方干涉满洲问题的主张背道而驰,日本绝不可能接受这样一个提议。此外,报告书草案第五部分第二节的1A和1B参考意见不切实际,应该删除,还有第二节的第二部分同样不适用于中国现状,似乎委员会的提议没有可适用的范围。

(6)在报告书草案的第四部分第三节中指出,维持和承认满洲现有的政权不是解决办法,国联成员在采纳报告书草案后,应当基于法律或事实,放弃承认现行政权。此外,它表示,希望非国联成员国,即签署了巴黎《非战公约》和《九国公约》的国家赞同报告书草案在这方面提出的意见。日本政府不得不认为,大会在承认或不承认另一国问题上以这种方式影响或约束成员国和非成员国,即使只是出于道德层面,也超出了《国联盟约》第十五条赋予它的权利。无论如何,国际联盟在提出这种性质的建议时,其首要职责是维护全世界的和平,无论在"满洲国",还是在远东,都肯定无法为维护和平与安全作出贡献。国联的这种行为阻碍了和平,阻碍了各国的友好理解和交往。

日本政府深信,日本军队在1931年9月18日晚及之后的行动,从未超过自卫措施的适用范围,"满洲国"是满洲人民自愿建立的。因此,日本军队在满洲的行动,以及日本与"满洲国"的缔约,都不违反《国联盟约》《九国公约》《非战公约》或任何其他国际条约。

日本政府认为,鉴于中国极其反常的状况,没有当局能够统治整个国家,鉴于满洲问题前所未有的复杂性和特殊性,也考虑到国民政府政策的排外性质,不能用解决一般国际问题的方法解决本争端。而且,它们认为对于这种例外情况,采取的任何程序或者达成的任何解决办法,都不能成为处理国际争端一般案件的先例。如果可以采用一般规则,大会拟定的计划本身将按照大会认定的方式被裁定为干涉中国的主权,应不予考虑。

不幸的是,大会成员拒绝面对事实,他们过分相信理论,相信不具说服力的原则,不加批判地接受调查团的报告书。如果可以这样说的话,大会只是站在一个规则的立场上,而日本的立场则是坚实的现实。日本坚持既定的原则,大会是预想的假设,这是由于大会拒绝超出李顿报告书的范围。如现下这份声明的前文所述,新"满洲国"发展迅速,和平与秩序正在取代土匪祸乱,在形势好转下,商业和工业也有所恢复,造福外国人和"满洲国"人民。这就是日本所争辩的最真实的证明,承认和鼓励"满洲国"是解决满洲问题的唯一途径,这样做皆大欢喜,也保证了东方的持久和平。

　　另一方面,中国在近期似乎不可能寻求任何改善,而且中国很可能继续成为世界其他国家的长期忧虑。共产主义已经侵入中国,这种令人震惊的侵入程度和成就还不被人发觉。一个共产化的中国将会是欧洲和美国的难题,除此之外,其他事情将变得微不足道。但是满洲却构成了远东地区共产主义危险的一道屏障,每个政治家都应该清楚它的价值。我们真诚地希望国际联盟能够在不久之后改变态度,抛弃对理论的依赖和并不适用的教条,尊重和认可那些真正维护世界各个地区的和平力量。《国联盟约》本身在第二十一条中规定应适当承认地区之间的谅解,1932 年 9 月 15 日的《日"满"议定书》无可争议地就属于这样的谅解范畴,因为日本在满洲的特殊利益已一再得到承认。与此同时,日本借此机会重申,她放弃一切扩大领土或商业优势的野心。

1933 年 2 月 25 日

资料来源:FO 371/17078,第 126—145 页

（郑学良　译　陈志刚　校）

128. 英国驻国际联盟代表致英国外交部（1933 年 2 月 27 日）

档案编号:F 1565/33/10	**中日争端**
来自:国际联盟	来自中国代表团的通信,包括顾维钧先生对松冈先生于 2 月 24 日在大会上发言的看法。
编号:A（Extr.）36	
发报日期:1933 年 2 月 27 日	
存档日期:1933 年 3 月 7 日	
主题:中国	

中国政府提出上诉

秘书长记录中国代表的通信

应中国代表团的要求,秘书长谨向大会分发以下 2 月 25 日的通信

日内瓦,1933 年 2 月 25 日

致秘书长：

关于顾维钧先生昨天下午在大会上所做的发言，谨随函附上顾维钧先生对松冈先生于 1933 年 2 月 24 日在大会上的发言所做的简要评论，请大会成员一并传阅。

签名：胡世泽

资料来源：FO 371/17078，第 234 页

（郑学良　译　陈志刚　校）

顾维钧先生对松冈先生在大会上的发言所做的简要评论

1933 年 2 月 24 日，在大会上

尊敬的日本代表团今天上午的发言完全是基于一种错误的假设，即除了日本以外，没有任何国家了解中国和远东，除了日本人以外，没有任何人正确地了解中国的情况。根据这一假定，他作了一些似乎有意误导他人的陈述。如果不是有意而为之，那只能证明他对现代中国情况的了解比他控诉的调查团和十九国委员会对中国现代的了解更加无知。该调查团成员是来自五个不同国家的五位杰出人士，他们发表了一份意见一致的报告书。十九国委员会由十九个不同国家的十九位杰出代表组成，其报告书也是一致通过。关于这个问题的真正条件、环境和事实，我交给国联大会在日本代表的断言和深思熟虑的声明与国联两个最高机构的结论之间做出选择，国联的两个最高机构没有为自己谋私利，除了世界和平与正义的共同利益，他们别无所求。

松冈先生的整个讲话充满了一系列的矛盾和误解，这与去年 12 月他在大会上的发言别无二致。中国代表在各种场合都做了口头或书面答复。因此，我不打算对此做出任何答复，这样做只会增加国联的笔头工作量，而不会有任何成效。然而，我忍不住要说，他关于我们国家的一番言论只不过是一种无视事实、诋毁中国名誉的无用功，只是一种自相矛盾的谩骂。让我们来举个例子，一方面，日本代表声称中国处在无政府的混乱中，没有一个政府能够有效地履行国际义务。然而，另一方面，他坚持认为解决中日争端的唯一途径是两国政府直接谈判，他抱怨中国政府不接受于此，而是把争端提交国联。这一秒，他不承认中国实际存在中央政府，下一秒，他不仅承认它的存在，而且坚持中国政府应当直接与日本谈判解决。

　　日本代表提出的另一观点是关于满洲人口的,以举例说明他所断言的调查团的"错误"。他说,近年来从中国本土到满洲的中国移民"大约占总人口的十分之一,最多也就占总人口的五分之一",这一庞大的人口"可以被恰如其分地称为满洲人"。它主要有旧满族的后裔、近年来融入满族社会的汉人和蒙古族人。这种断言毫无事实依据。事实是,汉人已经在辽宁省定居了 2 000 年,不管什么纯正的满族人还是纯正的蒙古族人,他们几乎都被原本数量较少但在种族上更具加刚健的汉人完全同化了。几个世纪以来,他们自愿放弃了自己的语言、宗教和文化,他们愿意接受一切汉语,在过去的二十年里,他们甚至认为自己就是中国人,也用中国人的姓氏。即使他们在人数上确实多于汉人,但事实并非如此。注意,重要的不是他们的数量,而是他们的情感,东三省人口的一小部分可能不是汉人,但是他们和汉人一样同呼吸、共命运,渴望留在中国。在这一点上,调查团的报告书远非错误,而是非常准确。

　　日本代表再次声称,满洲的发展完全归功于满洲自身的努力,并抱怨十九国委员会在其报告书中没有提到。我要再说一遍,这是事实吗？我想引用一段话,并不是调查团报告书中的,但报告书提到了中国当局在满洲取得的某些成就,特别是在教育和卫生领域,但日本反对的理由是,调查团在远东停留的时间太短了。让我引用一位公正的学者的笔录。威尔金森先生作为英国领事在满洲生活了七年,并于 1932 年 5 月 7 日在《旁观者》中写道:

　　"没有人会否认,满洲在过去 25 年中所取得的进步主要是由于中国对其农业资源的开发。只有建设中东铁路和南满铁路,才能实现这一发展,但是这两条铁路最初都是由俄国人规划和建造的,他们还开辟了大连作为通商口岸。日本人只不过是继续和延伸了俄国人首创的工作,虽然他们这样做富有成效,而且对该地区的贸易以及自身的贸易都获利颇丰,但他们声称自己是满洲繁荣的创造者就十分荒谬了。考虑到满洲沃野千里,物产丰富,自 1907 年以来满洲贸易的稳步增长并不令人惊讶。要不是日本人声称有优先权,尤其是他们禁止使用除日本以外的外国资源进行铁路建设,禁止开发该地区的矿产资源,这片土地会发展得更快。"

中国代表团

1933 年 2 月 24 日

资料来源:FO 371/17078,第 234—236 页

(郑学良　译　陈志刚　校)

索 引

图书在版编目(CIP)数据

第三方的观察与见解. 中 陈志刚，徐一鸣编. --南京：
南京大学出版社，2023.11
（李顿调查团档案文献集　张生主编）
ISBN 978 - 7 - 305 - 27171 - 7

Ⅰ. ①第… Ⅱ. ①陈… ②徐… Ⅲ. ①李顿调查团—
九·一八事变—调查报告 Ⅳ. ①K264.2

中国国家版本馆 CIP 数据核字(2023)第 163233 号

项目统筹	杨金荣
装帧设计	清　早
印制监督	冯晓哲

出版发行　南京大学出版社
社　　址　南京市汉口路 22 号　　　　邮　编　210093
丛 书 名　李顿调查团档案文献集
丛书主编　张　生
书　　名　**第三方的观察与见解(中)**
　　　　　DISANFANG DE GUANCHA YU JIANJIE ZHONG
编　　者　陈志刚　徐一鸣
责任编辑　江潘婷
照　　排　南京南琳图文制作有限公司
印　　刷　南京爱德印刷有限公司
开　　本　718 mm×1000 mm　1/16　印张 30　字数 512 千
版　　次　2023 年 11 月第 1 版　2023 年 11 月第 1 次印刷
ISBN 978 - 7 - 305 - 27171 - 7
定　　价　180.00 元

网址：http://www.njupco.com
官方微博：http://weibo.com/njupco
官方微信号：njupress
销售咨询热线：(025) 83594756

ISBN 978-7-305-27171-7

9 787305 271717 >

定价:180.00元